A STRATEGICAL AND TACTICAL HISTORY

THE SECOND WORLD WAR

【英】J.F.C.富勒———著

胡毅秉———译

第二次世界大战史
战略与战术

台海出版社

图书在版编目（CIP）数据

第二次世界大战史：战略与战术／（英）J. F. C.
富勒著；胡毅秉译 . —— 北京：台海出版社，2018.2
ISBN 978-7-5168-1749-0

Ⅰ . ①第… Ⅱ . ① J… ②胡… Ⅲ . ①第二次世界大战
－史料 Ⅳ . ① K152

中国版本图书馆 CIP 数据核字 (2018) 第 010073 号

第二次世界大战史
战略与战术

著　　者：【英】J.F.C. 富勒		译　　者：胡毅秉	

责任编辑：俞滟荣　　　　　　　　　　策划制作：指文文化
视觉设计：王　星　　　　　　　　　　责任印制：蔡　旭

出版发行：台海出版社
地　　址：北京市东城区景山东街 20 号　　　邮政编码：100009
电　　话：010 - 64041652（发行，邮购）
传　　真：010 - 84045799（总编室）
网　　址：www.taimeng.org.cn/thcbs/default.htm
E — mail：thcbs@126.com

经　　销：全国各地新华书店
印　　刷：重庆共创印务有限公司
本书如有破损、缺页、装订错误，请与本社联系调换

开　　本：787mm×1092mm　　　　　1/16
字　　数：430 千　　　　　　　　　　印　　张：27
版　　次：2018 年 7 月第 1 版　　　　印　　次：2018 年 7 月第 1 版
书　　号：ISBN 978-7-5168-1749-0

定　　价：99.80 元

失去智慧指引的武力必将自取灭亡。善纳良言的强权就连诸神也会眷顾。不过本质上对诸神缺乏敬畏之心的力量也会被他们憎恶。

——贺拉斯[①]

目录

前言

─────

我并不打算为最近的这场战争撰写一部正史，因为我不相信在可掌握的资料还很有限的情况下做这样的事是切合实际的。但是我可以确信，如果只论及这场战争的战略和战术，我还是能做到让读者开卷有益的。不仅如此，我还相信，除非这场战争的历次战役对军人和门外汉——这年头大多数门外汉都是现役或潜在的军人——有着超出历史价值的意义，否则现在就是研究其成败得失的时候，因为在当今这个技术时代，战略原则和战术条令的应用变化之快使得过去的经验已经是明日黄花。因此，我并未尝试从政治学、经济学和心理学这几个方面研究这场战争，尽管它们有着至关重要的意义。此外，对下列作战我也不做任何详细的探讨：大西洋海战，地中海的海军作战，苏联和德占国家的游击战，以及日本侵华作战。我之所以这么做，首先是因为如果要正确评述欧洲战场的所有陆上战役，需要花费太多笔墨来介绍它们的背景；其次是因为在本书的既定篇幅内对历次军事行动进行全方位表述太过于庞杂；至于第三个原因，很多背景信息仍然晦暗不明，而且在我看来，它们与政治的关系要比与军事行动的关系更为密切（只有苏联的战事除外）；最后一个原因是，要想使叙事具有条理且完整，就必须从头细说，更何况，无论从战略还是战术角度讲，这场战争都算不上十分精彩。

以上介绍了本书的整体情况。接下来，谈谈我的资料来源。它们大致可以分为四类：(1) 官方文件和报告；(2) 亲历者的回忆录和传记；(3) 战地记者的报道和记录；(4) 有关纽伦堡审判的报告以及对敌方军人及其他人员的采访，例如在舒尔曼少校（Major Shulman）的《Defeat in the West》一书中可以找到此类资料。第一类虽然大体符合事实，但少有关键意义。它们基本上都是一些骨架，只带着零星的血肉；但是它们仍然有很大价值，因为如实记录了军事行动的梗概。第二类虽然往往带有个人偏见，却是四类资料中最为重要的；不过也只有将相当数量的此类资料汇总起来，才能通过互相验证来还原真相。然而截至目前，已经出版的此类资料实在太少，我只能依靠第三类资料来填补空缺；不过，无论如何第三类是一定要参考的，因为战地记者们在亲临战场记录战况方面的才能是非常卓越的。但是我对他们关于苏联战场的报道并没有多少兴趣，因为他们被禁止亲临前线，只能被动地接受官方的宣传材料，无法亲眼看见，甚至无法亲自打听。苏联关于历次大小战役的官方叙述——他们的所有叙述都是官方的——实在缺少有用的信息，而且洋溢着太多的英雄主义情怀。虽然任何熟悉苏联军事历史的人都不会怀疑苏联军人的顽强和刚毅，但是一而再，再而三地阅读诸如威猛的库班或捷列克哥萨克"用马刀砍翻上万德国兵"之类的空话，也难免会令人生厌。同样，反反复复地阅读"数以万计的敌人被击毙，数以百计的居民点被占领"的文字，也同样枯燥乏味。或许是我运气不佳，但是至今我只看到一部能够明晰地描述苏联战事的著作，那就是企鹅丛书中的《苏联战役，1941—1943》和《苏联战役，1944—1945》这两卷，作者是 W.E.D. 艾伦（W. E. D. Allen）和保罗·穆拉托夫（Paul Muratoff）。我从这两卷书中获取了大量信息，因此我在这里表示由衷的感谢。至于说到第四类资料——审判报告和讯问记录——虽然它们非常有吸引力，但我认为在目前应该谨慎采信。我的理由如下：（1）虽然我们可以确信在纽伦堡庭审中出示的文件是真实的，但没有证据表明所有文件都有被执行过；因为每个军人都知道，计划和方案总是会不断地修正；（2）战败者的证言也是令人质疑的，因为掩盖或淡化自身的过失并推诿于他人正是人类的天性。希特勒确实要为许多荒谬的行为负责，但是最荒谬的事显然是把所有罪过都归结于他一人；因为通常在战争中，许多力量的共同作用才能造成巨大的灾难或胜利。

现在来批评这些事实清晰的战役是很容易的，但无论如何，事后批评总好过永远不批评。倘若历史学家和其他相关人士自 1919 年能够拥有更多的批判精神，那么我们在 1939 年也不会如此手足无措。此外，为了让本书中的批评显得不那么尖刻，我希望有心的读者翻看一下我在战争期间所写的文字——其中有些已经结集成书——这样一来你们就会发现，大部分批评都是在有关事件发生之前、进展期间以及事后不久做出的。因此，以下观点是我一贯坚持的：战争无非是一场致命的争斗，为了让战斗有意义，必须确定一个明智而且有益的政治目标。战争的目的并不是杀戮和破坏，而是迫使破坏者改变初衷。丘吉尔首相一手开创的"战略轰炸"不仅在道德上是错误的，在军事上也是错误的，在政治上更是毁灭性的——任何人只要去今天的中欧看一看，就会明白这个道理。关于意识形态的战争是毫无意义的，这不仅是因为思想不会被子弹影响，更是因为动机越神圣，结果就越邪恶，从古到今莫不如此。被太多将领视作法宝的毁灭式轰炸不但非常笨拙，而且通常徒劳无功。用兵之道讲究的是胆识和策略，而不是仅靠武器和人数优势取胜。例如，英国的战略应该立足于海权而非陆权，就算只考虑不列颠岛的地理位置也必须这么做。对英国来说，尝试发挥大陆强国的作用犹如空中楼阁，而这正是她自 1914 年以来乐此不疲的行为。总而言之，无论敌人做过什么，像绅士一样作战要像无赖一样作战更有利；因为无赖的战争只能以无赖的和平收场，而无赖的和平只不过是又一场战争，这在我看来真的没有必要。

还有一点是我不能不提的——人数和伤亡问题。说到前者，对交战各方来说，压低自身兵力和夸大敌方兵力都是家常便饭，因为这可以让胜利显得更加辉煌，失败显得情有可原。因此，我不能保证本书中给出的所有兵力数字都是准确的。至于伤亡，几乎所有官方数字都一律经过"修饰"。据记载，在 1940 年 8 月，德军连续两天发表公报，声称他们先后击落了 143 架和 65 架英国飞机，自身损失了 32 架和 15 架。而同样在这两天，英国人的公报内容是他们击落了 169 架和 71 架德国飞机，自损 34 架和 18 架。显然双方都对真实的数据进行了"加工"，而下表中的数字足以印证这个结论：

日期	皇家空军公报战果	德军承认损失	德军实际损失
8月15日	183	32	76
8月18日	155	36	71
8月31日	94	32	39
9月2日	66	23	34
9月7日	100	26	40
9月15日	185	43	56
9月27日	153	38	55
	936	230	371

　　陆战中的伤亡数字也同样让人一头雾水，而且常常匪夷所思。所幸我们可以根据一条规律来推测大概的数字，根据1914—1920年的《英国陆军统计摘要》，在1914—1918年的战争中，伤亡比例如下：阵亡和其他死亡占19.94%，负伤占66.29%，失踪和被俘占13.77%，粗略算来，每死亡1人就有3.3人负伤和0.7人失踪或被俘——进一步简化后得到的经验法则就是1∶3∶1。因此，如果我们看到资料显示有1万人阵亡，那么总伤亡数字应该是5万人左右。此外，鉴于通常在一场短促的战役中，20%的战斗人员损失已经是上限，那么蒙受以上损失的战斗部队总人数就是25万左右。进一步推算，由于当今的军队中非战斗人员与战斗人员的比例是2∶1，上述军队的总兵力就应该是75万人左右。我曾看到一份有可靠依据的报告记载：在一场短促的战役中，有20万德军在苏联战线上一块相对狭小的地段被击毙。如果属实，按照以上方法估算，参战的德军必定有1500万人左右，这相当于德军在苏联总兵力的3倍。

　　战争或许是一门科学，或者是一门艺术，但是关于战争的报告基本上是一种掩人耳目的把戏。因此，和所有关于最近这场战争的书籍一样，本书中必定也存有大量的错误。不过它着重于讨论战略和战术，那么我希望比起那些描绘纯英雄主义的史书来，它的错误能少一点。

J. F. C. 富勒

1947年9月1日

第一章
战争的背景

战争的直接起因

根据哈罗德·尼科尔森（Harold Nicolson）①在《和平谈判 1919》中的记载，1919 年 6 月 28 日星期六，"La journée de Versailles（《凡尔赛和约》签订的那一天），我们到场时克列孟梭（Clemenceau）已经在华美的穹顶下就座了。他的头顶上就是那幅名画《Le roi gouverne par lui-même》（王者执政）②。他看上去瘦小枯干，面色蜡黄，像是故事里干瘪的小矮人……寒光一闪，门口的共和国卫队士兵收剑入鞘，发出响亮的金属碰击声。'Faites entrer les Allemands（带德军进来）。'克列孟梭道。他们被引导到各自的座位上，克列孟梭立刻打破了沉默。'Messieurs（先生们），'他尖声喊道，'la séance est ouverte（会议开始）。'接着他又说了一些不合时宜的话。最后不知是谁大声说了一句'我们是来签订和平条约的。'于是圣康坦（St. Quentin）③走向德军，带着无比的威严把他们引到摊放着条约的小桌前。德军签了字。

"突然间外面传来雷鸣般的礼炮轰响。这是在向全巴黎宣告：穆勒博士（Dr. Muller）和贝尔博士（Dr. Bell）在第二次《凡尔赛和约》④上签了字。'La séance est levee（会议结束）。'克列孟梭高喊。除此之外再无一语。

"我们留在座位上，看着德军像被告席上的犯人一样被带走，他们的眼睛仍然死死盯着远方地平线上的某处。

---

① 译者注：哈罗德·尼科尔森（1886—1968 年），英国外交家，巴黎和会时英国代表团成员。
② 译者注：17 世纪法国宫廷画师勒布伦为凡尔赛宫镜厅所作的天顶画，描绘了路易十四在罗马众神指引下执政的情景。
③ 译者注：罗马帝国时期在高卢殉教的基督教圣徒，自中世纪以来在法国被广泛尊为守护圣徒。
④ 译者注：历史上曾有多个条约在凡尔赛签订，此处所指的第一次和约是普法战争结束后两国在凡尔赛签订的。

"我们继续留在座位上，等着五巨头通过走道离开。威尔逊（Wilson）、劳合·乔治（Lloyd George）、自治领代表，还有另一些人；最后是克列孟梭，迈着他那一摇一摆、带有嘲讽意味的步伐。和我仅隔着一个座位的潘勒韦（Painlevé）站起身来向他打招呼，伸出双手握住了他戴着手套的右手，并向他道贺。'Oui（是啊），'克列孟梭说，'c'est une belle journée（今天是个美妙的日子）。'他迷蒙的眼中噙着泪花。

"玛丽·缪拉（Marie Murat）就坐在我身边，听到了这段对话。'En êtes-vous sûre（你肯定吗）？'我问她。'Pas du tout（一点也不），'她答道，真是个聪明的女人。"①

就这样，第一次世界大战的硝烟在礼炮声中被埋葬，第二次世界大战开始酝酿，虽然后一场战争——也包括前一场战争——的起因可以追溯到蒸汽机、会计室乃至原始人的本能，但后一场战争的直接起因就是《凡尔赛和约》。不是因为这个条约过于苛刻，也不是因为它缺乏智慧，而是因为它违反了1918年11月11日停战协定中的条款。请务必牢记这一点，因为正是这个不光彩的行为使希特勒得以动员整个德国作为他的后盾，并站在德军的立场上为他每次破坏这一条约的行动找到正当理由。

简而言之，事情是这样的：1918年10月5日，德国政府向威尔逊总统递交照会，表示接受他的"十四点原则"并请求和平谈判。3天后，威尔逊总统做出答复，询问是否可以认为德国政府参与谈判的目的仅仅是就他提出的"十四点原则"、"四大准则"和"五点细则"中所列条款的实施细节达成一致。在得到肯定的回答后，又经过一番沟通，威尔逊总统于11月5日向德国政府做出了他的最终答复，表示盟国政府"已宣布愿意根据总统在1918年1月8日在国会演说中所列举的和平条款（十四点原则）和在他的后续演说中所阐明的和解原则与德国政府议和"。

约翰·梅纳德·凯恩斯（John Maynard Keynes）（日后的凯恩斯勋爵）曾

---

① 注释：《和平谈判1919》（Peacemaking 1919，哈罗德·尼科尔森著，1933年），第365—370页。

写道：“德国和盟国之间因为这次换文而达成的契约条理清晰，严谨规范。和平协议的条款应该符合威尔逊总统的历次演说提出的观点，而和平会议的目的是‘讨论它们的实施细节’。这个契约的细节具有非同寻常的严肃性和约束性；因为它的条件之一就是德国应该同意将会剥夺其反抗能力的停战协议。既然德国已经依照这个契约解除了自身的武装，那么盟国要维护信誉，就尤其应该尽到自身的履约义务，而且，盟国也不能利用自身的地位来谋取利益”[①]。

然而盟国并没有履行相应的义务。相反，在德国解除武装之后，盟国首先就抛弃了在先前多次召开的和平会议——包括布列斯特—利托夫斯克和会——上与德方全权代表口头谈判时所遵循的程序；其次，在巴黎和会期间，他们始终保持着对德国的封锁；第三，他们废弃了停战协定的条款。正如哈罗德·尼科尔森所指出的：“在威尔逊总统提出的23项条件中，只有4项被纳入了《和约》中。”[②]

关于第一点，《和约》签订时担任意大利首相的尼蒂（Signor Nitti）在他的《没有和平的欧洲》一书中是这样说的：

“……这将作为现代史上的一个恶劣先例而被永远载入史册：盟国践踏了一切誓言、一切先例和一切传统，甚至从未给德国代表发言的机会；在饿殍遍野、国力枯竭、革命爆发的威胁浮现之时，德国代表除了在条约上签字之外别无选择……教会的古老法则规定，必须给每个人一次陈情的机会，即使魔鬼也不例外：Etiam diabulus aidutur（即便是魔鬼也有权发表意见）。然而新时代的民主政权虽然许诺建立国民社会，却连在黑暗的中世纪被视为神圣戒律的被告权利都不愿尊重。”[③]

关于第二点，我们应该回忆一下温斯顿·丘吉尔首相1919年3月3日在议会下院的发言——他是这样说的：

---

①注释：《凡尔赛和约的经济后果》（The Economic Consequences of the Peace，约翰·梅纳德·凯恩斯著，1919年），第55页。

② 注释：《和平谈判1919》，第44页。

③ 注释：《没有和平的欧洲》（Peaceless Europe，弗朗切斯科·尼蒂著，1922年），第114页。“这一不智之举对条约公正性的伤害或许超过了签字前的那则最后通牒。”【《二十年的危机1919—1939》（The Twenty Years' Crisis 1919—1939），爱德华·霍列特·卡尔著，1940年】，第240页。

"我们正在全面实行或者随时准备运用各种高压手段；我们正在积极实施封锁，我们强大的军队随时待命，一旦接到通知就会在最短时间内进攻；德国现在已经濒临饿毙。我从陆军部的军官那里得到的证据表明：第一，德国全境都出现了生活必需品严重匮乏的迹象，德国军民正苦不堪言；第二，在饥饿和营养不良的重压下，德国的整个社会和国民生活结构面临崩塌的巨大危险。因此现在正是解决问题的时候。"[1]

这段话清晰地表明，逼迫德国在枪口下签约正是盟国的意图。

凯恩斯写道，和会一召开，"诡诈阴险的歪理邪说之网就开始编织，最终使整个条约的文本和实质都透着虚伪。全巴黎的女巫都得到了这样的指示：

正即邪来邪即正，

毒雾茫茫妖云腾。[2]

最狡诈的诡辩家和最虚伪的法条起草人着手工作，炮制出众多高明的论调，可能足以将一个比总统聪明的人愚弄一小时以上。"[3]

他还写道：

"他们不为欧洲的未来生活而忧心，也不为欧洲的谋生之道而焦虑。他们一心挂念的是边疆和国籍，是实力的平衡，是帝国的扩张，是削弱一个强大而危险的敌手的未来，是复仇，也是战胜国将自身无法承受的财政负担转嫁于战败国。

"两个关于未来世界政策的针锋相对的方案被摆上了桌面——其一是威尔逊总统的十四点原则，其二是克列孟梭的迦太基式和平方案。然而这两者中只有一个有资格进入议程，因为敌人并不是无条件投降的，而是按照关于和平总体性质的协议条款放下武器。"[4]

---

① 注释：《英国议会议事录》（Hansard），第113卷，下院讨论第5辑，第84栏。 在希特勒1939年9月1日对国会的演讲中，可以找到以下文字："他们用枪指着我们的脑袋，用饿死数百万人民的威胁逼着我们签了字。然后他们又宣布这份靠武力签订的文件是神圣的律法。"（CMD《名人录》，6106,1939年第162页）

② 译者注：莎士比亚悲剧《麦克白》第一幕第一场中三女巫的台词。

③ 注释：《凡尔赛和约的经济后果》，第47页。哈罗德·尼科尔森也写道："我预感后人在评判这次和会时，最重视的还不是它犯下的错误，而是它那令人震惊的虚伪性。"（《和平谈判1919》，第122页。）

④ 注释：《凡尔赛和约的经济后果》，第51页。

冲突的种子就此埋下，它注定要开花结果，造成一场比这个背信弃义的条约所终结的冲突更为可怕的大战。

其中有一个人——虽说他代表着谈判的一方——预见到了未来的灾难。1919 年 3 月 25 日，劳合·乔治在巴黎和会上发表了一份题为"在条文起草工作完成前提醒和平会议考虑的一些事项"的备忘录。在这份备忘录中他写道：

"……你们可以剥夺德国的殖民地，将她的陆军削减为一支纯粹的警察部队，海军裁减为五流国家的水平；但到头来都是一样的，如果她感到自己在 1919 年的和平会议中受到了不公正的对待，那么她总能找到办法对她的征服者进行报复……要想维持和平……前提是不留下会激怒德军、不断激发其爱国主义精神的口实，通过正义或公平的手段获得赔偿……在胜利之时流露的不义和傲慢将永远不会被遗忘或宽恕。

"基于这些原因，我强烈反对将德军从德国的统治下转移到其他民族的统治下，除非此举有可能让德军受益。德意志民族毫无疑问已经证明自己是全世界最有朝气、最有能力的民族之一，如果让德国被一群小国所包围，其中许多国家的主体民族先前从未自主建立过稳定的政府，但是每个国家境内都生活着大批极力主张与母国再统一的德军，那么我实在无法想象还有什么原因比这更能引发未来的战争。按照波兰代表团的提议，将 210 万德军置于一个宗教信仰迥异，而且在其自身历史中从未体现出稳定自治能力的民族统治之下，在我看来，这早晚一定会在欧洲东部引发一场新的战争……" [1]

很遗憾，这番警告被置若罔闻。德国被迫为整场战争承担罪责，担负了全部战争开销的债务。她的经济资源遭到掠夺和毁灭，西普鲁士（West Prussia）的大片土地被割让给波兰以制造"波兰走廊"。

在此不必详述，只需提及一个事实便已足够：为了强迫德国拿出条约所要求的天价赔偿，同时也为了瓦解德国，法国在 1923 年 1 月 11 日占领了鲁尔（Ruhr）地区。此举导致德国财政崩溃，失业率急剧增加。

---

[1] 注释：引自《没有和平的欧洲》，第 92—93 页。

在英国有很多人认识到了这个违反条约的行为的意义。约翰·西蒙爵士（Sir John Simon）直言此举"实际上是一种战争行为"；下院议员查尔斯·罗伯茨（Charles Roberts）指出法国"正在实施不可挽回的举措，其终极结果只可能是引发未来大规模的国际战争，而我认为这样的战争将可能带来文明的覆灭……"；下院议员 R. 伯克利上校（Captain R. Berkeley）认为"如果说有一种处于战争边缘的行为……那么法国政府派兵进入鲁尔区的行动就是这样的行为"。《自由主义者杂志》表示："几年内再爆发一场战争的可能变得更加明确和肯定了……实施预防措施的时间已经所剩无几；事实上，现在可能已经为时太晚——德军心理上遭受的创伤可能已经深得足以持续到他们恢复报复能力之时。"

法国的第二个目的是从奥地利以下莱茵扶植一批独立天主教国家，从而肢解德国。为了实现这个目的，在占领鲁尔区的同时，他们发起了密集的宣传攻势，鼓吹将莱茵兰分裂出来，并把巴伐利亚转变为臣属于法国的独立天主教君主制国家。到了 1923 年 10 月，巴伐利亚的分离主义运动已经大见成效，以至于巴伐利亚的首相在法国授意下，决定在当年 11 月 9 日——德意志共和国成立 5 周年纪念日宣布巴伐利亚独立。就在此时他应运而生——阿道夫·希特勒。

在大战期间，希特勒是巴伐利亚第 16 步兵团的一名下士。停战以后，他加入了一个极小的政治团体，这个只有 6 名成员的团体自称为"德国工人党"，而希特勒在成为它的首领之后很快就把它改名为"国家社会主义德国工人党"。强烈反对分裂并自认为代表"人民和祖国"的他在 11 月 9 日与鲁登道夫将军（General Ludendorff）一起率领大约 3000 名追随者在慕尼黑的统帅堂游行，结果遭到警察拦截射击，最终一哄而散。希特勒本人也遭到逮捕，被判在兰茨贝格要塞入狱服刑 5 年。但是他在那座监狱里只待了 13 个月，期间写下了《我的奋斗》的第一卷。由此可见，M. 福利克（M. Follick）在其书中写道，"新的德国"正是"法国自己造就的；它诞生于法国的专横、暴虐以及压迫。"是言之有理的。①

---

① 注释：《直面事实：面向普通人的政治调查》（Facing Facts: A Political Survey for the Average Man，福利克著，1935 年），第 102 页。

德国找到了一个领袖：这个人只要等来一个机会就能顺势而起，并且一呼百应。这个机会就是1929—1931年的经济大危机——各战胜国财政政策的产物。在1928年，国社党（纳粹党）在德国国会中只有区区12个席位，但是当时已经在酝酿的经济衰退再次创造了与1923年相似的条件，因此到了1930年9月，他们已经发展成为德国的第二大政党。3年后，通过巧妙利用失业问题和大众的疾苦，希特勒爬上了德国总理的宝座。在被拥立为德国元首之后，他就着手逐条否认《凡尔赛条约》，与条约炮制者否认停战协议的做法如出一辙。

1935年3月16日，宣布恢复征兵制；

1936年3月7日，出兵收复了莱茵兰；

1938年3月13日，吞并了奥地利；

同年10月，占领了捷克斯洛伐克的苏台德地区；

1939年3月13日，占领了捷克斯洛伐克全境；

同年3月21日，他要求将但泽（Danzig）归还给德意志帝国，并且让德国获得穿越波兰走廊的通道。

就这样，在命运之轮转动之下，20年前的3月25日的预言终于应验，在那一天劳合·乔治预言，将200万德军置于波兰人统治之下"一定迟早会在欧洲东部引发一场新的战争"。

另一些人也预见到了这一点。在劳合·乔治提出预言的10年之后，福利克也曾指出：

"波兰走廊的罪行要比这样的罪行恶劣千倍：假如德国打赢了战争，然后纯粹出于削弱英国的目的，划出一条穿过现今的喀里多尼亚运河（Caledonian Canal）①、宽约10英里的走廊赠给荷兰。这可以类比法国划出一条纵贯德国最富饶地区之一的走廊赠与波兰的行为。法国的盟友竟赞同了这样的犯罪行为，可以说是实施了有史以来最严重的反文明暴行……为了给波兰提供一个海港，盟国又针对德国犯下了另一桩罪行：将但泽从她怀中夺走并宣布为自由市。在

---

① 译者注：连接苏格兰东西海岸的一条运河。

各种最能代表德国的事物中，没有一样比但泽更具有象征意义……或迟或早，波兰走廊一定会成为一场未来战争的起因……"而如果波兰不将这条走廊归还给德国，"……她（波兰）就必须做好准备，迎接一场以德国为敌的、损失极惨重的战争和大混乱，有可能还会重回她刚刚摆脱的受奴役状态。"①

从这些议论可以看出，希特勒在 3 月 21 日提出的两个要求并非全无道理。尽管如此，英国首相尼维尔·张伯伦（Mr. Neville Chamberlain）还是在 3 月 31 日极不明智地向波兰做出了英国会提供支援的保证（当然他看穿了希特勒的要求只是后续侵略的借口）。他宣布："如若发生任何明显威胁到波兰独立的行为，并且波兰政府认为动用其国家武力进行抵抗势在必行时，英国政府将有义务立即向波兰政府提供一切力所能及的支援。"②为了使这个保证有效，英国向苏联求助；但是斯大林认为再发生一场"资本主义"战争利大于弊，因此一直在与英国的谈判中虚与委蛇，直到 8 月 23 日才与德国握手言欢，而英国对波兰的保证就此成为一纸空文。

希特勒一手促成了 1939—1945 年的战争，这一事实是不容置疑的，而同样不容置疑的是造就了希特勒的人和事：巴黎和会中不受约束而又控制一切的主席克列孟梭，以及他的杰作《凡尔赛条约》。

于是在 1939 年 9 月 1 日的黎明，世界再一次听到了雷鸣般的炮声：这一次是为了庆祝第二次《凡尔赛条约》的寿终正寝，以及第二次世界大战的开幕。

各交战国的目标

各交战国的战争目标直接源于它们各自的对外政策，因为正如克劳塞维茨（Clausewitz）早就指出的那样："战争无非是政治交往用另一种手段的继续。"③

---

① 注释：出处同前，第 83、84 和 109 页。
② 注释：第 6106 号敕令书，第 36 页。在英国政府做出这一保证后不久，我在柏林询问一位著名的美国新闻记者对此事的看法。他的回答是："好吧，我估计你们的首相先生已经铸成了你们国家历史上自从通过《印花税法》（译注：1765 年英国通过的对北美殖民地征税的法案，是美国独立战争的重要起因）以来最大的过错。"接着他又说，根据他 30 年来对波兰的了解："如果一家火药制造厂里人人都能遵守规章制度，那么你没有理由不为它担保；但是如果厂里全是疯子，那么为它担保就有点危险了。"
③ 注释：《战争论》（On War，卡尔·冯·克劳塞维茨著，英文版，1908 年，第 3 卷），第 121 页。

而且 "……军事艺术的最高领域就是政治，当然不是写外交文书的政治，而是打仗的政治。" ①那么，两个敌对联盟——一边是英国和法国，另一边是德国和苏联——的政策究竟是什么样的？

从都铎王朝到 1914 年，英国的政策一直是维护实力平衡——确保欧洲大陆上的大国因为相互敌对而成为一盘散沙，从而维持这些国家之间的平衡。这种平衡自然而然地决定了潜在的敌人——它不是最邪恶的国家，而是其政策比其他任何国家都更能威胁到英国或它的殖民帝国的国家。而这个国家通常是欧洲大陆上的头号强国，因此在和平时期，英国政治家所支持的要么是二号强国，要么就是联合起来的实力仅仅稍逊于头号强国的一些国家。根据这一原则，英国政治家们在战争中的目标并不是毁灭敌人，因为毁灭将会永久地打破实力平衡；他们真正的目标是将敌人的实力削弱到可以使平衡恢复的程度，一旦到了这个地步，英国就会启动和平谈判。②

从黎塞留时代至今，法国的政策一直是以保护其东部边境和使德国保持分裂为目标。因此，她所追求的同样是一种实力平衡，只不过她考虑的并不是整个欧洲，而是局限于德意志诸邦的范围，因为德国无论是处于神圣罗马帝国、普鲁士、第二帝国还是第三帝国时期，始终是欧洲大陆上唯一能够与法国匹敌的强国。③

两种形式的实力平衡是互相对立的。英国的政策基础是欧洲大陆上至少存在两个实力相当或接近的大国或者国家集团，而法国的政策基础只有一个——

---

①注释：出处同前，第 3 卷，第 126 页。

②注释：这里有必要提一下，希特勒对各交战国的对外政策是了如指掌的，本条和后文的三条注释都足以证明。"英国一贯希望，而且还将继续希望的，是阻止欧洲大陆上任何一个强国获得具有全球意义的战略地位。因此，英国希望欧洲各国保持稳定的实力均衡；因为这种均衡似乎是英国的全球霸权的重要条件。"【《我的奋斗》（Mein Kampf，英文版，1939 年），第 503 页。】

③ 注释："法国一贯希望，而且还将继续希望的，是阻止德国成为统一的强国。因此，法国希望维持由众多德意志小邦国组成的体系，这些小邦国的实力要相互平衡，而且不能有在它们之上的中央政府。所以，通过占据莱茵河左岸，法国将能够实现她在欧洲建立和维护霸权的前提条件"……"法国现在是、将来也会是德国的死敌。这与现在或将来统治由什么政府统治法国无关……它们的对外政策将始终追求占据莱茵河边疆，并通过分裂和肢解德国来巩固法国在这条河流上的地位"……

"我绝不相信法国会主动改变她针对我国的看法；因为从上文的分析可见，它们只不过是法国自我保护的本能表现。假如我是一个法国人，假如法国的强大对我而言正如事实上德国的强大对作为德军的我而言一样重要，那么说到底，我无法也不会做出有异于克列孟梭的举动……（《我的奋斗》，第 503—505 和 548 页。）

她自己。因此，法国与英国的目标是南辕北辙的，从路易十四时代起，欧洲几乎每一场重大危机的根源都来自英法两国的对抗。实力平衡政策也由此背负了恶名。①

　　为了避免这样的危机，1919 年，在美国的游说下，各战胜国一致同意成立国际联盟，旨在用集体安全政策消除追求实力平衡的必要。但是美国并不是欧洲国家，而且也不可能成为欧洲国家，即使他们的国会批准《凡尔赛和约》也无济于事。而法国是欧洲尚存的头号军事强国，所以平衡的控制权自然而然地落入了她的掌心，于是法国的传统政策又开始作祟。这一点在 1923 年法国入侵鲁尔地区时表现得尤为明显，结果从此以后，英国逐渐恢复了自己的传统政策，开始出于平衡法国的目的而支持德国。②

　　倘若英国仍然保持着她在 1913 年的金融地位——换言之，倘若她仍是全世界的大金主——那么这种从集体安全回归实力平衡的政策变化将会使她立于不败之地，因为这样一来她就可以容许德国重新武装，并且始终确信即使德国实力增长过多，英国总是可以用她的财富来补贴法国并增强自己的陆海空三军。然而伦敦不再是世界金融中心，纽约已经取而代之，而让金融中心回到伦敦是实力平衡政策再次发挥作用的必要前提。为了推动金融中心回归，英国在 1925 年恢复了金本位制，从那时直到 1931 年，与美国进行的贸易战将她那有限的收入吞噬大半，能挤出来供给作战部队的寥寥无几。为了争取时间和掩盖这一事实，英国的政治家们醉心于鼓吹裁军。他们宣称再来一场战争将会给文明带来浩劫，而预防这一灾祸的唯一手段就是集体安全。因此等到希特勒掌权时，英国人民已经被这种宣传彻底毒害，如果有哪一届英国政府提议重整军备，肯定会被赶下台。③这种和平宣传的力度实在太大，以至于当战争在 1939 年 9 月爆发时，

---

　　① 注释："正如法国期望德国的巴尔干化，按照英国的传统政策，欧洲在一定程度上的巴尔干化也是合乎期望而且很有必要的"……"法国外交的终极目的必定会与英国政策的终极倾向针锋相对。"（《我的奋斗》，第 503 和 504 页。）
　　② 注释："在国外政治方面，法国占领鲁尔地区的行动使英国第一次与她产生了相当严重的疏远……"（《我的奋斗》，第 550 页。）
　　③ 注释：迟至 1936 年 11 月 12 日，英国首相鲍德温先生还在议会下院做了这样的发言："你们应该记得 1933 年秋天在富勒姆的那次选举……你们或许还记得，那个极为谨慎地提到国防问题的政府候选人被群起而攻之……假如那一次我也参加选举，并且放出话说德国正在重整武备，我们也必须重新武装起来，有谁觉得这个爱好和平的民主国家在那时候会响应这个号召？从我个人的角度来看，我想不出还有什么做法比这更能确保我输掉选举。"（《英国议会会议录》，第 317 卷，下院讨论第 5 辑，第 1144 栏。）

英国政府竟然不敢公然宣布它真正的战争目的：德国的强权政治、德国的生活方式、德国的金融体系和德国的贸易方式无不与英国尖锐对立，如果让它们长久存在，必将导致德国成为欧洲霸主，而英国要想保住强国的地位，就必须坚持传统。因此，既然英国的强大是靠着实力平衡而建立和维系的，那么其未来安全就有赖于重新实现这种平衡，所以英国政府的战争目的并不是消灭德国[1]，而是将她的实力削减到平衡点为止。

结果在 1939 年 9 月 3 日宣战时，英国政府竟声称自己是为了维护道义而参战的。这就把战争建立在了十字军东征式的基础之上，换言之，使它成为一场意识形态战争而非政治性的战争——这是一场旨在消灭希特勒和希特勒主义的战争，一如圣乔治消灭恶龙的壮举。在议会下院各党派的宣言中都清晰地体现了这一点。张伯伦（首相）是这么宣布的："我相信我也许能活着看到希特勒主义被毁灭，欧洲重获解放的那一天。"然后是格林伍德（工党）："最后，在这场我相信是史无前例的伟大斗争中，纳粹主义最终必定会被打倒。"还有A·辛克莱尔爵士（自由党）："……让全世界都知道，正如首相所说，英国人民坚定不移，誓要终结纳粹的统治，建立起以正义和自由为基础的秩序。"最后是丘吉尔（保守党）："这不是为但泽而战或为波兰而战的问题，我们是为了从纳粹暴政的瘟疫下拯救全世界而战，我们是在保卫一切对人类而言最为神圣的事物。"[2]

因此，政府非但没有将人民的思想指引到重建平衡的方向上来，反而用一种对"邪恶之物"的仇恨精神扼杀了他们的理性，让他们以为这场战争是善与

---

[1] 注释：关于 1914—1918 年的战争，希特勒做了这样的表态："随着德国的殖民地、经济和商业遭到毁灭，英国的战争目的已经实现。任何超出这些目的的行为都将是促进英国利益的障碍。如果德国作为欧洲大陆的一个强国不复存在，只有英国的敌人才会获利。"（《我的奋斗》，第 502 页。）

[2] 注释：《泰晤士报》（The Times），1939 年 9 月 4 日。《泰晤士报》的社论也支持这些声明，其中出现了这样的文字："第三帝国的'精神复兴'可以归结为异教民族主义歇斯底里的痴心妄想。任何人只要计算一下当今的力量对比，就不会有一秒钟相信未来会属于这种野蛮、堕落、腐败的信仰，而现在文明世界本身正在动员起来粉碎这种信仰。希特勒主义就是当今的全民公敌。"

恶的较量。[①]我们将会看到，这种情绪化的目的不仅使这场战争走向了总体战，而且最终导致了英国 400 年来竭力避免的结果——一个异族强国建立起了笼罩欧洲的霸权。

这个顺应天命的强国就是苏联。由此我们把话题转移到第二个联盟，苏联与德国的联盟——它其实和英法联盟一样根基不稳。

与其将苏联视作欧洲强国，不如说她在亚洲更具有影响力。而鉴于英国是在亚洲影响最大的欧洲强国，大英帝国的垮台显然对苏联是有利的。但是要怎样对付英国？——这是苏联的大问题。确保达成这一目的的方法只有两条，要么与德国联手对抗英国，要么摧毁德国。在这两种情况下，英国都不可能实现她所想要的实力平衡。

从斯大林接替列宁成为共产党总书记的那一天起，和平就是巩固"新经济政策"（正是这一政策逐渐把苏联拉回到了曾被革命抛弃的帝国主义道路上）不可或缺的条件。因此按照克里维茨基（Krivitsky）的说法，在希特勒通过 1934 年 6 月 30 日清洗异己的行动巩固了独裁者地位之后，斯大林就打定了拉拢他的主意。[②]随后苏联军队在 1937 年也经历了清洗运动，35000 名军人因此丧生。军力的削弱使苏联加强了讨好德国的行动，最终正如我们看到的，两国在 1939 年 8 月 23 日结成了 marriage de convenance（基于利害关系的同盟）。

我们或许可以从斯大林 1934 年的下列讲话中对他当时的想法窥见一斑：

"上一次战争带来了什么结果呢？他们并没有毁灭德国，却在德国种下了对战胜国切齿痛恨的种子，为德国的复仇创造了极其肥沃的土壤，以至于直到今天他们都无法解决自己造成的动乱局面，将来或许也很长时间都做不到。并

　　[①] 注释：瓦特尔（Vattel，译注：18 世纪瑞士哲学家、外交家、法学家，其著作奠定了现代国际法和政治学的基础）——如今他的书少有人问津了——指出，正如民法不能以情感主义为基础，战争法也绝对不能感情用事，而"这类法律的第一原则……是：对于一般的战争，就其影响而言，应该认为双方都有正当的理由；正如对簿公堂的双方都应该被认为是无罪的，直到其中一方被证明有罪为止。……如果人们希望对这种动用武力大打出手的暴力行为施加一些秩序、一些规则，或者为其造成的灾难限定一些边界，并始终敞开供和平回归的大门，那么这个原则就是绝对必要的……"见《国际公法》（The Law of Nations，英文版，1834 年），第 381—383 页。

　　[②] 注释：见《国际公法》（The Law of Nations，英文版，1834 年），第 381—383 页。1934 年 7 月 15 日，卡尔·拉狄克（Karl Radek）在《消息报》上撰文说："既然苏联和法西斯意大利是好朋友，那么法西斯德国和苏联就没有理由不走到一起"（第 29 页）。

且他们促成了资本主义在苏联的灭亡，社会主义在苏联的胜利，进一步造就了苏维埃联盟。那么，有什么因素可以保证第二次帝国主义战争造成的结果会比第一次好？"

在1939年这个政策并没有改变。当年8月24日，我们在《真理报》上看到了这样的文章："第一次帝国主义战争带来了经济大崩溃，也给人民带来了苦难和饥荒。只需一场革命就足以终结战争和经济崩溃……没有理由怀疑第二次战争……不会导致……欧洲和亚洲多个国家的革命，以及这些国家的资产阶级和地主阶级政府的垮台。"

《当代苏联》的编辑兰斯洛特·劳顿（Lancelot Lawton）对此评论道："如果《真理报》的预言被证明是正确的，革命真的在多个国家爆发，即便假设这些国家是同盟国的敌人，后果也将是灾难性的：在莱茵河畔、地中海沿岸和远东将出现一系列苏维埃共和国。"

很明显，只要能够置身事外，斯大林当时并没有加入"资本主义"冲突的意愿。在1939年3月10日，他曾说过：

"我们必须小心地防止我们的国家卷入那些惯于让他人为其火中取栗的战争贩子挑起的冲突中"；而苏联红军总政治部主任梅赫利斯（Mekhlis）却宣称："红军的职责就是履行国际主义义务和增加苏维埃共和国的数量。" 几天后，他又在基辅（Kiev）声称："伟大的舵手斯大林将驾驶强大的无敌战舰在最终决战中向资本主义发起突击。"

斯大林与希特勒结盟并不是因为他热爱民族社会主义，而是因为他害怕民族社会主义，也是因为英国将自己的主动权拱手交给了波兰。他确信英国这种太阿倒持①的做法将会引发战争，在这场战争中西方世界很可能会自我毁灭。在英国向波兰做出安全保证之后，共产国际执委会总书记季米特洛夫（Dimitrov）就向各国的共产党做出了以下声明："苏联政府和共产国际已经……确定最好的做法是置身于冲突之外，同时怀着发动社会革命的希望，做好在参战列强被战争削弱之后进行干预的准备。"

---

① 编者注：比喻授人权柄，自受其害。出自《汉书·梅福传》。

　　苏联辽阔的国土是她的保护屏障，而德国四战之地①的位置正是她的危险所在；同样，四面环海的英国只有控制了海洋才能确保安全，而德国这样的内陆国家若不能控制陆地，则永远没有安全可言。正是这一事实，而非普鲁士精神（及其影响），才是她军国主义的根源。

　　腓特烈大帝（Frederick the Great）发动过的一系列战争，以及后来的第一次世界大战，清楚地证明了在两条战线上同时遭到攻击会给德国带来多大的打击。不仅如此，后一场战争还证明了她是多么容易遭到封锁。因此，为了保证德国免遭这两种灾难，与英国结盟一直是希特勒的梦想。然而这样的联盟是不可能实现的，这主要是因为他掌权之后就立即实施了直接易货和出口补贴的经济政策，从而对英国和美国的贸易造成了致命的打击。

　　那么，为什么他不与苏联结盟呢（他本可以在多年前就巩固这样的联盟，获得更可靠的防止两线作战的保证）？答案就在《我的奋斗》第二卷第十四章里。在这一章里他详细讲解了自己的"生存空间"（Lebensraum）理论。在他已经完全详细讲解之下，还是常有人问"希特勒为什么会入侵苏联？"，实在是令人诧异。

　　希特勒首先指出："国家的领土面积不仅决定了国民的粮食和原材料的来源，在政治和军事方面也有重要意义。"德国从来就不是一个世界级的强国，根据这一观点，只要她被限制在现有的边界内，就绝不可能达到那样的高度。与世界级强国相比她是无足轻重的，而更糟糕的是，与人口不相称的国土面积，迟早会导致德意志民族的衰落乃至灭亡。

　　仅仅要求恢复1914年的边境线是远远不够的，因为它们并未将德意志民族的所有成员包容在内。"何况从军事防御的地理条件来看，它们也是不合理的。"它们只不过是"由于一场未曾结束的政治斗争而确定的临时边境线；况且，它们有一部分是由于机遇偶然形成的。"1914年的边境线毫无意义。因此，征服外国领土是必需的。

　　为了证明这种行为的合理性，他这样写道：

---

　　① 编者注：指四面平坦，无险可守，容易受攻击的地方。出自《东周列国志》。

"一个国家拥有辽阔领土的事实绝不能成为它永久占据这些领土的理由。占有这些领土充其量只能证明征服者的强大和那些屈从于他的人们的软弱。占有权的唯一来源就是这种强大。如果德军民被禁锢在不可能让他们生存的领地内，因而要面对悲惨的未来，那么这不能算是命中注定，而拒绝接受这样的境遇也不是对天命的违抗。因为正如任何神明都不曾许诺赐予德意志民族比其他民族更多的领土，我们也不能把不公平的土地分配归咎于上天。我们如今生活的土地并不是上天赠予我们祖先的礼物，这些土地是他们冒着生命危险征服得来的，因此将来我国人民也不会因为其他任何民族的恩赐而获得领土，并以此获得生存之道，这些领土都是必须通过胜利之剑的力量赢得的。"

他还写道，因为获取殖民地并不能解决问题，而且"所有人都确信必须改变我们相对于法国的现状……我们国社党人已经决定摒弃战前德国外交政策所遵循的路线。我们要终止德军长久以来进军欧洲南部和西部的策略，把目光转向东方的土地"。

最后，他吐露了自己的计划：

"但是，今天谈到欧洲的新领土问题，我们必须首先想到苏联，以及与她接壤并臣服于她的那些国家。"

"在这里，命运之神似乎亲自为我们指明了道路。命运将苏联交到了布尔什维克手中，从而使苏联人民失去了曾经缔造苏联并保障了其生存的知识阶级。因为苏联成为有组织的国家，并不是苏联的东斯拉夫人中具有建设性的政治人才，而是受到了日耳曼民族能够在劣等的民族中组成国家的光辉例证的鼓舞。世界各地许多强大的帝国都是这样建立起来的，以日耳曼组织者和统治者为领袖的劣等民族不止一次地建立起了强大的国家，而且只要原先发挥建国作用的种族核心没有消失，这些国家就能一直存在下去。几个世纪以来，苏联作为一个国家的存续都要归功于其统治阶级的日耳曼核心。但是现在这种核心儿乎已经排除净尽，由犹太人取而代之。正如苏联人绝不可能凭他们自己的力量摆脱犹太人的枷锁，犹太人也不可能使这个强大的国家存续久远。并且，犹太人本身并不善于维护国家的长期稳定，相反，他们更善于分散国家。这个东方的庞大帝国已经到了崩溃的边缘，而犹太人在苏联的统治的终结也将是俄罗斯国家的终结。我们被命运选中来见证这一灾难，而它将无可辩驳地证明国家社会主义的种族理论。"①

战略框架

与欧洲大陆的强国相反，大不列颠岛不仅是一个无法攻击（除非利用飞机）的岛屿，还是囊括了从白海到爱琴海的整条欧洲大陆海岸线的海上交通系统的中心。因此，在发生战争时，她的舰队既能封锁所有敌对和中立的欧洲国家，也能支援她的平衡政策所青睐的任何一个强国；既可以通过资金、军火和武装力量直接支援，也可以通过具有牵制性的两栖作战行动间接支援，通过持续的威胁迫使敌人顾此失彼。

以往的历史一次又一次地证明，最适合这几种作战行动的战略是先守后攻。先守的意义在于，只要掌握制海权，英国本身就没有受攻击之忧；后攻的意义在于，这保证了英国具有针对战略领域内任何海上目标的行动自由。这一战略既非侵略性的，也非孤立主义的；相反，它是纯粹利己主义的。它与实力平衡的关系在于，它的目的并不是保证欧洲的和平，而是警告欧洲大陆各国，在英国强大的海权面前，发动战争是无利可图的。

在所有按照英国传统政策进行的战争中，这种先守后攻的战略都证明了任何实力强大的欧洲大陆国家，无论其征服范围有多广，不列颠只要控制四海，就能牢牢掌握主动权。

这一战略与欧洲大陆自拿破仑和克劳塞维茨时代以来所偏爱的战略的主要差异在于：海权是建立在本土安全的基础之上，并辅以分散军力的自由；而陆权是建立在军力优势的基础之上，并辅以将军力集中在选定地点的能力。从这里可以看出其基本规律：海权与陆权不同，其力量并非来自人力，而是来源于战略性的（地理）位置。

在英国历史上这条规律一次又一次地被验证。例如，在 1588 年，当英格兰

---

① 注释：这些引文见《我的奋斗》，第 128、279、523、529、532 和 533 页。

与西班牙为敌时，她的人口大约是 450 万；1702 年，与法国、西班牙和巴伐利亚对垒时，大约是 5475000；七年战争中是 6467000；而在 1800 年是 8892000。在所有这些以英国获胜告终的战争中，她的敌国的人口都远远超过了她的人口。尽管如此，在 1914 年，英国却在很大程度上放弃了自己的海权战略，而转为陆权战略。更糟糕的是，在此后的战争中损失较大的她选择在 1919 年成为欧洲和平的担保人，然而她却无力保证这样的和平，原因是：此时她的人力和财富并不足以让她在保证欧洲和平的同时维持海洋贸易大国的地位。结果就是，因为她越俎代庖地承担了大陆强国的义务，所以无法根据自身的利益要求来影响事态发展，最终在 1939 年和她的盟友法国一起被拖入一场毫无战略基础的战争。战略主动权就这样转到了德国手中。

我们已经知道，希特勒的目标是建立生存空间，而这意味着与苏联交战。在通过联盟稳住苏联之后，如果法国和英国与他开战，那么他要解决的战略问题就是在实施入侵苏联的主要作战行动之前制服波兰、法国和英国。和上一场战争一样，在这几个国家背后有美国的支持；因此，如果不想重演历史，就要不惜一切代价防止这个潜力无穷的大国参战。这就意味着这场战争必须速战速决。哪一种战略最能满足这个要求呢？

这个问题的正确答案很重要，没有它我们就难以理解，为什么在拥有如此多有利条件的情况下，德国还是不能在美国参战之前成功结束这场战争。而且这个答案还能解释为什么在同盟国彻底击败德国的情况下，英国还是没能实现她诉求的政治目的。

克劳塞维茨在有生之年没能完成他的《战争论》，这不仅是政治家和军人的重大损失，也是历史的重大损失。假如他能写完，那么他书中关于"战争的军事目的就是消灭敌人作战力量"的论断肯定会被他自己修正，因为有时候目标是会有很多限制的。在他的众多学生中，德尔布吕克（Delbrück）在自己的《战争艺术史》中第一个指出，既然战争分为两种形式——有限战争和无限战争——那么战略也必须有两种形式。他把这两种形式称为消灭战略（Niederwerfungsstrategie）和消耗战略（Ermattungsstrategie）。第一种战略的目的是寻求决战，而第二种战略只把战斗看作用以实现政治目的的多种手段之一，其他手段包括机动、经济攻击、政治说服和宣传，等等。

克劳塞维茨英年早逝，没能详细解说他留下的关于"有限战争"的少数笔记[①]。而在他身后，从老毛奇（elder Moltke）时代起，德国总参谋部一直潜心研究克劳塞维茨详细论述过的第一种战略，而拒绝接受同样重要的由德尔布吕克提出的第二种战略理论。

在1914年，面对一场具有两条战线的战争，但没有足以同时在两条战线作战的兵力，在最短的时间内击垮法国在西线的抵抗就成为德国生死攸关的事，唯有这样她才可能集中大军对付苏联。因此，在德尔布吕克看来，德国采取消灭战略对付法国是合理的。他还认为，一旦法国被制伏，英国就无力继续抵抗，因为他相信，"英国以往的政治发展使她不可能凑集超过象征意义的陆军…… '每个民族，'他写道，'都是其历史和过去的产物，与历史的决裂程度不可能超过一个成年人与自己少年时代的别离'。"[②]

这一论断显示了以德尔布吕克为代表的大多数德军对海权国家潜力认识之肤浅。如果他能理解海权会带来什么，他就会明白，恰恰是他详细论述的第二种战略在英国历史上屡屡为她赢得欧洲大陆战争的胜利。英国的历史证明并不是她无法按照欧洲大陆的军事路线参与大陆战争，而是她始终准备着在大海上作战。

此后，随着德国在马恩河会战中受挫，战争进入阵地战时期，德尔布吕克清楚地认识到：由于再也不可能依靠决定性会战定胜负，德国必须谋求用其他手段使敌人服从自己的意志。因为德国处于被对手夹在中间的内线位置，有可能借此重夺主动权，所以德尔布吕克建议在稳固防守西线的同时，将主力转向苏联和意大利，以求破坏敌国的联盟，从而孤立英国和法国。这个战略有2个必要条件：首先，"不能采取任何可能使西方列强获得新盟友的手段"；第二，"愿上帝阻止德国走上拿破仑的政策道路……欧洲各国会基于这一个信念而团结一

---

① 注释：见《战争论》，第8册，第5、7和8章。
② 注释：《现代战略的缔造者》（Makers of Modern Strategy，爱德华·米德·厄尔编，1943年），第276页。下文关于德尔布吕克的大部分论述都引自戈登·A·克雷格先生执笔的此书第2章，其中研究了德尔布吕克的理论。

致：绝不屈服于由一个国家强加于欧洲的霸权"。因此，在协约国取得马恩河会战的胜利之后，德尔布吕克就极力主张，为了证明德国没有称霸欧洲的意愿，此时应该设法议和。"他坚信这场战争是由苏联的侵略引发的，英国和法国没有理由继续与一个'保卫欧洲和亚洲，使其免受莫斯科佬统治'的强国战斗。"随着德国发起"无限制潜艇战"，美国加入战争，至此更坚定了他关于德国必须议和的信念。也就是说，"战斗本身再也不是目的，而是一种手段。如果德国的政治家们未能在一开始使西方列强相信德国是渴望和平的，那么可以发动新的军事攻势，以起到打消对方疑虑的作用。但是只有将军事手段与政治方案协调起来，才可能使战争成功结束"。

德国总参谋部不顾德尔布吕克的呼吁，继续一意孤行。他们没有放弃对消灭战略的信仰，于是就有了 1918 年 3—4 月间德军那场半途而废的攻势。从战略角度讲，这是一次错误的作战行动。"首先，德国陆军在发起攻势前根本没有一举击垮对手的条件，它的数量优势微乎其微，而后备力量则大大劣于对手。它的装备在很多方面也同样逊色于对手，而漏洞百出的后勤系统和摩托化部队捉襟见肘的燃料储备更是大大降低了它的战斗力。这些劣势在进攻开始前就已暴露无遗，但统帅部却视而不见。"

结果就是，当鲁登道夫发起进攻时，他不得不沿着敌军抵抗最弱的路线前进，没有选择最具决定意义的路线，而后者正是消灭战略的精髓，具体到这个战例就是应该把英军和法军分隔开来并围歼前者。鲁登道夫之所以没有做到这一点，是因为在某个地段进攻受阻时，缺少总预备队的他无法增援该处的部队，只能在其他地段发起新的攻击，结果"声势浩大的攻势退化为一系列分散的、缺少协同而且徒劳无功的突击"。克雷格（Craig）写道："德尔布吕克由此重申了他作为历史学家和政论家所做的全部研究的主题。由于敌军的相对实力太强，统帅部应该认识到消灭敌人已经再无可能。因此，1918 年攻势的目标应该是挫伤敌人的战斗意志，使其妥协，进一步同意议和。而这个目标本身只有在德国政府表达了自己谋求和平的意愿之后才可能实现。只要能够明确做出这样的求和声明，德国陆军在发动攻势时就能够赢得巨大的战略优势。因为此时它可以根据自己所能支配的力量来制定进攻计划；可以放心地进攻己方拥有战术优势的地点——也就是最容易获胜的地段——因为此时即便只是小规模的胜利也能在敌国首都产生巨大的道德效力。德国统帅部之所以在 1918 年受挫并输掉战争，正是因为它忽视了最重要的历史教训，即政治与战争的相互关联。'让我们重温一下克劳塞维茨的基本论点，任何战略设想都不能在完全不考虑政治目标的情况下构思'。"

后面我们将会看到，由于德军没有认识到战略存在两种截然不同而又同等重要的形式，他们把自己 1914—1918 年犯的战略错误又在 1939—1945 年重复了一遍，而且造成了更具灾难性的后果。两次世界大战期间发生的技术变革影响深远，改变了两种战略形式的应用实践。这一改变使得作战部队的基石从肉体和数量变为机械和质量，是堪与古代军队战斗主力从步兵变为骑兵相比的重大革命。在步骑变革发生后，放牧以及草料的供应和输送就成为军队要解决的基本问题，如果限制或夺取了敌人的牧场，他们的骑兵就会失去战斗力；于是己方——在能够保证自家骑兵驰骋战场的前提下——就会获得压倒性的优势。虽然由于牧区通常都有广大的面积，此类情况并不常见，当匈奴人和蒙古人大举入侵欧洲时，他们的"闪电战"势头在草场稀疏的地区都曾快速衰竭。

正如草料对战马至关重要，汽油对机械也至关重要。草原是发展骑兵大军的要害地区[①]，而工业区是生产机械化大军的要害地区。敌人如果失去前者，他们的骑兵来源就会枯竭；如果失去后者，他们的作战武器的运载速度就会一落千丈。

军队的这一机械化变革对消灭战略和消耗战略产生了深远影响；因为夺取敌国的所谓"作战要害地区"——敌方国土中对于维持军队必不可少的那一部分——变得比在战场上获胜更为重要，可以对敌人的战斗力量——其陆海空三军——起到釜底抽薪的作用。

因此在下一场战争中，一个国家的作战要害地区相对于其敌国边境的位置将在很大程度上决定入侵者所采取的战略。如果主要的要害地区离边境足够近，

---

① 注释：在这方面我们有必要回顾历史：在五世纪中叶，阿提拉（Attila）就曾立足于匈牙利四处征讨，在 1241 年蒙古人入侵欧洲时，匈牙利也成了上天为他们安排的核心基地；海都（Kaidu）在列格尼卡战役之后南下扑向布达佩斯，而合丹（Kadan）向南穿越喀尔巴阡山脉后也朝着同一座城市西进。

使得进攻方最初的力量可以维持到将其全部占领为止，那么显然最有利的战略就是消灭战略。但是如果反过来，要害地区离得很远，那么依靠这种战略就要冒巨大的风险，面对易于撤退的敌人，一旦进攻势力消磨殆尽，进攻方就会处于极为不利的局面。不仅会遇到补给不足的难题（至少部分军队难以得到补给），而且如果对手保留了充足的军队，那么进攻方将毫无还手之力。因此，如果敌国的要害地区远离边境，单凭这个事实，进攻方就必须坚持消耗战略，直到向该地区挺进至足以保证消灭战略见效为止。

事实证明：未能理解速度与空间的战略关系正是德军一败涂地的根本原因。

战术理论

任何一个由武装人员组成的团体如果不能按照某一个人的意志做出反应，那么它在整体上就不能被视作是一支军队——有组织的战斗力量。一支令出多门的军队无疑就是多头怪物。此外，这样的团体如果得不到供应和补给，也无法作为军队持续存在。因此，军队可以看作是由三大部分组成的组织，包括一个躯体，即它的作战部队；一个肚子，即它的行政机构；一个大脑，即它的指挥机构。因为破坏其中任一部分都会令其他两个部分无法运作，所以战术目标也就有三个。其中第一个就是作战部队，它堪比鸡蛋的壳，处于外围或前方区域，而第二和第三个目标就是指挥和行政机构——相当于蛋黄和蛋白——处于内部或后方区域。因此，进行攻防的战术区域可以分为两块，即前方和后方，而后者可以与上一节讨论的作战要害地区相比。

1914 年，当堑壕战大行其道时，战线变得没有侧翼可言。这样一来就不可能通过迂回或包围前线来攻击其后方的地区，战术问题就集中到了如何突破上。显而易见的突破方法是通过集中使用大炮在敌人的防线上轰开一个缺口，然后让军队通过缺口前进。虽然理论上这种做法足够合理，但是稍加思索就会发现它实际上在一般情况下是不可行的，原因如下：（1）集中火炮所花费的漫长时间会给敌人提供充分的预警，让他们有时间准备；（2）长时间的炮火准备会让敌人探测到进攻的地点，从而巩固和调整他们的防御；（3）密集的炮火会彻底破坏地面，摧毁供部队前进的交通线，导致轮式运输车辆无法通过战场；（4）

把一片地区从堑壕纵横变为弹坑密布丝毫不能解决敌人抵抗的问题，因为这只不过是把一种土木工事换成另一种而已。

在 1917 年 11 月的康布雷战役中，所有这些难题都通过运用坦克得到了解决。英军快速而隐秘地集结了大批坦克，没有进行炮火准备，因此也没有破坏战场的地面。虽然这场战役以失败告终，但它还是奠定了一场战术革命的基础，因为它清晰有效地证明了有一种战术，可以用来快速突破前方或外围战斗区域，继而攻击后方或内部的指挥和行政区域。

1918 年的战事表明，这种方法开启了作战方式的广阔前景。在西线，德军分布在绵延 500 英里的狭长地带上，其前方区域纵深约 5 英里，后方区域纵深 15 英里。后方区域设有他们的师级、军级和集团军级指挥部，是位于前方区域的战斗躯体的大脑。此时协约国军队已经能达成突破，而这种线式布防不仅不能帮助德军阻止突破，反而会起到妨碍作用，因为战线拉得越长，德军就越难集中兵力。于是我提出了一个计划，虽然其指导思想不算原创①，但具体的战法却是崭新的。这个计划的目标是在攻击敌人的战斗躯体之前直接攻击其首脑，这样一来，当其战斗躯体在之后受到攻击时，会因为缺少指挥而陷入瘫痪。具体方法是集结起快速机动的强大坦克纵队，在飞机的有力保护下穿过前方区域，直扑后方区域的德国师级、军级和集团军级指挥部。一旦消灭了这些指挥部并瘫痪了前方区域，再按通常的方法攻击后者。

虽然这种瘫痪式战术被福煦元帅（Marshal Foch）采纳并成为他当时筹划的 1919 年攻势的战略基础②，但是由于战争在 1918 年 11 月就结束了，这个战术也就一直没有得到实战检验，仅仅以理论形式保留下来。直到 1939 年 9 月，德军在稍作修正后把它们试用于波兰，并冠以"闪电战"的诨名。

与此同时，另一种因为机械化而成为可能的理论也在发展，只不过它关注

---

① 注释：在骑兵成为作战兵种后，就经常出现这样的情况：对敌指挥机关的一次成功冲锋就能导致敌军全面瓦解，公元前 331 年在埃尔比勒（Arbela）是如此，公元 1520 年在奥图巴（Otumba）也是如此。在 1704 年的布伦海姆（Blenheim），情况大致相同。在领导人身兼指挥官的年代，仅仅一名总指挥的死亡往往就会引发类似的灾难。

② 注释：请参见我的《一个非传统军人的回忆录》（Memoirs of an Unconventional Soldier，1936 年），第 13 章。

的是天空而非地面。按照这种理论，作战要害地区可以在平民的意志中找到；因为只要以恐怖手段打垮平民的意志，那么整个政府机构都会陷入混乱，而军事指挥机构也将随之崩溃。

这种通过打击士气来攻击敌国的理论的最积极倡导者是意大利将军朱利奥·杜黑（Giulio Douhet）。第一次世界大战结束后不久，他就在《制空论》一书中详细阐述了自己的观点。

"参加那场战争的军队，"他写道，"只不过是各交战国为了削弱对方的抵抗而使用的工具；虽然战败方的军队战绩更为辉煌，但是当平民的士气开始减弱时，这些军队不是就地解散就是投降，还有一整支海军舰队被完好无损地移交给了对手。在最近的这场战争中，国家的这种瓦解是由军队在战场上的行动间接造成的。在未来，则可以通过空中力量的行动直接造成这种结果。这就是过往战争和未来战争的区别所在。"

"对一个城市的航空轰炸将迫使大约数十万居民逃离，这对于实现胜利的影响肯定要大于最近这场战争中经常发生的无疾而终的战役。一个国家一旦失去制空权，就会遭到直接瞄准其最关键的中心城市的、无休无止的航空攻击，而且绝无可能进行有效反击。因此无论这个国家的地面部队有多么强大，此时遭遇危机的国民都会觉得一切都无济于事、一切希望都已破灭。"[1]

在这里应该指出，杜黑的目标并不是对作战要害地区以毁灭代替占领，从而使敌人失去在战场上维持军队必不可少的工业资源；他的目标远比这更可怕——直接说来，就是要在既不使用陆军也不使用海军的情况下迫使敌人屈服。他在自己的书里一次又一次地明确阐述了这个目标。例如，他在书中写道：

"在此我要强调：这种航空进攻对民心士气的作用将远比其物质作用更能影响战争的进程。例如，以一座大城市的中心城区为例，想象一下，一支轰炸机部队的一次攻击会给平民带来什么。我个人毫不怀疑它对人们的影响将是毁灭性的。"

---

[1] 注释：《制空论》（The Command of the Air，朱利奥·杜黑著，英文版，1943年），第116页。

接着，在描述了轰炸的破坏之后，他又继续写道：

"曾经一天之内发生在1座城市的灾难现在完全有可能发生在10座、20座、50座城市。而且，即使在没有电报、电话或广播电台的情况下，消息的传播速度也很快，那么我问你们，在尚未遭到打击但同样逃不过轰炸的其他城市，平民将会受到什么影响？在这样的威胁下，什么样的民政或军事机构才能维持秩序、保证公用设施运转、生产继续进行？即使能够维持表面上的秩序并且完成某些工作，难道一架敌机的出现还不足以让人们在恐慌中四散奔逃吗？简而言之，长时间处于这种死亡和毁灭随时降临的噩梦之中，要过正常的生活是不可能的。如果第二天又有10座、20座或50座城市遭到轰炸，谁能阻止这些惊慌失措的人们逃到荒郊野外，以求躲避这种来自天空的恐怖呢？"

"一个国家在遭受这种来自空中的无情痛击之后，其社会结构不可能不彻底崩溃。不久之后，人民为了结束恐怖和苦难，就会在自保的本能驱使下起而反对政府，要求结束战争——当这种情况发生时，他们的陆军和海军还根本来不及动员。"[1]

这就是因为第一次世界大战而产生的两种突出的战术理论，下文将会继续提到，两者都把战争问题从物质层面提升到了精神层面。攻击敌军指挥机构的目的是打击敌军战斗部队的士气，而攻击敌国平民的目的是削弱其政府的意志。

虽然这两种理论蕴含的思想是相似的，但在实际运用中它们是截然不同的。第一种理论要求将陆军和空军整合起来，第二种理论却是以两者的分离为基础，让陆军成为警察部队，其任务只不过是在敌国被空中攻击降伏后加以占领。这种形式的空中攻击叫作"战略轰炸"。在第一种理论中，军事行动仅限于军事领域，决战仍然是战略的最终目的。而在第二种理论中，军事行动完全在民事领域进行，破坏文明生活的潜力成了空军战术的目标。在第一次世界大战结束后，这两种理论分别产生了什么影响？

直到1933年希特勒掌权为止，第一种理论都没有什么影响；第二种理论

---

① 注释：出处同前，第51—52页。

却因为其广泛的吸引力而声名远扬。早在大战期间，美国的威廉·米切尔准将（Brigadier–General William Mitchell）就提出了非常类似的理论，而英国的休·特伦查德爵士（Sir Hugh Trenchard）也发出过同样的呼吁。在英国，1918 年 4 月诞生了第一支独立的空军，曾经的辅助航空部队——皇家飞行队被改编为独立的战斗军种——皇家空军。

表面看来，这种转变与英国孤悬海外的地理位置很相称，这样的位置虽然使她能安然应对地面攻击，但也使她难以为欧洲大陆上的盟友提供地面支援。如果杜黑和其他持同样思路者提出的主张是正确的——虽然此时它们并没有得到实践证明——那么如何用一支规模极小的陆军在大陆战争中发挥最大干涉效果的老问题也就迎刃而解了：空中力量可以在很大程度上取代地面力量，英国在对欧洲大陆目标进行航空轰炸时，也就可以不用将庞大的远征军送往海外。

法国则没有这么幸运，因为在她和德国之间并没有一条英吉利海峡；此外，她也缺少和德国再打一场战争所必需的人力资源。为了弥补这些缺陷，她决定通过建设马奇诺防线把自身变为一个人造的岛屿，而这条防线就成了抵御德国入侵的壁垒。法国没有建立独立的空军，原因很简单：在法国人眼里，轰炸机仅仅是用来延长马奇诺防线上大炮的射程的工具。

从这两种政策可以看出，如果英国和法国的总参谋部真有什么打算的话，那就是在上一场战争爆发的地方打响下一场战争，用马奇诺防线取代当初西线的战壕防线。因此，这场战争将会以敌方攻坚的形式开场，而这条防线将会给英法争取到充足的时间，从而生产出足以轰平德国的飞机大炮和足以将她困死的军舰。如果这不是他们的计划的话，那就很难想象他们究竟打算怎么应付了。

对英国和法国而言不幸的是，在 1933 年，希特勒执掌了德国，他头脑清晰，有非常明确的政策和计划，集现实主义者、理想主义者和预言家于一身，有时甚至堪比上帝。

"'谁说我会像 1914 年的那些蠢货一样发动战争？'希特勒咆哮道，'我们的一切努力不都是以避免这种情况为目的的吗？大多数人是没有远见的……他们对新颖的、出人意料的事物视而不见，就连那些将军们也是死脑筋。他们被自己的技术知识束缚住了，而善于创新的天才往往总是置身于专家组成的小圈子之外。'”①

　　早在 1926 年，当他还在撰写《我的奋斗》第二卷时，他就非常清楚，在下一场战争中"摩托化"将会"以势不可挡、具有决定意义的形式出现"②。他信奉克劳塞维茨的绝对战争学说和消灭战略。他相信战争是一种政治工具；因此，鉴于他的政治目标是确立德国的生存空间，他便相应地设计了自己的战术。这些战术的目的是在尽可能短的时间内、以极少的财产破坏为代价来消灭敌人的战斗意志。

　　他的战术立足于两个理论——宣传攻势和快速打击攻势。他在时间方面逆向运用了杜黑的理论，也就是说，他的目标是在战争爆发之前（而非之后）打击敌国的平民，用的不是物理手段，而是精神手段。他说过："战争除了诡计、欺骗、迷惑、攻击和偷袭还有什么呢？……有一种更广泛的策略，运用精神武器的战争……如果用其他方式能够更好、更便宜地打击他（敌人）的意志，那我为什么还要运用军事手段呢？"③

　　劳施宁（Rauschning）④的下列引述可以更好地说明他的理论：

　　"在堑壕战中为了让步兵实施正面进攻而进行的炮火准备将来会被创新的宣传手法所取代，在军队还没有开始发挥作用之前，就从心理上击垮敌人。只有先打击敌国人民的士气，让他们做好屈服的心理准备，在道义上陷于被动，才能考虑开展军事行动。

　　"在所有敌对国家，我们都应该找到将会帮助我们的友人。我们应该懂得如何结交这样的朋友。意志混乱、情感矛盾、犹豫不决、惊慌失措：这些都是我们的武器……

　　"在短短几分钟内，法国、波兰、奥地利、捷克斯洛伐克都将变得群龙无首，就像没有总参谋部的军队，所有的政治领袖都被清除了。那种混乱将是令

---

　　① 注释：《希特勒谈话录》（Hitler Speaks，赫尔曼·劳施宁著，1939 年），第 16 页。
　　② 注释：《我的奋斗》，第 537 页。
　　③ 注释：《希特勒谈话录》，第 16—17 页。
　　④ 译者注：德国保守派民族主义者，曾经暂加入纳粹党，后退党移居美国，并公开抨击纳粹主义。他的《希特勒谈话录》一书据称是依据他与希特勒的上百次对话写成的，但其内容真实性长期存在争议。

人难以置信的。而我也早就与一些合适的人沟通过，他们将会组建新的政府——符合我的意志的政府。

"当敌人的意志从内部瓦解时，当他们处于革命爆发的边缘时，当社会有陷入动荡的危险时——这就是合适的时机。必须将他们一举击溃……那是声势浩大、毁灭一切的打击。我不会考虑后果，我考虑的只是这么一件事。"[1]

在另一个场合他曾说道：

"如果我要攻击一个对手，我的做法会和墨索里尼大不一样。我不会提前花几个月时间谈判并进行漫长的准备，而会按照我这辈子一贯的做法，突然地，就像夜空中的一道闪电一样，全力扑向敌人。"[2]

虽然这三种理论都指出下一场战争会与上一场有很大不同，但是进攻和防御的形式及原则仍然是一成不变的，研究战争的人最好先记住这些形式，再着手考察1939—1945年在各式各样的地形和气候条件下进行的历次战役；因为若是没有这些概念，也就没有了对它们进行评判所需的背景知识。

进攻和防御的形式

存在许多次要的进攻形式，例如可以通过叛逃者（宣传）、封锁、声东击西、调虎离山（将敌人从主要战略区域引开）等手段进攻，也可以通过制造恐怖和破坏来进攻，但在狭义的战场上，进攻主要有三种形式——即正面进攻、侧翼进攻和后方进攻。

正面进攻也可分为两种——消耗式进攻和突破式进攻。第一种进攻所用的战法是先与敌军接触并将其拖住，然后迫使他们投入预备队，最后将敌人的实力消耗到不足以继续抵抗为止。此时敌人为了避免被歼灭的命运，将不得不冒着被追击的风险撤退。请记住，追击是一次新的进攻，因此应该动用生力军来实施。

在现代条件下，应该尽可能避免使用这种在一切进攻中最为原始的形式，因为防御时的火力要比进攻时的火力更具杀伤力。所以，即使能将防御方决定性

---

[1] 注释：出处同前，第17—20页。
[2] 注释：引自《德国的战争机器》（Germany's War Machine，阿尔贝特·米勒著，1936年），第30页。

地击败，进攻方付出的代价也可能很高昂。在很久以前的美国内战（一场前装枪时代的战争）中，这个道理就已经显而易见，以下两段引文足以证明："让一个人躲在坑里，"莱曼上校（Colonel Lyman）写道，"再在他身后的小山上放一个优秀的炮兵连，那么即便这人不是一个非常出色的军人，他也能打退三倍的敌人。"[1]弗兰克·威尔克森（Frank Wilkeson）也写道："在我们离开北安娜（North Anna）战场之前，我发现我们的步兵已经受够了向土木工事冲锋的战斗。普通士兵都称工事后面的一个优秀的士兵可以抵得上工事外面的3个。"[2]

突破式进攻的经典战例是公元前331年10月1日亚历山大大帝（Alexander the Great）战胜敌军的埃尔比勒之战（也叫高加米拉之战）。简单说来，他的那次著名机动是这样的：

亚历山大的45000人与大流士（Darius）指挥的拥有巨大数量优势的波斯军队对阵。亚历山大率军沿对角线朝波斯军队左翼的中央前进，当两军接近时，

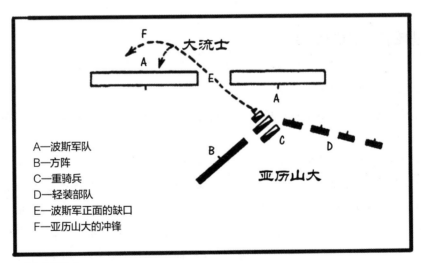

A—波斯军队
B—方阵
C—重骑兵
D—轻装部队
E—波斯军正面的缺口
F—亚历山大的冲锋

∧ 埃尔比勒机动

---

[1] 注释：《米德的指挥部1863—1865》（Meade's Headquarters, 1863—1865年，西奥多·莱曼上校著，1922年），第224页。

[2] 注释：《战斗中的士兵：波托马克军团征战记》（The Soldier in Battle, or Life in the Ranks of the Army of the Potomac, 弗兰克·威尔克森著，1898年），第99页。

他把自己的部队排成箭头阵型；他的方阵（重装步兵）在左翼，轻装部队在右翼，而他的重骑兵则排成楔形位于中央。随着方阵步兵的稳步推进，波斯大军越来越沉不住气，亚历山大注意到波斯军队的正面由于一些波斯骑兵队的前出而出现缺口，于是立刻向该处发起冲锋。在突破敌阵之后，他让自己的骑兵向左移动，从后方击溃波斯军右翼。大流士的整支军队由此在恐慌中一哄而散。

侧翼进攻也分为两种类型——单翼包抄式进攻和两翼包抄式进攻。前者的战例不胜枚举，其中最完美的战例之一就是 1757 年 12 月 5 日腓特烈大帝战胜对手的洛伊滕之战。此役的战术思想则是基于公元前 371 年留克特拉之战中伊巴密浓达（Epaminondas）的著名策略。

腓特烈率领 36000 人马快速推进，大大出乎道恩元帅（Marshall Daun）和大约 85000 奥军的意料。此时道恩匆忙在他右翼的一片沼泽和左翼的施韦德尼茨河（River Schweidnitz）之间布阵，并以洛伊滕村为中心。腓特烈一边佯攻道恩的右翼，一边利用战场上的一片高地作为掩护，神不知鬼不觉地带领大部分兵力横穿于敌军正面，突击道恩的左翼，在逼退这一翼的敌军后趁势攻向洛伊滕。最终他横扫了中央部分的全部敌军。拿破仑将这场战役称为"机动、策略和决心的杰作"[1]。

两翼包抄的经典战例是公元前 216 年 8 月 2 日汉尼拔（Hannibal）大破罗马的坎尼之战。

汉尼拔把自己的步兵分成 3 个梯队，他的西班牙兵和高卢兵组成中央梯队，非洲兵组成两翼梯队。在步兵阵列的两翼他又各布置了一队强悍的骑兵。面对瓦罗（Varro）指挥下以类似方式列阵的罗马军队，汉尼拔命令他的左翼骑兵发起冲锋，击溃了罗马右翼的骑兵。接着，在罗马步兵逼近时，他一边用骑兵追击逃离战场的罗马左翼骑兵，一边将自己的中央梯队调整为向敌军方向凸出的月牙形阵列。这个月牙阵立即遭到攻击，并逐渐被逼退，最后成为两翼凸出、中间凹进的阵型。瓦罗指挥他的士兵涌入这个口袋，挤作一团。突然，汉尼拔

---

[1] 注释：《拿破仑书信集》（Correspondance de Napoléon，第 32 卷），第 184 页。

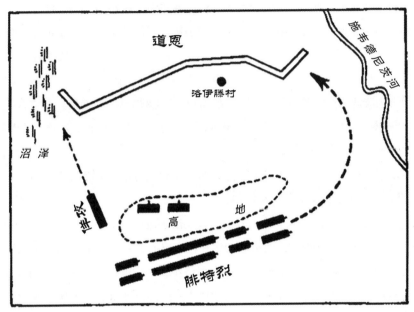

∧ 洛伊滕机动

命令两个非洲步兵梯队前进，然后向内旋转，从两翼夹击罗马。而这时完成追击返回的迦太基骑兵又从后方给了罗马军队重重一击。于是瓦罗的大军就像遭遇地震一样被吞噬了。

在飞机出现之前，严格意义上的后方进攻——不是紧接着突破式或包抄式攻击之后发起的攻击——只能由在负责主要战斗或正面战斗的部队之外独立行动的部队执行。这种进攻形式的一个绝佳战例就是钱瑟勒斯维尔之战。1863 年5 月 2 日，李将军（General Lee）命令"石壁"杰克逊（Stonewall Jackson）率32000 人绕过胡克（Hooker）的正面和右翼，然后突击他的后方。杰克逊成功地完成了这个任务，彻底搅乱了胡克的计划。

防御战术主要分为两大类——直接防御和间接防御。后者包括通过火力防御、隐蔽防御、布设障碍防御和分散来减少被攻击的目标。其中，第三种防御战术包括运用铁丝网、地雷和各种反坦克及反空降障碍。但是，所有这些间接手段都是用来辅助直接防御的。

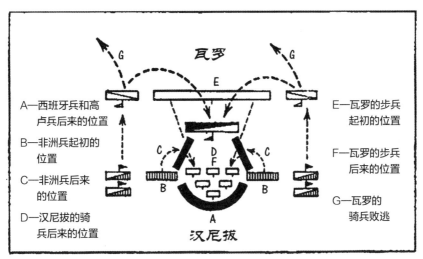

A—西班牙兵和高
卢兵后来的位置

B—非洲兵起初的
位置

C—非洲兵后来
的位置

D—汉尼拔的骑
兵后来的位置

E—瓦罗的步兵
起初的位置

F—瓦罗的步兵
后来的位置

G—瓦罗的
骑兵败逃

∧ 坎尼机动

直接防御具有三种主要形式——线式防御、区域防御和机动防御。

第一种形式的例子包括中国的万里长城、罗马的边墙、第一次世界大战中的战壕和马奇诺防线；第二种形式——经常被称为"纵深防御"以区别于单线防御——是中世纪的城堡建造者和17—18世纪的军事工程师们所采用的防御体系，这种体系依靠建造城堡或堡垒来封锁交通枢纽和天然的通行路线，从而迟滞敌军的推进。这些防御工事通常在一片纵深区域内呈网状或棋盘状分布；第三种形式，机动式直接防御最早的表现形式是盾牌和稍晚的盔甲，它们相当于如今的坦克装甲。不过，说到防御全身的形式，最早的例子应该是马车组成的车阵，匈奴人、蒙古人之类的游牧民族用过它，15世纪的捷克胡斯派也用过它，甚至直到1899—1902年的南非战争期间，布尔人还在用它，尤其是在布巴尔德山战役中。后面我们将会看到，这种防御形式在第二次世界大战中也得到了广泛运用。

乍看起来，飞机的出现似乎带来了一种新的攻防形式——垂直攻防。但事实并非如此。在罗马时代，龟甲形大盾就被用来抵御垂直落下的投射物，其保护功能并不亚于如今的高射炮和混凝土防空洞。而在1066年10月14日的黑斯廷斯之战中，征服者威廉（William the Conqueror）就曾命令自己的弓箭手朝天放箭，从而让这些箭垂直落到哈罗德（Harold）的军队上空。本质上他的做法与当今的轰炸机别无二致，而且也和后者一样常常得不到决定性的效果。

　　从这段简要的历史回顾中可以看出，虽然进攻和防御的手段已经变得面目全非，但是进攻和防御的基本形式却始终未变。或许在军事行为中我们能够找到的最大变化是在行政管理领域而非战术领域——补给和军队的航空运输。这变化是根本性的，因为它可以取代道路和越野机动。在此之前，所有机动都是在地表进行的，而现在必须在它们之外加上特殊机动。因此，战斗如今不仅仅是在某一地区进行，更不是像 1914—1918 年的大多数时候那样仅在几条线上进行，而是在立体空间中进行。所以，我们可以将如今的战场比作一个盒子，盒子中的军队无论是处于静止还是机动状态，至少应该始终做好在各个方向——上方、前方、后方和两翼——自卫的准备，或者应该假设敌人的进攻会在一个或多个方向上发起。战争变得更复杂了，需要考虑的因素更多了，不过这种游戏仍然是在旧棋盘上开展的：因为即使有了飞机，胜负仍然要在地球表面决出。

第二章

德国掌握主动权的阶段，初期的成功与失败

波兰的灭亡

1939 年 9 月 1 日，在第一次世界大战的战胜国解除对敌国贸易禁运的整整 20 年后，德国解除了对战争的禁令。虽然在西线，这年夏天大炮产生的雷霆又一次在道道战壕上肆虐，但是在东线这一次发生的却是闪电战：在一场仅仅持续了 18 天的冲突中，波兰，这个面积 3 倍于英格兰、居住着 3000 多万勇敢的人民的国家，像一座纸牌搭成的房子一样崩塌了。

造成这一结果的原因既有战略上的也有战术上的。首先是因为波兰国土的西半部分形成了一个直指柏林的像猪鼻子一样的巨大突出部，东普鲁士（East Prussia）和波美拉尼亚（Pomerania）在北；西里西亚（Silesia）和斯洛伐克（Slovakia）在南，对它形成南北夹击之势。其次，在维斯瓦河以西并没有天然的防御屏障，而由于波兰和德国的边境线长达 850 英里，当时没有任何一支军队能够守住这条边界。那么，为什么波兰人决定要防守这样的边境线呢？

主要原因是他们的作战要害地区就位于这个突出部，如果失去这些地区，他们就无法供养自己的战斗部队。在这些地区中有四片区域特别重要：（1）波属西里西亚的煤田①；（2）工业城市凯尔采（Kielce）、孔斯凯（Końskie）、奥波奇诺（Opoczno）、拉多姆（Radom）和卢布林（Lublin）；（3）工业城市塔尔努夫（Tarnów）、克罗斯诺（Krosno）、德罗霍贝奇（Drohobycz）和鲍里

---

① 注释：按照《凡尔赛和约》，上西里西亚的主权归属应该通过全民公投来决定，但是虽然公投的结果是 707605 票支持留在德国，479359 票支持并入波兰，战胜国却决定将这片争议领土一分为二。上西里西亚的西北部分归属德国，西南部分划归波兰。"有一些事实很重要：划给波兰的部分包含了当地 67 个煤矿中的 53 个，37 座炼钢高炉中的 21 座，14 座轧钢厂中的 9 座，以及每年 266000 吨锌产量中的 226000 吨——相当于战前全德国锌产量的 70%。"《我们自己的时代 1913—1938 年》（Our Own Times 1913—1938，斯蒂芬·金—哈尔著，1938 年），第 202—203 页。

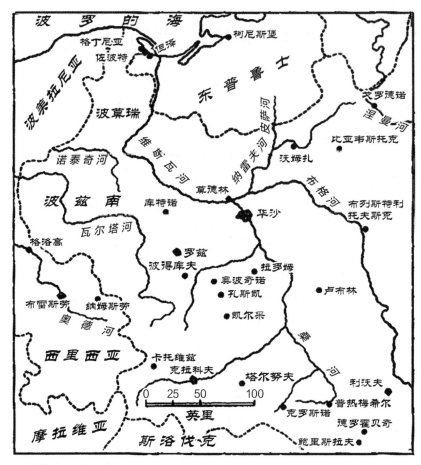

∧ 入侵波兰, 1939 年 9 月 1—30 日

斯拉夫（Borysław）；（4）罗兹（Lodz）一带的纺织业集中地。在第三片区域中分布着波兰的大部分武器弹药生产厂、飞机和汽车制造厂，以及洗煤厂和炼油厂。在这四片区域中，第一片位于和德国交界处，而且本身就在上西里西亚和斯洛伐克之间形成了一个小突出部。第二片位于斯洛伐克以北 100~150 英里处；第三片也在斯洛伐克以北，大约 20 ~ 60 英里处；第四片位于西里西亚以东约 80 英里。

波兰还要面对另两个战略劣势。其一，德军掌握着波罗的海的制海权，因此虽然有波兰走廊，德国本部还是能够与东普鲁士保持密切联系。其二，波兰与其西方盟国的唯一交通线要绕道罗马尼亚和黑海。从战略角度讲，波兰是一个地处内陆的孤岛，它的整条"海岸线"处处都容易遭到入侵。

在战术层面，波兰的劣势同样巨大。波兰的陆军和空军不仅在数量上不如德国，在技术上也要甘拜下风。而且波兰决心保卫的区域是摩托化部队快速机动的理想场所，这一特点在通常天气晴好的秋季尤其突出，单单这个原因就使波兰陆军的战斗力在德军面前大打折扣。更何况在这片地区还生活着大约 200 万德意志族人，因此德军对波兰可谓了如指掌。

波兰选用了折中方案，其中一部分是进攻性的，一部分是防御性的。但是要想公正地评判计划的制定者，我们就应该知道，在他们的预想中西方的盟友将会发起猛烈的攻势，虽说至少在几个月内他们没有权利指望这种进攻成真。波军总司令希米格维·雷兹元帅（Marshal Śmigły-Rydz）本能地厌恶防守，他把信心寄托在军人的武勇上，同时严重低估了装甲战和航空战的潜力。因此他和他的幕僚决定防守从格罗德诺（Grodno）到克罗斯诺的整个突出部并掩护所有工业地区。他的计划是把 6 个集团军（包括 30 个步兵师、10 个预备役师和 22 个骑兵旅）分布在靠近国境线的地方，并将它们各自的预备队和一支总预备队部署在华沙附近。虽说在完成动员后，他将有大约 5 万名军官和 170 万名士兵可供调配，但是这些数字与德军相距甚远，波军的摩托化兵力少得可怜。波兰人的空军拥有大约 500 架可以作战的飞机，装甲部队有 29 个装甲汽车连和 9 个轻型坦克连。此外，他们还缺少重型高射炮和反坦克炮。

德军计划分两阶段实施作战。第一阶段要包围并歼灭维斯瓦河弯曲部的波兰军队，第二阶段则要同时从东普鲁士南下和斯洛伐克北上，在比亚韦斯托克（Białystok）·布列斯特立托夫斯克（Brześć）和布格河（River Bug）以西切断整个波兰。因此，这个计划包括两次两翼合围作战，在华沙以西形成一个内层包围圈，在华沙以东形成一个外层包围圈。

冯·布劳希契将军（General von Brauchitsch）负责来执行这个计划，他可以动用 5 个集团军。他把这 5 个集团军分成 2 个集团军群，两者的分界线是诺泰奇河（River Noteć）。

北方集团军群的指挥官是冯·博克将军（General von Bock），下辖第3和第4集团军。前者位于东普鲁士，后者位于波美拉尼亚。第3集团军的主要任务是向南突击，最终在华沙以东和从上西里西亚及斯洛伐克北进的第14集团军会师。第4集团军的任务是首先歼灭位于波莫瑞（波兰人对波美拉尼亚的叫法）的敌军，然后与第3集团军的右翼联成一片，攻击位于波兹南的波军右翼。

南方集团军群的指挥官是冯·龙德施泰特将军（General von Rundstedt），下辖第8、第10和第14集团军。第8集团军位于波美拉尼亚和勃兰登堡（Brandenburg），它的左翼延伸到诺泰奇河，右翼位于布雷斯劳（Breslau）以东的纳姆斯劳（Namslan），任务是会同第4集团军右翼和第10集团军左翼与波兹南地区的波军交战。位于下西里西亚的第10集团军将要朝维斯瓦河方向突进，并包抄波兹南地区波军的左翼。第14集团军在上西里西亚、摩拉维亚（Moravia）和斯洛伐克集结，任务是歼灭位于克拉科夫（Kraków）地区的波兰军队，并以其右翼为先锋向北推进，与第3集团军的左翼会师。

考虑到作战地域的范围，德军总共投入了45个师[1]，似乎并不是很多，但是与波兰军队相比，德军各师拥有的装备优势，人员配置是对手无法企及的。据猜测，德国机械化部队至少应该有6个装甲师和6个摩托化师参战。德军的4个航空队有2个参加了此战。第1航空队的指挥官是凯塞林将军（General Kesselring），其基地设在东普鲁士和波美拉尼亚；第4航空队的指挥官是勒尔将军（General Löhr），其基地设在西里西亚和斯洛伐克。两个航空队合计约有2000架飞机。[2]

虽然与人多势众的步兵相比，德国的航空兵和坦克兵数量很少，尤其是与其后来发展壮大的规模相比就更显稀少，但是却在作战中发挥了决定性的作用，因而只要研究一下他们的战术就不难发现为何波兰军队的崩溃会如此迅速。

---

[1] 注释：有些资料说德军出动的步兵师有37个，另一些资料则给出了35个和47个两种说法。在9月9日，戈林宣称共有70个师在波兰作战。这似乎是虚张声势，因为约德尔将军在纽伦堡审判中表示，开战时德国共有75个师，其中23个留在西线防守。

[2] 注释：德方的一则声明给出的数字是1000架轰炸机和1050架战斗机。同盟国方面的估计则从3000架到1万架不等。最后一个数字实在太夸张，因为德军在1939年9月1日不太可能有4500架以上的一线飞机。

9月1日凌晨4:40，德军的进攻以全面空袭的形式展开。这一行动完全出乎波军的预料；因为相对而言，他们的思路还停留在1914年的慢节奏战争上：骑兵展开以掩护主力，侦察队发生接触，双方在谨慎试探中前进，并为国内的总动员争取时间。简而言之，他们以为只会发生轻骑兵先头部队的交战，在敌军重骑兵发起冲锋时才如梦方醒。因此，波兰军队作战的大脑在开战后48小时内就瘫痪了。

德军这次空中突击的首要目的就是夺取制空权。只要将波兰空军同时歼灭在空中和地面，就能够达成这个目的。因此，他们集中攻击波兰机场，逼迫波兰飞行员要么升空接受以寡敌众的战斗，要么眼睁睁看着自己的飞机被摧毁。此外德军还攻击了防空阵地、修理厂和广播电台。

德军采用的战术如下：以一架或多架侦察机引导，每9架轰炸机组成一队，以战斗机为掩护，在大约1万英尺的高度飞向目标。在接近目标时，它们的高度会降低到约3000英尺，以3架为一组，在目标上空投下炸弹。完成轰炸后，这些飞机再俯冲到离地面只有几英尺的高度，用机枪扫射可视范围内的任何飞机或人员。有时，在实施轰炸前，会有一架侦察机低空飞行，用一道白烟把目标围起来。

在掌握制空权之后（实际上此时战斗打响才不到24小时），航空兵的任务立刻转变为阻止敌军在地面的一切活动。在空中突击的这个阶段，主要目标是位于维斯瓦河弯曲部的铁路和铁路枢纽，同时还要注意避免破坏德军自己会用到的桥梁。公路上的行军纵队和车队也遭到了攻击，而为了鼓励波军后方的怠工和变节行为，德军还实施了几次空降，投放了一些伞兵。据说"在一些战例中，从天而降的特遣队攻击了敌后的军队指挥部或保安部队"①。

结果，波兰军队的整个指挥系统陷入一片混乱，动员工作被搅成了一锅粥。大部分波兰军队甚至还未来得及抵达其集结地域，而且有好几支部队的集结地在开战后几个小时内就被德军占领了。

德军航空兵的第三个目的是协助和推进地面部队的前进，尤其是在德军所

---

① 注释：《保卫波兰》（The Defence of Poland，诺维德·诺伊格鲍尔中将著，1942年），第206页。

有主攻方向上担任先锋的装甲师和摩托化师。正是这些部队完成了由空中突击开始的打乱敌军组织和打击敌军士气的任务。他们在此时失去指挥的波军战斗部队中造成了极大的混乱，在大多数时候，德军步兵只要稍作战斗就能占领前锋已经通过的地区。

在战争刚爆发时，德军的装甲师编制多少有些臃肿，包括1个师部、1个师属侦察单位、1个坦克旅、1个摩托化步兵旅、1个炮兵团、1个反坦克营和1个工兵营。坦克旅下辖2个坦克团，每团下辖2个营，每营卜辖1个中型坦克连和3个轻型坦克连。一个装甲师合计拥有的坦克数量是400辆左右。为了加强机动性，在1942年这个数字被削减了近一半。

德军的装甲战术主要立足于速度而非火力，因为他们的目的就是加速制造混乱。所以，他们通常把目标定为纵深突破。因而他们通常会避开敌军抵抗据点、筑垒地区、反坦克阵地、丛林和村庄，专找抵抗最弱的路线，插向敌军后方。在突破之后的发展方向是敌军纵深，而不是法军条令规定的较为稳妥的侧方。不过，向纵深发展风险很大，因为面对斗志旺盛的敌人，向纵深发展的部队很可能会被切断。德军清晰地意识到，在投入装甲师之前可以通过空中突击摧毁波军的斗志。每个师都要在不考虑友邻部队位置的情况下勇往直前，各部之间的缺口都要交给后方的部队来保护。在遇到抵抗时，要尽可能绕道，把敌人留给尾随的步兵来解决。德军认为空军和装甲师之间的协同是根本，而轰炸机、强击机和坦克编队之间的协同是补充。此外，他们也非常倚重火炮，包括自行火炮和牵引式火炮。

在战斗的初始阶段，如果无法绕开敌军的抵抗，那么坦克部队的战术通常如下：第一步，排成楔式队形在宽度为3～4千米的狭窄正面推进，对敌军的防御体系实施突破；第二步，由跟随坦克前进的步兵突击队守住突破口；第三步，坦克部队中的一些生力军通过突破口，向两侧呈扇形展开，另一些部队则径直前进，向纵深发展。

但是波军的抵抗实在太微弱，以至于这些战术一般可以简化为这样的程序：坦克部队只管向前推进，而步兵组成的主力在后方10～20英里外尾随。德国第4集团军就是这样从波美拉尼亚一直推进到华沙郊外的，"纯粹依靠第1机械化梯队的突击，该部在 8 天内前进了 240 千米"①。

有意思的是，虽然德军拥有坦克优势，但"波兰步兵有几次使用夜袭战术攻击敌装甲师的指挥部和车辆停放地，取得了突出战果。德军不得不给他们的坦克和装甲汽车配备大功率探照灯，它们的光芒能对攻击部队起到致盲效果，而且如果能辅以明确的计划加以运用，还可在夜间指引防御火力"②。

详细记录自 9 月 1 日起的历次作战并不是本书的目的，但即便只是为了说明这场会战的高效，我们也必须提及几个突出的事件。9 月 5 日，冯·屈希勒将军（General von Küchler）指挥的第 3 集团军左翼在沃姆扎（Łomża）附近渡过纳雷夫河（Narew），右翼与冯·克鲁格将军（General von Kluge）指挥的第 4 集团军（该部此时已经占领波兰走廊）会师。布拉斯科维茨将军（General Blaskowitz）指挥的第 8 集团军迫近罗兹，而古德里安将军（General Guderian）的坦克已经占领彼得库夫（Piotrków）和凯尔采。冯·赖歇瑙将军（General von Reichenau）的第 10 集团军已经征服波属西里西亚的工业区，正在向维斯瓦河快速挺进，而李斯特将军（General List）的第 14 集团军也已经包围克拉科夫。到了 8 日，古德里安的坦克兵临华沙城下，而第 14 集团军业已进至桑河（River San），波兹南的所有波兰军队和从波莫瑞逃出的残部都被压缩在库特娜（Kutno）一带的包围圈中——位于华沙以西 75 英里外——一个星期后全部投降。到了 17 日，维斯瓦河以西的所有战斗基本结束，战火烧到了布格河。这一天，苏联不宣而战，越过了波兰的东部边界。第二天，波兰政府就带着数以万计的难民逃到了罗马尼亚。也在这一天，美国驻外记者威廉·L·夏伊勒（William L. Shirer）在但泽附近的索波特（Zoppot）记录下了沿途见闻："从柏林驱车一整天，经过波美拉尼亚和波兰走廊，到此地。路上排满了从波兰返回的德军摩托化车队。"③他还写道："……45 万波兰军队被俘，1200 门大炮被缴获，还有 800 架飞机被

---

① 注释：《中立视角看德波战争》（A Neutral View of the German-Polish War），罗马尼亚陆军迪努列斯库中校撰文，载《皇家联合军种学会志》（Journal of the Royal United Service Institution, 1940 年 8 月），第 403 页。

② 注释：《保卫波兰》，第 213 页。

③ 注释：《柏林日记》（Berlin Diary，威廉·夏伊勒著，1941 年），第 171 页。

摧毁或缴获；在 18 天的战斗结束后，波军没有一个师，甚至没有一个旅还保持完整。"①

华沙守军坚持到了 27 日，在这一天他们的指挥官请求停火，30 日，包括12 万军官和士兵在内的守军列队出城，交出了武器。

德军在这场惊人的会战中损失异常轻微，而且考虑到他们取胜速度之快，我们没有理由怀疑希特勒宣扬的数字的准确性——只有 10572 人死亡，30322人负伤和 3400 人失踪。对波军的损失我们只能推测，但德军宣称他们抓获了694000 名俘虏。而这场会战最大的战利品是波兰本身，德军占领了这个国家在皮萨河（Pissa）、布格河和桑河以西的国土，共计 129400 平方千米，而苏联吞并了其余部分——200280 平方千米。②

在战术方面，这场短暂的会战具有十分重要的意义，而其短暂的持续时间本身就是对它的礼赞。它不仅检验了瘫痪式攻击战法，而且从极为清晰的战术视角揭示了一个道理：在机械化战争中，首要的作战手段是速度，而不是火力。因此，攻击的目的主要是制造混乱，而不是破坏。速度让德军按计划完成了作战，而缺乏速度正是波军无法调整自身计划的原因。决定这场会战胜负的不是数量优势，而是航空和装甲部队作为一支整合的力量进行作战的速度。假如波军拥有德军的航空和装甲力量，而德军仅拥有波军的武器，再假设波军能够熟练地运用这些部队，那么尽管他们仍要面对那样不利的战略态势，我们也没有理由怀疑他们推进到奥德河（Oder）的速度可以像德军推进到维斯瓦河一样快。不过对他们来说，要像德国占领波兰那样迅速地占领整个德国，可能性是非常低的，

---

① 注释：出处同前，第 177 页。

② 注释：关于此后发生的事件，下列摘自《战争纪实：第一季（1939 年 9—11 月）》【A Record of the War, The First Quarter (September–November, 1939), 罗纳德·斯托尔斯爵士著】，第 349—350 页的叙述很有意思："在 11 月 8 日，有一队战俘（150 名军官）被装进卡车运出了利沃夫（Lwów）。车队经过耶焦尔纳（Jeziorna）后又开了三英里，然后停下，这些军官们被命令面向一条小溪站成一排。然后一支装备了六挺机枪的格别乌行动队从后面开枪射击，把他们全杀光了。"……"在波兰最穷的大省会维尔诺（Wilno）的商店里，士兵们（苏军）被琳琅满目的商品惊呆了……留声机、手表和折刀是最让红军士兵们着迷的。在短短两天时间里，这些商店里所有的廉价手表和折刀就销售一空……但是让士兵们很不高兴的是，购买的物品并没能让他们享用多久。当局一听说这些事情，就把所有手表和折刀都没收了，还严禁把这些危险物品带进苏联，因为它们可能令苏维埃乐园里的人民意志消沉。"

这不仅是因为德国境内的天然屏障要多于波兰，还因为德国主要的作战要害中心位于鲁尔——远在他们可以快速攫取的范围之外。因此，他们无法像德军那样彻底地运用消灭战略。

这场会战还表明，在机械化进攻面前，线式防御已经过时了。事实上，任何形式的线式防御，无论是由永备工事还是匆忙挖成的战壕组成（以在第一次世界大战中一次又一次地阻止了进攻者的工事为代表），都是可资利用的防御体系中最差的一种，因为一旦防线被装甲部队突破，守军是不可能集中己方部队实施反击的。他们就像一个人伸展双臂来面对一个摆出战斗姿势的拳击手，只有先把手臂收回来，才能格挡或反击。不仅如此，此役也表明掩护部队——旨在监视和迟滞敌军，而不是与其进行阵地战的部队——必须具备尽可能高的机动性，这样他们才能快速地前进和后撤。此外，他们还应该配备强有力的反坦克武器。

最后，这场会战清晰地证明了，在机械化部队建立的战术态势下，由于部队是高速机动的，战机稍纵即逝，指挥权与以往相比必须大幅度下放，以使下级指挥官能够因时制宜即刻实施行动。因此，协同应该通过大概的构想来实现，而不能依靠死板地遵循计划，速度在很大程度上取代了条令；但无论如何，速度必须以共同的目标为指导，而所有相关人员都必须对这个目标有明确的理解。

苏芬战争

在波兰被灭国之时，一场同样令人惊讶的冲突正在西边展开。它被称作"假战争"，而从下列说法来看，更贴切的名称是"静坐战"："世界上最强大的陆军——法国陆军好整以暇地进入迄今为止人类所构想出的最强防线中，摆开阵势。人多势众、装备精良、给养充足的英国远征军毫无伤亡地乘船渡海、登陆欧洲并顺利地加入了这座全由军人驻守的固若金汤的壁垒。英法两国精诚合作，迄今为止已保证马奇诺防线免于遭受任何形式的闪电突击（或其他形式攻击），甚至连试探性攻击的威胁都没有。"[1]

---

① 注释：《战争记录，第 1 季度（1939 年 9—12 月）》，第 343 页。

世界上最强大的法国陆军，对峙着不过 26 个德国师，却躲在钢骨水泥的工事背后静静坐着，眼看着一个堂·吉诃德式英勇的盟国被人消灭！然而不久之后——在真相大白之际——我们将会发现这是顺理成章的。

截至 10 月 11 日，英军已有 158000 人在法国登陆，但是直到 12 月 9 日才出现第一例伤亡——T.W. 弗莱德下士（Corporal T. W. Friday）在巡逻时中弹身亡。到圣诞节为止，又有 2 人战死，而法国陆、海、空三军截至此时的总伤亡是 1433 人。

另一方面，在 9 月 3 日（英国宣战的那一天），大西洋海战随着 U–30 号潜艇在多尼戈尔（Donegal）海岸附近击沉 "雅典尼亚" 号（Athenia）而拉开序幕，这一战役将会把英国逼到近乎山穷水尽的地步，并且一直持续到地面上的枪声停息为止。空中的战斗则要晚上一天，在 9 月 4 日，皇家空军攻击了位于威廉港（Wilhelmshaven）和布伦斯比特尔（Brunsbüttel）的德国战舰，稍后又在德国各地散发了传单。自从莫利内拉之战和扎戈纳拉之战[1]以来，还未曾发生过流血如此之少的战争。

10 月 6 日，希特勒提出和平建议，并获得苏联外交人民委员莫洛托夫的声援，不过他的建议被驳回了。接着，在 11 月 30 日，几场出人意料的战事中的第一起爆发，苏联入侵了芬兰。次日，身在柏林的夏伊勒在日记中写道："昨天红空军的轰炸机袭击了赫尔辛基，炸死 75 名平民，炸伤数百人。工人阶级的伟大捍卫者、反对'法西斯侵略'的热情传道者、'谨小慎微、一丝不苟地遵守条约'（引自一个月前莫洛托夫的发言）的正义维护者违反 6 条'神圣'的条约，侵略了欧洲最正派、最偏向工人的民主小国。"[2]

这是一场 18000 万人对 350 万人的战争，然而它的持续时间却是波兰之战的 5 倍以上。

苏联军队兵多将广，芬兰军队却人少力单。一边是 150 万官兵组成的 100 个师、9000 辆坦克和 1 万架飞机。[3]另一边是 33000 官兵组成的 3 个师加 1 个骑兵旅、少数坦克、60 架能够作战的飞机和包括岸防炮在内的 250 门火炮。这支

---

① 译者注：这两场战役都发生在 15 世纪的意大利诸城邦之间，参战军队以雇佣兵为主。
② 注释：《柏林日记》，第 202 页。
③ 注释：一切关于苏联的数字多少都带有猜测性质。

袖珍的芬兰军队的总指挥是曼纳海姆元帅（Field-Marshal Mannerheim）。

苏军的计划就是轰炸和示威。它一边期待着芬兰的工人们发动起义推翻其政府，一边冒着可怕的风雪兵分5路前进（其中主要的一路包括6个师），杀向曼纳海姆防线——在芬兰湾（Gulf of Finland）和拉多加湖（Lake Ladoga）之间横贯卡累利阿地峡（Karelian Isthmus）的一条筑垒地带。他们惊讶地发现自己遇到了激烈的抵抗，再加上地形极难通行——没有道路，树林、湖泊、山丘和沟壑交错，积雪厚达一尺——他们很快就只能停滞不前。

因为苏军坦克不得不使用林间小道行驶，所以有数百辆陷进强风作用成的雪堆里动弹不得。许多坦克被芬军的滑雪巡逻队点火烧毁[1]，这些人穿着几乎能让他们在雪地里隐身的白色斗篷与苏军周旋。他们神出鬼没地在林间高速穿梭，阻滞行军纵队，消灭掉队人员，射击运输车、野战厨房和营地，常常使苏军整个旅的部队陷入孤立，以至于苏军不得不靠飞机为被围部队进行成效甚微的补给[2]。芬军从一开始就给敌人造成了惨重的伤亡，迫使其加倍猛烈地轰炸平民，寄望于靠此举来摧毁他们的士气。

如果说杜黑的理论曾经得到过验证，那么就是在此战中了，因为苏军掌握了绝对的制空权。[3]如果杜黑的理论是正确的，那么在两个星期内芬兰就该投降了，但事实是他们的抵抗变得越发坚决。因此苏军必须寻找其他方法，也就是重拾1916—1917年的战术。

苏军集中了27个师和数量惊人的火炮来对付曼纳海姆防线。1940年2月2日，经过长时间的炮火准备之后，苏军在铁木辛哥元帅（Marshal Timoshenko）的指挥下发起突击。芬军坚守了10天；于13日被苏军突破防线，并于2天后被迫撤退。由于无法在开阔地带抵抗苏军的坦克和大群步兵，他们于3月初请

---

[1] 注释：《我的芬兰日记》（My Finnish Diary，沃尔特·西特林爵士著，1940年），第118页。他指出苏军坦克脏得出奇，表面沾着许多机油。这就解释了它们为什么这么容易着火。

[2] 注释：通常空投的给养都会落入芬军手中。

[3] 注释：苏联空军虽然庞大，却很低效。"频繁的'清洗'消灭了许多一流的航空工程师……比较年轻的人都不愿表现出任何进取心和主动精神……据说芬兰人在一些被击落的飞机中发现简单的乘法表和先进的导航仪表放在一起……军官们则极其傲慢自大。"《苏联空军与对芬战争》，载《皇家联合军种学会志》，The Soviet Air Force and the War with Finland，1940年5月），第298—299页。

求停火。随后他们很不情愿地进行了和平谈判，并在 2 天后签署和约。

　　虽然这场会战意义不大，但其中的经验教训却很有启发性。第一，它证明了无论敌人有多么弱小，轻视他们始终是危险之举。在苏军的想象中，只要展示一下武力就足以吓得芬军立即投降，于是他们精心准备了用于宣传的电台广播、军乐队和电影，但却完全没有考虑战略、战术和行政方案。这种错误的思维使他们陷入了泥潭。正如希特勒早在《我的奋斗》中指出的："……人类不会为了物质利益牺牲自己……他们愿意为理想而死，而不是为事业去死。"[①]芬兰的理想是自由，而不是马克思主义事业。第二，对那些理智的人来说，这场战争有力地颠覆了杜黑的理论。它证明飞机轰炸和大炮轰炸一样，是缓慢削弱敌人的手段，并不能快速见效。第三，无论武器的威力有多大，如果不能适应地形和气候，那就毫无价值。第四，芬军的高机动性和之前德军在波兰表现出的高机动性一样，其再一次被事实证明优于纯粹的数量优势。

　　最后，考虑到之后发生的事件，这一仗最重要的意义就是暴露了苏军统帅部的昏庸无能。他们毫无战略头脑，在战术上愚昧无知，行政管理上漏洞百出，而这一切足以令希特勒相信 1939—1940 年的苏联军队和 1914—1917 年的苏联军队相比还是老样子。如果连芬兰这么弱小的国家都能够取得这样的战果，那么掌握着第三帝国强大武力的她还有什么做不到呢？

挪威之战

　　在苏军粉碎芬军抵抗的同时，静坐战仍在继续，除了一些零星空袭之外，唯一值得关注的事件发生在海上。在 12 月中旬发生了拉普拉塔河口之战，导致德国袖珍战列舰"斯佩伯爵"号（Graf Spee）沉没。在 2 月 12 日，一支具有相当规模的运输船队将由澳大利亚和新西兰士兵组成的两个师的主力运至埃及。一个星期后，德国武装商船"阿尔特马克"（Altmark）号在挪威海域被英国水兵跳帮占领，船上的 299 名战俘得到解救。虽然此事惹恼了挪威政府，但是在 4 月 8 日早晨，英法两国政府还是通知前者：为了阻止德国沿挪威西海岸进行的

---

①注释：《我的奋斗》，第 138 页。

海上运输，同盟国已于前一天晚上在挪威领海布雷。

　　这是侵犯挪威中立地位的行动，很可能将她卷入战争。那么同盟国有没有做好在德国出兵干涉时支援挪威的准备呢？答案是没有。当天晚上英国在斯卡帕湾（Scapa Flow）的海军基地遭到德国飞机猛烈轰炸，9 日清晨，当住在哥本哈根的丹麦人骑着自行车去上班时，突然遭遇了一队向着丹麦王宫进发的德国士兵。起初他们以为这是在拍电影①，片刻之后，王宫的卫兵开了火，德军随即还击，最后丹麦国王派出自己的副官阻止了这场交火：丹麦就这样向希特勒屈服了。有史以来最大胆、最具魄力的军事行动之一随着这一事件而揭开序幕——行动的主要目标就是在一天之内占领挪威的所有要害中心。

　　这场令人惊异的行动是希特勒的战略付诸实践的第一个例子……"如果用其他方式能够更好、更轻易地打击敌人的意志，那我为什么还要运用军事手段呢？"下文概述的史实将会印证这一战略的精明之处（虽说其道德性有疑问）。

　　虽然挪威军队规模很小②，希特勒却并不打算直接攻击它，因为在 4 月 9 日之前，他早已发动了直接针对挪威人民的攻势。他知道在一个民主国家，如果人民同情敌人，那么军队的士气将会涣散。③他通过颇有说服力的宣传，早就在挪威制造了一个广泛的亲德群体④，其头目就是挪威国家统一党的元首维德昆·吉斯林少校（Major Vidkun Quisling）。⑤这些将被称作"第五纵队"的人构成了他的攻势的战术基础，而他的战略目标是：

　　（1）通过在挪威西海岸建立空军和海军基地，限制英国海军的力量。

　　（2）为德国海军舰队开辟通往北海和大西洋之路。

---

　　① 注释：《柏林日记》，第 250 页。根据纽伦堡审判中出示的证据，入侵挪威的准备工作早在 1939 年 10 月就开始了。

　　②注释：总共只有 14500 名官兵。

　　③注释：这就是为什么在独裁专制的国家，政府要豢养两支军队，一支用来对付敌人，另一支用来控制人民。

　　④注释：第二次世界大战有别于第一次世界大战的一个重要特点是：在众多被德国占领的国家以及好几个未被其占领的国家，人民都对某些被与民主制度混为一谈的事物怀有强烈不满。他们相信希特勒的目的是正确的，只是方法错了。他们相信他是为他们抵御亚洲布尔什维主义的坚盾，而他们对于后者有着宗教式的恐惧。此外，他们还相信被希特勒所唾弃的旧有金融和经济制度是一切社会和国际冲突、失业和战争的根源。

　　⑤注释：吉斯林少校曾一度担任挪威驻莫斯科使馆的武官，他在那里学会了憎恶和畏惧共产主义。

（3）对英国到苏联北部的海上交通线形成拦腰斩断之势。

（4）保护西瑞典运送铁矿石的海路。

在 4 月 21 日的《法兰克福日报》上刊登的一篇文章清楚地解释了挪威对于德国的重要性，下面摘录其中一段：

"在一场以大不列颠为敌的生死斗争中，占领这片出发阵地，而不是将它以及整个斯堪的纳维亚半岛的战略利益和经济利益拱手让给敌军，真的（就像英国人所坚持认为的那样）是个巨大的错误吗……在取得初期的成功之后，除了从中产生的经济利益，我们还获得了牵制和削弱英法海空力量的有利条件，并能迫使英国接受战斗……西方列强早晚被严重削弱——在北海以及英法两国拥有至关重要利益的其他海域，尤其是地中海。西方列强的海军优势不是取决于他们实际拥有多少舰队，而是取决于这些舰队比其他强国的舰队强出多少。对于所有为了贯彻其生存空间主张而希望终结英法海军霸权的人来说，这都是非常重要的因素。最近几天在意大利，对于北海和地中海之间的联系的强调超过了其他任何地方。"①

为了实现上述战略目标，在战术上，必须抢英国之前夺取挪威所有主要的机场和港口——这就是第五纵队发挥作用的地方。只要德国方面一声令下，他们就会抢占这些目标，并坚持到空运和海运的德军抵达为止。空运的部队在接到命令后只需几个小时就能到位，而为了加快海运部队的到达速度，德军效法前人，重施了特洛伊木马之计。在入侵开始的几天前，部队就登上运输矿石、煤炭和其他商品的商船，分头驶向多个目的地。

在德军占领丹麦的同时（这为德军提供了位于北海和斯卡格拉克海峡侧翼的机场），挪威国内的第五纵队成员执行了他们的任务，并立刻得到了空运部队和"特洛伊木马部队"的支援。接着德军主力也乘船经斯卡格拉克海峡抵达。

奥斯陆是这次入侵的关键点，它被空降兵支援下的第五纵队人员占领，与此同时，在强大的海军舰队护卫下乘坐运输船抵达的部队对港口守军发起了强

---

① 注释：引自《战争纪实：第三季》（A Record of the War, The Third Quarter，菲利普·格雷夫斯著），第 62-63 页。

攻。在这场战斗中德军损失了万吨巡洋舰"布吕歇尔"号（Blücher）和包括运输船在内的另外几艘舰船。位于奥斯陆以北 800 英里的纳尔维克（Narvik）被海军护航下的"特洛伊木马部队"夺取。在那里登陆的士兵是接受过山地战训练的奥地利人。克里斯蒂安松（Kristiansund）、特隆赫姆（Trondheim）、卑尔根（Bergen）和斯塔万格（Stavanger）都以类似的方式被占领，而挪威境内最重要的机场——斯塔万格附近的苏拉（Sola）机场则被空降兵拿下。到了 9 日入夜时分，以上所有地点都已落入德军手中，入侵指挥官冯·法尔肯霍斯特将军（General von Falkenhorst）督促大部队从奥斯陆出发，沿铁路和公路开往上述地方，只有完全与世隔绝的纳尔维克除外。

这场攻击的迅速和突然一时间令英国和法国政府手足无措。很显然，要想立即发动反击，只能通过海上和空中。这个道理是如此浅显，以至于在英国公众看来，"希特勒的冒险令他主动钻进了英国海军的罗网"[①]。然而，虽然时任海军大臣是好战的丘吉尔，但是在 15 日之前，英军除了在斯卡格拉克海峡布雷外未采取任何阻碍入侵者的措施。

15 日，英军一支小部队在纳尔维克以北登陆。此举的目的令人费解。格雷夫斯（Mr. Graves）一针见血地指出："如果有一支德国远征军打算突袭伦敦，另一支要在赫尔（Hull）立足，那么前来救援的美国远征军在因弗内斯（Inverness）的成功登陆对于正在英格兰中部地区挣扎求生的英国军队是没有多大意义的。"[②] 16 日，卡尔东·德·维亚尔将军（General Carton de Wiart）又率部在纳姆索斯（Namsos）登陆，18 日，B.C.T. 佩吉特将军（General B. C. T. Paget）也在翁达尔斯内斯（Åndalsnes）登陆。按照计划，这几次登陆只是牵制行动，主力将直接攻击特隆赫姆，因为那是一个有相当规模的港口，而且其近郊还有一个机场。但是，还没等牵制部队向内陆推进，主攻行动就因为舰队将会暴露在空袭下而取消了。如果高层在派出两支牵制部队时也考虑到这一点，那么还有一丝胜算，然而并

① 注释：出处同前，第 30 页。
② 注释：出处同前，第 42 页。译注：赫尔是英格兰东北部的港口城市，而因弗内斯是苏格兰北部的一座城市。

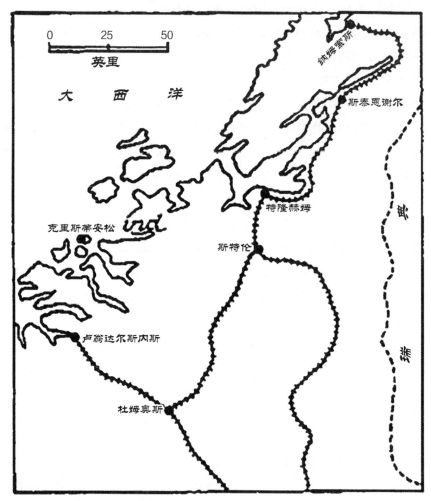

∧ 特隆赫姆战役，1940 年 4 月 15 日—5 月 3 日

没有。这两支部队就在没有空军保护的情况下向内陆推进，在被德军无情地轰炸了 10 天后，同盟国最高战争委员会决定让他们撤退。这场极为艰难的行动在 5 月 2—3 日成功实施，但是同盟国的舰船也遭受了重大的损失。

从战术角度讲，这场短暂的会战表明，若不能将空权与海权和陆权结合起来，海军和陆军本身的战斗力就会大打折扣。皇家空军对斯塔万格的机场实施的轰炸毫无用处，因为德国空军可以从挪威所有的机场起飞作战。地面部队需要的是直接空中支援，既然这一愿望无法实现，那么英法远征军的失败从一开始就注定了。此外，这场会战也再一次证明，战斗的成败有9成取决于攻击的速度，而不是参与战斗的军队规模。不是因为速度能造成实际的破坏，而是因为它能够扰乱敌方的军心。毫无疑问，英法两国的政府和他们的总参谋部在德军大胆而突然的进攻面前方寸大乱。他们采取的应对措施已经明确证明了这一点。

但是这场会战的主要影响却不是在战略方面（尽管它有很重要的战略意义），而是在心理和政治领域。一方面，德军的威名大大提升；这导致很多中立国认为德国是不可战胜的。另一方面，此战也引发了英国的政局动荡。5月7日，英国国会下议院开始就挪威的战事进行商议。9日，国会进行分组表决，执政党虽然侥幸过关，但支持票之少表明内阁已经失去了国会的信任。于是在10日，张伯伦辞职，丘吉尔接替他成为首相。

荷兰和比利时的崩溃

在英国，德国入侵挪威之举被称作"一场疯狂的赌博"。就连丘吉尔也认为它无非是又一个"西班牙溃疡"[①]。"我必须向国会声明，"他在4月11日说，"我觉得已经发生的事件给我们提供了巨大的优势，前提是我们……要从不共戴天的仇敌在一怒之下所犯的战略性大错中最大限度地攫取利益。"[②]

然而这真的是个大错吗？很显然，如果我们还记得希特勒的生存空间（他的目标）理论，而且相信在欧洲的战争中他必定自始至终贯彻这个理论（否则他的战略就令人无法理解了），那么我们就会发现，征服挪威是征服西方的第一步，而征服西方，从战略角度讲，是他掉头东进对付苏联的必要前提，唯有这样才能把战争简化为单线作战。

[①] 注释："我本人认为，"他说，"希特勒入侵斯堪的纳维亚的行动和拿破仑1807或1808年入侵西班牙的行动一样，是巨大的战略错误和政治错误。"（《英国议会议事录》，第359卷，下院讨论第5辑，第359栏。）

[②] 注释：出处同前。直到4月20日，在《曼彻斯特卫报》的报道中他还表示："同盟国军队……将在今年夏天把维京人的土地、挪威的土地上纳粹暴政的污泥浊水荡涤干净。

要征服西方，就必须解决法国和英国，虽然希特勒可以直接进攻法国，但对英国则行不通，不仅因为英国是个岛国，还因为她的海军阻断了直接进攻之路。因此，削弱英国海军的战斗力就成了两个主要问题之一，而要解决这个问题，必须：（1）使北海无害化；（2）在挪威的大西洋沿岸建立航空和潜艇基地；（3）使英吉利海峡无害化；（4）在法国的大西洋沿岸建立航空和潜艇基地。然后，从挪威和法国的大西洋沿岸发起针对英国补给线的作战，并且封锁北海和英吉利海峡的一切海上交通，这就有可能使英国陷入严重的经济困境，不得不同意德国的和平条件。但是，这要取决于美国愿意在多大程度上支援英国。

从战略角度讲，上述要求的第三和第四条包含了第二个主要问题——占领法国。显然，通过取道荷兰和比利时进攻法国可以最快地解决这个问题，因为这一行动可以避免正面进攻仅仅延伸到蒙梅迪（Montmédy）的马奇诺防线。[①] 而且，此举若能成功，还可占领法国位于诺尔省（Nord）和加来海峡省（Pas de Calais）的作战要害地区。失去了这些地区的工业和煤矿，法国军队就无法长期坚守。由于这些地区距离德国边境不过150 ~ 200英里，再考虑到截至此时德军的所有进攻都具有行动神速的特点，显而易见，他们在挪威取得的胜利并不会造成又一个"西班牙溃疡"，倒是会引发一次决定性的"截肢手术"——将法国与英国割裂开来。

因此，德军由冯·曼斯坦因将军（General von Manstein）提议并详细制定的计划并不像太多人断言的，是1914年的施利芬计划的翻版（该计划以洛伊滕的那次机动为基础）。事实上，它是埃尔比勒之战的变体，目标不是从侧翼包抄敌军然后向内卷击其左翼，而是突破敌军的正面，然后向外卷击其左翼，同时针对敌军右翼的后方展开行动。

---

① 注释：常有人说，马奇诺防线没有延伸到海边是因为比利时政府认为这样做是不友好的行为。其实主要原因是法国的人力不足以在给马奇诺防线配齐守军的同时再维持一支野战军。假如1940年法国的野战军是高度机械化的，而且领导力、士气高昂，那么我们没有理由认为马奇诺防线还会得到现实中的恶名。它是一面盾牌，需要配以一柄利剑，而不是延伸到英吉利海峡的另一面盾牌。然而法国野战军却不是利剑，只是一条扫帚柄。

　　与这个计划相对的是有史以来最愚蠢的自杀行为之一。马奇诺防线的终点一直延伸到蒙梅迪，而从战争爆发到德军进攻，英法两军一直在忙于用一条野战防御地带将它和英吉利海峡连接起来；因为按照法国人的战争理论，上一次战争中的堑壕战僵局又将重现。尽管如此，在1939年10月和11月，同盟国又制定了所谓的D计划，规定在德军入侵荷兰和比利时，或者仅仅入侵比利时的情况下，部队应该放弃这条防线，前出至迪勒河（Dyle）或埃斯科河（Escaut），此举不是为了进攻德军，而是为了占据由价值不大的野战工事掩护的防御阵地。

　　这个计划有两个附属的小计划，分别由荷兰军队和比利时军队执行。前者的任务是在该国的整条东部边界上迟滞敌军；要以重兵防守谷地防线、拉姆—皮尔（Raam–Peel）防线【前者从须得海（Zuider Zee）边的埃姆讷斯（Eemnes）延伸至赫拉弗（Grave），后者从赫拉弗延伸至韦尔特（Weert）】，如果力不能支，则后撤至荷兰堡垒（Fortress of Holland）和东方防线【默伊登（Muiden）—乌得勒支（Utrecht）—霍林赫姆（Gorinchem）】。后者的任务是在从安特卫普（Antwerp）到列日（Liège）的阿尔贝特运河（Albert Canal）沿岸以及从列日到那慕尔（Namur）的默兹河（Meuse）沿岸阻滞敌军，如果守不住，则后撤至安特卫普至那慕尔一线。荷军与比军之间没有协同，而比军和法军之间的协同也只是聊胜于无。

　　德军的计划并非仅仅基于数量优势，还基于指挥统一、目标明确、武器精良、机动灵活和战术得当，而最重要的还是士气优势。包括沿马奇诺防线与法军对峙的部队在内【德军为此部署了冯·勒布将军（General von Leeb）指挥的C集团军群，用于监视被禁锢在这条防线里的26个法国师】[①]，德军总共投入了150

---

　　① 注释：在这条战线上，双方完全相安无事。法国人没有开枪是因为：他们对德国人的看法是"Ils ne sont pas méchants（他们不是坏人）"，而"如果我们开火，他们会还击的"。【《法国发生了什么》（What Happened to France，戈登·沃特菲尔德著，1940年），第16页】在5月1日，夏伊勒先生曾看见德国儿童在法国士兵众目睽睽之下玩耍；德军士兵则在颠球和嬉戏，莱茵河两岸的火车都在照常行驶……"这里一枪未放。天空中连一架飞机都看不到。"（《柏林日记》，第254页。）

个步兵师来对付荷兰、比利时、波兰、法国①和英国的 106 个步兵师，其中包括
10 个装甲师，还可能有 10 个摩托化师，以及 4 个航空队的 3000～4000 架飞机，
而同盟军只有 3 个装甲师（全是法国的），在空中力量上也处于劣势。按照魏
刚（General Weygand）将军的说法，法军可以凑出 700～800 架一线飞机，荷
军和比军各有大约 200 架；而英国远征军也只有 200 架左右，因为皇家空军的
主力留在了英国，负责本土防空和战略轰炸。

　　不过德军与大多数盟军相比具有绝对优势的方面是士气，正如波利比奥斯
（Polybius）所言："在一切可能影响战争胜负的因素中，战士的精神面貌是最
具决定意义的一个。"德军的士气"非常高昂"②，而法军则是非常低迷——"法
国军队从上到下，每一级都存在背叛行为"③。法国平民和军队一样，被布鲁姆
人民阵线④彻底消磨了战斗意志，又深受社会主义者宣传的影响。⑤在荷兰则存在
势力强大的国家社会主义运动，比利时也有稍弱一些的法西斯运动——以德格雷
尔（Degrelle）为首的君王党。足以可见，希特勒在心理战上的成功是惊人的。

　　在面向荷兰、比利时和卢森堡的边界上，德军部署了 2 个集团军群和 1 个
由冯·克莱斯特将军（General von Kleist）指挥的装甲集群。北面的 B 集团军群
由冯·博克将军指挥，南面的 A 集团军群由冯·龙德施泰特将军指挥并由冯·克
莱斯特提供支援。冯·博克的目标是在尽可能短的时间内占领荷兰，利用其境
内的机场从北面攻击比利时的侧翼；而龙德施泰特和克莱斯特的目标是尽快突

---

　　① 注释：法军分为三个集团军群：第一个由比约特将军（General Billotte）指挥，包括 40 个师，面向
比利时部署；第二个由普雷特拉将军（General Prételat）指挥，包括 26 个师，把守马其诺防线；第三个
由贝松将军（General Besson）指挥，包括 36 个师，警戒瑞士和意大利方向。此外，其中应该有 32 个师是
作为预备队分散在各处，其中 8 个应该在比利时战线后方。戈特勋爵（Lord Gort）的英国远征军有 10 个师，
荷军也有 10 个师，而比军有 20 个师。

　　② 注释：《柏林日记》，第 345 页。关于法国人和德国人的士气，见第 341—346 页。

　　③ 注释：出处同前，第 342 页。在《关于法国的报告》（Report on France，托马斯·凯曼著，1942 年）
中可以找到许多关于 1940 年法军军纪彻底涣散的信息。如此惊人的败坏已经使法国军队装备什么武器变得
无关紧要了。这支军队不想战斗，毫无斗志，就像老鼠见了猫一样。在 1939 年 9 月 2 日，我曾在奥斯瓦尔德·莫
斯利爵士（Sir Oswald Mosley）的《行动报》上写道："法国人会做什么？我不是先知，但我猜他们会坐在
马其诺防线里面，剪开《巴黎生活》杂志，用里面的美女图装点他们的掩蔽部，仍然感到欲壑难填，于是吵
着要回家。"

　　④ 译者注：以安德烈·莱昂·布鲁姆（André Léon Blum）为首的法国左翼政党联盟，1936—1938
年在法国执政。

　　⑤ 注释：见《关于法国的报告》。

∧入侵荷兰，1940 年 5 月 10—14 日

破保护比利时的阿尔贝特运河防线，同时穿过阿登（Ardennes）打击迪南（Dinant）和色当（Sedan）之间的比法联军防线并突破之。

5 月 7 日，关于德军即将进攻的流言甚嚣尘上，9 日午夜过后不久，荷兰上空传来众多飞机的轰鸣声。随后，荷兰各机场和海牙（The Hague）遭到空袭的报告便纷纷传来，接着又有消息说大批伞兵降落在机场，尤其是荷兰堡垒内部的机场，其中位于瓦尔哈文（Waalhaven）的鹿特丹（Rotterdam）机场是最重要的一个。在瓦瑟纳尔（Wassenaar）、海牙附近的法尔肯堡（Valkenburg）、多德雷赫特（Dordrecht）、穆尔代克（Moerdijk）等地也有伞兵空降，他们抢占了一些桥梁并与荷兰的第五纵队取得联系，后者为他们提供了极其重要的协助。马斯河（Maas）上的 2 座桥、旧马斯河（Oude Maas）上的 1 座桥以及穆尔代克河的 2 座桥都落入德军手中，埃塞尔蒙岛（Ysselmonde）的大部分区域和多德雷赫特都被占领，海牙遭到孤立。在通过这些行动引发混乱的同时，一支强人的德军装甲纵队在亨讷普（Gennap）渡过马斯河，以迅雷不及掩耳之势突破拉姆—皮尔防线的左翼阵地，径直扑向西边的穆尔代克。在南边，另几支装甲纵队在洛特姆（Lottum）和芬洛（Venlo）渡过马斯河，向艾恩德霍芬（Eindhoven）和布雷达（Breda）挺进。

虽然荷军在许多地方进行了顽强的战斗，还夺回了不少机场和其他重要设施，但是荷军指挥机构在突然而迅速的攻击下彻底瘫痪，因此无法组织起协同抵抗。11 日，德国空军的狂轰滥炸使荷兰空军仅剩下 12 架飞机，这进一步加剧了荷军的混乱。

12 日午后，从亨讷普出发的德军先头部队在鹿特丹以南与其空降部队会师。这意味着胜负已定，2 天后战斗告一段落。14 日，德军宣布称，如果荷军不停止抵抗，就通过空袭将鹿特丹和多德雷赫特夷为平地。尽管后来荷军同意投降，德军并没有等待答复就派出了大约 50 架飞机轰炸鹿特丹，当时有报道说 3 万人被炸死，2 万人被炸伤，事后表明这很可能是德军为制造恐怖进行的一次宣传。

德军巧妙地运用战术攻击荷军的机场。他们首先用在中等高度飞行的轰炸机攻击机场周边，把荷军的高射炮手赶进防空洞里；接着用俯冲轰炸机和对地扫射的战斗机使守军不敢冒头；"然后伞兵部队立刻降落到机场上。因此当守军冲出来想射击飞机时，会发现自己正对着敌人的冲锋枪口。"[1]

在攻击荷兰的同时，德军也对比利时发动了进攻，同样是优先轰炸机场，

---

[1] 注释：《德国空军》（The Luftwaffe，格雷著，1944 年），第 176 页。

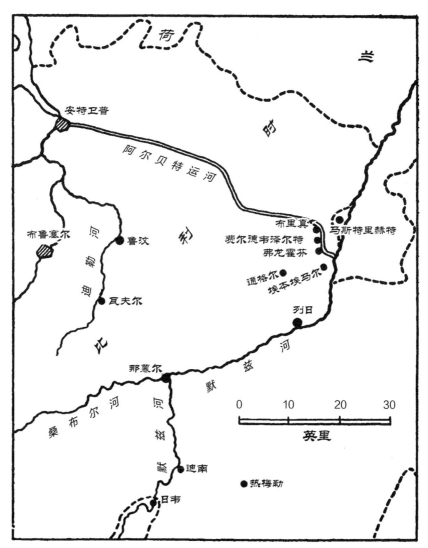

∧ 入侵比利时，1940 年 5 月 10—13 日

同时还有布鲁塞尔、安特卫普和那慕尔的郊区，以及重要的铁路枢纽热梅勒（Jemelle）。伞兵主要被用于制造恐慌和夺取荷兰城市马斯特里赫特（Maastricht）的马斯河大桥以及布里真（Briedgen）、费尔德韦泽尔特（Veldwezelt）和弗龙

霍芬（Vroenhoven）的阿尔贝特运河桥。同时他们还攻击了埃本埃马尔（Eben—Emael）要塞。

从以下两段叙述可以看出，德军的大胆是异乎寻常的：

"由滑翔机运输的部队降落在弗龙霍芬、费尔德韦泽尔特和布里真的桥梁后方，同时德军飞机不断轰炸整片地区。机降部队在伞兵部队支援下，奇袭了桥梁守卫部队，从后方占领了这些桥梁。而掩护这些桥梁的埃本埃马尔要塞的大炮已经在这种新的作战方式打击下失去战斗力。几架滑翔机利用黑暗掩护，早已降落在要塞顶部。滑翔机上的乘员以爆破方式使要塞的防御火器一一失效或直接被摧毁。"①

"夺取马斯特里赫特大桥的过程惊险至极，简直像一个传奇故事。一个穿着便衣的男人在东岸走向桥上的哨兵，请求和他相识的哨兵允许他去西岸与一个朋友话别。哨兵放他过了桥，他走过桥，和自己的朋友交谈了几分钟后，两人一起信步朝着哨兵走来。接着，第二个人突然发难，拔枪打死了哨兵，然后箭步冲回对岸，切断了为爆破桥梁而准备的地雷引线；与此同时，第一个人捡起哨兵的步枪，轻松阻止了所有想妨碍他们办事的人。这次行动安排得天衣无缝，几分钟后，伞兵和滑翔机就穿云而下，降落在荷军要塞顶上和位于大桥西边的比军要塞顶上（大桥是荷比两国的界桥，位于荷兰领土内）。"②

11日，德军在阿尔贝特运河左岸取得立足点。此时德军一个装甲师快速通过突破口，向通格尔（Tongres）挺近，形成对整个运河阵地的合围之势，迫使守卫该地的比利时第4师和第7师后撤至安特卫普—那慕尔一线，与法军和英军合流。

因为这场入侵法国的前哨战包含很多心理战的成分，所以在此考察它的一些心理效果并无不妥；它们对法国人民和法国军队的精神状态造成了深远影响。

---

① 注释：《比利时官方战况公报1939—1940年》（Belgium: The Official Account of What Happened, 1939—1940），第33—34页。
② 注释：《一个参谋军官的日记》（The Diary of a Staff Officer，1941年），第15页。在马斯特里赫特以南至列日以南地段的比利时守军并不比马其诺防线任何一处的守军弱。埃本埃马尔要塞更是以坚固著称，比利时人甚至怀疑敌人根本不会进攻它。但是维青中尉（Lieutenant Witzing）率领120人乘坐大约10架滑翔机降落在要塞头顶，然后就使它彻底瘫痪了。

虽然法国人民和军队已经目睹了波兰和挪威的亡国之祸，也知道德国优势的空军力量在其中发挥了很大作用，但是直到自己国土上的汽笛响起，他们才开始吸取教训。说来也许有些奇怪，空袭警报对人们意志的打击更甚于空袭本身。恐慌情绪由此开始蔓延，并由于人们对伞兵和特务的恐惧而大大加快。"每个人都说自己看见敌军的伞兵从天而降，每个人都成了怀疑对象，就连同盟国的军官和士兵都会被法国当局逮捕，其中有些人被捕时身上还带着重要的命令。"[1]

这种恐怖气氛，再加上关于敌军暴行的种种传闻，导致数以十万计的比利时平民涌向法国边境。公路不通，铁路拥塞，谣言四起，食品店和加油站被洗劫一空，如此广泛的大混乱严重延误了部队调动，某些情况下甚至使他们无法进行任何机动。在这种由恐怖气氛组成的弹幕掩护下，德军大踏步向着布鲁塞尔前进并穿越阿登森林。

法国的沦陷

5月10日，法国境内军队部署如下：在从英吉利海峡到马奇诺防线的北段，是比约特将军指挥的第1集团军群，下辖40个师；沿马奇诺防线布防的是普雷特拉将军指挥的第2集团军群，下辖26个师；面向瑞士边境和滨海阿尔卑斯山脉（Maritime Alps）布防的是贝松将军指挥的第3集团军群，下辖36个师。共计102个师，其中32个作为预备队分散在整条战线的各处。第1集团军群各部从左到右依次是：法国第7集团军，司令是吉罗将军（General Giraud）；英国远征军，司令是戈特勋爵；法国第1集团军，司令是布朗夏尔将军（General Blanchard）；法国第9集团军，司令是科拉将军（General Corap）；法国第2集团军，司令是安齐热将军（General Huntziger）。

当天下午4：30，位于阿拉斯（Arras）的英军指挥部以及同盟国军队后方地域和机场遭到猛烈轰炸，1个小时后，法国东北战区司令乔治将军（General

① 注释：《伞兵》（Paratroops，米克舍上尉著，1943年），第38—39页。虽然法国总理雷诺先生宣布一旦发现德国伞兵就当场枪决，但是对缓解恐慌毫无帮助。

Georges）命令部队向迪勒河前进。[1]于是，上述的 4 个集团军以梅济耶尔（Mézières）—色当为轴向右旋转，截至 12 日，在未受到德国空军阻挠的情况下[2]，同盟国各部占据了下列阵地：比利时军队在安特卫普和鲁汶（Louvain）之间，英国远征军在鲁汶至瓦夫尔（Wavre）一带，法国第 1 集团军在瓦夫尔至那慕尔一线，第 9 集团军在那慕尔至色当一线，而第 7 集团军为了援助荷兰军队，正向着布雷达前进。当天，戈特勋爵请求英国陆军部加紧派遣英国第 1 装甲师。在他的"第二份快报"中，他声称自己的战斗机截至 12 日已经减少至 50 架，因此在这种情况下已经不可能实施战术侦察。

再没有什么行动能比盟军左翼的这次前进更好地配合德军的计划。此前一直紧闭的大门打开了，在此之后，它能否经受住敌人的猛攻就主要取决于铰链的强度了。组成铰链的是法国第 9 集团军，它下辖 2 个现役师和 7 个预备役或守备师，后者的士兵多为老弱病残，训练和装备都不足。2 个现役师位于左翼，把守在那慕尔以南 15 英里长的默兹河沿岸；该集团军前线的其余部分长 40 英里，由 3 个预备役师和 1 个守备师把守，其中处于最右翼的一个师连一门反坦克炮都没有。该集团军的右邻是法国第 2 集团军左翼的 2 个师，其官兵也都是年长的预备役人员。盟军高层认为这些二流部队足以守住阵地，他们不相信德军会尝试以主力穿越阿登发动进攻。[3]

然而，冯·龙德施泰特的集团军群恰恰打算穿越该处。这个集团军群下辖的第 4 集团军在冯·克鲁格将军指挥下已经运动到亚琛（Aachen）以南；冯·李斯特将军的第 12 集团军在它南方；位于更南方的则是冯·克莱斯特将军的装甲集群，它正在向蒙泰梅（Monthermé）—色当一线前进。在冯·克莱斯特南面的

---

① 注释：据报道，名义上的盟军总司令甘末林将军（General Gamelin）曾说过："在这场战争中，首先跑到自己的乌龟壳外面的一方将面临巨大的危险。"尽管如此，他还是批准了这次前出机动。【《武装与政策 1939—1944 年》（Arms and Policy, 1939—1944，霍夫曼·尼克森著，1945 年），第 101 页。】

② 注释：《一个参谋军官的日记》的无名作者在 5 月 13 日写道："发生了一件让我觉得非常可疑的怪事，就是在英国远征军和法国军队经过比利时前进途中，异乎寻常地没有遭到任何德国飞机轰炸……看起来德国人简直巴不得我们去我们要去的地方。"（第 9 页）他们当然就是这么想的。

③ 注释：虽然关于此事早有众多议论，但应该指出法国统帅部不在整条战线上平均分摊兵力的做法是对的，阿登的地形易守难攻也是不争的事实。他们的错误在于预备队部署不当，而且没有准备足够的机械化运输力量来根据需要快速调动预备队。所以说他们的误算是在速度和空间方面，而不是用于掩护的兵力不足。

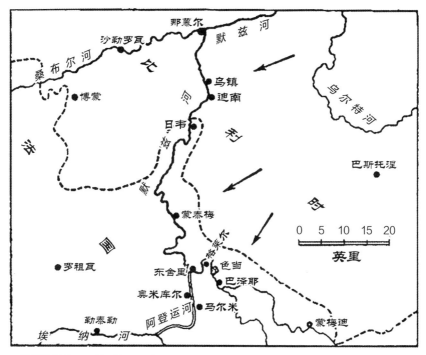

∧ 横渡默兹河，1940 年 5 月 13—14 日

是布施将军（General Busch）指挥的第 16 集团军，它的任务是保护冯·克莱斯特的左翼并向色当—摩泽尔河（Moselle River）一线前进。冯·克莱斯特集群负责实施决定性的打击，它下辖 2 个军，北面的一个由莱因哈特将军（General Reinhardt）指挥，南面的一个由古德里安将军指挥。前者包含 2 个装甲师，后者包含 3 个装甲师。此外还有 1 个由隆美尔将军（General Rommel）指挥的独立装甲师，它将直扑乌镇（Houx）。

　　10 日，科拉和安齐热命令各自的骑兵向前推进，结果次日就遭到保护冯·克莱斯特集群前锋的俯冲轰炸机部队的狂轰滥炸。科拉立刻向上级请求援兵，法国最高统帅部正确判断出德军的主攻方向是在那慕尔以南，而不是该城以北，于是在次日给他调拨了 1 个装甲师和 3 个步兵师，在 13 日又加派了 1 个装甲师和 5 个步兵师。但是第一批增援部队在 17 日以前无法赶到，第二批更是要等到 21 日。

　　虽然截至 12 日冯·克莱斯特的装甲部队因为前进过快已经和他的大部分炮

兵部队脱节，但他还是决定用自己的第 1 装甲师攻击位于色当以北几英里外的布永（Bouillon）。这次攻击很成功，到夜幕降临时那慕尔与色当之间的整段默兹河东岸都已落入德军掌控之中。从次日中午到下午 3 点，一波又一波的"斯图卡"俯冲轰炸机扑向位于色当侧翼的小镇东舍里（Donchery）和巴泽耶（Baszeilles）之间，将当地法军设于默兹河西岸的碉堡防御体系逐步削弱。到了下午 5∶30，空军的成果已足以让陆军在格莱尔（Glaire）开始架设横跨默兹河的浮桥。到了 6∶30，一艘 16 吨的机动拖船已经开始过河，1 个小时后又有一个渡口建立起来。14 日凌晨 1 点，浮桥已经架设完毕，一个又一个车队从桥上驶过默兹河。虽然法军仍在继续抵抗，但到了入夜时分德军已拿下东舍里，并发现色当守军也弃城而逃。至此德军完成了突破。大约同一时间，冯·莱因哈特将军也在蒙泰梅成功渡过默兹河，而隆美尔将军也突破了乌镇。

15 日一早，冯·克莱斯特从色当转头西进，为此他必须渡过阿登运河。结果他幸运地发现奥米库尔（Omicourt）和马尔米（Malmy）的桥梁都完好无损，这是仅剩的未被法军破坏的桥梁，而所谓默兹河上还有几座桥幸存的说法则纯属虚构。[1]另一方面，在 14 日午夜前后，同盟国最高统帅部惊愕地发现色当已落入德军手中，战线上"形成了一个宽 15 千米、纵深约 10 千米的突出部"[2]。

于是，就和在波兰一样，闪电战[3]的狂飙也刮到了法国。德军以 6 个装甲师为前锋，多个摩托化师紧随其后，在大群俯冲轰炸机支援下打击了法军防线上最薄弱的地段，并一举实现突破。当地没有可以迎击他们的装甲部队，因为法军按照 1917—1918 年的惯例，把他们拥有的坦克中的很大一部分分散配属给步兵部队，用于引导步兵作战。

次日晚上 8 点，有报告称德军已进至东舍里以西 27 英里外的罗祖瓦（Rozoy）。此外，伞兵部队和一支强大的装甲车队已逼近勒泰勒（Rethel）。与此同时，法国境内的铁路也遭到猛烈轰炸。当天晚上，比利时境内的英法军队接到了后撤至埃

---

　　① 注释：出于显而易见的政治原因，雷诺在 5 月 21 日的一次讲话中大肆渲染了桥梁未被爆破的影响，从而将失败的责任推到科拉头上。

　　② 注释：《一个参谋军官的日记》，第 10 页。

　　③ 注释：要获取德军坦克突破战术的详细而清晰的说明，请参见《当代战争》（Warfare To-day，奥当斯出版社，1944 年），第 4 章。

斯科河防线的命令。这次撤退自 16 日夜 17 日晨开始，预定在 18 日夜 19 日晨完成。

德军的进攻实在太突然也太迅猛，以至于法国统帅部还未来得及理解眼前的局势：他们并没有意识到，在击穿对手的防线后，德军将会利用装甲和摩托化部队径直推进。法国统帅部预料他们似乎会暂停推进，等积蓄力量后再发起下一次进攻。就连丘吉尔也在 BBC 的一次广播中使用了"突出部战役"的提法，实际上根本不存在什么突出部，战场上只存在一个不断拓宽的缺口。德军装甲部队正通过这个缺口潮水般地涌向两个方向：一路西进直扑亚眠（Amiens），目的是将比利时境内盟军与其在法国境内的主力分割开来；另一路南下攻取兰斯（Rheims），为的是切断和控制马奇诺防线中法军的交通线。

17 日，突破口已经宽达 60 英里，此时布鲁塞尔也被德军占领。第二天，雷诺更换了他的内阁成员。他自任国防部长，指定贝当元帅（Marshal Pétain）担任战争委员会副主席，并用魏刚将军取代了甘末林将军。贝当此时已经是 84 岁高龄，魏刚也 73 岁了。19 日，一位无名的日记作者匆匆写道："15 点整，有消息说德国坦克到了亚眠。这就像一个荒谬的噩梦。英国远征军被切断了，我们的通信已经中断……德军承担了一切风险——愚蠢至极的风险——然后平安过关了……他们做了科班出身的老派军人不该做的一切事情，而且没有犯任何错误。法国总参谋部被这种离经叛道的军事行动打懵了，眼下这样瞬息万变的局势是教科书里没有提过的，而负责为同盟国军队制定计划的法国将军们头脑还停留在 1914 年，根本无法在这种令人震惊的新式局面下运转。"[1]德军到达亚眠使盟军左翼陷入危机。正如戈特将军所指出的："现在的情况再也不是某条防线发生凹陷或暂时被突破，而是一座堡垒遭到了围攻。为了解围，必须从南方派一支援军过来，和守军一方按指示突围的部队会合。"[2]这导致 22 日在阿拉斯以南爆发一场战斗，此战中英国第 1 装甲师下辖的第 1 陆军坦克旅表现不俗[3]，其装甲厚重的步兵坦克[4]完全出乎德军的预料。

---

① 注释：《一个参谋军官的日记》，第 26—27 页。
② 注释：《戈特将军的"第二份快报"》，载《伦敦公报》副刊（Supplement to the London Gazette，1941 年 10 月 10 日），第 5916 页。
③ 注释：第 1 旅是 5 月 16 日在法国登陆的，但第 2 旅直到 22 日才登陆，第 3 旅更是要等到 25 日。
④ 注释：步兵坦克是为了与步兵密切配合而设计的坦克。

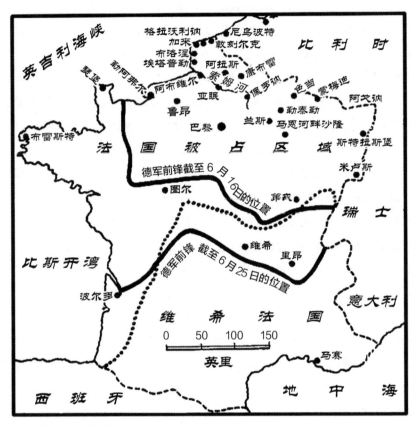

∧ 入侵法国，1940 年 5 月 14 日—6 月 25 日

　　与此同时，在索姆河（Somme）一带，盟军的局势越发恶化。20 日，德军占领了阿布维尔（Abbeville），随后他们的装甲部队主力马不停蹄地北上攻占埃塔普勒（Etaples），又在 23 日攻击了布洛涅（Boulogne）和加来（Calais）。德军通过这次由南向北的快速推进，再加上从东面持续施加的压力，将盟军的整个左翼逼进了一片等边三角形区域中，这个三角形的底边在格拉沃利讷（Gravelines）和泰尔讷普（Terneuzen）之间，顶点在比康布雷（Cambrai）稍偏北的地方。其东面的北半部分是由比利时军队防守的，而他们在 24 日遭到德国空军的猛烈轰炸。25 日，防线开始崩溃，次日，鉴于索姆河以南法军明显没有任何向北攻击

的可能，戈特勋爵奉命将部队撤至海岸以尽可能挽救他们。就在英军撤退过程中，利奥波德国王在 28 日率比利时军队投降，盟军左翼的余部由此被压缩到一片长方形区域中，它的底边起自尼乌波特（Nieuwpoort）以西数英里处，全长不过 23 英里。

在一支法军后卫部队和以英格兰为基地的皇家空军战斗机司令部掩护下，从 5 月 29 日—6 月 4 日，337131 人乘坐以小船为主的 887 艘船舶从这片区域撤出。

这是如何做到的？有人将它称为一场"奇迹"，但是在战争中，奇迹只不过是超乎寻常的行动。这个问题的答案其实特别简单——仅仅是因为希特勒叫停了对陷入困境的敌军的最后突击而已，因为陆军元帅冯·龙德施泰特在一次个人访谈中已经指出：

"假如我能做主，英国就不会在敦刻尔克那么轻易地逃生了。但是希特勒本人直接下达的命令捆住了我的双手。当英军吃力地登上舰船离开海滩时，我却被限制在港口外面动弹不得。我曾向最高统帅部建议，立即让我的 5 个装甲师冲进那座城里，全歼正在撤退的英军。但是我接到了元首的明确命令，在任何情况下都不能进攻，而且我被明令禁止派任何部队进入距敦刻尔克 10 公里的范围内。我唯一可以对英军使用的武器是中型火炮。我就在这样的距离上干坐在城外，眼睁睁看着英军逃脱，而我的坦克和步兵也被禁止前进。

这个不可思议的错误是希特勒的个人指挥风格造成的。元首每天都会收到在会战中坦克损失数量的报告，他通过简单的计算得出结论：此时没有足够的装甲车辆能用来攻击英军。但是他没有意识到，报告中在某一天被打坏的许多坦克，只需要修理部队稍加一把劲，就能在非常短的时间里恢复战斗力。希特勒做出这个决定的第二个原因是，他在柏林能够找到的地图上看到，那个港口周边似乎是洪水泛滥的地区，不适合坦克作战。鉴于装甲车辆短缺而且地形不利，希特勒认为发动进攻的代价将会过高，而南边的法国军队还没有被歼灭。因此他命令我保存部队实力，确保他们足以参加旨在攻占巴黎和击溃所有抵抗的南下攻击行动。"①

---

① 注释：《兵败西线》（Defeat in the West，米尔顿·舒尔曼著，1947 年），第 42—43 页。

　　我们在另一些战役中也将看到，希特勒用兵之道的主要缺陷是他喜欢仿效吉尔伯特歌剧中的普拉萨—托罗公爵（Duke of Plaza-Toro）[①]，从后方遥控指挥他的军队。

　　在将英军逐出法国之后，德军要解决的下一个问题就是逼迫法国退出战争，从而孤立大不列颠。为了实现这个目标，德军在6月5日对魏刚防线发动了进攻，这条防线从索姆河口延伸到埃纳河（Aisne），在蒙梅迪与马奇诺防线相接。德军的进攻首先在亚眠和佩罗讷（Péronne）之间展开，到了9日又扩大到阿戈讷（Argonne），并于当天在勒泰勒（Rethel）一带实现突破。10日，马恩河畔沙隆（Châlons-sur-Marne）落入德军之手，到了17日他们已经冲到瑞士边境，包围了整条马奇诺防线。

　　与此同时，鲁昂（Rouen）在10日被占领，次日，德军在巴黎下游渡过塞纳河。法国政府随即宣布首都为不设防城市，然后带着成千上万的难民先后撤退到图尔（Tours）和波尔多（Bordeaux）。德军在14日进入巴黎，2天后雷诺辞职，勒布伦总统（President Lebrun）请求贝当元帅组建政府。次日，也就是17日，贝当提出停战请求。法德双方于25日达成停战协议并签字，同日贝当在维希（Vichy）组建了自己的政府。

　　当时他可能有其他选择吗？唯一合理的回答是"没有！"——他没有起死回生的本领，而在精神层面上法国早在会战打响前就崩溃了。当时有许多观察家置身于席卷法国的心理战龙卷风之外，所以并不这么想，他们认为：法国应该坚守巴黎，因为不久之后丘吉尔就宣称自己要坚守伦敦；法国政府应该大举征兵；而如果战争无法在法国境内继续下去，政府就应该迁至北非。

　　第一个建议是毫无道理的，因为即使不考虑法国人的心理状况，在法国北部的作战要害地区已经丢失的情况下，新征募的法国军队已经无法获得装备，死守巴黎于事无补。事实上，巴黎当时的处境相当于整个英格兰中部地区落入

　　[①] 译者注：英国剧作家威廉·S·吉尔伯特创作的喜歌剧《威尼斯船夫》（The Gondoliers）中的人物。

敌手后伦敦的处境，而不是德军在萨塞克斯郡（Sussex）和肯特郡（Kent）①登陆后丘吉尔将面对的局势。

第二个建议是荒谬愚蠢的，因为800万～1000万比利时和法国难民的大逃亡使任何形式的征兵工作都无法开展。即使没有难民，在一没有武器二没有制造武器的工具的情况下，征发几十万人有什么作用呢？

但是，第三个建议却是妥当的。贝当本可以撤退到阿尔及利亚，在那里竖起大旗继续抵抗，然而他既没有意愿也没有毅力采取这样的行动。这对英国而言是天大的幸事，因为如果他真这么做了，鉴于意大利在6月10日的参战已经使同盟国控制了地中海中部，希特勒毫无疑问会动用一切手段将他的政权连根拔起，如此一来，很可能在年底前从休达（Ceuta）到开罗的整个北非都会成为他的囊中之物。后面我们将会看到，虽然贝当选择了投降，但希特勒没有朝这个方向努力是他在这场战争中犯下的最致命的战略错误。

这场震惊世界的会战是整个战争中最具教育意义的，它展示了：

(1) 战争与政策。如果政策的目标是建设性的，而非破坏性的，那么作为政策手段的战争是可以产生高收益的。

(2) 消灭战略。在客观条件有利时，消灭战略相对于消耗战略具有压倒性的优势。

(3) 速决战术。消灭战略要求采用速决战术，通过这种战术把初期进攻的锐气维持到达成目标为止。

(4) 综合手段。这种战术要求综合运用各类兵种、武器和手段，从而在攻击点集中最大的打击力量。

(5) 对指挥机构的心理打击。这些战术的终极目标更多地偏向于心理层面，而非物理层面——目标是挫伤敌人的意志，进而使其肌体陷入紊乱。

(6) 手段的准备。如果客观条件有利于消灭战略，除非预先准备好全套战争机器，想在战时临阵磨枪是不可能的。

(7) 争胜的意志。若是人民和战斗部队不具备战斗的意志和忍耐的决心，任

---

① 译者注：这两个郡都在英格兰东南部。

何政治、战略、战术、行政或其他方面的准备都是毫无价值的。

现在我们来分别探讨这 7 点启示。

战争与政策。如果不考虑道德因素，希特勒的战争政策的优点在于其建设性，而盟军的战争政策的弱点在于其破坏性。希特勒的目标是在经济方面，即建立德国的生存空间；而对方的目标是在意识形态方面，即摧毁一种政治信条。在这场德军最成功的会战中，我们可以看到，没有多少城市遭到轰炸，没有多少沦陷国的经济资源遭到破坏，而且总休而言德军以及盟军的牺牲都是极少的。因此，柯南（Mr. Kernan）说："与曾把这个国家的整片地区化为废墟的第一次世界大战不同，这一次法国的资源相对来说没有遭到多少破坏。"[1] 而且德军有意避免损坏其国家级的纪念碑。[2] 沃特菲尔德（Mr. Waterfield）也指出，德军"很少轰炸大型工业设施，而他们本可以轻易地做到这一点"[3]。德军这么做的动机并非利他，而是纯粹利己的，正如柯南所说，是为了把"法国的所有被占领土整合成一个巨大的工业、商业和农业园区"[4]，成为德国的新经济秩序的一部分。他还补充说："他们还做到了经济学家们在战前声称不可能做到的事——使军事征服立刻产生收益。"[5] 而且他们为了做到这一点所付出的生命和鲜血代价低得出奇：征服法国使德国付出了 27074 人死亡、111034 人负伤和 18384 人失踪的代价——还不及英国在 1916 年索姆河之战中所受伤亡的 1/3。[6]

消灭战略。法国所信奉的坚固防线理论——上一场战争的"遗产"——为这种战略形式大开方便之门，这也是因为法国不愿或不能认识到坦克和飞机已经使它成为明日黄花。这种坚固防线理论导致法国把大量鸡蛋放进一个篮子——

---

① 注释：《关于法国的报告》，第 15 页。柯南先生是一位当时身处法国的美国商人。

② 注释：出处同前，第 160 页。

③ 注释：《法国发生了什么》，第 6 页。沃特菲尔德先生是路透社的战地记者，当时随法军采访。

④ 注释：《关于法国的报告》，第 15 页。

⑤ 注释：出处同前，第 67 页。有关德国财政的评论见第 64、65、87 和 88 页。"实际上希特勒在欧洲的宣传之所以能蛊惑人心，是因为战前大多数欧洲人都相信欧洲经济已经走进了死胡同。他们知道如果不实施某些根本的变革，欧洲经济注定要毁灭"（第 246 页）。

⑥ 注释：虽然这些数字是希特勒提供的，但我认为没有理由怀疑它们的准确性，因为这就是装甲战中的正常情况。此外，德国方面的报道是异常诚实的，不仅柯南先生注意到"德国的军方消息与英法两国的相比非常准确"（第 37 页），沃特菲尔德先生也认为"德国最高统帅部的公告通常都是准确的……"（第 19 页）。而如果忽略俘虏，法军的伤亡也不太可能是德军的两倍以上，因为他们全军有超过一半人一枪未放。

马奇诺防线——中，最终失去了所有主动权。希特勒因此能够在他选择的地点、他选择的时间用他选择的部队实施进攻。法国没有意识到的是，防御型战略或战术，无论是消灭性质还是消耗性质的，都必须是动态的。正因为没有意识到这一点，他们计划的战争是静止不动的。结果一旦他们的防线遭到突破，士气也就随之一落千丈。"Par dessus tout, on ne voulait rien risquier: cette fois encore, comme tant d'autres fois dans l'histoire, le refus d'assumer un risque raisonnable aboutit à l'extrême péril. Plus précisément, sous pretéxte de ne rien risquer, on sacrifia toutes les chances parce qu'on n'en courut aucune（最重要的是，我们不愿承担任何风险：结果历史重演，拒绝合理冒险的做法又一次招致极大的祸害。更确切地说，我们以不作任何冒险为借口，在无所作为中浪费掉了所有的机会）。"[1] 这种布尔乔亚式的策略为消灭战略提供了理想的战场，而由于法国首都和主要的作战要害地区都在德国可以轻易打击的范围内，这一影响又被进一步放大了。

速决战术。戈特勋爵写道："德军在突破法军防线后深入发展的速度，他们为了追求更高目标而承担风险的魄力，以及他们将每一次成功利用到极致的做法，都比以往的历次战役更为充分地展现了——如果一个指挥官懂得如何最好地利用时间，使时间成为他的仆人而非主人，他将能获得多大的优势。"[2]夏伊勒也为此佐证："德军不是仅仅依靠坦克和少数摩托化步兵进行突击的，而是运用了一切手段。"他对德国军队的整体评价是："可以说，它是一台硕大无比的、毫无人情味的战争机器，就像我国底特律的汽车工业一样冷漠而高效地运转着。"[3]因此，德军的制胜秘诀就是有组织的高效。

德军不仅把各类战斗兵种组织起来以加快速度，还把各类后勤兵种也组织起来以维持这种速度。为此他们组织了战斗工兵和工程部队来快速修理坦克和车辆，快速清除爆破装置，快速打通交通线，快速在运河和天然河流上架桥，以及快速补充汽油和弹药。[4]

---

[1] 注释：《五大洲的战争》（La Guerre des Cinq Continents），载《自由法国军事批评》（The Military Critic of La France Libre，1943 年），第 39 页。

[2] 注释：《戈特勋爵的"快报"》，载《伦敦公报》副刊，1941 年 10 月 10 日，第 5931 页。

[3] 注释：《柏林日记》，第 298 页。

[4] 注释："每个驾驶员都知道在汽油不足时可以去哪里加油。"（《柏林日记》，第 298 页。）

此外，还有一个英军以及后来的美军都未能意识到的策略：为了实现高速度，必须保全交通线。因此德军使用机枪扫射而非轰炸的方法来清扫进入和穿越法国的道路，因为与保全这些道路供己方使用相比，阻止敌人利用它们只是次要的目标。夏伊勒写道：“虽然德国的‘斯图卡’轰炸机破坏了比利时的铁路，但它们小心地避免了轰炸公路和公路上的桥梁。”[①]简而言之，速决战术的根本是时间，而不是高爆炸药。

综合手段。实现高速度的主要工具是飞机和坦克。德军整合了这两者的力量，而法军和英军没有做到；这一方面是因为法国空军正如格雷（Grey）所言，被5年来政坛的钩心斗角“在事实上解除了武装”[②]，另一方面是因为英国皇家空军对“战略轰炸”理论执迷不悟。结果，由于缺少对手，数量本就占优的德国空军的威力更加凸显。

一位无名的日记作者在5月13日写道，“……如果我们能调用的飞机再多500架，德军的进攻就会被粉碎，”因为“敌军沿着主干道以密集纵队的形式推进，给我们的飞机提供了很多打击的目标。”[③]接着他在16日又写道，“……有500架战斗机就能挽救色当，”因为这样一支实力可观的空军部队将能够压制德军的俯冲轰炸机。[④]14日他记载道：甘末林将军、乔治将军和戈特将军联名请求英国内阁“批准动用主力轰炸机部队，以求在2小时内阻止战局糜烂”[④]。在15日和16日他们又两次重复了这一请求，但是除了一次对埃森（Essen）的轰炸袭扰外没有任何结果！在关键的5月20日，皇家空军没有尝试过制德军攻势，而是轰炸了哈姆（Hamm）；在21日[⑥]他们轰炸了鲁尔，25日又轰炸了亚琛、盖尔登（Geldern）、鲁尔蒙德（Roermond）和韦尔特——所有这些目标都在德军战线后方150～200英里！

---

① 注释：出处同前，第278页。
② 注释：《德国空军》，第178页。
③ 注释：《一个参谋军官的日记》，第9页。他完全有资格得出这个结论以及其他结论，因为他是驻法国的英国空军司令——空军元帅巴雷特爵士（Air-Marshal Sir A. S. Barrett）的参谋部成员。
④ 注释：出处同前，第18页。
⑤ 注释：出处同前，第12页。
⑥ 注释：“从5月21日起，所有涉及英国远征军的航空协同都由国内的陆军部联合空军部安排。”《戈特勋爵的“快报”》，载《伦敦公报》副刊，1941年10月10日，第5914页。）

这些轰炸行动对作战有什么影响？随德军行动的夏伊勒在 19 日写道："……截至目前在我能看到的地方，英军的夜间轰炸造成的破坏非常少。"[1]同日晚些时候："……英军的这些夜袭不仅没能让鲁尔地区停止运转，甚至也没能破坏德军的机场。"[2]在 6 月 16 日他又写道："在鲁尔，英军夜间轰炸的痕迹微乎其微。"[3]

德军认识到了，而法军和英军没有认识到的是，快速的进攻要求将打击力量集中在打击点，而不是集中在最初的出发点（在这场会战中就是前线后方100 ~ 200 英里的地方）。此外，在当时局势所允许的时间内，皇家空军不可能对鲁尔——德国的主要作战要害地区——造成任何可能延缓德军前进的破坏。在皇家空军眼里飞机只是飞翔的攻城炮，然而在德军眼里，它们更是飞翔的野战炮，与普通野战炮相比，飞机可以凭借它的速度、灵活性和快速干预能力，更密切更及时地与装甲部队协同。德军通过将俯冲轰炸机与坦克相配合，使后者的进攻速度成倍增长。那位无名的日记作者也注意到了这一点，他认为："是俯冲轰炸机和装甲师之间的配合为德国赢得了胜利。"[4]

戈特勋爵也注意到了，因为在他的快报末尾有这样的评论："为了拦截和攻击敌军，指挥官必须随时有数量充足的战斗机可供调用……同样，指挥官还必须掌握数量充足的轰炸机部队，这样才能抓住机会打击具有重大战略意义的目标。敌军在马斯特里赫特、色当和布洛涅的机械化纵队就是这样的目标……陆上作战的成功比以往任何时候都更依赖于飞机和地面部队的密切合作。"[5]

对指挥机构的心理打击。高速进攻能够影响敌军的指挥机构，进而通过后者影响作战部队，仅举一例便足以说明这种进攻方式相对于纯物理式进攻的优越之处。埃翁将军（General Eon）在论及埃纳河畔战事（此战中吉罗将军于 15

---

① 注释：《柏林日记》，第 273 页。
② 注释：出处同前，第 275 页。
③ 注释：出处同前，第 318 页。
④ 注释：《一个参谋军官的日记》，第 24 页。
⑤ 注释：《戈特勋爵的"快报"》，载《伦敦公报》副刊，1941 年 10 月 10 日，第 5932—5933 页。

日被俘）时这样写道：

"一位被上级电话召见的将军在半路上被俘房了。

"当这一切在后方发生时，前线部队有什么遭遇呢？

"敌人在整条战线上施加的压力立刻增强了。德国部署到前线的每个师都实施了旨在争夺战略要点、交通枢纽、桥梁的作战行动……

"他们的主要目标不是俘房我们的军队，而是扯碎我们的战线。这些行动计划周密，在坦克和配属陆军的航空部队支援下逐步攻城略地，再加上那些在后方实施的破坏，渐渐地使我军的所有抵抗都变得无力。

"就这样，后勤不继、群龙无首的法国士兵接二连三地、整建制地成为德军的俘房。"①

手段的准备和争胜的意志。说到手段的准备（它是争胜意志的补充），很显然，在速度成为首要因素的年代，大陆上的国家若不能像随时准备扑灭火灾的消防队一样枕戈待旦地备战，那么在任何情况下它都不可能弥补自己在和平时代的缺陷。

法军并不是毫无准备，他们还是有准备的。但是他们的准备并不符合速度为王的时代的战争要求。此外，虽然占据他们头脑的防守思维毫无疑问削弱了他们的战斗意志，但是1936—1939年间他们陷入的全民腐败才是促成他们失败的最大因素。背叛了法兰西的不是维希政府的成员，而是人民阵线的党羽。

另一方面，虽然1932年德国在道德、经济、政治和财政上都宣告破产，但是在随后的7年里，她在一个人的意志统治下不仅成为超级军事强国，也成了有史以来最狂热的国家之一。尽管如此，在1940年她也没有完全做好依靠速决战达成最终目标的准备，在下一节我们就将明显看出这一点。

不列颠之战

在考察下一场会战——从战略角度讲它是整个战争中最具决定意义的一场——之前，让我们暂时回头来研究希特勒的政策，因为其中的一个漏洞此时

---

① 注释：《佛兰德斯之战》（The Battle of Flanders，1943年），第21页。

突然豁开，变成了巨大的裂缝。

1923 年，还是兰茨贝格要塞里一名囚犯的他，在思考德国前不久战败的原因时写道："……若只是不经意地瞥一眼大英帝国的版图，人们很容易忽视整个盎格鲁—撒克逊世界的存在。"接着，几段文字过后，在考虑联盟问题时他又注意到：

"如果要在欧洲获得新的领土，就必须从苏联身上动刀，新的德意志帝国应该再一次沿着条顿骑士团曾经走过的道路踏上征途……但是要想实行这样的政策，在欧洲只可能找到一个盟友，那就是英国……如果是为了与英国交好的必要手段，再大的牺牲都不为过。我们应该放弃在殖民地和海军方面的野心，也不应作与英国工业竞争的尝试。"[1]十年后当他掌握权力时，无疑他的愿望之一就是赢得英国的友谊。同样不容怀疑的是，他之所以未能做到这一点，主要是因为他的经济体系与英国发生了激烈的冲突。英国非但没有成为盟友，反而成了他的敌人，而他在 1923 年对这个敌人的实力不曾有小觑，因为当时他曾写道：

"只要我们相信英国政府能够和广大英国民众一样体现出那种残酷无情和不屈不挠的精神，就应该把英国视作世界上最有价值的盟友。英国正是凭着这种精神在它参与的所有斗争中都坚持到了胜利，无论斗争持续多长时间，无论需要付出多大牺牲，也无论必须动用怎样的手段；哪怕和其他国家相比，它实际拥有的军事装备全然不足，它也能取胜。"[2]既然他认为，一个持友好态度的英国将是"世界上最有价值的盟友"，那么他应该也意识到了，一个与他为敌的英国极有可能是最危险的敌人。[3]所以他的战争政策应该以击败英国为核心。对此克劳塞维茨是怎么说的？

"我们可以……确立这样一条原则，如果我们可以通过制服一个敌人来制

---

① 注释：《我的奋斗》，第 127—128 页。

② 注释：出处同前，第 279 页。

③ 注释：虽然在 1939 年 5 月 23 日对亲信的一次讲话中，他声称"英国是……我们的敌人，与英国的冲突将是一场生死斗争，"而且"英国是反德的主导力量"【见《纽伦堡审判》（The Nuremberg Trial，库珀著），第 59 页】，但是迄今为止，没有任何公开的资料显示他思考过这些言论的全部含义。直到法国沦陷之后，他才着手准备对付英国。

服其他所有敌人，那么战争的目标就应该是击败那个敌人，因为这样一来我们就打击了整个战争的总重心。"①

　　显然，对希特勒来说，"那个敌人"就是英国，正如她也曾是费利佩二世、路易十四、拿破仑和威廉二世的"那个敌人"一样。然而在 1940 年 6 月，他发现自己无法"打击整个战争的总重心"，因为他的消灭战略的势头被英吉利海峡遏制了，他的战略计算中并未考虑如何穿越这片 20 多英里宽的水域。在凝视大英帝国的版图时，他忽视了多佛尔海峡。如果跨越海峡是无法克服的难题，那他就不应该发动战争；如果不是，那他就应该在发动战争前做好解决这个问题的准备。但是他没有这么做，因此，他的消灭战略在此时撞上了南墙，他唯一的出路就是重新评估其价值。

　　他面对的局势应该已经向他暗示了这条出路。此时英国是他仅剩的敌人，她不仅失去了在欧洲大陆上的立足点，也失去了在大陆上进行战争所必需的人力——法国的人力。不仅如此，她还失去了法国海军的支援，在意大利已经参战的情况下，她又失去了地中海的控制权和直接通向埃及的海上航线。此外，由于德国的飞机和潜艇基地此时从北角（North Cape）一直分布到比达索阿河（Bidassoa），她又必须面对密集的海上和空中封锁。

　　仅凭一己之力，英国不可能赢得战争，无论战斗多久都无济于事。从此刻开始，在她找到另一个盟友之前，她的任务就是防御，以保护她的本土和埃及，后者的重要性并不在于苏伊士运河，而在于它是英国唯一处于可以打击欧洲的距离之内的海外基地。如果失去这个基地，整个北非都会落入德国和意大利之手。如此一来，西班牙就不得不加入战争；随后土耳其也会面临攻击；接着，经亚美尼亚和格鲁吉亚通向苏联的道路就会敞开；最后，鉴于英国处于如此绝望的境地，美国支援她的可能性就会微乎其微。如果以上这些情况有可能发生，那么英国就必须同意和平谈判，因为若没有美国的经济支持（美国对她而言是重要性不亚于英格兰中部的作战要害地区），她的战斗意志再强也难以为继。

---

　　① 注释：On War, vol. Ⅲ, p.108.

为什么德军没有选择这条路线？最大的可能是：希特勒和他的幕僚只有大陆思维，没有海洋思维。[①]他们无法认识到，迫使英国退出战争的唯一方法是对她进行间接打击，而非直接打击——通过消耗战削弱她作为一个岛国的安全性，而不是以他们毫无准备的正面突击方式来挑战她。但这也意味着以消耗战略取代消灭战略——这是一种与他们接受的全部军事教育都毫不相干的战略。

因此，希特勒做了两件事：其一，在7月16日，他向凯特尔元帅（Field-Marshal Keitel）和约德尔将军——德军总参谋长和他自己的军事幕僚团的参谋长——下令："既然英国不顾自身绝望的军事情势，没有表现出一点愿意妥协的迹象，我已决定为针对英格兰的登陆作战进行准备，并在必要时实施。目标是……防止英国本土成为继续对德作战的基地。整个作战的准备工作最迟必须在8月中旬完成。"[②]

其二，3天后，他在德国国会做了演讲。在向国会议员保证德国能够承受长期战争的负担后，他通过下列言辞再一次敞开了议和之门："此时此刻，我感到我有责任凭着自己的良知再一次呼吁大不列颠遵从理智和常识……我看不到

---

① 注释：但是必须指出，戈林曾力主继续打击英国，在1940—1941年的冬季，他力劝希特勒切断英国进入地中海的通道。他建议动用三个集团军群。第一个集团军群穿越西班牙并攻占直布罗陀（Gibraltar）；第二个入侵摩洛哥并占领突尼斯；第三个则经巴尔干半岛长驱直入，夺取达尼尔海峡和安卡拉，然后向苏伊士运河进军。希特勒考虑过这个计划，但他认为，既然英国此时没有屈服，那么"她肯定和苏联达成了某种秘密协定，"因此必须先解决苏联。最后，在1941年3月，由于相信苏联人在鼓励南斯拉夫抵抗轴心国，而"英国军队在希腊的存在又使他确信了自己关于英苏秘密协定的怀疑"，他终于决定搁置戈林的计划，首先对付苏联。在战后的1946年9月17日，凯特尔对米尔顿·舒尔曼（Milton Shulman）说："我们不应该进攻苏联，而应该封锁地中海，扼住大英帝国的咽喉。第一步行动应该是占领直布罗陀。这是我们错过的又一个重大机会。"【见《兵败西线》，第55—58页，另见《齐亚诺日记1939—1945》（Ciano's Diary, 1939—1945，英文版，1947年），第286页。】按照冯·龙德施泰特元帅的说法，似乎希特勒曾以为苏联的战事不会持续十个星期以上（出处同前，第65页。），而齐亚诺伯爵（Count Ciano）也在他的日记中写道（第360和559页）："德国人相信一切都会在8个星期内结束。"因此希特勒似乎认为，在制服苏联之后，他有充裕的时间对付英国。

② 注释：《泰晤士报》，1945年12月5日和1946年11月19日。按照库珀先生（Mr. Cooper）的记述，雷德尔元帅（Admiral Raeder）在纽伦堡审判中表示，虽然"德国海军在1940年夏天为了准备入侵英国而绷紧了每一根神经，但是他在8月发现希特勒正在将部队调往苏联边境。元首故意骗他说，这些调动只是为了减轻英国人的疑虑而实施的'绝妙伪装'。事实上是雷德尔的海军在进行针对苏联人的'战争史上最大规模的欺敌行动'。"（《纽伦堡审判》，第250页。）

这场战争有什么必须继续下去的理由。"①

从上述命令和演讲可以明显看出 3 点：

(1) 希特勒希望与英国进行和平谈判。

(2) 如果英国拒绝，他就会实施正面进攻。

(3) 如果他被迫这么做，那么他全无必胜的把握；因此他将不得不正视长期战争的可能性。

因为丘吉尔和他的政府对希特勒的和平呼吁毫不理会，并弓没有回头箭，消灭战略在西欧进入了最后的也是决定性的阶段。

德方设想（而非策划）中的这一作战，是让 25 个帅在多佛尔（Dover）和朴次茅斯（Portsmouth）之间登陆，然后北上切断伦敦与英国西部的联系。②希特勒认为他留给部下将这个设想转化为行动计划的时间（30 天）不算荒谬，凯特尔和约德尔却不这么想③，因为在毫无准备之下，这是根本不可能实现的。④第一，德国并没有专门的登陆舰艇，因此不得不征集驳船和内河船只；第二，要让这些船只渡过海峡，海面必须绝对平静；第三，为了让坦克、大炮和车辆能从这些船只下到滩头，必须进行复杂的改造；第四，德国陆军从未受过两栖登陆作战的训练，参谋人员也毫无这方面的经验；第五，德国海军很清楚自己根本不是英军的对手；最后，德国海军总司令部似乎坚持认为，即使德国空军成功击败了皇家空军，它也无力阻止皇家海军攻击从海上登陆的部队。这个判断在次年德军夭折的克里特岛登陆作战中得到了证实。

因此这个计划从一开始就是摇摇欲坠的空中楼阁，似乎唯一对它有信心的

---

① 注释：《泰晤士报》，1940 年 7 月 20 日。

② 注释：详细内容见《兵败西线》，第 44 和 46 页。

③ 注释：冯·龙德施泰特元帅说："入侵英国的提议是胡闹，因为根本没有足够的船只……我觉得元首从来不是真心想要入侵英国。"（出处同前，第 49—50 页。）

④ 注释：因此，像丘吉尔先生这样执掌军国大权的人竟然早在 7 月中旬就认为入侵迫在眉睫，实在令人咋舌。他在 7 月 14 日的一次广播中曾说过："也许今晚就会来。也许下个星期来。也许永远不会来。"在 9 月 17 日，粉碎德军规模最大的一次空袭并宣称击落 185 架飞机的两天后，他又表示："敌人目前已经集结并可供动用的船只足以一次运送近 50 万人。"【《秘密会议讲话录》（Secret Session Speeches，1946 年），第 23 页。】日后，在牢牢掌握制海权并且在空战中占得上风的情况下，英军和美军紧锣密鼓地准备了 18 个月，才感到自己做好了入侵半友好的阿尔及利亚和摩洛哥的准备。

人就是戈林，他自信满满地认为拥有大约 2750 架飞机的德国空军能完成歼灭英国皇家空军和瘫痪英国海军的双重任务。最终这个计划逐步破灭。

8 月 16 日，也就是开始准备的第 13 天，行动日期被推迟到 9 月 15 日。

到了 9 月 3 日，登陆日又被预定在 9 月 21 日。

然后在 9 月 17 日，行动再次被推迟。

19 日为了避免遭受空袭损失，下达了将已经集中起来的船只重新疏散的命令。

最后，在 10 月 12 日，这个作战被搁置到来年春天。

除了当时无法解决的后勤和技术难题外，行动的一再推迟也是因为德国空军完全没能实现航空计划的前半部分——消灭敌人的战斗机部队。值得一提的是，他们是严格按照杜黑设想的步骤来执行这个任务的。

(1) 8 月 8 日—8 月 18 日：攻击运输船队和沿岸目标，诱使英国战斗机部队参战，进而将其歼灭。

(2) 8 月 19 日—9 月 5 日：集中攻击英国腹地驻扎战斗机的机场，将敌机消灭在地面并迫使其他战斗机参战。

(3) 9 月 6 日起：攻击各个城市，尤其是伦敦，以求摧毁粮食库存和击垮平民的意志。

这些攻击遭到了英国战斗机司令部的总司令——空军上将休·道丁爵士（Air Chief Marshal Sir Hugh Dowding）的抵抗，他手下有 59 个战斗机中队。尽管劣势明显（历次战斗的敌我对比很少在 2:1 以下），他却给了敌人迎头痛击，以至于对方在整场战争中再也没有尝试过发起一场全面空中战争。

除了巧妙运用数量处于劣势的部队之外，他拥有下列优势。战斗机司令部就是专门针对这种防御性战斗而组建和训练的，而他的敌人却未能意识到这一点。因为主要的战斗是在双方的战斗机之间展开，而英国的"喷火"式战斗机在爬升速度上快于德国的梅塞施密特战斗机，自然就拥有了显著的优势。最重要的是，休·道丁掌握着整场战争中最重要的空战奇兵——罗伯特·沃森·瓦特爵士（Sir Robert Watson—Watt）发明的无线电定位装置（雷达）。通过这种装置，他可以准确知道自己的对手何时来袭，兵力有多少，以及会从哪个方向接近。因此，虽然在数量上处于劣势，但他能够在决定性的要点上集中优势兵力以打击敌军。

到了 10 月 12 日，考虑到巨大的损失[1]，希特勒显然已经清楚，他为了能无后顾之忧地进攻苏联而在欧洲西部与英国议和的计划已经失败了。虽然此时他已经征服了波兰、挪威、丹麦、荷兰、比利时和法国，但他未能打掉整个战争的"总重心"，因此，他的宏伟计划的主要目标仍然未能实现。他的失败不仅仅是因为英国战斗机和英国飞行员优于德国，也不仅仅是因为无线电定位装置大幅提升了英军的作战力量（这是事实）；最主要的原因是他所相信的杜黑的空中优势理论，即通过火力打击可以赢得战争，是一个谬论。

战争史上没有任何事例可以佐证这个论点，因为历史已经一次又一次地证明，如果在火力打击之后，不能立刻继之以突击或占领，那么火力打击对敌人士气的削弱将只是暂时的，而且火力打击就像麻醉剂一样，无论造成多大的肉体伤害，它在精神上的效果会随着每一次用药而递减。

从这场战役中可以得出许多战术教训，其中由其胜利者总结的一条不容忽视。在 1942 年 9 月 20 日的《星期日纪事报》上，休·道丁爵士写道："事实上，防守方拥有的基本优势是随着进攻方与目标距离的加大而递增的，那么我们做出这样的假设似乎不无道理：在两个相距遥远而且都能自给自足的对手之间进行的纯远程空中战争将会以不痛不痒的僵局告终。"

这个教训被英国空军忘在了脑后，他们仍然固执地认为"战略轰炸"就是一切空中力量的本质和最终目的。后面我们将会看到，这个谬误不仅延长了战争，更使得战后的"和平"对英国极为不利，还给整个世界带来了灾难。

---

[1] 注释：英国空军部在 7 月 10 日—10 月 31 日发表的数字是消灭 2692 架德国飞机，实际的数字是 1733 架。

第三章
德国改换作战路线

第一次和第二次利比亚会战

虽然希特勒对英国的直接进攻失败了，但攻击英国的间接道路仍然敞开着，而且此时意大利成了他的盟友，从战略角度讲他有着将战火烧过地中海的绝好条件，可以通过征服埃及对英国的海权施以毁灭性打击。

为什么他没有这么做？原因只能是他没有看清这场战争的重心究竟在哪里。这一点已被雷德尔元帅的一份笔记——1945 年 12 月 4 日，哈特利·肖克罗斯爵士（Sir Hartley Shawcross）在纽伦堡对纳粹领导人的起诉书中引用了它——所证实，其中写道："……对英空袭的结果（我们自身的损失）肯定促使元首早在 8 月和 9 月间就考虑，即便尚未在西线取胜，以首先消灭我们在大陆上最后一批劲敌为目标发动东线战役也是可行的。"[1]

这则笔记也在约德尔将军 1940 年 9 月 6 日签发的德国最高统帅部命令中得到印证，命令中说："已经指示在今后数星期内增加东方的占领军数量。出于安全考虑，不应该让这些行动在苏联造成德国正准备对东方发动攻势的印象。"[2]虽然哈特利·肖克罗斯爵士指出，被称为"巴巴罗萨计划"的对苏作战"当时被伪装为入侵英国的'海狮计划'的一部分准备实施"，但是从战略角度讲，只有把"英国"换成"埃及"，这种做法才是合理的；因为在东欧集结重兵既有可能是为了经巴尔干半岛和土耳其进攻埃及，也可能是为了进攻苏联，但无论如何不可能是为了直接进攻英国。

事后来看，真相应该是：因为希特勒并没有看清这场战争的重心所在，所以他从未充分认识到，他真正的行动路线是从柏林到伦敦，而不是从柏林到莫

---

[1] 注释：《泰晤士报》，1945 年 12 月 5 日。
[2] 注释：出处同前。

斯科。虽然在 1940 年 5 月他走上了正确的路线，但是他对自己前进方向的正确性是将信将疑的。因此，当不列颠之战还处于早期阶段时，他就放弃了以大西洋上的消耗战①为掩护进军开罗的正确路线，而着手准备转换到他认为更有利可图的路线上，从而追随着拿破仑的脚步，犯下了有史以来最严重的战略失误之一（而且他远不如拿破仑情有可原）。

在这里我们需要明确一下何谓作战路线。它不是指经常根据战术性事件而变动的进军路线，和连接军队与其后勤基地的交通线也毫不相干。它是指战争计划的方向，起着将计划与战争的重心相连的作用。以这场战争为例，重心就是将作为海洋强国的英国击败；因为只要制海权在英国手中，她就拥有主动权；在某种程度上，这是将她的大陆敌手的内线主动权包围起来的外线主动权——就像公牛被田地里的一道围栏包围起来一样。拿破仑曾经就这个问题写道："改变作战路线（如果发现先前选错了目标的话）是明智的行为；而丧失作战路线是极大的错误，做出这种事的将领就是罪犯。"②希特勒并没有丧失他的作战路线，而是有意识地放弃了它，此举最终使他输掉了这场战争。

当这个改变还处于准备阶段时，军事行动恰恰是朝着希特勒应该选择的方向发展的——朝着地中海、埃及、东非和中东发展。在这片辽阔的区域，英国和意大利交战了 9 个月，其重心就是埃及。如果在 1940 年秋天利比亚的意大利军队是由德军领导的，而且他们得到，姑且这么说吧，不超过 1 个德国装甲师和 2 个步兵师的加强，那么毫无疑问这个重心就会被占领，整个北非、中东和东非地区都将任由轴心国支配。对英国和她的殖民帝国来说，这将是灾难性的，而对于希特勒计划中的侵苏行动，这将是十分有利的，因为他将处于打击苏联最重要的作战要害地区——高加索油田的合理距离内。

挡在他和这个目标之间的是什么？是韦维尔将军（General Wavell）领导下的中东英军司令部，在意大利对英宣战时，他手下兵力分布如下：在埃及分布

---

① 注释：读者切勿忽略贯穿整场战争的大西洋海战，它给英国造成了巨大压力。从 1939 年 9 月 3 日到 1940 年 8 月 15 日，英国损失的货船吨位达 1340404 吨，盟国损失 437663 吨，中立国损失 73632。日后的沉船损失还将大大增加。除了这些沉船之外，还有数以百计的船只受损。

② 注释：《拿破仑书信集》，第 17 卷，第 14343 篇。

有 36000 人、苏丹有 9000 人、肯尼亚有 5500 人、英属索马里有 1475 人、巴勒斯坦有 27500 人、亚丁有 2500 人、塞浦路斯有 800 人；在埃及的坦克部队是第 7 装甲师，下辖 2 个装备不齐的旅；航空力量微乎其微，而且装备的是过时的机型。

他面对的是利比亚境内由伊塔洛·巴尔博元帅（Marshal Italo Balbo）指挥的 215000 名意军和意属东非（厄立特里亚、意属索马里和阿比西尼亚）境内由奥斯塔公爵指挥的 20 万意军，由于法国的崩溃，这两支军队由此都能够集中全部力量来对付他。不仅如此，他还不得不从头开始备战，因为上级命令他在意大利宣战前不得采取任何可能激怒意军的防御措施。理论上说，他的战略态势几乎处于绝望的边缘，他有两条交通线：第一条经过地中海，其中 3/4 的路段可被处于中央位置的意大利军封锁，而他在埃及和直布罗陀之间唯一的航空基地马耳他也是个岌岌可危的孤岛；第二条交通线经过红海，又面临驻厄立特里亚和意属索马里的意大利海空部队威胁。除了这些困难之外，效忠维希政府的叙利亚和法属索马里又使巴勒斯坦北部失去掩护，面向亚丁的英属索马里难以防守。

对意军来说，既然敌军面临的局面如此复杂，掌握的兵力又如此不足，那么战争计划也就显而易见了，那就是从各个方向对韦维尔施加威胁，从而迫使他分散兵力，然后将他的部队各个击破。因此，在 7 月的第一个星期，意军毫不意外地入侵了苏丹、肯尼亚和英属索马里，他们在苏丹迫使英军疏散了卡萨拉（Kassala）和加拉巴特（Gallabat），在肯尼亚造成了少许破坏，在英属马索里更是逼得英军全面撤退。不过，意军显然应该占领马耳他，但他们只是对那里进行了轰炸，从未做过入侵的尝试。在取得这些微不足道的胜利之后，他们就偃旗息鼓，安心休憩了。

第一次利比亚会战（考虑到英军面对的形势，它有资格被称为会战）的发起者并不是巴尔博元帅，而是韦维尔将军。在修建了一道从马特鲁港（Mersa Matruh）——马特鲁位于亚历山大港（Alexandria）以西 180 英里，与后者通过一条单线铁路相连——向南延伸的防御工事之后，他决定进攻行动迟缓的敌军，后者此时占据着巴迪亚（Bardia）以南，位于埃及边境的阵地。

艾伦·莫尔黑德（Alan Morehead）对这场会战的描述如下：

英军先头部队接到的不是战役计划，而是一道现行命令。它的内容是："把

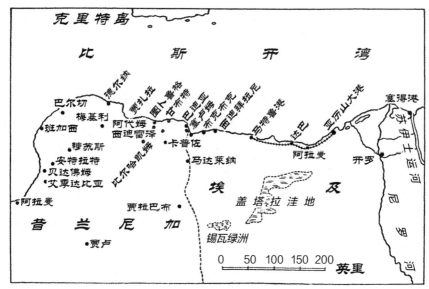

∧ 昔兰尼加与埃及北部

一个兵伪装成十几个兵，一辆坦克伪装成一个坦克中队，一次袭扰伪装成一场进攻。"可以把这称为"虚张声势的策略"或"宣传战"。

莫尔黑德接着写道：

"于是这支罗宾汉式的小部队，虽然无力抵挡边境对面 6 个意大利师任何形式的推进，却做出了出人意料的举动——发动了进攻。它没有全军突击，而是化整为零，借着夜色掩护发起迅速而无规律可循的攻击。它突袭意军的前哨基地，炸掉缴获的弹药，然后溜之大吉。它在一个地方只停留 1 个小时、1 天或 1 个星期，然后就消失得无影无踪。敌人根本搞不清这支部队接下来会在何时何地发动攻击。接着，马达莱娜堡垒（Fort Maddalena）陷落，随后卡普措堡垒（Capuzzo）也步其后尘，西迪·阿齐兹（Sidi Aziz）遭到围攻。在从巴迪亚通向意军后方的公路上，英军车辆突然从斜刺里窜出来，猛烈射击运输车队。摸不着头脑的意军匆忙赶起了一批探照灯，在沙漠里四处搜索，而英国的小分队却躲在阴影里窃笑。不久，我们就从俘虏口中得知，在意军后方流传着各种奇特的故事：据说，有 2 个……3 个……5 个英国装甲师在作战，英军的大规模进攻近在眼前；因此，

巴尔博收敛了野心，减少了自己的侦察分队，并向罗马请求增援。" ①

当这场会战还在进行中时，6 月 28 日，巴尔博在图卜鲁格（Tobruk）遭遇英军的空袭遇难。8 月 13 日，鲁道夫·格拉齐亚尼元帅（Marshal Rodolfo Graziani）成为他的继任者，此人在意大利与阿比西尼亚的战争中已经证明自己是个不折不扣的慢郎中。9 月中旬，在墨索里尼的催促下，他命令自己的军队越过埃及边境，前进到马特鲁以西 75 英里的西迪拜拉尼（Sidi Barrani），韦维尔的前哨部队随即后撤。接着，格拉齐亚尼止步不前，开始在沙漠里构筑一连串向西南方向延伸的堡垒。与此同时，也是在 9 月，韦维尔得到了第一批有力的增援，其中包括 50 辆步兵坦克，型号是在阿拉斯与德军交战时表现出色的那种，这一次它们将成为决定胜负的因素。当格拉齐亚尼还在建造纪念碑之时，失败也近在眼前了。10 月 20 日，韦维尔已经指示驻埃英军指挥官威尔逊将军（General Sir H. M. Wilson）考虑进攻的可能性，进而揭开了第二次利比亚会战的序幕。8 天后，因为德军没有征求他的意见就出兵罗马尼亚而心怀不满的墨索里尼对希腊宣战；于是威尔逊的行动不得不推迟到 12 月初，因为韦维尔奉命调兵进驻克里特岛，同时还要派出 3 个轰炸机中队和 2 个战斗机中队进驻希腊，导致他手上本就弱小的航空力量几近枯竭。

显然，格拉齐亚尼应该利用其元首在希腊的冒险为掩护发动进攻。开罗的英军司令部相信他足有 8 万人马，还有 120 辆坦克和 3 倍于英方的空军部队支援。分别分布在 7 个筑垒兵营之中或其附近，自北向南依次是：马克提拉（Maktila）、九十点（Point Ninty）、东图马尔（Tummar East）、西图马尔（Tummar West）、尼贝瓦（Nibeiwa）、东索法菲（Sofafi East）和西南索法菲（Sofafi South West）。稍早前，英军的侦察兵已经发现，在尼贝瓦和东、西南索法菲营地之间有一个宽 20 英里的缺口无人防守，而且这些营地的防御工事都不是全方位的。因此，如果一支装甲和摩托化部队从这个缺口渗透，就可以掉头北上，从背后攻击北面的 5 个意大利兵营。而且，这些兵营全都无法互相支援，

---

① 注释：《非洲三部曲》（African Trilogy，《每日快报》社艾伦·莫尔黑德著，1944 年），第 22—23 页。这些战术与我在《关于野战勤务规章的演讲稿（三）》（Lectures on F.S.R.III，1932 年）中概括的机动游击战术很相似。

大可逐一击破。

以上是西部沙漠军团的指挥官奥康纳少将（Major–General R. N. O'Connor）制定的计划。他的部队包括第 7 装甲师【奥穆尔·克雷少将（Major–General O'Moore Creagh）】、第 4 印度师、2 个步兵旅和皇家坦克团第 7 营（步兵坦克）。共计 31000 人，120 门大炮和 275 辆坦克。与他相配合的空军部队则由空军中校科利肖（Wing–Commander R. Collishaw）指挥。

按照计划，这次作战将持续 5 天，由于两军之间的无人地带纵深达 70 英里，英军预先将足够所有部队使用数天的给养存储在英军防线前方 20 ~ 30 英里的沙漠中。接着，英军又决定分阶段进军：在 12 月 7 日夜间前进约 30 英里；8 日白天在野外停留，黄昏后再夜间行军，最终在 9 日上午发起攻击。

在陆军实施这个异常大胆的机动之时，海军将炮击马克提拉、西迪拜拉尼和沿海公路，而空军将连续不断地袭击敌方机场，以求将敌机消灭在地面。

和预想的一样，当胆大妄为的指挥官主导行动时，一切竟都按照计划顺利实施了。不过，接下来的战事不是计划中持续 5 天的大规模袭击战，而是一场持续 62 天的会战。在此役中沙漠军团挺进 500 英里，横穿昔兰尼加（Cirenaica），最终歼灭了格拉齐亚尼的大军。从战术角度讲，英军取得这样的胜利确实令人惊讶。

这场出乎意料的会战——对双方来说都是出乎意料的——可以分为 3 个阶段，每一阶段英军都采用了不同的攻击方式。第一阶段是埃尔比勒式的作战，第二阶段是一系列正面进攻，而第三阶段是钱斯勒斯维尔之战——后方进攻。

第一阶段。奥康纳在穿过缺口后，派遣第 7 装甲师组成的支援集群①压制东、西南索法菲兵营的守军，自己则挥师北上，于上午 7 点出现在马莱蒂将军（General Maletti）率 3000 意军据守的尼贝瓦后方，他随即对这个兵营开炮。35 分钟后，皇家装甲团第 7 营在步兵跟随下发起突击。顷刻，意军的坦克立刻被摧毁②，而

---

① 注释：支援集群的坦克与一般坦克不同，装备的是一门榴弹炮，而不是 2 磅炮。
② 注释：意大利人有两种坦克，一种是轻型的，一种是中型的。1935—1936 我曾在阿比西尼亚见过前者，并评价它是"移动的棺材"。而在这次会战中，亚历山大·克利福德（《每日邮报》的记者）称它是"无用的死亡陷阱"。

意军的反坦克炮手在发现自己的37毫米炮弹对英军步兵坦克厚重的装甲毫无效果后也失去了斗志。①1个小时后，这个兵营②就落入奥康纳之手，而马莱蒂在这场战斗中遇难身亡。

在重整了自己的突击队之后，奥康纳继续北上，于下午1∶30向西图马尔开火，1∶50发起攻击，像在尼贝瓦一样突入这个兵营并将其占领。接着是东图马尔，在夜幕降临时它的大部分都被占领。与此同时，第4印度师在第7装甲师支援下北上切断了西迪拜拉尼至布格布格（Buq Buq）的公路。9日的作战至此告一段落。

次日黎明，英军开始向西迪拜拉尼前进。下午4∶15，他们发起突击，并

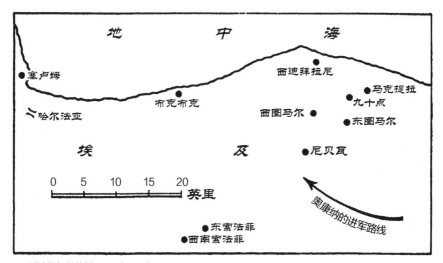

∧ 西迪拜拉尼战场，1940年12月7—11日

---

① 注释："意大利人绝望地看到他们的轻型反坦克炮弹在坦克炮塔上跳飞，就连轻型野战炮对这些坦克也不起作用。"（《非洲三部曲》，第72页。）格拉齐亚尼写道："我们不可能只靠指甲来撕裂钢铁装甲"，而墨索里尼逼迫他发动的战役是"让跳蚤对抗大象"。（《齐亚诺日记》，第317和318页。）

② 注释：这些营地里生活设施的奢华程度不亚于罗斯巴赫之战（译注：七年战争中的经典战役，腓特烈率两万普军以很小的代价大破四万法奥军）中的法军营地，后者有润发油、香水、睡袍、遮阳伞、鹦鹉、等等【《腓特烈大帝的宫廷与时代》（Frederick the Great: His Court and Times，托马斯·坎贝尔著，1842—1843年），第3卷，第109页】；前者有床罩、润发油、香氛、大衣挂架，等等【《三英对抗隆美尔》（Three Against Rommel，亚历山大·克利福德著，1943年），第42页；以及《非洲三部曲》，第67页】。所以，历史有时候确实会重演。

在入夜时占领该地。当天夜里，奥康纳命令第 7 装甲师一部南下防止意军从索法菲兵营撤退，另一部则西进追击溃逃的敌军。11 日，英军在布格布格和塞卢姆（Sollum）之间俘虏 14000 名意军。

"第一阶段作战就这样结束了，也许可以将它称为西迪拜拉尼战役。敌军的 5 个师被歼灭大半，我们俘虏了 38000 人，缴获大约 400 门大炮、50 辆坦克和许多其他军用物资。我军自身伤亡仅为 133 人死亡，387 人负伤和 8 人失踪。"韦维尔将军这样写道。[1]

第二阶段。下一个问题——攻克巴迪亚和图卜鲁格，就完全是另一回事了。这两个地方都是意军重兵把守的，而且都筑有坚固的工事。对于前者，英军经过有条不紊的准备（扫雷、填平反坦克壕、剪断铁丝网和炮轰），于 1 月 5 日通过突击拿下，后者也在 22 日以同样的方式攻克。英军在巴迪亚抓获 45000 名俘虏，缴获 462 门大炮和 12 辆坦克，在图卜鲁格俘虏 3 万人，缴获 236 门大炮和 87 辆坦克。

第三阶段。在图卜鲁格失守之后，敌军在昔兰尼加只剩下两支兵力较强的部队：位于德尔纳（Derna）以东的第 60 师（差一个旅）和位于德尔纳以南 50 英里的梅基利（Mekili）的一个配备有 160 辆坦克的旅。由于德尔纳工事坚固，奥康纳决定先包围它，同时攻击梅基利的意军集群。但是在 1 月 26 日夜至 27 日晨，那股意军向巴尔切(Barce)方向撤退了。于是韦维尔与奥康纳会合，两人共同决定，让此时只剩 50 辆巡洋坦克[2]和 95 辆轻型坦克的第 7 装甲师经梅基利穿越沙漠，切断班加西（Benghazi）以南的沿海公路；沙漠军团的其余部队则沿着通往班加西的公路追击敌军。

30 日早晨，敌军开始撤向巴尔切。英军指挥官一确认此情况，就决定"不要等待部队完成集结或后勤安排，立即穿越沙漠追击"。于是第 7 装甲师从梅基利出发开往穆苏斯（Msus），并在 2 月 5 日拂晓时以装甲汽车占领后者。几

---

[1] 注释：《韦维尔将军的"快报"》，载《伦敦公报》副刊，1946 年 6 月 26 日，第 3264 页。

[2] 注释：英国陆军此时装备了 4 种坦克：支援坦克，用于保护其他坦克；步兵坦克，装甲厚重但行动缓慢，用于配合步兵作战；巡洋坦克，装甲不如前者但速度较快，用于独立作战；还有此时已经过时的轻型坦克。第二种和第三种坦克都装备 2 磅炮。

小时后，克雷将军派出 2 支分遣队直扑海岸，分别在班加西以南约 50 英里一个名叫贝达佛姆（Beda Fomm）的地区的两处地点切断了沿海公路。①

当天夜里，一股 5000 多人的敌军在从班加西向南撤退途中，在沿海公路上突然遭遇了第 4 装甲旅，他们措手不及，立刻就投降了。接着，在 6 日，包括大量坦克在内的敌军主力也出现了。但这些敌军是零零散散地投入战斗的，于是也就被零散地歼灭，他们的坦克也被破坏了 84 辆。意大利第 60 师被压制在近 20 英里的公路上，前有阻截，后有追兵，被彻底包围，指挥官贝尔贡佐利将军（General Bergonzoli）在次日黎明时分宣布无条件投降。沙漠军团又抓获了 2 万俘虏，缴获 120 辆坦克和 190 门大炮。

战争史上前所未有的一次大胆会战就这样结束了。虽然英军投入的兵力始终没有超过 2 个满员的师，但是从 12 月 7 日—2 月 7 日，他们歼灭了敌军一个下辖 4 个军，包括近 10 个师的重兵集团，俘虏 13 万人，缴获 400 辆坦克和 1240 门大炮，而自身付出的代价仅仅是 500 人死亡，1373 人负伤和 55 人失踪。

在取得如此辉煌的胜利之后，为什么韦维尔没有乘胜追击呢？原因是，此时他不仅要应付另两场会战，而且在 2 月，意识到德军对希腊的入侵迫在眉睫的希腊政府对英国政府施加了压力，后者转而指示韦维尔向希腊派遣由威尔逊将军指挥的 1 个装甲旅和 3 个步兵师。正是这个分兵行动，而不是敌军的作为或后勤困难（虽然困难确实很大），导致第二次利比亚会战全面结束。

这场会战提供了许多值得借鉴的经验教训，其中比较突出的几条是：（1）进攻方的机动性比防守方的数量更重要，因为它使进攻方能够迅速连续地在一个地点或者在一连串地点集中优势兵力；（2）新式的战术和手段可以使打击力量成倍增加，而这要求所有兵种的密切配合。正如韦维尔所指出的，如果没有海军帮助维持海上后勤补给线畅通，这场会战就不可能成功。如果科利肖没有将数量上处于劣势的航空兵力集中起来攻击地面的意大利飞机，这场会战也不可能成功，这一举措为他赢得了全面的空中优势；（3）最后，消极防御战术又

---

① 注释：第 7 装甲师在 29 小时内从梅基利机动到与其直线距离为 147 英里的海岸。

一次造成了灾难。在一座堡垒里死守是一种战法，从堡垒里出来，或者在堡垒之间机动又是另一种战法。意军选择了原地不动，结果就被消灭了。

征服阿比西尼亚

当韦维尔奉命向希腊派出远征军之时，除了利比亚会战之外，他还在进行着另两场会战，而它们将以征服阿比西尼亚告终。在 12 月 2 日——他出兵击败格拉齐亚尼的 5 天前——他将苏军驻苏丹的指挥官威廉·普拉特中将（Lieut. General Sir William Platt）和英军驻肯尼亚的指挥官艾伦·坎宁安中将（Lieut. General Sir Alan A. Cunningham）召至开罗，向他们说明，他打算第一步先支持阿比西尼亚的抵抗军并做好在 2 月收复卡萨拉（Kassala）的准备，第二步对莫亚莱（Moyale）保持压力，然后在 5 月或 6 月雨季结束后，向位于朱巴河（River Juba）河口附近的基斯马尤（Kismaayo）进军。他给普拉特分配了第 4 和第 5 印度师，给坎宁安分配了第 1 南非师和第 11 及第 12 非洲师。仿佛有魔法一样，这些不起眼的开局举措最终开花结果，造就了有史以来即使算不上范围最广，但肯定堪称实施最为迅速的钳形攻势。其中一路大军的基地在喀土穆，另一路在远隔 1200 英里的内罗毕。

这两场非凡的会战（其中一场主要在多山地区进行，另一场基本是在干旱的平原上展开）记录如下：

普拉特的进攻日期定在 2 月 9 日，但是由于弗鲁西将军（General Frusci）率领的意大利军队在 1 月中旬撤离了卡萨拉，普拉特遂于当月 19 日出兵，在次日越过了厄立特里亚边境，在阿科达特（Agordat）追上了弗鲁西，并于 31 日将其击败，然后乘胜追击至克伦（Keren）。在那里，卡萨拉至阿斯马拉（Asmara）的公路从一道险峻的峡谷中穿过。两场会战中唯一的激烈战斗就发生在克伦。英军发动了无数次攻击，直到 3 月 3 日，在付出伤亡近 3000 人的代价之后，才得以突破。4 月 1 日，英军又占领了阿斯马拉，3 天后，马萨瓦（Massawa）在稍作抵抗后也被拿下。在英军接连取得突破之后，意军只剩下两个重要据点：贡德尔（Gonder）和阿姆巴阿拉齐（Amba Alagi）。后者是一座圆锥式的高山，海拔 10000 英尺以上，可居高临下控制阿斯马拉至亚的斯亚贝巴的公路。这条公路位于阿斯马拉以南，与阿姆巴阿拉齐的直线距离是 185 英里，但是由于公路的险弯不计其数，陆路进军的里程几乎是这个距离的 2 倍。最终普拉特决定在 5 月 4 日攻击这个险要的阵地。

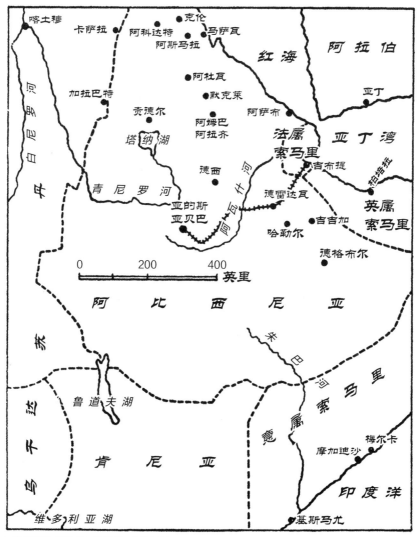

∧ 东非战区，1941 年 1 月 19 日—5 月 18 日

在普拉特南边近 1000 英里处，坎宁安于 1 月 24 日开始进军，并于 2 月 18 日渡过朱巴河。在从韦维尔那里获得进军摩加迪沙的许可之后，他于 23 日早晨 6 点派出一支由非洲部队组成的旅级摩托化集群，向着位于北方 275 英里外的这座城市前进。令人惊奇的是，这支部队于 25 日下午 5 点就进入了摩加迪沙，并且，它在城中找到了完好无损的 35 万加仑车用汽油和 8 万加仑航空汽油。这简直是天赐大礼，因为这使得这支部队可以在梅尔卡（Merca）和摩加迪沙的港口开放前继续推进。

另一方面，坎宁安鉴于自己遭遇的抵抗实在太微弱，便请求韦维尔准许自己取道吉吉加（Giggiga）向哈勒尔（Harar）进军，而吉吉加与摩加迪沙的公路距离是 774 英里。他还请求韦维尔重新打通距吉吉加 204 英里的柏培拉（Berbera）港，因为这样可以使他的后勤补给线缩短 570 英里。韦维尔同意了这个请求，并从亚丁派出一支小部队，于 3 月 16 日占领柏培拉；而意军也就此退出了英属索马里。

坎宁安于 3 月 1 日离开摩加迪沙，向吉吉加进发。10 日，在摩加迪沙以北 590 英里的德格布尔（Dagabur），他的先头部队与敌军发生碰撞。最终坎宁安的部下驱散了拦路之敌，于 17 日进入吉吉加。在将自己的部分交通线改换到柏培拉——此时连通至肯尼亚的交通线已经长达 1600 英里——之后，坎宁安穿过险要的马尔达（Marda）山口，于 25 日进入哈勒尔。就这样，他在 30 天内前进了 1054 英里，平均每天的前进速度是 35 英里，但最后的 65 英里在 1935—1936 年却让格拉齐亚尼花费了近 6 个月的时间。

接着，坎宁安转向西南，向亚的斯亚贝巴前进。奥斯塔公爵弃城而逃，坎宁安在 4 月 4 日占领该城。到这一天为止，坎宁安的军队已经抓获 5 万多名俘虏，占领了 360 万平方英里的土地，付出的代价是 135 人死亡，310 人负伤，52 人失踪和 4 人被俘。

由于韦维尔在利比亚和希腊投入重兵，此时最紧迫的任务就是打通阿斯马拉至亚的斯亚贝巴公路一线，从而使部队能够经马萨瓦（Massawa）进入埃及。因此坎宁安接到了进攻亚的斯亚贝巴以北 250 英里的德西（Dessie）的命令。

13 日，他派出了第 1 南非旅，该部在孔博勒查山口（Combolcia Pass）战斗了 5 天，以战死 10 人的代价俘虏 8000 意军，随后于 20 日占领德西。在德西北面与其直线距离 140 英里的地方就是阿姆巴阿拉齐，奥斯塔公爵带着他的残部在那里掘壕固守。在北面的普拉特和南面的坎宁安夹击之下，他于 5 月 18 日无条件投降，但无论如何还是保住了体面。另一方面，5 月 5 日，在巴多格利奥元帅（Marshal Badoglio）在亚的斯亚贝巴举行入城式的整整 5 年后，海尔·塞拉西皇帝（Emperor Haile Selassie）"纵马下山，光复了他的都城"。

虽然外围地区的作战又持续了一段时间——其中最主要的是贡德尔之战——但阿姆巴阿拉齐之战为征服阿比西尼亚的行动画上了句号。韦维尔对于这两场会战是这样描述的：

"从 1 月底到 6 月初，我们在 4 个月内完成了对意属东非的征服。在这个时期，我们基本上歼灭了一支约有 22 万人的军队并缴获其全部装备，占领了近 100 万平方英里的土地。这场了不起的会战有几个突出的特点，那就是英国和印度部队对克伦和阿姆巴阿拉齐险要的山地屏障实施的突击；在东非从基地出发转战约 2000 英里所体现出的大胆精神和高超技艺；以及阿比西尼亚西部打得非常巧妙的游击战。"[1]

这两场会战最令人高兴的特点就是双方在战斗中都表现出了突出的骑士精神。没有发生针对平民的轰炸，没有驱逐居民和肆意破坏，也没有强奸、屠戮和劫掠。就连阿比西尼亚的游击队员整体上也表现得很克制。

最令人惊讶的是英军的神速和意军的颓废，后者甚至连消极地防御也很少，只顾着退却。只有在克伦，他们才罕见地发挥了真正的战斗精神。然而，即使在这一战中，他们对自己优势的空中力量的运用也是微不足道的。尽管英军的运输车队排成长龙，源源不断地从卡萨拉出发，他们却一次也没有对其实施轰炸。坎宁安将军还告诉我们，这次作战直到渡过朱巴河为止，最"显著的特点"之一就是"敌军几乎完全没有从空中进行干扰"[2]。

---

① 注释：《韦维尔将军的"快报"》，载《伦敦公报》副刊，1946 年 7 月 9 日，第 3530 页。
② 注释：出处同前，第 3564 页。

英国方面的情况则正相反。他们没有消极地撤退，而是大胆地进攻。事实上，英军之所以在大胆的指挥官领导下实现了战争史上前所未有的机动，主要原因就是英军投入的兵力很少，但战场又极为广阔，而意军又妄图同时保卫多个地方。如果英军的行军纵队再大一些，那么光是后勤问题就足以阻碍他们实现这样的机动。意军之所以未能集中足以迫使其敌军扩大行军纵队规模的兵力，自身的后勤又遭遇重重困难，在很大程度上要归功于阿比西尼亚游击队的活动，是他们使意军不得不将大量兵力分散在自己脆弱的交通线上。但是马尔达山口竟然无人把守，克伦的防御也没有加强到足以抵挡进攻方，就令人困惑不解了。

征服南斯拉夫和希腊

1940 年 10 月 22 日，丘吉尔在一次广播中以肯定的口吻告诉听众，希特勒和墨索里尼已经打定主意要瓜分法国和大英帝国——从战略角度看，这么做一点也不明智——这些"强盗"的第一步行动是和平占领罗马尼亚，第二步就是染指希腊。事实上，瓜分是朝着恰好相反的方向进行的。

在一口吞下罗马尼亚之后，德国在 1 月又对保加利亚施压，最终该国加入了《德意日三国同盟条约》[1]，并于 3 月 1 日被德国和平占领。接下来，德国又如法炮制，对南斯拉夫施压。此时希腊政府担心希特勒会出兵援助正在阿尔巴尼亚陷入困境的墨索里尼[2]，便呼吁英国履行承诺，为她提供支援。从 3 月 10 日～20日，德国对南斯拉夫施加的压力逐步升级，南斯拉夫政府最终在 24 日屈服，也加入了《三国同盟条约》。3 天后，西莫维奇将军（General Simovitch）发动政变推翻了这个投降决定，紧接着英国海军坎宁安将军（Admiral Cunningham）在马塔潘海战中击沉了 7 艘意大利战舰。4 月 6 日，德国出兵，同时入侵了南斯拉夫和希腊。

在西莫维奇发动政变的当天，李斯特元帅指挥的德国第 12 集团军大部部署

---

① 注释：1940 年 9 月 27 日由德国、意大利、日本三国在柏林签订。
② 注释：在这一地区可以识别出的四支意军番号是"托斯卡纳豺狼""费拉拉大力神""尤利亚半神"和"皮埃蒙特红魔"。

在保加利亚—土耳其边境上，现在我们已经知道，当时该部队预备入侵的不是土耳其，而是苏联，该行动在巴尔干半岛成为德国的囊中之物后就会实施。结果这个集团军接到了入侵塞尔维亚和马其顿的命令，与此同时另几个集团军也从北面攻入克罗地亚，并向贝尔格莱德进军。贝尔格莱德和南斯拉夫军队的机场都遭到了猛烈轰炸。

在南斯拉夫人尚能做决定的短暂时间内，他们面前有两条路可走：保卫他们的全部国土，或是南撤到大山里。第二条路显然更有希望，但由于这意味着抛弃克罗地亚和斯洛文尼亚人，他们选择了第一条路，最终南斯拉夫军队的 4 个集团军不可避免地遭到包围。在德国装甲部队以及多瑙河前线匈牙利军队的攻击下，南斯拉夫军队体验了名副其实的坎尼之战。它的两翼都遭到向心攻击，在他们左边是取道萨格勒布和卢布尔雅那推进的德国和意大利军队，右边是来自维丁（Vidin）的一个德国集团军。在向萨拉热窝匆忙撤退之后，28 个南斯拉夫师于 4 月 17 日投降；西莫维奇将军随即带着国王和大臣们乘飞机逃往希腊。

在这场战役进行之时，李斯特元帅率部进攻了塞尔维亚和马其顿。但是在概述此后的战事之前，我们最好先回到 2 月中旬，读者应该记得，当时韦维尔将军奉命向希腊派遣了一支由威尔逊将军指挥的远征军。

2 月 22 日，英国指挥官与希腊军队总司令帕帕戈斯将军（General Papagos）进行了对话，研究设于希腊北部的各条防线。它们是：（1）沿东罗多彼山脉（Rhodope Mountains）布置，屏护马其顿的梅塔克萨斯防线；（2）屏护萨洛尼卡（Salonika）的斯特鲁马河谷防线；（3）位于萨洛尼卡以西的阿利阿克蒙河（维斯特里查河）防线。因为希腊军队的主力正在阿尔巴尼亚与意军对垒，所以前 2 条防线被认为太长，无法靠现有兵力据守，于是双方商定选择第三条防线。"它的主要危险是，"韦维尔写道，"如果德军成功穿越南斯拉夫南部，通过切尔纳河谷（Valley of the Cherna）或蒙那斯迪尔隘口（Monastir Gap）进入希腊，那么左翼就会暴露。"①

---

① 注释：《韦维尔将军的"快报"》，载《伦敦公报》副刊，1946 年 7 月 2 日，第 3425 页。

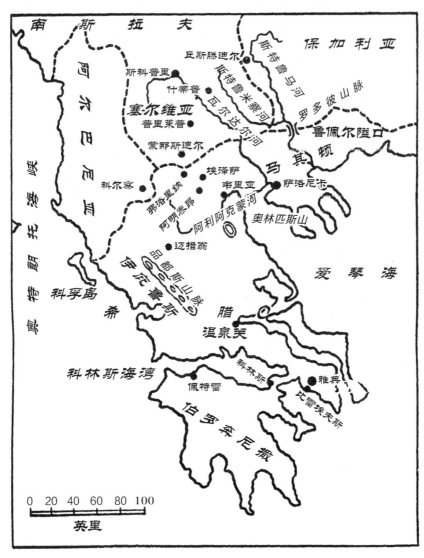

∧入侵希腊，1941 年 4 月 6—28 日

　　几天后，韦维尔和威尔逊很不高兴地得知，帕帕戈斯将军出于政治原因改变了主意，决定据守梅塔克萨斯防线，并将威尔逊的集团军布置在瓦尔达尔河（Vardar）以西。这个集团军下辖新西兰师、第 6 和第 7 澳大利亚师、第 1 装甲

旅和一个波兰旅，共计 57000 人，其中 24000 是英国人。第一批空运的部队于 3 月 7 日开始在比雷埃夫斯（Piraeus）着陆。

面对德军这样机动灵活而且攻击精力充沛的作战，同盟国的这种部署无异于自杀。在左翼，从科尔察（Koritsa）到奥特朗托海峡（Strait of Otranto），是在阿尔巴尼亚与意军对垒的希腊军队主力（14 个师）；在右翼，3 个半希腊师据守梅塔克萨斯防线，还有 3 个希腊师与英国的集团军部署在一条从奥林匹斯山（Mount Olympus）以东的爱琴海通到韦里亚（Veria）和埃泽萨（Edessa），然后又向北延伸至南斯拉夫边境的防线。战线总计长约 100 英里。这套部署的弱点在于，如果德军成功地经塞尔维亚突入希腊，就可以从西面包抄所有守军。为了防范这种情况，威尔逊将军组织了一支包括皇家坦克团第 3 营在内的小部队，将其布置在弗洛里纳（Florina）以南的阿明泰昂（Amynteion）以警戒蒙那斯迪尔隘口。

李斯特元帅决定充分利用对手这个捉襟见肘的部署：（1）突破同盟国防线的中央，切断阿尔巴尼亚境内的希腊军队；（2）在鲁佩尔隘口（Rupel Pass）突破梅塔克萨斯防线，切断位于马其顿东部的希腊军队；（3）同时派遣一支部队溯斯特鲁米察河（Strumitsa）而上，然后再顺瓦尔达尔河而下，一举拿下萨洛尼卡。

这些行动在 4 月 6 日发动，并以猛烈的空袭作为前奏。数以万计的南斯拉夫士兵在乘着牛车进入防御阵地的途中遭到轰炸，被炸坏的车辆把 150 英里的公路堵得水泄不通。在后方，拉里萨（Larissa）及其机场被夷为平地，比雷埃夫斯也遭到狂轰滥炸。在那里，一艘起火的轮船"……引燃了另一艘满载 TNT 的船只，转瞬间如同火山喷发般的爆炸就横扫了整个港湾。船只、码头和建筑纷纷起火，稍后，有整整一船的飓风式战斗机沉入了海底。"[①]

以这场轰炸为掩护，李斯特的 4 路装甲纵队开始前进。其中 2 路攻击梅塔克萨斯防线：1 个装甲师顺斯特鲁马河而下，经过一番激战后突破了鲁佩尔隘口。另一路包含 1 个装甲和 1 个山地师，溯斯特鲁米察河而上，在未遇到多少抵

---

① 注释：《非洲三部曲》，第 146 页。

抗的情况下，掉头扑向下游的瓦尔达尔河谷。这两路德军进展神速，先头的坦克在 8 日夜间就开进了萨洛尼卡。

与此同时，在李斯特的右翼，1 个装甲师，1 个摩托化师从位于索非亚西南方 45 英里的丘斯滕迪尔（Keustendil）向斯科普里（于斯屈普）进军，并于 7 日将其占领；而另一个装甲师则取道什蒂普（Štip）抵达了普里莱普（Prilep）。然后这两路纵队都向蒙那斯迪尔进发，通过弗洛里纳以北的两条公路进入希腊。此后，经过在弗洛里纳以南的 些战斗，防守瓦尔达尔河谷的英国和希腊军队后撤到从奥林匹斯山沿阿利阿克蒙河布防的阵地。但是由于塞尔维亚的南斯拉夫军队全线崩溃，而德军又经蒙那斯迪尔隘口迅速推进，这道防线显然是守不住的。于是威尔逊将军决定继续后撤至温泉关（Pass of Thermopylae）。这一后撤行动导致品都斯山脉（Pindus）的各个隘口失去掩护，使得正从阿尔巴尼亚后撤至伊庇鲁斯（Epirus）的希腊军队主力陷入绝境。19 日，德军装甲部队在迈措沃（Metsovo）穿越品都斯山脉。至此位于伊庇鲁斯的希军已经在劫难逃。最终于 21 日投降。

此时英军除了尽快撤离希腊已经别无选择，于是英军指挥官决定让大部队在伯罗奔尼撒半岛登船。然而这一行动不仅比敦刻尔克更为艰难（因为没有战斗机掩护），而且德军早在 26 日就通过空降突击夺取了科林斯运河（Corinth Canal）上的桥梁，打乱了英方的整个计划。这些空降部队迅速得到了在伊庇鲁斯完成作战后又在佩特雷（Patras）渡过科林斯海湾（Gulf of Corinth）的一个德国摩托化师的增援。"事实证明，在科林斯的这次作战，"米克舍上尉（Captain Miksche）写道，"不仅节约了时间，而且也节约了物资，特别是燃油。如果李斯特元帅没有实施这一作战，伯罗奔尼撒半岛的战斗可能还要继续好几个星期。" [1]

主要的撤离行动是在 4 月 26 日夜 27 日晨以及 27 日夜 28 日晨实施的，来到希腊的 57660 名大英帝国军人中，共有近 43000 人得以逃脱；这是英国海军的一项杰出成就，且又一次证明了海权的价值。但是和在敦刻尔克的情况一样，

---

[1] 注释：《伞兵》，第 41 页。

所有的重装备都损失了。德军在 27 日进入雅典，并在卫城上升起了"卐"字旗。

这场会战又一次证明：强大的空中力量和强大的装甲力量分别提供的巨大优势，以及将两者整合为一支打击力量的优越性。虽然英军的飞机和装甲车辆在数量上远不及对手，但皇家空军并不像曾经把战略轰炸作为信条的法国一样，把所有飞机用于协助地面部队；而是灵活机动地运用这支小部队。我们从资料中得知，德军"看来并未因为这些……严重迟滞对保加利亚国内火车站的空袭"[1]——当然了，因为他们的所有机动都是通过公路进行的。至于德军对飞机的运用，我们看到了非常不一样的说法：

"德国轰炸机对使用公路机动或者在平原或滩头据守阵地的我军来说是极其危险的。他们的攻击非常猛烈，因为在德军先头部队夺取塞萨利（Thessaly）地区的机场后只过了几小时，德国空军就开始使用它们了。他们通过运输机为这些前进基地提供补给，空运地勤人员、油料和弹药。"[2]

最后要提的是，从英军的角度来讲，这场会战是纯粹的政治战。它根本就不应该打，因为虽然英国已经口头承诺援助希腊，但是在全世界眼中，通过派遣一支象征性的军队来"保住面子"绝不能算是履行承诺，反而是对威尔逊集团军的出卖。而且，我们将会看到，它在非洲造成了灾难性的影响。

第三次利比亚会战

格拉齐亚尼大军的覆灭导致通往的黎波里的道路大开，使得希特勒不得不对自己的盟友伸出援手。于是，就在韦维尔抽调自己的兵力援助希腊时，埃尔温·隆美尔将军（General Erwin Rommel）却带着德国援军在的黎波里塔尼亚（Tripolitania）登陆。虽然开罗方面接到了情报，但是英军能用于远程侦察的飞机实在太少，无法确定隆美尔的兵力究竟有多少。另一个困难在于，德国飞机持续不断地轰炸班加西，而该地的战斗机和高射炮都已被送往希腊，因此在当

---

① 注释：《第七季》（The Seventh Quarter，菲利普·格雷夫斯著），第 50 页。
② 注释：《希腊与克里特岛的战事》（The Campaign in Greece and Crete，英国宣传部，1942 年），第 32 页。

地港口卸载船只过于危险。这意味着补给物资必须从东面 200 英里外的图卜鲁格转运，而 8000 台车辆已经被派往希腊，交通工具短缺到各部队不得不将自身的车辆用于跑交通线。这导致前线部队（尤其是第 2 装甲师）都靠临时仓库获得补给，其中主要的油料临时仓库建在穆苏斯。

临近 3 月底，英军的掩护部队驻扎在欧盖莱（Agheila）以东不远处，而该城位于班加西以南 150 英里。这些部队包括第 2 装甲师（差一个调往希腊的旅）和第 9 澳大利亚师（有一个旅在图卜鲁格），以及一个驻在梅基利的印度摩托旅集群。第 2 装甲师的坦克不仅不满建制，状况很差，而且该师有多个单位尚未完成沙漠战的训练。韦维尔意识到了这些部队的弱点，曾指示坐镇昔兰尼加指挥的尼姆中将（Lieut.General P. Neame），如果遭到攻击，应该向班加西方向且战且退，甚至可以在情况严重时撤离班加西。

隆美尔在 3 月 31 日发动攻击。他的部队由 1 个德国轻型装甲师和 2 个意大利师组成（其中一个是装甲师，另一个是摩托化师）。隆美尔的计划从很多方面来讲就是反向的贝达佛姆之战，他命令自己这支小军团的一部沿公路向班加西推进，另一部则穿越沙漠扑向梅基利，从而绕到从班加西向德尔纳撤退的敌军的后方。这个计划中最独特的一点是：由于意识到敌军的主要问题是汽油供应，他指示自己的空军将摧毁英军的运油车辆作为主要目标。

在隆美尔进攻时，尼姆按照上级指示，命令第 2 装甲师后撤。4 月 2 日夜间，该师到达了艾季达比亚（Agedabia）以北的某地，在那里它既可从侧翼控制班加西公路，又可封锁经穆苏斯通向梅基利的沙漠小道。

第二天，有报告称一支强大的德军装甲部队正在逼近穆苏斯，于是守卫临时仓库的分遣队将汽油付之一炬。这个操之过急的行动断绝了尼姆的装甲部队的汽油供应；另一方面，班加西守军已经弃城而逃[①]，尼姆只得将自己的部队撤至瓦迪（Wadi）—德尔纳—梅基利一线。在发现这条防线无法固守之后，右翼的第 9 澳大利亚师向图卜鲁格撤退，并于 7 日抵达该城。但是第 2 装甲师却不

---

① 注释：开罗英军指挥部此时发布的报告有极大的误导性。例如，4 月 3 日的报告："和 1940 年秋季时一样，敌人显然在以进一步拉长已经过度延伸的交通线为代价谋求宣传上的成功。"

得不根据自身所能获得的汽油数量控制机动速度，而它的通信车辆和运油车又遭到猛烈空袭，因此直到 6 日夜间才抵达梅基利。由于汽油短缺，该师的第 3 装甲旅又转向德尔纳，并在那里被俘获。7 日，包括师部在内的第 2 装甲师余部在梅基利遭到攻击，并在当晚接到撤至图卜鲁格以南的阿代姆（el Adem）的命令。次日黎明，第 2 装甲师作了突围的尝试，虽然第 1 皇家骑炮团和一些印度部队成功逃脱，但其余部队都被俘获。

另一个不幸事件发生在 6 日夜—7 日晨。奥康纳中将和另一名军官被派往前线协助正在撤退的尼姆将军。结果在巴尔切至德尔纳的公路上被德军一支机动分队追上，3 人都成了俘虏。

韦维尔接到了这些噩耗，鉴于在埃及没有多少装甲车辆能用于支援败退的部队，他做出了固守图卜鲁格的决定，目的是防止堆积在那里的成千上万吨物资落入敌军之手，并阻止敌军利用该港口。这是一个大胆而明智的决策，因为既然他没有了进攻能力，那么最佳选择就是通过阻止敌军占领前进基地来削弱其机动性。他通过海路向图卜鲁格派遣了第 7 澳大利亚师以及运送了一些坦克，以增援第 9 澳大利亚师。这些援军在 7 日赶到，11 日图卜鲁格就被包围了。但此时隆美尔的部队已成强弩之末，他在到达索利姆（Solium）绝壁后就立即命令疲惫不堪的部队停止前进。

在战术层面，这场持续了 12 天的短暂会战最耐人寻味的点是机械化作战中的汽油供应问题，以及保证机动部队后勤不中断和防护空袭的重要性。设置临时仓库是沿袭上一场战争的做法，虽然在静态局势下很有用，但是正如这场会战所印证的，如果在快速的运动战中也依赖这种做法，就是使战术服从行政管理，从而剥夺指挥官的行动自由。从这场战役可以推论得出：机动性最高的运输手段是空运，所以每一支机械化部队，无论规模大小，都应该配有招之即来的空运梯队。我们将会看到，尽管发生了下一节中记述的一系列事件，但西线的英军直到战争临近结束时都没有吸取这个教训。

但最重要的是，这场会战证明了：如果隆美尔和他规模不大的援军被派遣的时间是在格拉齐亚尼兵败之前，而不是之后，那么贝达佛姆之战很可能就不会发生，而韦维尔将被赶出埃及。因此，虽然隆美尔被派遣到了战术上正确的地点，却赶上了错误的战略时间，他晚到了 4 个月；否则不但能击败敌军，还能改变整个战争的进程。战术已经有了，指挥官也到场了，而且他的战术精妙绝伦；但是由于他的上司战略选择错误，从此以后隆美尔打到亚历山大港的一切努力都是徒劳：战略时机已经被错过了。

空降突击克里特岛

在隆美尔发动进攻的同时，伊拉克遭遇了一场危机。德国宣传部门在这个国家经营已久，3 月 31 日，当摄政王得知有人密谋逮捕自己时，逃到了巴士拉（Basra），在一艘英国战舰上避难。与德国暗通款曲的伊拉克首相拉希德·阿里·盖拉尼（Rashid Ali Ghailani）随即发兵围攻位于巴格达以西 60 英里的哈巴尼耶（Habbaniyah）的英国航空站。这引发了一场短暂而恼人的战役，最终于 6 月 1 日在巴格达草草收场。也是在这一天，整场战争中最不同寻常、最有未来战争气息的会战也画上了句号，这就是德军对克里特岛的空降突击。

1940 年 11 月 1 日，英军一支小部队占领了克里特岛——爱琴海的锁钥——

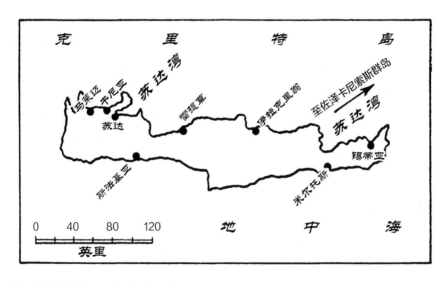

∧ 入侵克里特岛，1941 年 5 月 20—31 日

但是由于中东地区一直短缺飞机，没有一架飞机被派到该岛。接着英军从希腊撤退，由于许多撤出的部队登上了克里特岛，当伯纳德·弗赖伯格少将（Major-General Sir Bernard Freyberg）在 4 月 30 日被任命为守岛指挥官时，他发现自己手下有 27550 人，但其中有数千人手无寸铁，而且各种类型的装备都很不齐全。

走马上任之后，弗赖伯格将自己的部队分成 4 个集群——分别驻扎在伊拉克里翁（Heraklion）、雷提莫（Retimo）、马莱迈（Maleme）和苏达湾（Suda Bay）；前 3 个地方都有机场，但是由于交通工具短缺，这些集群相互之间都是孤立的，无法相互支援。此外，他们还不断遭到德国飞机攻击，但只有寥寥无几的战斗机保护，所以即便有足够的交通工具，也只能在夜间进行机动。

克里特岛距离埃及约有 400 英里，因此处于英军战斗机作战半径之外。而德国的战斗机基地设在达迪恩（Dadion）、科林斯（Corinth）、托波利亚（Topolia）、迈加拉（Megara）、塔纳格拉（Tanagra）、法勒隆（Phaleron）和埃莱夫西纳（Eleusis）；意军的设在佐泽卡尼索斯群岛（Dodecanese），全都可以在克里特岛上空活动。岛上的英国空军部队发现自己无法在当地坚持，因此于 5 月 19 日全部撤离。

截至 5 月 12 日，英国情报部门就已经得知德军准备对克里特岛实施空降突击，5 天后丘吉尔就宣布该岛将“坚守至最后一兵一卒”——这其实是不祥的预言。尽管如此，当进攻在 20 日真的来临时，还是出乎英军意料，这主要是因为其兵力规模。

这次作战的指挥者是李斯特元帅，而这次作战被赋予了一个恰如其分的代号“墨丘利”[①]。李斯特动用了 3 支部队：（1）空降部队，包括第 11 空降军和第 3 及第 5 山地师；（2）空中支援部队；（3）空运部队，包括 600 ~ 700 架飞机，主要是容克 52 式运输机。

20 日上午 8 点，德军发动猛烈空袭，并以此为掩护在马莱迈附近、干尼亚（Canea）以南和西南以及苏达湾以北空投了大量伞兵，还有 50 ~ 100 人的部

---

① 译者注：国内资料多译作“水星”。墨丘利是罗马神话中的旅行、商业、竞技、偷盗和诡计之神，相当于希腊神话中的赫尔墨斯。

队乘坐滑翔机①降落在马莱迈机场以西。为了协助伞兵突击，德军故意在地面炸出许多弹坑，从而让他们能够立即找到掩体。虽然许多伞兵被误伤，但又有更多伞兵降落在伊拉克里翁和雷提莫。据估计，20日这一天，总共有7000名德军空降。

21日和22日，攻击更加猛烈，虽然马莱迈机场不断遭到守军炮火射击，还是有数以百计的滑翔机降落在该机场或附近。这些空降兵在日间得到强大的轰炸机和战斗机支援，击退了被空袭压制的守军的所有反击。

另一方面，在21日夜—22日晨，以及在22日夜—23日晨，一支德军试图使用地中海式轻帆船从海上登陆，但两次都被缺少空中掩护的英国海军彻底粉碎。不过，英军舰队也付出了沉重代价，损失2艘巡洋舰和4艘驱逐舰，还有许多舰船遭到重创。

26日，在雷提莫空降的德军几乎被英军的少数步兵坦克全歼；但此时马莱迈和干尼亚的局势已经极为严重。在苏达湾空降的德军达到2万左右，当地守军已经难以支撑。随着局势越发严重，弗赖伯格在第二天决定将他的军团撤离。此时撤退已经是刻不容缓，因为在28日有一支从佐泽卡尼索斯群岛出发的意军成功地在锡蒂亚（Sitia）登陆。

28日—29日夜间，英军开始从斯法基亚（Sphakia）撤离。30日，德军与英军后卫发生接触并被击退。但由于海军损失惨重，英方高层决定在5月31日夜—6月1日晨结束撤离行动，许多人因此难逃被俘的命运。最终共有14580人撤离，13000人战死或被俘。

韦维尔报告的德军总损失是"至少12000～15000人，其中被击毙者占了非常大的比例"②。

在我们评论这场非同寻常的战役之前，先总结一下韦维尔指挥的其他多场战役。5月15日，他曾下令进攻西部沙漠中的索利姆和卡普佐要塞，结果这两

---

① 注释：看来滑翔机攻击尤其令英军感到意外，因为滑翔机能够降落在任何普通地面。这次攻击中德军使用的滑翔机每架能搭载12到30人，一架时速约100英里的飞机可以拖曳多达五架滑翔机。

② 注释：《韦维尔将军的"快报"》，载《伦敦公报》副刊，1946年7月2日，第3437页。

个地方都得而复失。而在 6 月 15 日，他又发动了另一场规模更大的进攻，他发动进攻的目的是什么，我们难以理解；总之，此役以英军小败而告终，英军 25 辆巡洋坦克和 70 辆步兵坦克因为撞上雷场或反坦克炮火而耗损。这次作战证明了将这两类坦克合在一起运用是多么困难，因为后一种坦克的时速是 5 英里，仅相当于前一种坦克的 1/3。

与此同时，韦维尔又有了新的任务。德军一直在对叙利亚进行渗透，而该地当时由仍然效忠维希政府的登茨将军（General Dentz）管辖。由于英国政府认为防止土耳其遭到南来侵略很重要，韦维尔便接到了驱逐叙利亚德国势力的命令。于是他派遣第 7 澳大利亚师（差一个位于图卜鲁格的旅）和一支自由法国部队从巴勒斯坦进入叙利亚，后来又调遣一直在伊拉克境内作战的部队支援。英军在 6 月 8 日开始推进，遭到登茨抵抗，爆发了几场激战；但是登茨在 7 月 11 日请求停火，于是叙利亚从 14 日起便被同盟国占领。

在这场战争的所有战役中，以大胆而论，对克里特岛的空降突击位列第一。此前从没有人尝试过类似的行动，此后也不太可能有这样的尝试。它不是一次空中攻击，而是一次空降攻击；入侵的部队是通过天空机动，而不是通过陆地或海洋。此外，战役的胜负不是在空中决出，而是在地面决出，而且进攻者并没有地面机动部队的协助。如果没有制空权，这次攻击将会失败。它最突出的特征是空运：将一支军团送到天上，从而省去了公路、铁路和越野机动。它与 1917 年的康布雷战役一样，首创了一种战法。而且，它也和康布雷战役一样预示着一场战术革命。

突击克里特岛的成功原因是：（1）德军令人惊异的组织能力。（2）英军同样令人惊异的贫乏的预判力。前者可以归功于艰苦地奋斗，而后者却不能归咎于运气不佳。

当时《泰晤士报》的澳大利亚记者所写的报道可以作为前者的例证：

"为了强化在空中及地面的活动，德军一天 24 小时不间断地对克里特岛实施侦察……

"在克里特岛，使用无线电控制部队机动的广度和深度是前所未有的。地面部队与在他们头上侦察或轰炸的飞机始终保持着联系，地面指挥官如果需要轰炸机提供协助，立即就可以调来一支轰炸机部队。他可以向自己头上无时不在的侦察机询问英军的位置和动向，并立即得到答复。

"这就是组织到某种程度的集权式空中战争所具备的不可思议的完善手段……"①

至于后者，亚历山大·克利福德（Alexander Clifford）正确地指出，克里特岛战役不是在 5 月输掉的，而是早在上年 11 月和此后的几个月里就输了。②英军在 11 月就占领了该岛，但是从那时起到次年 5 月，从来没有认真巩固防御。或许守军在这 6 个月里完成了部署，但他们的部署正确吗？为什么那 3 个机场都没有更可靠的防御？守军似乎一直在关注大海，却没有抬头看看天空。指挥部是否过于习惯二维平面上的战斗，而忽略了第三个维度？

这次作战也证明了海上的舰队绝对需要航空母舰来保护，《汉堡异闻报》上的一位作者就间接地指出了这一点，他写道："由空军实施的克里特岛战役无可辩驳地证明了，即便是最强大的舰队也无法在处于优势的敌军航空力量作战半径内作稍长时间的活动。"然而遗憾的是，英国海军的思维仍然集中在战列舰上，而这一舰种在整场战争中所起的作用与航母相比实在微不足道。这些火力强大、造价高昂的"二维"式舰船很少能够干预战斗进程，更多时候它们只不过是飞机攻击的靶子。

至于英国空军，他们与德国空军的不同是：思维局限于天空，从不考虑地面。他们坚持战略轰炸，然而此战中却没有可轰炸的战略目标，唯一的目标是希腊的机场，但它们似乎并未遭到攻击。关于这个问题，莫尔黑德写道：

"如果弗赖伯格能够召唤皇家空军……轰炸马莱迈的德军，那么他或许能夺回机场，但是他与皇家空军开罗司令部通信的手段是老旧的。弗赖伯格派遣指挥部一位军官找来皇家空军的上校，让他给开罗发一封请示电报，于是这位上校在接到命令后再回到办公室给开罗发送密码电报，而开罗在收到电报后还需要先

---

① 注释：《泰晤士报》，1941 年 6 月 2 日。
② 注释：《三英对抗隆美尔》，第 88 页。

解码，然后才能给西部沙漠的基地发送指令——到了这时候什么都晚了。"①

这是因为皇家空军与英国陆军是各自为政的。它们从属于各自的司令部，而不是直接归总司令领导。这种缺少统一指挥的现象源于把战略轰炸视作与即时战术需求无关的独立任务的错误理论，它将贯穿整场战争，使英国陆军和海军付出沉重代价。

入侵苏联

虽然当时，对巴尔干半岛和克里特岛的征服，隆美尔在利比亚的进攻，德军在伊拉克、叙利亚和波斯的密谋，以及6月8日终于在安卡拉签字的德国与土耳其互助条约，似乎全都在暗示中东是下一次攻势作战的战场，但这些事件只不过是希特勒在最终改变作战路线之前巩固后方和右翼的手段。②它们确实可能推迟了他对苏联的入侵，但更有可能的是，因为德国最高统帅部决定再一次仰仗消灭战略，所以最初的进攻就应该在苏联天气最好的情况下开始——应该在6月中旬左右。据当时身处柏林的瑞典新闻记者阿尔维德·弗雷德堡（Arvid Fredborg）说，原来的日期定在6月12日；但是，由于匈牙利拒绝出兵苏联，需要进行一些调整，日期被延后至22日。这次作战在政治上不太可能出乎克里姆林宫的预料③，但是基本可以肯定，它实现了战术上的突击性。那么德军的计划是怎样的？

---

① 注释：《非洲三部曲》，第156页。

② 注释：鲁道夫·赫斯（Rudolf Hess）在5月10日飞往英国也是为了这一目的。

③ 注释：《铁壁之后》（Behind the Steel Wall，阿尔维德·弗雷德堡著，1944年），第25页。希特勒先后实施的准备步骤如下：(1) 在1940年12月18日，向三军首脑下达秘密指令，要求准备"在对英战争结束前通过一场快速的会战击溃苏俄"。准备工作至迟必须在1941年5月15日完成。(2) 1941年2月3日，希特勒最终批准了行动计划，但并未敲定确切的进攻日期。(3) 4月1日，他决定在6月的下半月发动进攻，6月6日，他最终确定6月22日为进攻日期。（见《兵败西线》，第60—61页。）齐亚诺则在5月14日的日记中称这个日期是6月15日。（《齐亚诺日记》，第343页。）"在1941年初，人们预计这场冲突会在年内发生。"（《铁壁之后》，第32页。）"来自西伯利亚旅行者的报告显示，相当数量的苏军士兵正通过铁路被运往西方……"（《第七季》，第126页。）马特尔将军（General Martel）认为苏联人在德国人发难前已经得知了对方正在筹备的进攻的性质。（《我们的装甲兵》，第246页。）

虽然目前我们找不到能回答这个问题的书面资料[①]，但是德军的行动本身就在很大程度上提供了答案。他们的目标不是占领苏联全境——全球陆地面积的 1/6——这显然是不可能的；他们也不打算占领苏联的整个欧洲部分——不到苏联领土的 1/4；他们是想夺取苏联在西部的主要作战要害地区，从而大大削弱她的经济实力，使她的军事实力无法与将这些要害地区纳入帝国版图之后的德国相比。这意味着德军的领土目标是至少将帝国的东部边界推进到列宁格勒（Leningrad）—莫斯科—斯大林格勒（Stalingrad）—阿斯特拉罕（Astrakhan）一线，至多推进到列宁格勒—伏尔加河（Volga）一线。无论推进到哪一条线，都将使苏联失去下列要害地区：

（1）列宁格勒：一座高度工业化的城市，也是极其重要的波罗的海港口。它通过铁路与摩尔曼斯克（Murmansk）相连，通过斯大林运河（Stalin Canal）与阿尔汉格尔斯克（Arkhangel'sk）和白海相连。

（2）莫斯科：苏联最发达的工业中心[②]，也是重要的铁路枢纽。它通过铁路与阿尔汉格尔斯克相连，通过河流和运河与里海和黑海相连，也是西伯利亚大铁路的终点。

（3）乌克兰和顿涅茨盆地[③]：一片辽阔的农业、工业和矿业区域。此外，由于乌克兰和克里米亚位于黑海的侧翼，它们的港口可以控制从罗马尼亚的康斯坦察（Constanza）到格鲁吉亚的巴统（Batum）的直通航线。

(4) 库班和高加索：前者是一片富饶的农业区，后者是苏联主要的石油产地，出产该国 90% 的石油，其中仅巴库（Baku）一地就出产了 70%。

仅仅占领前 3 个地区而不占领第四个是不够的；因为只要苏联保有她的大

---

① 注释：希特勒在1940年12月18日下达的原初指令（第21号）只不过是个大纲，其关键部分内容如下：

　　"德国武装力量必须准备在对英战争结束前通过一场快速的会战击溃苏俄……"

　　"应该通过大胆的作战歼灭位于苏联西部的苏军主力，即以坦克部队楔入纵深，并制止战力完好的敌军退入苏联的广大地域……"

　　"通过迅速追击，抵达使苏联空军再也不能攻击德意志帝国领土的（既定）目标线。作战的首要目标是大致在伏尔加河—阿尔汉格尔斯克一线建立防御，防止苏联亚洲部分的反击。在必要情况下，可以由德国空军负责摧毁乌拉尔山脉中苏联最后残存的工业地区。"（引自《纽伦堡审判》，第 98—99 页。）

② 注释：在莫斯科从业的产业工人超过 100 万。

③ 注释：60% 的重工业集中于该地。

部分油田，她就仍将是令人生畏的军事强国。而且，最重要的是，德国缺少石油。因此，高加索——苏联主要的作战要害地区——是德国的战略目标。但是在攫取这个目标之前，必须先打垮苏联的作战力量，这是德国的战术目标。因此德军面临的问题就是如何使这两个目标重合。

在研究这个问题的时候，让我们先提出一个假想的解决方案，回头再研究后来的作战所实行的实际方案；这样我们就能提供一个背景来凸显后者的问题。我们提出的方案如下：

（1）占领中东并解决土耳其。

（2）在里加—平斯克（Pinsk）一线实施守势作战，但并非静态防御。

（3）在平斯克至德涅斯特河（Dniester）中游地带向基辅、哈尔科夫（Kharkov）、斯大林格勒方向进攻。

（4）在埃尔祖鲁姆（Erzurum）和大不里士（Tabriz）之间向梯弗利斯（第比利斯）、斯大林格勒方向进攻。

（5）当（3）和（4）的部队在顿河（Don）地区会师后，将后者的交通线转至黑海港口，并北上向莫斯科进军，同时(2)的部队发动攻势，朝着莫斯科东进。

显然，规模如此宏大的两路钳形攻势（坎尼式）作战不可能在一次会战中实施。因此，也就不能以在波兰和法国取得巨大胜利的战略（即消灭战略）为基础。事实上，这样的作战必须采用消耗战略：用2个或者3个夏季，进行多次会战。此外，在每场会战中都要充分节制地使用德国的作战力量，这样才能基于消灭战略实施最后的会战。因此，在这个假想的解决方案中，除了最后的决战之外，每次战役的目标都不是消灭苏联军队，而是通过切断汽油供应来剥夺其机动力。显然问题的实质在于，攻击目标应该是油田，而不是拿破仑所惯于建议的敌军重兵集团，因为如此一来战术目标和战略目标就重合了。

德国的马克斯将军（General Marcks）曾是在1934年6月30日的清洗行动中被暗杀的施莱歇将军（General Schleicher）的参谋部成员。他提出过一个方案，在形式上和这个假想计划有些相似，但指导思想却大相径庭，因为它的关注点不在石油。这个方案要求在从里加一带到德涅斯特河上游的地段实施防御，并从德涅斯特河向罗斯托夫（Rostov）发动一个大规模攻势，然后从罗斯托夫挥师

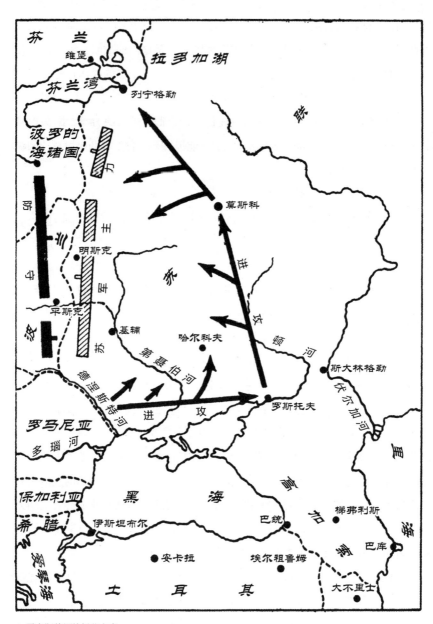

∧ 马克斯将军的侵苏方案

北上，进军莫斯科，最终绕到在里加和德涅斯特河上游之间攻击德国军队或与之对峙的苏军后方将其歼灭。

希特勒不愿意考虑这个计划，显然是因为他希望抢在美国参战前，通过一次会战就解决苏联。他设想用一次宏大的闪电战来实现这个目标。很可能是苏联在芬兰的失误，再加上他对布尔什维克主义的仇视，使他对苏军如此轻视，以至于认为自己的一击之力足以粉碎布尔什维克政权及布尔什维克军队。

结果他的计划是个折中方案，或者毋宁说是几种方案的大杂烩。它的内容如下：

（1）向列宁格勒和莫斯科进军，迫使苏军保卫这些城市，并在野战中将其歼灭。

（2）向基辅、哈尔科夫、罗斯托夫、斯大林格勒进军，并占领高加索油田。

（3）作为这些主要作战的附属行动，在列宁格勒以北联合芬兰军队发动进攻，并联合罗马尼亚军队从普鲁特河（Prut）上游发起攻势。

德军针对莫斯科和基辅的作战采取了左右夹击。计划在冬季来临之前占领莫斯科，如果届时苏联不肯接受德国的条件，那就在次年从他们手中夺取高加索。因此，与上文的假想计划相比，德国是把马车放在了马的前头：他们不是以消灭作为结束，而是以消灭作为开端。这导致德军在对苏军发出致命一击之前就已经耗尽元气。

为了实施最初的攻击，德军集结了 121 个师[①]（其中有 17 个装甲师和 12 个摩托化师）和 3 个航空队（共计约 3000 架飞机），组成 3 个集团军群，分别负责列宁格勒、斯摩棱斯克（Smolensk）和基辅方向的作战。它们是：

北方集团军群： 由冯·勒布元帅指挥，下辖布施将军和屈希勒将军的 2 个集团军，以及由霍普纳将军（General Hoppner）指挥的 1 个包括 4 个师的装甲集群。

中央集团军群： 由冯·博克元帅指挥，下辖冯·克鲁格元帅、施特劳斯

---

① 注释：《纽伦堡审判》，第 102 页。这个数字将会快速增加到 200 个师。

将军（General Strauss）和冯·魏克斯将军（Generals Weichs）的 3 个集团军，以及由古德里安将军和霍特将军（General Hoth）指挥的 2 个包括 10 个师的装甲集群。

南方集团军群：由冯·龙德施泰特元帅指挥，下辖施蒂尔普纳格尔将军（General Stülpnagel）和冯·赖歇瑙元帅的 2 个集团军，冯·朔贝特将军（General von Schobert）的德国—罗马尼亚混合集团军，以及由冯·克莱斯特将军指挥的 1 个包括 4 个师的装甲集群。

自北向南与这些集团军群对垒的是由伏罗希洛夫元帅（Marshal Voroshilov）、铁木辛哥元帅（Marshal Timoshenko）和布琼尼元帅（Marshal Budyonny）指挥的重兵集团，我们尚不清楚它们的兵力有多少。

读者千万不要以为敌对的两军是沿着一条连续的前线部署的。事实上，双方的战线都是由一系列重兵集团组成，并靠各自的空军将它们串联在一起。双方的空军都与地面部队密切配合，与之前英国的战略轰炸战略不同。

苏军的主要优势是后备力量强大，主要弱点是指挥不当，他们把太多的部队部署在靠近边境的地方，这一举措正中德军的下怀。作为防守的一方，他们的思路是先挡住德军，等其进攻锐气开始消退的时候，再发起反击。作为进攻方，德军拥有自由选择攻击地点的优势，他们的战术就是通过多次两翼合围将前线苏军分割围歼。

6 月 22 日（星期日）——拿破仑在 1812 年渡过涅曼河（Niemen）和 1815 年退位的日子——希特勒命令机械化大军渡过了同一条河流。

以对苏联机场的猛烈轰炸为前奏，在黎明发动进攻。在入侵开始后的第一个星期，冯·勒布和冯·博克的集团军群以令人震惊的速度高歌猛进。26 日，德军在比亚韦斯托克以东包围了苏联的 2 个集团军；30 日，里加陷落，然后是戈罗德诺（Grodno）、布列斯特—立托夫斯克和明斯克，等等；7 月 6 日——进攻发起后的第 22 天——冯·博克已经推进到了斯摩棱斯克外围，此时他已在华沙以西 500 英里，相当于走完了从华沙到莫斯科 2/3 的路程。

尽管如此，局势的发展却与在波兰及法国的情况完全不同。虽然表面上闪电战取得了难以估量的巨大成功，但奇怪的是在苏联前线和后方却很少或几乎没有出现恐慌迹象。早在6月29日,《人民观察家报》上就有一篇文章指出,"苏联士兵视死如归的精神超越了我们在西方的敌人。忍耐力和宿命论思想使他们

∧入侵苏联,1941年6月22日—12月7日

能一直坚持到和掩体一起被炸掉或是在白刃战中倒下为止"。在 7 月 6 日，《法兰克福报》上登载了一篇类似的文章，其中声称"德军在西线闪电般突破之后，失败方通常会发生的精神崩溃并没有在东线以同样的程度上演。在大多数情况下，苏军没有丧失作战能力，而是试图反过来包围实施钳形攻势的部分德军"。这是这场战争中新出现的战术现象，事实上对德军而言这是出乎意料的新战法，后来在 9 月的《人民观察家报》上对此是这样说明的："在德军渡过布格河以后，第一波攻击部队可以相当轻松地向前推进；接着，后续波次突然遭到凶残的火力拦截，而与此同时先头部队也遭遇了从背后射来的火力。我们不得不称赞如此出色的纪律，它使守军能够守住本来已经等同于丢失的阵地。"①

正如阿尔维德·弗雷德堡指出："德军遇到了狂热地坚持自身政治信念的对手，他们对德军的闪电进攻实施了全面抵抗。"②

事后证明：苏军并没有像德军预计的那样，把所有军队都部署在边境。不久，德军就发现自己严重误判了苏联的后备力量。截至此时，德国的情报部门在很大程度上仰仗第五纵队的协助。然而在苏联，虽然可以找到心怀不满的人，却没有第五纵队。于是就和战争中常有的情况一样，德军遇到的困难迅速倍增。其中有些困难是他们已经预见到的。例如，他们不得不把苏联的铁路改造成欧洲大陆的标准规格。虽然德国工兵早就做好了这方面的准备，但过快的推进速度使他们跟不上进攻部队的步伐。而且，虽然苏联广阔的平原有利于实施包抄机动，但在这个国家，有没有摩托化无关紧要，这里的公路极为稀少，而且路况通常很差。在当地几乎找不到可以用来修路的石料，而一旦公路开始塌陷，后勤补给车队就会停滞不前。不久德军就发现，在这样的条件下，追求速度反而让他们自食其果，因为它使广阔的空间变成一种武器，这种武器虽然不会杀人，但它会"杀死"和"杀伤"运送生活和作战物资的车辆。因此，在入侵的头一个月，德军发现自己遭遇了敌军的消耗战略，其中混杂了空间、气候和一种他们完全没有与之对抗的准备的因素——训练有素的游击队。

---

① 注释：引自《第八季》（The Eighth Quarter），第 49 页。
② 注释：《铁壁之后》，第 42 页。

弗雷德堡写道："苏军已经为此（游击战）准备多年，积蓄了大量的弹药、武器和食品，架设了无线电台，还对他们的士兵进行了系统的游击战术训练。在正规军撤退之后，游击队立即开始活动……显然是按照高层的战略路线行动的。他们在重要的中心地区重点活动，并在他们不作袭扰的地区设立自己的后方基地。"①

虽然包括了一系列的闪电战式行动，但此次入侵还是很有条理的。在中央区域，冯·博克的集团军群首先实施了一个宏大的钳形（坎尼式）机动，左路从提尔西特（Tilsit）出发经维尔纽斯（Vilna）和莫洛杰奇诺（Molodechno）推进，右路从华沙出发经布列斯特—利托夫斯克前进，最后会聚于明斯克。7月10日，德军宣布取得完胜，并声称俘虏了323000人。②

冯·博克从明斯克继续向别列津纳河（Beresina）推进。这条河是"斯大林防线"的一部分，其防御能力来自那里的沼泽而非工事。博克的前锋部队在列佩利（Lepel）和维捷布斯克（Vitebsk）之间向右转弯，于7月6日抵达了斯摩棱斯克外围。之后为了争夺斯摩棱斯克，爆发了一场大规模的坦克战，一直持续到8月7日。虽然德军声称俘虏了30万人，但自身损失也极为惨重，进攻莫斯科的时间被打乱。此后他们就在斯摩棱斯克转入防御，直至10月2日。

在明斯克战役进行的同时，冯·龙德施泰特的左翼越过喀尔巴阡山脉东进，布琼尼则向卢茨克（Lutsk）、布罗迪（Brody）、捷尔诺波尔（Tarnopol）和切尔诺夫策（Chernowitz）退却。但是，龙德施泰特的右翼直到7月5日才渡过普鲁特河。这两支部队都特意放慢了前进速度，当中央方向的德军抵达斯摩棱斯克时，这里的苏军还在1939年边界的西侧。

此后左翼部队加快了前进速度，到了7月底，在沃伦斯基新城（Novograd Volynski）一带爆发激战，到了8月10日，战线已经东移到科罗斯坚（Korosten）、日托米尔（Zhitomir）和卡扎京（Kazatin）。南面，从10日到12日，冯·龙

---

① 注释：出处同前，第45页。导致苏联、南斯拉夫和其他地方的战争变得如此残酷的是游击队员，而非正规军士兵。平民被卷入战争，双方都犯下了许多暴行。弗雷德堡认为，若非如此，"总体战局必定会演变为欧洲人对抗来自东方的威胁的战斗"。

② 注释：目前我们还无法验证德军宣称的战果，和苏联人一样，他们取胜时宣布的战果往往是天文数字。

德施泰特在乌曼（Uman）取得第一场大胜。与此同时，他的右翼占领了敖德萨（Odessa），而冯·克莱斯特的坦克拿下了尼古拉耶夫（Nikolaiev）。随后克莱斯特掉头北上，又占领了克里沃罗格（Krivoi Rog）；苏军随即在8月24日爆破了扎波罗热（Zaporozhe）的第聂伯河（Dnieper）大坝，由于基辅守军仍在坚持，冯·龙德施泰特请求获得增援。

当冯·博克在斯摩棱斯克休整时，冯·勒布得到了增援；于是他穿越爱沙尼亚，向纳瓦（Nava）和普斯科夫（Pskov）推进，并于8月20日占领了这些地方。10天后，曼纳海姆在他北面指挥芬兰军队占领了维堡（Viborg）。

在斯摩棱斯克南面，冯·魏克斯的集团军和古德里安的坦克集群向着戈梅利（Gomel）挺进，于8月20日转向切尔尼戈夫（Chernigov）。这一攻势迫使科罗斯坚以北掩护基辅的苏军后撤。与此同时，在基辅南面，冯·赖歇瑙的集团军在切尔卡瑟（Cherkasi）推进到了第聂伯河边，在更南面，冯·克莱斯特的坦克也从第聂伯罗彼得罗夫斯克（Dnepropetrovsk）向克列缅丘格（Kremenchug）推进。于是，从9月1日—14日，形成了整场会战中规模最大的一次合围，古德里安冲向涅辛（Nyeshin），克莱斯特冲向卢布内（Lubni），将基辅与后方割裂开来。9月14日，古德里安和克莱斯特在基辅以东120英里的洛赫维察（Lokvitsa）会师。

在这个巨大的包围圈里，德军宣称抓获665000名俘虏，无论准确的数字是多少，布琼尼的损失无疑是灾难性的。他的残部只能向东撤退，而冯·龙德施泰特紧追不舍，在10月底占领了库尔斯克（Khursk）—哈尔科夫—斯大林诺（Stalino）—塔甘罗格（Taganrog）一线。

当月30日，冯·曼斯坦因元帅突击彼列科普地峡（Isthmus of Perekop），攻入克里米亚，但在塞瓦斯托波尔（Sevastopol）城下受阻。11月11日，克莱斯特的坦克占领罗斯托夫，南方的战役就此告一段落。与此同时，苏军指挥官经历了大换血，铁木辛哥在乌克兰取代布琼尼，而朱可夫将军（General Zhukov）接替铁木辛哥指挥莫斯科前线。

从9月中旬起，冯·博克得到了48个步兵师和12个装甲师的加强，古德里安也重归他麾下。此时他总共能指挥大约150万人，并于10月2日开始了攻打莫斯科的行动。

魏克斯和古德里安的集团军从戈梅利一带向奥廖尔（Orel）推进，克鲁格部则从罗斯拉夫尔（Roslavl）扑向卡卢加（Kaluga）；另两个集团军从斯摩棱斯克攻向维亚济马（Vyazma）和尔热夫（Rzhev），德国第9集团军则在其左翼掩护。

这次攻势以右翼杜布奇夫斯克（Trubehevsk）的坦克大战开场，然后向着奥廖尔快速推进。在布良斯克（Bryansk），德军又取得一场大胜，他们攻克了维亚济马和尔热夫，随后又拿下了梅丁（Medin）和图拉（Tula）。10月15日，德军装甲师突击了莫斯科以西65英里的莫扎伊斯克（Mozhaisk），此时他们的进攻锐气已经耗尽，未及他们重整旗鼓，冬天就提前到来了。这对于德军来说是无法克服的难题：他们陷入纳拉（Nara）和奥卡河（Oka）的烂泥里，被困在加里宁（特维尔）和克林（莫斯科西北）之间的森林和沼泽中，虽经苦战，但终是强弩之末，最后一次突击于12月5日在克林失败。就在第二天，朱可夫元帅发动了猛烈地反击。为了掩盖失败，德国最高统帅部在8日宣布"东线的作战从今以后将根据冬季的来临而调整"。

另一面，冯·勒布在9月中旬攻击了列宁格勒并被击退，在占领该城以东30英里的要地施吕瑟尔堡（Schlüsselburg）之后，他开始了对它的围困。

从战略角度讲，德军在这场会战中失败了。苏联军队虽然受到重创，却并未被歼灭；德军没能拿下莫斯科，没能切断通往阿尔汉格尔斯克的铁路，没能占领列宁格勒，而高加索的油田仍然远在天边。尽管如此，苏联确实遭受了可怕的打击，若不是冬天意外提早来临，他们有可能已经失去了莫斯科。在1941年12月6日，胜败的概率被拉平了。

考虑到——按重要程度从高到低排序——德军面临的巨大后勤困难；对苏联交通状况的不了解；遭遇意外抵抗；对苏联预备队的误算；以及德军的装甲师似乎在任何时候都不超过25个，从6月22日—12月6日的推进已经是令人惊叹的武功。这主要应该归功于德军对坎尼式机动的熟练运用。

他们将苏军赶进了一些巨大的包围圈。明斯克包围圈纵深达250英里，而且两翼的长度是几乎相等的；基辅包围圈的北翼在德军开始机动时长120英里，突出部长60英里，南翼更是长达240英里——相当于在法国从杜埃（Douai）

延伸到巴黎西北 30 英里的芒特（Mantes），再到巴黎以南 30 英里的皮蒂维耶（Pithiviers），最后一直延伸到距巴塞尔（Basle）数英里处的整条西线。因此，即使苏军的忠诚打了折扣，我们也不难理解为何这些巨大包围圈中的战斗会旷日持久：与其说它们是战场，不如说是小型的战区。

这类包围战术有时也未能克尽全功，这在很大程度上必须归咎于越野交通工具的缺乏。德军的后勤车辆大部分是轮式的，而不是履带式的；因此后勤车队只能在公路上机动，而它们所补给的坦克却并非如此。单是这一限制本身就足以导致德军在 11 月路况开始变差时失去进攻锐气。我们基本上可以肯定，苏军的抵抗（虽然确实很猛烈）和天气对德国空军的影响在挽救莫斯科方面所起的作用并不如德军后方运输车辆遭遇的泥泞。

这场会战的影响是巨大的。一直到斯摩棱斯克战役为止，德军似乎都极有可能实现目标，以至于美英两国为了防止在苏联败北后美国找不到作为调停国而非参战国介入的借口，匆忙向全世界宣布了《大西洋宪章》。

这场会战给英国在本土和中东都提供了急需的喘息机会，使她得以整顿自己的军事力量。埃及战区没有了两线作战之忧，此时已经接替韦维尔的奥金莱克将军（General Auchinleck）从此可以把自己的注意力集中在一条战线上了。在美国，罗斯福总统和主战派将轻信的大众玩弄于股掌之间，他们宣称对苏联的进攻是进攻美国的前奏。虽然当局并未解释这一谬论的理由何在，还是因此获得了加紧备战的许可。

此外，进攻莫斯科的失败使被占领的国家——特别是米哈伊洛维奇（Mihailovich）领导下的南斯拉夫——燃起了新的希望，而苏联游击队的功绩也成为供其效仿的榜样。于是欧洲各地的游击战变得越发残酷，德国秘密警察（盖世太保）的残忍程度也随之增加。不仅如此，当冬季来临时，德军民开始私下议论战败的前景。这是德国本土战线的水泥工事上出现的第一道小裂缝，虽然几乎无法察觉，但它依然是根基垮塌的前兆。

最后，在这场会战的所有影响中，最可怕的出现在德国军队和它的领导层身上。前者始终没能恢复它失去的气势，在世人眼中，它再也不是那支无敌的军队了；后者则确确实实地被毁灭了。首先，在 12 月 19 日前后，希特勒撤掉了他的总司令冯·布劳希契元帅和反对整个秋季会战的总参谋长哈尔德将军（General Halder），然后亲自接管指挥权，并命令约德尔将军和蔡茨勒将军（General Zeitzler）担任自己的助手；其次，冯·龙德施泰特、冯·勒布、冯·博克、李斯特、古德里安和冯·克莱斯特等一批将帅也在这一时间失去了指挥权。如此大规模的将军卸任是自马恩河战役以来从未有过的。

第四章

日本掌握主动权的阶段，
初期的成功与失败

战略条件

在远东，和在西方一样，战争的起因只要来源于经济，对日本来说尤其如此。在 1853 年被佩里将军（Admiral Perry）强行敲开国门之前，日本一直是个自给自足的国家。在这之后，她快速地西方化—工业化——了，而且和德国一样，由于缺乏基本资源，她开始走上对外扩张的道路。从此她便在帝国主义的道路上稳步前行。

1875—1879 年间，她占领了千岛群岛（Kurile Islands）、小笠原群岛（Bonin Islands）和琉球群岛（Ryukyu Islands）；1891 年又吞并了火山列岛（Volcano Islands）。接着 1894—1895 年与中国的战争中，她侵占了台湾岛、澎湖列岛和旅顺港，但是在苏、德、法三国的压力下放弃了最后一个地方。1905 年，在对苏战争中获胜后，她重新占据了这个战略要地，还从苏联手中夺得了库页岛的南半部，并全面控制了朝鲜。1910 年，她最终吞并朝鲜；1919 年，她又掠夺了除关岛之外的马里亚纳群岛（Mariana Islands）、加罗林群岛（Caroline Islands）和马绍尔群岛（Marshall Islands）作为委任统治地。

1929 年的大萧条使她遭受了比大多数工业国更沉重的打击，2 年后，她将入侵满洲作为恢复繁荣的捷径，并把当地转变为以"满洲国"为名的总督辖地。此举导致她与中国发生冲突，最终于 1937 年 7 月 7 日，她派兵跨过北京附近的卢沟桥，开始了对中国的全面入侵。和德国一样，她的目标是建立生存空间（一种新的经济秩序），而她称此为"大东亚共荣圈"。共荣圈的目的是使她在北起满洲国、南至澳大利亚、东起斐济群岛、西至孟加拉湾的卫星国经济系统中居于核心地位。

到了 1941 年，日本发现自己已经在中国完全陷入泥潭，此时出路只有 2 条：一是主动退出战争；二是切断中国的补给线。后者要求封锁印度支那的各个港口，并切断从腊戍（Lashio）到重庆的滇缅公路。[①]这就意味着与英国开战，而且必然会同时与一直在资助中国的美国开战。

法国自从被击败以后就无力保护印度支那，1941 年 7 月 21 日，她同意了日本临时占领该地。3 天后，日本战舰就出现在金兰湾附近。罗斯福总统为了阻止日本，宣布冻结日本在美国的资产和信用（总值约 3300 万英镑），英国除了采取同样措施之外，还宣布废除她在 1911、1934 和 1937 年与日本签订的商业条约。不久以后，荷兰也加入了美英的行列。

这些接二连三在经济领域掀起的争端，正是这场争斗的开端。10 月 20 日，以东条（General Tojo）为首的新一届日本政府提议西方取消贸易禁令，并要求美国为日本供应石油以及停止援助中国。显然，日本提出这些不可能被接受的提议是因为她已经下定决心依靠武力打破封锁。当时美国虽在备战但并未做好准备，英国的全部精力都放在非洲和大西洋，而德国向着莫斯科的快速挺进似乎预示着苏联将迅速败北。当时对日本了解甚深的伊恩·莫里森清晰地认识到："日本选择战争是因为如果她要维持工业强国地位就别无选择。"[②]她患上的"西方病"已经深入骨髓，无法在继续工业化生活的同时摆脱这种疾病。她是在两个巨大的灾害之间抉择，最终她选择了她认为比较轻的一个——战争，而不是经济崩溃。当她终于开战时，海军和陆军的总司令联合发布训令，部分内容如下：

彼等（美国和英国）千方百计阻碍我国之和平贸易，乃至终采直接切断经济关联之法，对我帝国之生存构成巨大威胁。

若不遏制世界事务之此一逆流，非独我帝国多年来稳定东亚之努力付诸东流，我国民更有亡国灭种之虞。形势如此，我帝国欲求生存与自卫，除诉诸武

---

① 注释：还有从迪化到西安的第三条线路——全长 1200 英里——可用于从苏联向中国供应物资。这是一条非常不经济的线路，因为车辆在途中必须携带大量汽油用于消耗。

② 注释：《马来亚札记》（Malayan Postscript，伊恩·莫里森著，1942 年），第 45—46 页。

力外别无他法……①

　　既然决定了开战，那么哪一种战争最符合日本的利益呢？

　　虽然拥有占领美英殖民地的有利条件，但她却无力打击美英两国的本土。因此，日本充其量只能希求有限的胜利。

　　在1894年和1904年的战争中，她也曾面临类似的问题。虽然在前一场战争中她无法征服中国，在后一场战争中也无法征服苏联，但这两场战争她都赢了。那么这一次，她还能继续神话吗？

　　在上述两场战争中，她的成功都要归功于巧妙地利用海权避免了无限制的冲突。②由于这两场战争中她的海军都占了上风，她得以攫取有限的领土目标，然后刺激对手来收复失地。她很清楚无论是中国还是苏联都做不到这一点，因为他们的海军无法与之抗衡。即使最终发生不太可能的结果，即德国在击败苏联之后仍然输掉战争，英国也将因为参与又一场规模巨大的会战而耗尽元气，届时虽然日本依然不可能消灭美国，但她也能为自己构筑起坚固的防御态势，那么美国还会拒绝议和，继续一场可能将持续许多年的战争吗？

　　为了确保自身具备进行持久战的能力，日本不仅必须把荷属东印度也纳入征服范围（为的是给自己提供足以支持战争的经济保障），还必须深入太平洋，占领美国的海空基地。那么，如果她做到了，盟军会面临什么局面呢？在此以几个数字作答：

　　旧金山（San Francisco）距檀香山（Honolulu）2400英里，伦敦距科伦坡5600英里。檀香山距马尼拉5600英里，而科伦坡距新加坡1580英里。新加坡距横滨（Yokohama）3020英里，而马尼拉经上海到横滨是2160英里。无论走哪条路，都有大约1万英里——美英的海上交通线将长达2万英里！

　　这些数字对后勤来说意味着：一艘船从美国东海岸的港口到英格兰的往返航程需要65天，从英格兰或美国到缅甸或中国港口的往返航程需要5～6个月。

---

　　① 注释：出处同前，第51页。
　　② 注释：见赫伯特·罗辛斯基的《恐惧战略》（Strategy of Fear）一文，载于《步兵杂志》（Infantry Journal），1946年6月。

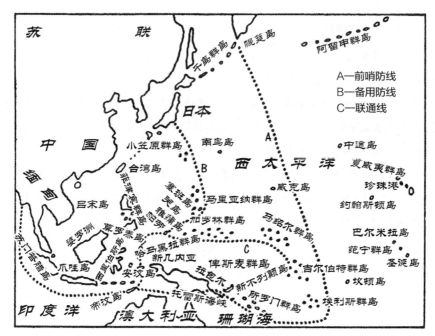

∧ 日本的战略防御

而且，为了满足一支25万人的军队（进攻日本需要多支这样规模的大军）登陆和维持30天的需求，需要大约200万吨的运输船，而这支军队每多作战30天就需要再增加35万吨，相当于30 ~ 35艘自由轮和15艘油轮。因为远东能够装卸这么多船只的港口并不多，所以必须另外建设港口，这就需要更多运输船。

日本知道，美国根本没有如此庞大的运输船队，而英国的运输船每天都会在大西洋和地中海被击沉；她也知道，即使他们能够建造出这样的船队，这数以千计的船只还需要数以千计的飞机来保护，而目前他们并不具备这样的实力。她还知道，如果没有前进基地，无论船只还是飞机都无法运作。

因此，在参谋演习中，日本面临的限制战争规模的问题似乎并不是无解的。如果她能够阻止英国利用新加坡（即使不能同时阻止其利用科伦坡），美国利用马尼拉（即使不能同时阻止其利用檀香山）；而且他们又能将前线推进到太平洋深处，那么她就能建立起在以往任何战争中都会被视作坚不可摧的纵深防线，或者至少是能够阻挡敌人多年的防线。如此看来，日本大本营是根据过往战争的草图来绘制战争画卷的。他们的思路是向后看，而不是向前看，所以他们犯了假定战争史会重演的常见错误，以为1895年和1905年的有限胜利会再度光临。

如果这真是她的想法，那么这简直就是重大的失误。在那两场战争中的第一场，他们的对手只有不值一提的海军；在第二场，对手残破的海军给她提供了各个击破的条件。而这一次她打算挑战的不仅是世界上最大的两个海军强国，还是世界上最大的两个工业强国，其中一个（美国）即使在德国打赢了欧洲战争的情况下也是不可能被打垮的。这个强国的工业潜力巨大无比，只要假以时日，就能克服一切空间和距离造成的战略障碍。日本应该明白，这个强国一定会选择不惜任何代价克服障碍，而不是通过谈判谋求有限的和平。在日本犯下的所有过错中，这是最严重的一个：她相信美国愿意以"丢面子"来换取战争早日结束，而她自己却甘冒在一场持久战中被灭国的风险，也不愿"丢面子"，从中国撤退。

除了这个心理误判之外，日本对自己的战略态势倒是能够准确预判，而且最大限度地发挥了自己从中获得的优势。因为她的目标是有限的，所以她无意进行一场无限制的海上战争——寻找敌军的舰队并在决战中将其歼灭。事实上，她发现可以通过空中力量把她在太平洋上的2500个无足轻重的小岛变为一支由"抛锚的航空母舰"组成的巨大舰队，而且任意2个小岛之间隔着的海洋都不超过500英里，因此她决定发动一场两栖战争。我们将会看到，后来她在太平洋上的进攻几乎每一次都是靠陆基飞机而不是舰载机来掩护，她战略计划的核心战术思想是获取航空基地，而不是与敌人正面对垒。因此，她的战略本质上是一种消耗战略，尽管她的战术常常带有消灭战性质。

虽然后来她是以航母舰载机对珍珠港的美国舰队发动强大空袭来揭开进攻序幕的，但这与上述论断并不矛盾，因为这一行动可以和步兵战斗中的炮火准备相比。这只是次要的作战，其目的是为主要的作战开辟道路。事实上，这只不过是一次压制敌炮兵的火力打击。

该计划的核心部分是占领缅甸、马来亚、苏门答腊岛（Sumatra）、爪哇岛

（Java）和婆罗洲（Borneo），因为占领这些地方将使日本作为一个工业强国能够自给自足。另外，此举也可以保证她在逼不得已撤出中国某些地区后，可以迅速得到补给。

为了占领这些地方，就必须先占领菲律宾、西里伯斯岛（Celebes）和新几内亚以保护它们的东部侧翼，而且如果在与美国议和时必须放弃一些筹码，那么这几个地方也正合适。

此外，为了保护这些侧翼阵地，她还必须在其东方建立尽可能坚固的前哨防线，这样才能实施以空间换时间的战术，把战争延长到可能令其敌人想要妥协的地步。

将前哨防线可以比作堑壕阵地：外围防线北起千岛群岛最北端的幌筵岛（Paramushiro），向南延伸到威克岛（Wake Island），然后经马绍尔群岛和吉尔伯特群岛（Gilbert Islands）至埃利斯群岛（Ellice Islands），接着转而向西，沿所罗门群岛（Solomons）延伸至新几内亚，再经帝汶岛（Timor）、爪哇岛和苏门答腊岛延伸至缅甸北部。在这条防线后方的备用防线从小笠原群岛（麦哲伦群岛）延伸至包括关岛在内的马里亚纳群岛（莱德隆群岛），然后延伸至雅蒲岛（Yap）、帕劳（帛琉）、莫罗泰岛（Morotai）、哈马黑拉岛（Halmahera）和安汶岛（Amboina），最终在帝汶岛与外围防线重合。这两条防线通过一条类似于交通壕的交通线相连，它从加罗林群岛中的帕劳向东通至马绍尔群岛和吉尔伯特群岛。这样一条"壕沟"还可从侧翼威胁美国在中太平洋从夏威夷群岛经中途岛（Midway）、威克岛和关岛至吕宋岛的马尼拉的进军路线。

日本的进攻作战分为两部分。日本陆军主要负责征服马来亚、缅甸、苏门答腊和吕宋，而海军主要负责袭击瓦胡岛（Oahu）上的珍珠港，并征服菲律宾南部、婆罗洲、西里伯斯岛、爪哇岛、新几内亚、俾斯麦群岛、所罗门群岛、吉尔伯特群岛、关岛和威克岛。速度是最重要的制胜因素，因此飞机是首要的武器。

从航空力量的角度来看，日本在最初有两个压倒性的优势：（1）开战时的数量优势；（2）她的航空部队是和陆海军整合在一起的，因此并未被视作独立的"战略"武器。

当1941年12月7日日本发动攻击时，她的陆军和海军共有2625架作战飞机，为各地作战分配如下：用于马来亚，700 架；用于菲律宾，475 架；用于中国，150 架；用于满洲（作为预备队），450 架；用于日本本土，325 架；用于马绍尔群岛，50 架；用于奇袭珍珠港，400 架；用于舰队搭载（水上飞机），75 架。[①]

　　盟军的航空力量是：驻菲律宾的美国海军和陆军航空队，182 架飞机；威克岛，12 架；中途岛，12 架；夏威夷，387 架；驻东印度的荷兰皇家空军，200 架；驻马来亚的皇家空军，332 架；以及驻澳大利亚、所罗门群岛和马来亚的澳大利亚皇军空军，165 架。共计 1290 架[②]，但这些飞机大多都是过时的型号。

偷袭珍珠港和菲律宾会战

　　历史上很少有像偷袭珍珠港这样典型的暴露军事思维局限性的行动。它一方面体现了由不可思议的愚蠢造成的卑劣狡诈，另一方面又展示了令人难以置信的想象力的严重缺失。我们可以看到，一边是一个只希望用一场战争消磨敌人意志的国家，另一边是一个大多数人民不想打仗，但其领导人却渴望战争的国家。因此，对前者来说，如果战争无法避免，那么迫使敌国领导人违背其人民的意愿开战将进一步激起国内的厌战情绪，从而降低敌国的战斗力。如果罗斯福总统此时决意为英国火中取栗，那么无论他多么小心地为此寻找借口，都无法得到人民的高度拥护。但是，日本却选择了对美国不宣而战，从而使受了刺激的美国人纷纷支持罗斯福，日本此举等于是一举帮罗斯福解决了所有难题。日本这种令人费解的愚蠢行径使美国人成为全世界的笑柄，后者自尊心的受损程度更甚于其军舰。美国发现自己就像亚当和夏娃一样身无寸缕，他们在极度意外中睁开双眼，才意识到正生活在自己亲手建造的愚者乐园中。虽然在近 5 个月前，他们已经在经济领域对日本宣战，将日本置于极度困窘之中，双方因此武装冲突不断。但现在她却被日本轻易玩弄。37 年前，日本就曾经对旅顺港施展过同样的招数，而自 1939 年以来，美国更是目睹了希特勒一而再、再而三

---

　　① 注释：《美国战略轰炸调查总结报告（太平洋战争）》【United States Strategic Bombing Survey, Summary Report (Pacific War), 1946 年】，第 2—3 页。

　　② 注释：出处同前，第 3 页。在马来亚只有 141 架适合作战。

地玩弄此类伎俩。这一次，中计的却是她自己。这比军舰被击沉更令她深恶痛绝，因此她誓死与日本战斗到底。

当日本的攻击——不折不扣的晴天霹雳——在 12 月 7 日上午 7:50（当地时间）降临在瓦胡岛上的珍珠港和希克曼机场、惠勒机场时，美军的战舰大多并排停泊在一起，没有轻型战舰艇组成防御屏障；陆军士兵都在兵营里，许多海军官兵上岸度假去了；而且这天早上是多云天气，清晨的空中巡逻没有发现任何情况。

日军分成 3 波进入。第一波攻击了军舰、机场和兵营，此时日本在岛上安插的第五纵队也开始行动。①这波攻击和第二波一样，没有遇到多少抵抗，但是在上午 9:15 到达的第三个攻击波遭遇了来自军舰和岸上的猛烈火力，被击退了。尽管如此，日军还是造成了可怕的破坏。港内的 8 艘战列舰中，"亚利桑那"号（Arizona）被摧毁，"俄克拉荷马"号（Oklahoma）倾覆，还有 3 艘因为受损过于严重而坐沉；港内共计有 19 艘舰船被击中。但对美国来说幸运的是，当时航空母舰全都不在港内。美国海军的 202 架飞机中只有 52 架得以升空；军官和士兵共有 2795 人死亡，879 人负伤，25 人失踪。日军大概从 6 艘航空母舰起飞了约 360 架飞机，按照海军上将金（Admiral King）的说法，其中 60 架被击落。②

与此同时，关岛和威克岛也受到了攻击。这两地的守备力量都很弱，经过一番激战后宣告战败，中途岛也在受攻击之列，但日本在此并未得手。

日本的这场偷袭成功地引发了全面战争。至此这场战争已波及全世界。这场偷袭，再加上日本在远东的动作，不仅使美国、英国和荷兰与日本兵戎相见，还使澳大利亚、新西兰、南非、加拿大、中美洲诸共和国和几个南美国家纷纷与她为敌。墨西哥断绝了与德国和意大利的外交关系；意大利和德国对美国宣战；而唯一没有改变立场的大国是苏联，她仍然保持对日本的中立态度，甚至没有切断与她的贸易往来。

---

① 注释：在夏威夷群岛上有 157000 名日裔居民，按照美国海军部长诺克斯上校（Colonel Knox）的说法，"夏威夷的第五纵队拿出了整个战争中最有效的工作成果，可能仅次于挪威的同行"。

② 注释：《美国新闻》（The United States News），《战争中的我国海军》（Our Navy at War，美国海军舰队总司令欧内斯特·金将军的官方报告），第 7 页。

　　在结束这个话题之前，很可能有人会问：既然对美国来说珍珠港本身的价值远远超过停泊在其中的舰队，为什么日本没有尝试占领夏威夷群岛，或者至少占领瓦胡岛？

　　据罗辛斯基先生（Mr. Rosinski）所说，日军总司令山本将军（Admiral Yamamoto）研究过这个问题，但是出于下列考虑否决了这个提案："要防止美国在关键的前 6 个月干涉我方行动，一举重创太平洋舰队即已足够；夏威夷群岛作为攻击美国的出发地是毫无用处的。"[1]

　　假如这种说法是正确的，那么山本实在不能算高明的战略家。他应该认识到，夏威夷群岛的价值并不在于作为日本用于进攻美国的基地；而恰恰相反，美国可以将之作为进攻日本的基地。整个问题事实上与进攻无关，而是与防御有关——应该占领该群岛并坚守尽可能长的时间，尽量可以长到可以破坏美军在此的海军设施。

　　因此，看起来更有可能的答案是，日本海军军令部虽然估计到了奇袭可能造成的破坏，但他们意识到在这种条件下仍然需要发动一场大规模两栖作战才能占领夏威夷，而如果进行这样的作战，就极有可能损失大量舰船，导致其他方向的作战失败。提及这个问题，我们还应该想到，瓦胡岛有强大的海岸炮台拱卫，而它们并未被空袭摧毁，岛上的地面部队虽然一时陷入混乱，也仍余有强大的战斗力。即便是弹丸之地的威克岛，在只有 378 名陆战队员、12 架飞机和 6 门 5 英寸炮保卫的情况下，也坚持了 16 天，并导致 7 艘日本战舰失去战斗力。

　　在 12 月 7 日日本同时发动的其他作战中，规模最大的两个是对菲律宾和马来西亚的入侵，其中第一个构成了主攻行动的左翼。

　　当时戍守菲律宾的是 19000 名美军、12000 名菲律宾尖兵和大约 10 万名刚刚征募且装备不齐的菲律宾军队。这些部队中包括 8000 名美国陆军航空队人员，他们装备了大约 200 架飞机，其中 35 架重型轰炸机，107 架战斗机。全部守军都归道格拉斯·麦克阿瑟将军（General Douglas MacArthur）指挥。

　　和在珍珠港一样，日军在本间将军（General Homma）指挥下发动奇袭，

---

[1] 注释：《恐惧战略》，第 27 页。

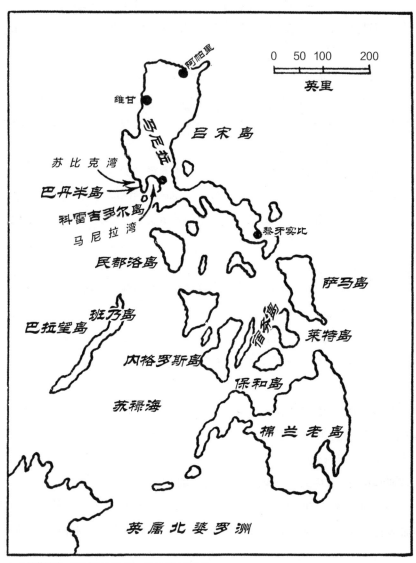

∧ 入侵菲律宾，1941 年 12 月 7 日—1942 年 5 月 5 日

一开始全面地轰炸了吕宋岛上的机场和战略要点，立刻将美军约 50% 的飞机摧毁于地面。接着，日军从 12 月 10 日起开始登陆，首先在吕宋岛北岸的阿帕里

（Aparri），然后是维甘（Vigan）、黎牙实比（Legaspi）等地。由于无法抵挡日军的多路攻击，麦克阿瑟将自己的部队撤退到苏比克湾（Subic Bay）和马尼拉湾（Manila Bay）之间的巴丹半岛（Bataan Peninsula），这个半岛的入口有科雷吉多尔岛（Corregidor）要塞护卫。他在那里遇到的主要难题之一是要为跟随军队逃亡的成千上万难民提供口粮，虽然美军曾尝试突破日军的海上和空中封锁，但因为代价过大不得不放弃。到了 1942 年 1 月 11 日，守军的口粮定额已经被消耗一半。与此同时，从 1 月 1 日—2 月 10 日，日军发动了猛攻。

2 月 22 日，麦克阿瑟将军奉命将守军移交给温赖特中将（Lieut.-General J. N. Wainwright）指挥，然后飞赴澳大利亚，接管新成立的西南太平洋战区的指挥权。

4 月，末日终于到来。克拉克·李写道："日军耐心地调来了援军，并在 3 月底前后把飞机也（从马来亚）调了回来。与此同时，几个星期还对最后胜利充满信心的我军却耗尽了粮食、药品和子弹，也耗尽了希望。

"日军调来了曾经以闪击战拿下马来亚和新加坡的山下将军（General Yamashita）。4 月 1 日，山下运用经过加强的部队发起攻击。日军的飞机同时轰炸了所有地方，地面部队全线粉碎了我军的阵地。他们在中国海（China Sea）沿岸攀上悬崖，还同时登上了平坦的马尼拉湾东岸。在这次可怕的总攻中，他们没有放过任何一个地方。

"我军坚持了 8 天：菲律宾军队的年轻士兵、尖兵部队的老战士、第 31 步兵团的幸存者、没了飞机的飞行员。

"之后巴丹之战就结束了。"[1]

科雷吉多尔岛继续坚持到了 5 月 5 日，当日军在猛烈空袭掩护下成功登上该岛后，这个要塞也陷落了。

这些作战中有一点很耐人寻味，那就是日军在整场战争中一以贯之的登陆战术。他们集中了尽可能大的力量来实施登陆，用巡洋舰和驱逐舰将运输船护送到滩头。还使用了特制的登陆艇，其设计不仅考虑了搭载步兵，还考虑了搭

---

[1] 注释：《巴丹之战》（Battle for Bataan），克拉克·李撰文，载《步兵杂志》，1943 年 4 月，第 22—23 页。

载火炮、坦克和其他重装备。登陆部队一旦上岸，就集中攻击机场，有时还有伞兵协助。然后他们就将战斗机和俯冲轰炸机停靠到这些机场，利用机场来保护主要的登陆行动。每次成功的登陆都会为下一次登陆铺平道路。一般而言，他们的跃进距离都很短（特别是在岛屿之间推进时），使得美军的海军无法在登陆船队开往目标途中进行拦截。

马来亚会战和新加坡的陷落

在入侵菲律宾的同时，日军还入侵了马来亚并攻击了香港。后者是当时大英帝国最大的港口之一。香港岛上没有机场，仅由6个步兵营和1支义勇军组成的守军根本不足以防守九龙半岛（唯一的机场——启德机场就在这个半岛上），其陆上边界的长度超过50英里；此外，九龙半岛和香港岛的人口都十分稠密，前者居住着735000人，后者也有709000人。12月12日，日本要求香港守军投降，但遭到拒绝。在18日夜—19日晨，日军在香港岛登陆，守军于圣诞节当日放弃了抵抗。

马来亚和新加坡的情况则有很大不同。前者的陆上边界从30英里长的克拉地峡（Isthmus of Kra）到拉姆尼亚角（Cape Ramunia）长达750英里，而新加坡岛当时被普遍认为是全世界最坚固的海防要塞——英国已经在其防务上花费了6000万英镑。英属马来亚近3/4的面积是热带雨林，被认为是任何有组织的军事力量无论规模大小都无法穿越的地区。且半岛上的交通线极少，有一条单线铁路从新加坡沿西海岸通至泰国边境；其中还有一条支线从金马士（Gemas）通至哥打巴鲁（Kota Bharu），然后在那里穿越边境，于信哥拉（Singora）西边不远处重新汇入主干线。另有一条路况良好的公路沿西海岸分布，但是在东海岸基本上没有交通线。因此虽然日军是在东海岸登陆的，但大部分战斗都发生在西海岸。当地总人口为525万，包括马来人、华人和印度人，其中居住在新加坡的有70万，而这些人中75%是华人。马来人对华人有强烈不满，以至于认为"英国人把自己的国家出卖给了华人"[①]。这似乎可以解释为什么日本在登陆后立刻就在当地找到了一支现成的第五纵队来协助他们。

日军占领了印度支那的众多机场作为航空基地，一部于12月7日在暹粒

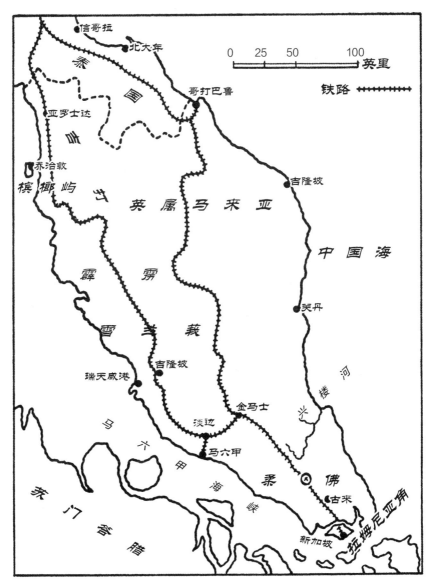

∧ 入侵英属马来亚，1941 年 12 月 7 日—1942 年 1 月 30 日

---

① 注释：《马来亚札记》，第 31 页。

（Siemreap）附近越过印度支那边境，另一些部队则在海军护航下，乘坐运输船在信哥拉和北大年（Patani）登陆（这两个地方都有机场）。与此同时，一支日本舰队出现在湄南河（Menam River）河口附近，由其护送的登陆部队在 8 日占领了曼谷。在象征性地抵抗之后，泰国政府于 21 日与日本签订了同盟条约。

在这些作战进行时，英属马来亚北部的机场遭到狂轰滥炸，按照伊恩·莫里森的说法，"每当有 1 架英国飞机在马来亚上空被击落，在地面必定有至少 4 架被摧毁"[①]。当地的码头（尤其是新加坡的码头）也遭到轰炸，但是交通线和桥梁并未受到攻击，这可能是因为日军并不想阻碍己方的推进。

日军在开战时的空中优势对英军造成的影响与上一年法军受到的影响如出一辙。英军并不像战争后期的德军那样有时间适应空袭。空中战争的恐怖在和平时期曾被人夸大，这一点在英国尤为明显，而此时当空中战争真的来临，其恐怖更是被无限夸大，导致英军士气大跌。

日军从克拉、信哥拉和北大年经铁路或公路向南挺进；与此同时，他们分出一支部队穿越地峡，占领了维多利亚角（Point Victoria）。这对英军来说是灾难性的损失，因为所有来自印度和缅甸的飞机都可以利用那里的机场作为跳板飞往新加坡。在此以后，所有用于支援新加坡要塞的战斗机都不得不装在箱子里通过海路运抵当地。

新加坡在 8 日遭到第一次空袭，当天凌晨 1:30，一支强大的日军部队在哥打巴鲁登陆，经过一番激战后占领了机场。[②]

两天后的一场灾难对英军士气造成了最大的打击——"威尔士亲王"号战列舰（Prince of Wales）和"反击"号战列巡洋舰（Repulse）被空袭击沉。[③]丘吉尔当初是为了打消日本的开战念头而派出这两艘强大的军舰，它们于 12 月 2 日抵达新加坡。莫里森写道："我们百感交集地目睹这两艘军舰威严地驶向海

---

① 注释：出处同前，第 93—94 页。

② 注释：伊恩·莫里森写道："假如我们当初在马来西亚有 250 架战斗机，那就根本不会有什么大战，因为敌人根本不可能在哥打巴鲁立足。战斗机配合哈德逊式轰炸机，可以从一开始就给在那里登陆的日本人造成灭顶之灾。"（出处同前，第 92—93 页。）

③ 注释：英国海军部曾打算派一艘航空母舰与她们同行，但是在舰队起航时，所有航母除一艘外都在修理。

军基地外的锚地！这些映照在地平线上的、奇特的灰色舰影象征着我们的新力量，它们就是我们面对太平洋上可能发生的任何危急情况时的信心。新加坡对于海军的潜在意义终于成为现实。"①

9日，它们离开新加坡向东驶去，企图拦截一支将在关丹（Kuantan）登陆的日军（情报有误）。这天上午阴云密布，但是舰队接近关丹时天气开始转晴，于是它们突然遭到岸基轰炸机和鱼雷机攻击，沉入大海。当时在"反击"号上的《每日快报》战地记者加拉赫先生（Mr. O. D. Gallaher）对这场灾难的描述如下：

"对于'威尔士亲王'号在最后时刻给我留下的印象，我能想到的唯一比喻就是，一头已经受了致命伤的老虎在竭力抵挡那最后的夺命一击。她除了14英寸主炮外的所有火炮都在射击，产生的烟雾和火焰使人几乎无法辨认出她的轮廓。我看见一架飞机投下了一条鱼雷……它直奔'威尔士亲王'号而去，在她的舰首爆炸。几秒钟后，舰舯部和舰艉部分别又发生一次爆炸。我目睹她向左舷翻倒，舰艉沉入水中，船上的人像一个小黑点一样从她身上跳下。这时'反击'号的舰艉左舷也中了一条鱼雷，巨大的冲击把我甩到了舱壁上。没等我看清鱼雷是从哪里来的，'反击'号又发生了剧烈震动。又一条鱼雷。此时人群的嘶喊比足总杯赛场还要鼎沸。这究竟是怎么回事啊，我心想。接着我看见又一架飞机冲了下来。它带着火焰栽进大海，另外……接着又来了第三条鱼雷。"②

这场战斗对新加坡来说堪称一场浩劫。

"我至今还记得，"莫里森写道，"这两艘战舰的覆灭带来的绝望比任何灾祸都可怕。这是预示着灾难的开始……我们的安全支柱一下子倒塌。达夫·库珀先生出于好意试图安抚新加坡的人们得知噩耗后的情绪，但是他那丘吉尔式的豪言壮语丝毫不能消解我们的沮丧心情。"③

此事的战略影响虽然次要，但也是灾难性的；因为这两艘军舰的沉没加上珍珠港遭到的袭击，使得西太平洋、中国海和印度洋的海军实力天平向着日本

---

① 注释：《马来亚札记》，第16页。
② 注释：《每日快报》（Daily Express），1921年12月12日。
③ 注释：《马来亚札记》，第59—60页。达夫·库珀先生是在新加坡负责远东事务的驻节公使。

倾斜了。事实上，至少在当时，新加坡的存在意义与这两艘军舰一起消失了——它此时成了一个没有舰队的海军基地。

日军在哥打巴鲁取胜之后，主要战场很快就转移到西海岸的吉打（Kedar）。英军从亚罗士达（Alor Star）的机场向槟榔屿（Penang）退却。

11 日，槟榔屿遭到无情轰炸，一波又一波的飞机向着乔治敦（Georgetown）俯冲，造成了大混乱。接着在 12 日和 13 日，先后又发生 2 次空袭。最终在 18 日，日军占领了槟榔屿。

随后，日军继续向霹雳州（Perak）推进，年底，东海岸的部队到达了关丹。日军的迅速挺进在很大程度上要归功于他们人人优于英军的战术。英国士兵大多是按照欧洲或非洲的战争模式受训的，对丛林战一无所知，而日军却精于此道。英国士兵要背负沉重的装备（背包、防毒面具、钢盔，等等），依靠机械交通工具获得补给[1]，而日军却身着衬衣、棉布短裤和橡胶底的鞋子，而且以大米为主食的他们可以在野外生存；他们主要的两种武器是冲锋枪和 2 英寸的轻型迫击炮；他们大量使用自行车，轻便的两轮人力推车作为运输工具，与 37 年前在满洲使用的车辆相差无几。

到了 1 月 7 日，英军已经后撤到位于雪兰莪（Selangor）的吉隆坡；日军在这里派出一队中型坦克参战，大大出乎英军意料，在当地造成了"难以言表的混乱"。英军于是加紧向南边的淡边（Tampin）和金马士撤退，而位于东海岸的日军则继续向兴楼河（Endau River）推进。到了 30 日，日军前锋已经接近位于柔佛（Johore）的古来（Kulai），此地距离新加坡城北不到 20 英里。次日上午 8 点，新柔长堤被突破：日军对新加坡的围攻开始了。

和躲在马奇诺防线的陆上壁垒后面的法国一样，躲在新加坡海堤后面的英国也是一直彷徨失措。12 月 7 日，当珍珠港遭到浩劫的消息通过电波传来时，《泰

---

[1] 注释：在 1941 年 2 月 4 日的《泰晤士报》上，我们看到："增援部队中的印度士兵带去了他们自己的机动运输车辆。他们是完全机械化的，任何一个单位都没有一头骡子或役畜……这些部队很快就忙于进行丛林战术的训练。"可是在这样的训练中，这些交通工具有什么用？运输工具和子弹的消耗模式总该有关联吧？然而面对此情此景，总指挥在视察过这些部队之后却表示："我完全相信他们有能力履行自己承担的职责。"可怜人啊，他们根本没有机会履行职责。

晤士报》驻新加坡特派记者写道：

"今日的新加坡是英国在远东的实力核心。任何人只要一踏上这个小岛就会立刻感受到这种实力……虽然北方马来各州的茂密丛林使敌人不太可能试图沿半岛南下400英里来攻击新加坡，但他们还是很有可能试图在海滩上登陆……而空中，得益于美国的工业生产，马来亚的攻防力量已经大大强于1年前……危机已经逼近世界的各个角落，而我们发现自己并无缺陷。" ①

建设马其顿防线是为了阻挡来自东边的德国入侵，新加坡要塞则旨在抵御来自南边的日本入侵。然而当这两个国家纷纷入侵的时候，都没有沿着防线建立的方向。

因此，在1月31日，英国的美梦终于被惊醒，她发现新加坡的所有防御设施都是徒劳的。要塞的大炮全都瞄准南方，皇家海军和空军的基地却设在北面。此时这些基地发现自己身处前线，而日军正在柔佛海峡的北岸注视着他们。事实上，这个要塞已经成了一座凸角堡，而且在一道水障边留了一个敞开的缺口。

新加坡的守军是马来亚英军总指挥珀西瓦尔中将（Lieut.-General A. E. Percival）麾下的约7万人，其中大约45000人是作战人员。他们的粮食储备足以应对长期围困②，淡水供应也很充足，包括位于岛中央的两个大型蓄水池。但是防御缺口全长30多英里，而且水障很窄，宽度只有1000～2000码（约915～1830米）不等。从外面看，局面并没有坏到彻底绝望的地步，这个要塞看起来至少可以坚守6个月。

但是在内部则完全是另一回事。指挥部无法鼓舞士气，长途撤退导致队伍中间失败主义思想盛行，而且劳动力也非常紧缺。③

2月4日，已经将大炮运到海边的日军开始隔着柔佛海峡轰击要塞，8日夜—9日晨，他们使用特意运来的铁制驳船在克兰芝溪（Kranji Creek）和巴西拉巴（Pasir Laba）之间长达10英里的正面登上了新加坡岛。

---

① 注释：《泰晤士报》，1941年12月8日。
② 注释：大米和面粉绰绰有余，而且在12月底，岛上还有125000头猪。（《马来亚札记》，第147页。）
③ 注释：在11月，仅海军基地就雇用了12000名亚洲劳工；但是在12月，由于敌人经常轰炸而且当地完全没有深挖的防空洞，劳工数字常常降至只有800人。

9 日，日军兵分两路，分别从上述两个地点向腹地推进。起初守军似乎还能很好地控制局面，但是随后形势急转直下，日军总司令山下奉文中将（Lieut.-General Tomyuki Yamashita）在 11 日向英军司令部空投了传单：

"我建议新加坡的英国军队从武士道的立场出发，立即向已经主宰马来亚、消灭远东英国舰队并完全控制了中国海、太平洋、印度洋以及西南亚洲的日本陆海军投降。"①

英军无视了这一要求，选择继续战斗。接着，最后的较量展开了。日军在长堤缺口架设桥梁以供坦克行驶，并在 14 日夺取了蓄水池。此时守军败势已定，

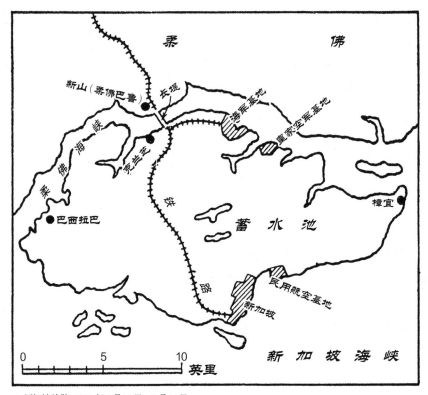

∧ 新加坡沦陷, 1942 年 1 月 31 日—2 月 14 日

---

① 注释：引自《马来亚札记》，第 181 页。

于是在新加坡当地时间的次日晚上 7 点，7 万守军选择投降。自 1781 年康华利（Cornwallis）在约克城（York Town）投降以来大不列颠最惨痛的败仗就这样结束了。

回顾这场会战，首先引起我们注意的是以轰炸机、鱼雷机和战斗机的形式展现的机械伟力，它与海军和陆军密切配合，为日本在 2 个多月的时间里取得了令人惊异的胜利。

与在西方进行的、以宏大战术为主导的大会战不同，马来亚会战是细小战术的胜利。在这个战场，除飞机之外，各种用于作战的武器都是累赘，而非助力。因此，正如前文所提到的，原始的两轮手推车被事实证明远比英军只能依靠公路机动的卡车更能适应环境。从战术角度讲，这意味着英国军队只能在交通线所及之处作战，否则他们就得不到补给，而日军却没有受到这样的限制。日军不仅能够在大多数情况下绕开英军前进，还能够预先判断出自己的前进和退却路线。此外，日本士兵可以只吃大米，而且通常可以靠就地觅食解决生存问题，而英国士兵远高于对方的生活标准使他们在丛林作战中吃尽苦头。从肠胃的角度讲，他们实在敌不过这帮对手。

后勤供应方面的这种巨大差异在这场会战中起到了至关重要的作用，它为日军提供了令人惊叹的机动性。而且在丛林战中，只要坚持简单的战术，进攻方就能压倒防守方。在这类战斗中，决定性的因素是人，而不是机器。虽然坦克、大炮和装甲汽车在某些时候很有用，但决定胜负的是狙击手、机枪手和野战迫击炮手——甚至包括装备鞭炮用来模仿机枪射击的士兵。坦克在公路上威力十足，飞机在开阔地形下是无价之宝；但是在丛林里，能取胜的是自力更生的轻装侦察兵。

缅甸和荷属东印度群岛的会战

随着马来亚和新加坡的陷落，他们在大陆上的战略目标就只剩下仰光和滇缅公路了：仰光距离高加力山口（Kawkareik Pass）——从泰国进入下缅甸的主要入口——并不远，而通过公路和水路前往滇缅公路也只有不到 900 英里路程。为了保卫这些目标以及德林达依【缅甸国土中类似阑尾的一部分，从毛淡

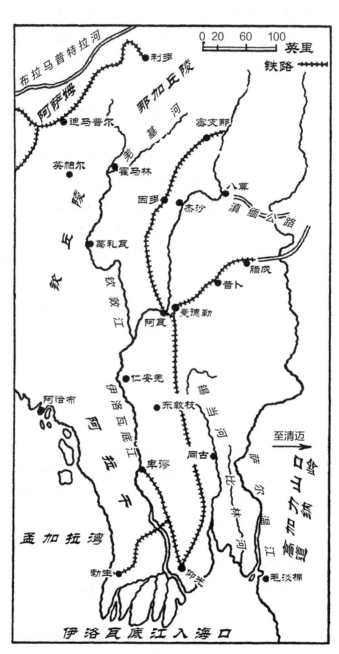

∧ 入侵缅甸，1942 年 1 月 21 日—5 月 20 日

棉（Moulmein）延伸至维多利亚角（Victoria Point）】，英军2个实力较弱的师被分散在了长达1600英里的战线上！因此，日本要解决的问题是后勤而非战术，是道路问题，而不是作战问题。

虽然英国已经在缅甸经营了100多年，但他们对这个地方的战略防御却从未重视，以至于到现在只有3条山间小路——在雨季经常无法通行——穿越印缅边界。[①]在缅甸境内，除了仰光—密支那（Myitkyina）—腊戍铁路和仰光—卑谬（Prome）铁路外，所有南北向的交通干线仍然要依靠以伊洛瓦底江（Irrawaddy）为主的各条河流。因此，运往重庆的物资必须在加尔各答（Calcutta）装船，经过750英里的海路到达仰光，然后经500英里的铁路转运到腊戍，再通过900英里的公路运抵目的地

此时，英国和日本都面临着交通线问题：一方要利用交通线撤退，另一方则要用它们进攻。此外，日本掌握制空权也使英国的处境更加艰难。

1月21日，日军经过一番战斗后突破高加力山口，翻越道纳岭（Dawna Hills）扑向毛淡棉。英军面对日军的进攻节节败退，先后退至萨尔温江（Salween）、比林河（Bilin）和锡当河（Sittang），其间唯一有些激烈的战斗于2月15日—20日发生在比林河一带。3月7日，英军决定从在这段时间经常遭到猛烈轰炸的仰光疏散。为了实施撤退行动，哈罗德·亚历山大少将（Major—General Sir Harold AJexander）接管了自12月28日起一直在指挥作战的赫顿中将（Lieut.—General T. J. Hutton）的指挥权。亚历山大决定分两路撤退，一路溯锡当河而上，与当时正在罗卓英将军指挥下从曼德勒（Mandalay）南下的中国第5军及第6军会合[②]，另一路则溯伊洛瓦底江而上。

英军的撤退和日军的推进都很快。3月22日，日军逼近伊洛瓦底江边的卑谬，

---

① 注释：虽然英军在印度的总参谋部一直都把注意力完全放在西北边疆的防御上，但是在1926年，当时的驻印央军总参谋长安德鲁·斯基恩中将（Lieut.-General Sir Andrew Skeen）告诉我，他认为东北边疆有朝一日会更为重要。

② 注释：这两个军各辖三个师，每个师有2000～3000人。起初有人建议让美国驻华军事代表团的长官约瑟夫·史迪威中将（Lieut.-General Joseph W. Stilwell）指挥这些部队，但最终各方还是决定由罗卓英将军指挥他们，史迪威则担任他的军事顾问。虽然罗卓英是亚历山大将军的下属，但他与有权最终决定如何部署这两个军的蒋介石保持着直接联系。这样的安排对作战没有好处。

并在锡当河畔的同古（Toungoo）与中国军队和英军右路纵队交战。4 月 1 日，英军左路纵队从卑谬撤离，并北上破坏仁安羌（Yenangyaung）一带的缅甸油田。两天后，曼德勒在空袭中化为一片废墟。接着在 10 日，日方又有一个军突然从泰国北部的清迈（Chieng Mai）出现，向缅甸进攻。于是英军右路纵队匆忙撤向东敦枝（Taungdwingyi）。当地的中国第 6 军遭到突袭后溃散，而且没能再重整旗鼓。日军高速冲向滇缅公路，并于 29 日在昔卜（Hsipaw）将其切断。第二天，日军的坦克就开进了腊戌。

面对这样的灾难，英军左路纵队丢下熊熊燃烧的油田，向着曼德勒匆匆北上，而右路纵队和中国第 5 军也匆忙从东敦枝撤向同一个地方。在曼德勒，中英双方决定让中国第 5 军撤向密支那，以便与中国保持联系，而英军则撤向位于钦敦江（River Chindwin）西岸的公路终点葛礼瓦（Kalewa）。5 月 1 日，守军放弃了曼德勒，横跨伊洛瓦底江的阿瓦大桥也被炸毁。

日军的中路主力继续追击中国军队，左翼也在对撤向钦敦江的亚历山大部施加压力，后者冒着日军飞机连续不断的轰炸和扫射，终于在 5 月 15 日到达钦敦江边。在葛礼瓦，英军破坏了所有重装备，因为接下来只能通过一条林间小路继续撤退，英军带着成群结队的难民穿过丛林，截至 28 日，大部分人已经跨过印度边境。

与此同时，撤至因多（Indaw）的中国第 5 军发现继续北上过于危险，因为此时八莫（Bhamo）已在日军手中。罗卓英将军和史迪威将军决定撤到印度境内，于是他们调转方向，在曼西（Mansi）丢弃了所有运输车辆，顺羌基河（Chaunggyi river）而下，到达霍马林（Homalin）。他们乘坐当地人的小船和独木舟渡过钦敦江，于 5 月 13 日季风突至时进入钦丘陵（Chin Hills），然后穿越那加（Naga）原野，在 20 日进入英帕尔（Imphal）。

一场非同寻常的惨败就这样结束了。用史迪威的话说："我们被狠狠揍了一顿。"

在横扫缅甸和攻略菲律宾的同时，日军还在忙于占领婆罗洲、打拉根（Tarakan）、西里伯斯、塞兰（Ceram）、巴厘（Bal）和帝汶等岛屿。他们在陆上几乎是兵不血刃，在海上也是直到 1 月 23 日才遭遇到有力的抵抗：在望加锡海峡（Strait of Macassar）一场持续 4 天的海战中，日军有多艘运输船被击沉。

2 月 14 日，日军在苏门答腊岛登陆，占领了巨港（Palembang）。这个岛上的战斗一直持续到 6 月 17 日最后一支荷兰军队投降为止。2 月 27 日发生了爪哇海战，由于日军拥有潜艇和飞机方面的优势，由荷兰海军多尔曼将军（Admiral Doorman）指挥的同盟国舰队几乎被全歼。日军获胜后立即在爪哇岛登陆，不到 10 天，岛上荷兰军队有组织的抵抗就崩溃了。

与此同时，以加罗林群岛、吉尔伯特群岛和马绍尔群岛为基地的日军也对所罗门群岛、俾斯麦群岛（Bismarck Archipelago）和新几内亚实施了一系列海上攻击。1 月 23 日，日军在新不列颠岛（New Britain）登陆并占领了拉包尔（Rabaul），同一天他们还在新爱尔兰岛（New Ireland）的卡维恩（Kavieng）登陆。到了月底，所罗门群岛中布干维尔岛（Bougainville）上的基埃塔（Kieta）也落入日军之手。3 月 7 日，日军又在萨拉马瓦（Salamaua）和莱城（Lae）登陆，开始了对新几内亚的入侵。

就这样，没等菲律宾的战斗结束，同盟国在南太平洋的抵抗就彻底崩溃了。除了可控制托雷斯海峡（Torres Strait）的南巴布亚之外，日本的防护屏障已经基本建立。因此，为了封堵这个缺口，日军在临近 4 月底时决定攻占莫尔斯比港（Port Moresby），并推进到新赫布里底群岛（New Hebrides）和新喀里多尼亚（New Caledonia），以切断从夏威夷和巴拿马到澳大利亚的补给线。

珊瑚海之战与中途岛海战

一个奇特的巧合是：在日军击破了所有抵抗，表面看来已经掌握了赢得战争所有的筹码时，他们的胜利浪潮突然就开始衰落；一如在西线，当德军似乎将整个欧洲都踩在脚下时也遭遇了滑铁卢。更奇特的是，这两者的征服浪潮的逆转都关系到同一个因素。对德国而言，是战斗机压倒了轰炸机，从而维护了海权的力量；而对日本而言，是轰炸机战胜了战舰，从而瘫痪了陆权。因此在两条战线上，都是空中力量改变了战争的进程。

不过在我们继续讨论这个话题之前，还是要先看一下美国在历经珍珠港浩劫之后面临的问题：

它与法国沦陷后英国所面对的问题大相径庭。因为在 1940 年，为了日后的反攻而坚守和保全作为海外基地的埃及是生死攸关的大事，而在此时，为了类似的原因而保全澳大利亚也至关重要。在前一个战场，为了保证安全就必须建立经过好望角的航线，而在后一个战场则必须建立南太平洋航线：因为埃及守军在很大程度上已经无法利用地中海，而澳大利亚也在很大程度上失去了利用印度洋的可能。

为了确保南太平洋补给线，美军首先发动了一系列袭击，目的是控制在夏威夷与澳大利亚之间可作为立足点的岛屿。2 月 1 日，一支美国航母特混舰队袭击了马绍尔群岛和吉尔伯特群岛；2 月 20 日，美军袭击了新不列颠岛上的拉包尔；2 月 24 日是威克岛；3 月 4 日是位于东京东南 1200 英里的南鸟岛（Marcus Island）；3 月 10 日，美军轰炸了萨拉马瓦和莱城；4 月 8 日，杜立德将军（General Doolittle）使用从航母起飞的飞机空袭了东京。

在这些作战的掩护下，通向澳大利亚的补给线得到了巩固。1 月，美军在约翰斯顿岛（Johnston Island）建立了一个航空站，同时还加强了巴尔米拉岛（Palmyra Island）上已有的航空站；月底，美军占领了斐济群岛。2 月，他们又占领了圣诞岛（Christmas Island）和范宁群岛（Fanning Islands），还接管了坎顿岛（Canton Island）。美军还进驻了新喀里多尼亚和新赫布里底群岛中的埃法特岛（Efate），所罗门群岛中的美国海军基地得到了加强；3 月 28 日，美军在新赫布里底群岛中的圣埃斯皮里图（Espiritu Santo）开始兴建新的基地。

与此同时，日军加强了他们在新几内亚、新不列颠和所罗门群岛的基地。3 月 8 日，当他们开始占领所罗门群岛中的佛罗里达岛（Florida Island）附近的小岛图拉吉（Tulagi）时，弗莱彻将军（Admiral F. J. Fletcher）正率领"约克城"号（Yorktown）航母、3 艘巡洋舰和 6 艘驱逐舰在珊瑚海中巡航。当天有一架巡逻机报告了日军在图拉吉港湾中的行动，"约克城"号随即派出 4 架飞机轰炸日军船只。①

---

① 注释：下文的叙述根据美国海军舰队总司令欧内斯特·金上将（Admiral Ernest J. King）的官方报告写成。

　　5 日，弗莱彻与同盟国的其他海军舰队会合，其中包括了"列克星敦"号（Lexington）航母、7 艘重巡洋舰、2 艘轻巡洋舰和 9 艘驱逐舰。

　　6 日，日军主力聚集在俾斯麦群岛。这表明他们即将南下发起两栖作战，目标可能就是莫尔斯比港。考虑到在这种情况下日军必须绕过新几内亚东端的米尔恩湾（Milne Bay），弗莱彻将一个攻击群置于日军舰队必经之路的打击范围之内，自己则带领舰队的其余部分北上寻找日军掩护部队。

　　7 日上午，美军发现日军"祥凤"号（Shoho）航母。"列克星敦"号和"约克城"号上的飞机随即发起攻击，最终以损失 5 架飞机的代价将她击沉。接着，8 日上午，美军又遭遇了日军的 2 艘航母、4 艘重巡洋舰和多艘驱逐舰。在日军的反击中，"约克城"号和"列克星敦"号都被击中，后者由于伤势过重，被丢弃。

　　日军在此战中损失了：1 艘航空母舰、3 艘重巡洋舰、1 艘轻巡洋舰、2 艘驱逐舰和多艘运输船，另有 20 多艘船只受损。

　　虽然这不是一场决定性的战役，因为美国海军的损失与日军大致相当，但它标志着日本在西南太平洋的征服浪潮到达顶点。不过在史书中，它却以其特性占据一席之地：这是海战史上第一场没有发生水面舰船交火的战役。[①]

　　在南太平洋受挫之后，日军海军将作战的方向转到了太平洋北部和中部。6 月 3 日，他们对阿留申岛链（Aleutian chain）中的乌纳拉斯卡岛（Unalaska Island）上的美国海军基地荷兰港（Dutch Harbour）发动了空袭。虽然这次行动阵势规模都足够庞大，但它也可能是一次佯攻；因为与此同时日军在中太平洋开展了一场规模更大的行动，从而引发了中途岛海战。

　　我们并不清楚此次作战的目的。仅仅占领中途岛并不值得日军冒这样大的风险，因为这个岛实在太小，无法建设成强大的航空基地。所以，日军的目标可能是将较弱的美军舰队诱入陷阱，或者更有可能它只是更大规模作战（占领

---

　　① 注释：1937 年，在论及未来海战时，我曾提出"……对于作为当今战术核心的主力舰，我们的观点将不得不发生激烈的变化。在我看来，主力舰将不再是火炮战舰，而是炸弹战舰。换言之，现在被视作战列舰附庸的航空母舰将以更高效的形式取代它们，成为我们舰队中的王者，而其他所有舰船——巡洋舰、驱逐舰、潜艇，可能还包括战列舰——都将成为它们的辅助舰船，组成担当航母舰载机作战基地的移动海上堡垒……炸弹的威力是关键，因为飞机携带的炸弹威力远胜于火炮射出的炮弹。因此，未来的海战将与 1914—1918 年的海战有很大不同。"【《走向末日》（Towards Armageddon），第 196 页。】

瓦胡岛）的前奏。如果能够实现占领瓦胡岛的目标，就可以在最关键的位置切断美国与澳大利亚的交通线，因为瓦胡岛就是太平洋上的亚丁港。一旦日军占领该地，澳大利亚就会陷入孤立状态，正如在意大利参战后，如果亚丁港落入意军之手，埃及也将处于孤立。此外，这还能为日本争取到巩固岛屿防线的时间。

美方猜测到日军在珊瑚海战败后将把作战方向转向中太平洋，于是派出航母和支援部队北上。"约克城"号经过抢修后在弗莱彻中将指挥下参战，这使得美国在中太平洋的舰队实力增加到3艘航母——"企业"号（Enterprise）、"大黄蜂"号（Hornet）和"约克城"号——和7艘重巡洋舰、1艘轻巡洋舰、14艘驱逐舰、20艘潜艇。中途岛上的海军陆战队航空部队也将提供支援。

6月3日上午，美国海军飞机发现在中途岛西南470英里处有一支日本舰队正在向东航行。下午，这支舰队遭到从中途岛起飞的一队重型轰炸机轰炸。次日，美军又在中途岛以北180英里观察到另一支舰队。此时，"敌人迄今为止为太平洋作战而集结的最大规模的海军力量正在东进，其主要目标就是夺取中途岛"[1]。美军立刻将能够出动的所有海军航母舰载机和陆基的陆海军飞机都用于攻击这股日军。日军的3艘航母遭到攻击，其中一艘遭受重创。由于美国航母舰载机在没有战斗机保护的情况下实施攻击，自身的攻击飞机损失惨重[2]，但还是多次命中了敌军航母。稍后，从"企业"号和"约克城"号起飞的鱼雷机又攻击了这3艘航母，导致其中两艘起火，而第三艘则被潜艇击沉。

在这场战斗进行时，中途岛遭到日军飞机猛烈轰炸，大约在同一时间，从尚未受损的"飞龙"号（Hiryu）航母上起飞的36架飞机攻击了"约克城"号和她的护航舰艇。"约克城"号3处中弹，随即被丢弃。稍后美军用其他舰船将她拖曳航行，但是在6日下午，她被一艘日本潜艇用鱼雷击中，次日上午沉没。在"约克城"号遭到攻击时，"企业"号上的飞机也攻击了"飞龙"号，致使

---

　　① 注释：《美国陆军总参谋长双年报（1941年7月1日—1943年6月30日）》（Biennial Report of the Chief of Staff of the United States Army, 1 st July, 1941, to 30th June, 1943, 英文版, 1943年），第11页。关于此战的叙述是总结自金将军的官方报告。

　　② 注释：我们在美国海军部的战斗总结中可以看到："4架陆军的鱼雷轰炸机，只有2架返航"……"6架海军陆战队的鱼雷机，只有1架返航"……"16架海军陆战队的俯冲轰炸机，只有8架返航。"

她起火，并在稍后沉没。

日军在 5 日全面撤退，虽然美军飞机紧追不舍并又给她造成了一些损失，但恶劣的天气终于使这场战役告一段落。

据估计，日军在此役中的损失如下：4 艘航空母舰、2 艘大型巡洋舰、3 艘驱逐舰、1 艘运输船和 1 艘军辅船沉没，3 艘战列舰、3 艘重巡洋舰、1 艘轻巡洋舰、多艘驱逐舰和 3 艘运输船或军辅船受损。美军在空袭中损失 92 名军官和 215 名士兵。

双方的水面舰船又一次未在战斗中相遇。

这场战役是决定性的，甚至有可能是对马海战以来最具决定意义的海战，因为它使日本的航母实力降低到再也不可能赶上美国建造速度的程度，从而永久地打垮了日本海军的航空力量。此时日本只剩下 5 艘可用于作战的航母——其中只有 1 艘是大型的——其余 6 艘尚在修理或建造中。而美国虽然在太平洋上只剩下 3 艘大型航母，但其船坞中至少还有 13 艘，以及 15 艘护航航母。

从此以后，日本海军就因为在航母方面的弱点成了瘸子，以至于在中途岛海战，它要么只在夜间与美国海军交战，要么就在陆基飞机的掩护下出击。因此太平洋上海军实力的天平向着美国倾斜了，通往澳大利亚的南方补给线从此安全了，中太平洋的路线也可以确保安全。

当我们回顾远东前 6 个月的战事时，别忘了在此期间日军征服了大致相当于半个美国的区域，却只付出了 15000 人死亡和 381 架飞机被毁的奇低代价。[①]因此，研究战争的学者首先注意到的就是在现代战争条件下，预作准备的侵略国所享有的巨大优势；其次是低估潜在对手是愚蠢的，尤其是在当今这样科技昌明的时代。英军和美军都犯了这样的错误，他们一贯把日本视作"黄皮猴子"，并对这一认识深信不疑，在路上和他们相遇都会掩住鼻子，完全忘记了白种人在亚洲的优势地位不是源于肤色，而是源于先进的武器。一旦亚洲人掌握了同样精良的装备，这种优势地位就会受到挑战。最后，我们还会看到，正是武器

---

① 注释：即使将这些数字乘以 2 或乘以 3，也还是小得出奇。

的优势，也是工业实力的优势，将成为最终的决定因素。尽管如此，武器本身如果得不到有效的运用，也只能像脆弱的芦苇一样，毫无用处。换言之，军队必须按照战争的原理，根据战略条件和战术背景来合理运用武器。

在西线，我们已经看到，德军在一系列辉煌胜利之后，是如何由于缺乏远见(更高层次的智慧)而遭遇失败的。他们没有做好跨越英吉利海峡的准备，之后，为了回避这个失败，他们随意地改变了作战路线，而这一切只能是雪上加霜。

在东线，日本犯了另一个错误。她的失败是由于从一开始就选择了错误的作战路线，而这条路线一旦被付诸实施，就无法改变。

虽然德国没有做好跨越英吉利海峡的准备，但我们已经看到，她还有其他路线可选。日本则不光是没有做好跨越太平洋征服美国的准备，而且无论如何都不可能做好这样的准备；而一旦通过偷袭珍珠港跨越了卢比孔河(Rubicon)，她就没有其他路线可选。

如果德国没有入侵苏联，而是集中全部力量对付英国，那么她就有可能弥补自身的错误。而日本在美国面前从来没有这样的机会；因此，她的一切辉煌胜利，从一开始就是虚有其表的成就。

但是德日两国的错误有着共同的因素，也导致了共同的毁灭结局。只不过对前者而言，是错误导致了最后的扩张过度，而对后者而言，是一开始就扩张过度了。前者是运用了无法实现目标的错误手段，而后者的手段甚至无法让她想明白该如何开始。

第五章

德国丧失主动权

第四次利比亚会战

在第三次利比亚会战结束之后的几个月里，敌对的两军，即隆美尔指挥的德军[1]和克劳德·奥金莱克将军（General Sir Claude Auchinleck）指挥的英军[2]，面临着相同的问题。双方都必须获得装备和人员的补充才能发动进攻。因此交通线就成了决定性的因素。奥金莱克的陆上交通线相对较短，而海上交通线较长。隆美尔正相反，他与自己的主要基地的黎波里的公路距离大约 1000 英里，距离班加西 375 英里，而这两个港口与墨西拿海峡（Strait of Messina）之间分别隔着 350 英里和 450 英里的海路。马耳他正处于可以控制这些海上交通线的位置：它距的黎波里 200 英里，距班加西 360 英里，距克里特岛 500 英里。克里特岛也是德军的后勤基地，位于图卜鲁格以北 200 英里。因此很显然，如果隆美尔能够压制马耳他并攻占图卜鲁格，那么他将在交通线上占尽上风。但如果他围攻图卜鲁格，就无法集中自己的兵力。因此，在得到强力的增援之前，他是无法进攻的。奥金莱克将军注意到了这个弱点，他说：

"我们能够摆脱 4 个半月来在边境地区的困境，在很大程度上要归功于图卜鲁格的保卫者们。他们没有在重压之下消极防守，时刻保持高昂的斗志，牵

---

① 注释：实际上德意军队的总司令是意大利的埃托雷·巴斯蒂科将军（General Ettore Bastico），但他只是个傀儡而已。
② 注释：克劳德·奥金莱克爵士在 7 月 5 日接替了阿奇博尔德·韦维尔爵士。与此同时，空军上将阿瑟·特德爵士（Air Chief Marshal Sir Arthur Tedder）也接替空军上将阿瑟·朗莫尔爵士（Air Marshal Sir Arthur Longmore）成为皇家空军在中东的总指挥。

制了 2 倍于自身兵力的敌军。他们迫使德军始终保持在高度紧张的状态，从 4 月—11 月，一直将 4 个意大利师和 3 个德国营阻挡于边境地区之外。"[1]

虽然隆美尔充分认识到了夺取图卜鲁格的重要性，并曾在 5 月 1 日尝试攻占它[2]，但奇怪的是，德国最高统帅部却未能认识到，他们认为压制（最好还是攻占）马耳他更为重要。唯一可能的解释是，在希特勒和他的幕僚眼中，利比亚的战争与入侵苏联相比只是枝节问题，影响极小，不值得为其抽调可能在苏联发挥作用的部队。据一位作者称，所有"请求将巴尔干地区的部分德国空军部队调至地中海中部的呼吁都被德国最高统帅部否决了，他们坚持以牺牲海上的需求来保证陆上的利益，他们甚至不给意大利海军提供足以用于作战的燃油。"[3]结果在 8 月，隆美尔的物资和增援有 35% 沉了大海，在 10 月这个比例更是达到了 63%。因此，多亏了马耳他的作用，有着长达 12000 英里的海上交通线的奥金莱克能够更快地积蓄起兵力。直到 10 月下旬，被击沉的物资比例接近 75% 时，德国最高统帅部才开始尝试夺取图卜鲁格。他们从大西洋抽调了 25 艘 U 艇到地中海，这些姗姗来迟的潜艇在 11 月 13 日首战告捷，发射鱼雷击沉了英国航空母舰"皇家方舟"号（Ark Royal）。

与此同时，奥金莱克却摆脱了曾经像图卜鲁格一样困扰韦维尔的难题——东非的战事。[4]临近 8 月底，他将自己的沙漠军团重组为第 8 集团军，由艾伦·坎宁安中将指挥。

这个集团军下辖 2 个军，即戈德温·奥斯汀中将（Lieut.-General A. R. Godwin-Austin）指挥的第 13 军和诺里中将（Lieut.-General Sir W. Norrie）指挥的第 30 军。前者下辖第 4 印度师、新西兰师和第 1 陆军坦克旅；后者下辖第 7 装甲师（第 7 和第 22 装甲旅以及第 7 支援集群），第 4 装甲旅、第 1 南非师和

---

① 注释：《奥金莱克将军的"快报"》，载《伦敦公报》副刊，1946 年 8 月 20 日，第 4221 页。

② 注释：这一次，虽然德军坦克突破了外围防御，但却被反坦克炮的火力击退。在这次失利之后，隆美尔把削弱该要塞的问题丢给了他的空军部队，截至 7 月 31 日，德军对图卜鲁格实施了 437 次空袭。图卜鲁格没有战斗机保护。

③ 注释：《地中海与海权》（The Mediterranean and Sea Power，乔治·斯迪特中校撰文），载《新英文评论》（The New English Review），1946 年 8 月，第 144 页。

④ 注释：此时奥金莱克唯一需要考虑的域外战事是波斯的战斗；但是截至 10 月 18 日，他派去的部队都已返回。这次会战的目标是从波斯驱逐德国代理人，并开辟一条通往苏联的补给线路。

第 201 禁卫旅级战斗队。由斯科比中将（Lieut.–General Sir R. Scobie）指挥的图卜鲁格守军包括第 70 师、第 32 陆军坦克旅和 1 个波兰团。第 2 南非师和第 29 印度步兵旅级战斗队担任集团军预备队。

隆美尔的部队中德军约占 1/3，意军约占 2/3。前者包括非洲军团（第 15 和第 21 装甲师）、第 90 轻装师和 1 个步兵师，后者包括"公羊座"装甲师和 6 个步兵师。这些部队的分布如下：4 个意大利师和 1 个德国师围困图卜鲁格；1 个意大利师在比尔哈凯姆（Bir Hacheim）；"公羊座"师在古比井（Bir el Gubi）；第 15 和第 21 装甲师在图卜鲁格以东的海边；第 90 轻装师和 1 个意大利师据守边境的筑垒工事。

在飞机方面，隆美尔拥有数量优势，其中战斗机优势尤其明显。[1]由科宁厄姆少将（Air Vice Marshal A. Coningham）指挥的皇家空军部队包括 9 个轻型轰炸机中队、12 个战斗机中队和 6 个中型轰炸机中队，其中 5 个战斗机中队和 2 个轻型轰炸机中队"归各指挥部直辖"[2]。巴迪亚和图卜鲁格之间地形复杂，有一道两面都是峭壁的山岭位于距海岸约 10 英里处，在其南方则是一马平川，没有明显地貌特征的沙漠。对坦克来说，在峭壁上通行异常艰难；因此，面向南方的峭壁对穿过沙漠北上的军队构成了相当大的阻碍。

两军最突出的战术差异是在装甲部队方面，但不是数量差异，而是弹道差异。隆美尔有 412 辆坦克和 194 门反坦克炮，坎宁安则有 455 辆坦克和 72 门反坦克；但是隆美尔的坦克炮和反坦克炮口径分别是 50 毫米（4 磅半）和 75 毫米，而坎宁安的都是 2 磅炮，其有效穿甲射程比 50 毫米炮短 800 ~ 1000 码。此外，英国步兵坦克（玛蒂尔达式）的装甲并不能保证防住 50 毫米的炮弹，更不用说 75 毫米的。

11 月初，双方都在考虑进攻：隆美尔希望占领图卜鲁格，解除左翼和后方的威胁；坎宁安希望收复昔兰尼加。坎宁安的总体思路是用一支部队从南面进

---

[1] 注释：亚历山大·克利福德在《三英对抗隆美尔》，第 161 页中声称："他与对手的战斗机比例是 3:1。"
[2] 注释：《我们的装甲兵》（Our Armoured Forces，陆军中将吉法德·马特尔爵士著，1945 年），第 124 页。

攻，同时让图卜鲁格守军从北面进攻，实施两翼合围。第30军将实施南路进攻，为此它要将第7装甲师、第4装甲旅和第1南非师从敌军右侧的马达莱纳（Maddalena）机动到贾布尔萨利赫（Gabr Saleh），同时第13军在正面吸引敌军。在敌军的装甲部队被牵制后，第13军也要发动进攻，而图卜鲁格守军则打击敌军的左翼和后方。

　　为了辅助这些作战行动，第29步兵旅级战斗队将从贾拉巴布（Jarabub）出发，占领贾卢（Jalo），然后快速向西北方向推进，切断的黎波里—班加西公路。在进攻发起前，皇家空军的任务是袭扰敌军交通线，争夺制空权，并在进攻发起之日的早上打击敌军机场。与此同时，他们还要轰炸那不勒斯（Naples）和其他位于意大利的后勤港口，以及班加西和的黎波里。

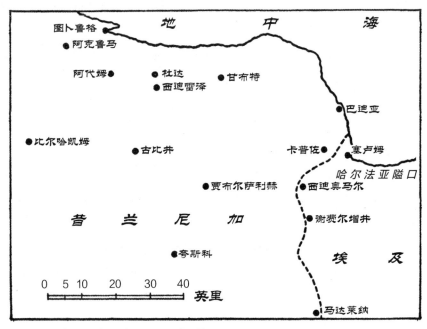

∧ 西迪雷泽战场，1941 年 11 月 18 日—1942 年 1 月 17 日

进攻日期定在 18 日，但是科宁厄姆很不走运，在 17 日一个巨大的雷暴云团笼罩在两军上空，当天夜里科宁厄姆的飞机没有一架能起飞。[1]夜间丘吉尔抓住机会发表了一通豪言壮语，把部队官兵的士气升到了沸点。他在一则致各级官兵的电文中说："沙漠军团可能会给史书增添足以和布伦海姆及滑铁卢之战媲美的光辉一页。" 不过，幸运女神并没有完全抛弃进攻部队：隆美尔当时认为敌军进攻的可能性极低，结果战斗打响时他正在罗马。[2]因此，这一进攻让其措手不及。

进攻在黎明前开始，到夜幕降临时，第 7 装甲旅已经位于贾布尔萨利赫以北 10 英里；后续的第 22 装甲旅位于其西方；第 4 装甲旅在第 7 装甲旅的东南方；第 1 南非师则逼近了夸斯科（El Cuasc）。他们没有遭遇任何敌军，空中也看不到一架敌机。

19 日，第 7 装甲旅到达西迪雷泽（Sidi Rezegh）南峭壁以北，随后第 7 支援集群占领了该地。第 22 装甲旅在古比井攻击了意军"公羊座"装甲师，因着是意大利军队，所以英军指挥官认为可以轻松将其歼灭。但是，这一次意军坚守阵地，顽强作战，痛击了英军。右路，第 4 装甲旅在贾布尔萨利赫与一支德国坦克部队交战。到了当天入夜时分，英军的 3 个旅分散在广阔的战场上。这种缺乏集中的态势给隆美尔提供了各个击破的大好机会，而他立刻就抓住了这个战机。

20 日一早，隆美尔出动一支强大的坦克部队对付第 4 装甲旅。于是，诺里将军命令第 22 装甲旅在古比井脱离战斗，迅速支援第 4 装甲旅。与此同时，第 4 旅与敌军交战，后者一度退却，在第 22 装甲旅出现后又卷土重来。稍后，这支坦克部队向南撤退，然后转向西北，直奔西迪雷泽而去，在那里第 7 装甲旅正受到德军坦克和步兵的攻击。

21 日拂晓后不久，第 7 装甲旅的侦察兵报告，一队德军坦克正从东面接近。

---

① 注释：《三英对抗隆美尔》，第 127 页。

② 注释：见《中东战事》（The War in the Middle East，陆军中将阿瑟·史密斯爵士撰文），载《皇家联合军种学会志》，1943 年 2 月，第 11 页。史密斯（Smith）是奥金莱克的参谋长。

第 4 和第 22 装甲旅立刻接到了追击这股德军的命令。但是他们因为燃料短缺而推迟了出发时间，于是德国坦克突袭了正在与敌交战的第 7 装甲旅。

一场激烈的坦克战由此爆发，稍后，第 4 和第 22 装甲旅也加入团战。南面，第 5 南非旅在距离西迪雷泽 10 英里处受阻。图卜鲁格守军在早晨 6:30 开始进攻，而新西兰师绕过敌军筑垒防线南翼，出现在卡普佐要塞后方。

在此后的两天——11 月 22 日和 23 日——西迪雷泽一带发生了战争中规模最大的坦克战。在激战过程中，诺里将军得知第 5 南非旅受到敌军坦克威胁，曾派出一队坦克前去增援。但是在未等及援军时，这个旅就已经遭受重创。

与此同时，一直在守卫西迪雷泽机场的第 7 支援集群败退至南面峭壁，然后又撤到了贾布尔萨利赫。

在此战进行时，从图卜鲁格出发的第 70 师进展缓慢，但第 13 军的第 4 印度师占领了西迪奥马尔（Sidi Omar）。

会战的第一阶段就这样结束了。由于第 7 装甲师最初的过度扩张，在 19 日曾被轻松占领的西迪雷泽的关键峭壁通道丢失了。双方的坦克损失都很大，而英军受到的影响比德军更甚，因为后者拥有令人望尘莫及的坦克回收部队。"他们庞大的履带式和轮式坦克运输车，" 艾伦·莫尔黑德写道，"是真的和坦克一起参战的。甚至当战斗还在进行时，运输车上的人就随时准备冲进战场，钩住受损的车辆，把它们拖到安全位置立即开始修理。"[1]

和第一阶段一样，第二阶段是以一次突袭开始的，但这一次被打个措手不及的是坎宁安。

24 日上午，正如马特尔将军所指出的，根据当时的战略态势隆美尔应该趁英军的装甲部队正在重整时将他们咬住并逐一击破；因为只要粉碎了这些部队，"他的后续计划就很容易实现了"[2]。虽然从战术上讲这么做是无可非议的，但咬住具有很高机动力的部队是特别困难的任务。而且，战略态势是否允许他冒延误时机甚至失败的危险呢？当时的战略态势如下：隆美尔用大部队把守着巴

---

[1] 注释：《一年战记》（A Year of Battle，艾伦·莫尔黑德著，1943 年），第 61 页。
[2] 注释：《我们的装甲兵》，第 134 页。

迪亚和哈尔法亚隘口（Halfaya Pass）——位于西迪雷泽以东 40 英里；他的装甲部队主力在西迪雷泽一带，而从图卜鲁格进攻的英军第 70 师就在其后方，威胁着他的退路。如果他进攻位于南面的第 7 装甲师而且不能立刻取胜，而正从卡普佐西进的新西兰师与第 70 师会合，那么不仅他的退路会被切断，而且通向图卜鲁格和巴迪亚之间峭壁以北的临时汽油仓库的补给线也会中断，这样的损失将使他的装甲部队失去机动能力。

　　既然排除了向南机动的可能（在战术上比较容易想到的选择），那么他只能在向北或向东进攻和向西撤退之间抉择。如果选择前者，基本上可以肯定英军第 70 师会退向图卜鲁格，第 7 装甲师会重整旗鼓并再度北上，而新西兰师将继续西进。因此，选择向北进攻的话，即使能够成功，也很可能使他面临和选择南下并失败后一样恶劣的战略态势。如果向西撤退，不仅意味着不战而逃，也等于抛弃边境的守军；于是，他决定赌一把，让第 15 和第 21 装甲师突破敌军战线直扑谢费尔增井（Bir Sheferzen）——东进——击溃第 30 军的后勤部队，从而迫使该军向东退却至其出发位置。如果这一次他赌赢了，那么这个行动无疑会被赞为"神来之笔"。但事实是他没有赢，所以我们就要考虑是否该称此举为"鲁莽的错误"。

　　遭到突破以后，英军陷入极大的恐慌。亲历此战的莫尔黑德写道：

　　"整个白天，我们狂奔了 9 个小时。慌张和恐惧四处蔓延。谣言满天飞，没有人知道上级下了什么命令。每个人对战局都有自己的看法，但是谁也拿不出任何计划……在这段漫长而紧张的行程中，我开始对'恐慌'这个词的含义有了些许理解。那是我们正在逃离的未知，我们自己心中的未知和敌军方面的未知……假如当时能有个理智的人说，'在这里停下，做这个，再做那个'——那么我们的恐惧之情就会消散一半。"[①]

　　……

　　"看来隆美尔确实走了一步妙棋。坎宁安毫不犹豫地指出，此时最明智的

---

① 注释：《一年战记》，第 65 页。

做法是把他的集团军撤出利比亚重整，他的坦克似乎已经损失大半，和集团军里的很多部队失去了联系。新西兰师成功地在杜达（el Duda）和图卜鲁格守军取得了联系，但只维持了几个小时而已。德军的铁蹄滚滚向前，击破了桥头堡，于是图卜鲁格又成了被围困的要塞，而守军剩下的 25 磅炮弹药只能勉强支撑 48 小时。英国的 2 个军，其中一个的指挥部，也就是 30 军的，已经冲进图卜鲁格城，现在被困在里面；而另一个，13 军的指挥部被分割了，已经失去联系……"[1]

从这些文字看来，如果当时让坎宁安自行其是，隆美尔将会赢得一场大胜。但是事情并未发展到这个地步，在这个关键时刻，我们看到了将领的指挥才能足以令战场发生奇迹的最好的典范。奥金莱克元帅飞赴沙漠，"斩钉截铁地否决了撤兵的提议"[2]。如果他没有这么做，那么基本可以肯定，隆美尔将会让自己的坦克补给车队前进，为坦克保驾护航，坚决地追击英军。但是由于他被顽强抵抗的第 4 印度师缠住，他立刻意识到敌军已经下定了死守的决心，于是他命令第 15 和第 21 装甲师撤出战斗，后退到图卜鲁格和巴迪亚之间的后勤基地。

以大胆的指挥扭转局面之后，奥金莱克回到开罗，立即解除了坎宁安的指挥权，里奇少将（Major-General N. M. Ritchie）取而代之。

第三阶段在 26 日开始。当天新西兰师将德军赶出了西迪雷泽，并于 27 日与位于杜达的第 70 师会合。但是他们立刻遭到猛攻，结果西迪雷泽又一次落入德军之手。在多日激战后筋疲力尽的新西兰师在 12 月 1 日夜—2 日晨，依靠第 1 南非旅的掩护，撤到了峭壁以南。会战的第三阶段就此结束，西迪雷泽第二次失守。

12 月 2 日，里奇将军断定德军下一次攻击将来自南方，便将第 4 印度师交给诺里将军指挥，指示他把能够调集的坦克全部用于保护阿代姆至西迪雷泽的重要阵地。

与此同时，隆美尔认识到已经不可能解救把守巴迪亚和哈尔法亚隘口的部队，而此时损耗严重的装甲部队有被图卜鲁格守军和第 30 军夹击的危险（这 2

---

① 注释：《一年战记》，第 67—63 页。
② 注释：出处同前，第 68 页。

支部队都从侧翼威胁着他的退路），于是他决定向西撤退以减少损失。为了掩护主力撤退，他把剩下的装甲部队集中在古比井——位于第 30 军的外侧翼。这个精明的行动迫使英国第 30 军向西机动，而不是向北推进。结果在 5 日，第 11 印度旅和将分配到的可用坦克全部集中起来的第 4 装甲旅对古比井的攻击被击退，并遭到反击。在得到第 4 印度师余部和禁卫旅加强后，英军重新发起攻击，这一次终于拿下了阵地。德国第 15 和第 21 装甲师随即向西北方向撤退，第 4 印度师和第 4 装甲旅紧追不舍。

9 日，第 7 印度旅和第 13 军一部在阿代姆与第 70 师会师，图卜鲁格终于解围。随后第 13 军奉命接替第 30 军继续追击，但是交接工作造成了相当大的延误，这间接地帮助了隆美尔成功撤退到了贾扎拉（el Gazala）。他在那里井井有条地把大部分坦克和运输车辆经梅基利公路撤往艾季达比亚（Agedabia），并让其余部队沿海岸公路撤向同一地点。1 月 7 日，他又从该地开始撤向欧盖莱（Agheila）。

1942 年 1 月 2 日，第 2 南非师攻克巴迪亚；17 日，哈尔法亚守军投降。这场跌宕起伏的会战就此结束。德军和意军死伤 24500 人，被俘 36500 人，而英军的损失约为 18000 人。

第五次利比亚会战

第五次利比亚会战是紧接着第四次会战发生的，可以把它看作后者的尾声。但是这两次会战有根本的不同：这一次不仅德军成了进攻方，而且在会战期间，他和意军掌握了地中海中部的制海权；这可是前所未有的情况。

1941 年 10 月下旬，德国最高统帅部突然认识到了从一开始就显而易见的道理——为了让隆美尔取得成功，就必须先夺得地中海中部的制海权，然后将其牢牢掌握在手中。由于先前没有认识到这一点，他们把北非的主动权拱手让给了敌军。而接下来的两次会战却证明了事实并非如此，因为到了 1942 年仲夏时节，经好望角源源不断运入埃及的物资数量已经极为庞大，以至于即使德军完全控制了地中海中部，他们也会因为运输船不足而被击败。此时他们每造一艘船，对手就会造出 10 艘。如果在 1941 年 11 月，隆美尔的兵力要比实际情况强50%，他就有可能拿下图卜鲁格；而奥金莱克也绝对不敢在此时攻击他；那么在攻克图卜鲁格之后，隆美尔就能够占领埃及。

第五次利比亚会战虽然规模不大，却清楚地证明了这种可能性：既然德意海军在大约 12 个星期里对地中海中部实现从半控制到完全控制，就足以让在一场会战中损失 1/3 军队、412 辆坦克中的 386 辆和约 1000 架飞机中的 850 架的隆美尔经过不到 2 个星期的休整便取得那样的战果，那么如果他们从 1941 年夏天起就完全控制地中海中部，还有什么做不到呢？然而他们直到 10 月底才着手争取地中海的制海权。继德国 U 艇出现在地中海以后，马耳他也遭到猛烈的空中攻击，从 12 月中旬起空袭警报就没有中断过。从 12 月 25 日—31 日，这个小岛共遭到 60 次空袭，在 1 月更是达到 263 次。与此同时，英国的舰队也饱受 U 艇、飞机和水雷的袭扰。除了"皇家方舟"号航空母舰沉没之外，"巴勒姆"号（Barham）战列舰、 "海王星"号（Neptune）和"加拉蒂亚"号（Galatea）巡洋舰、"坎大哈"号（Kandahar）驱逐舰，以及"珀尔修斯"号（Perseus）和"凯旋"号（Triumph）潜艇也遭遇了同样的命运。此外还有另一些舰船受损，12 月 18 日夜间，"伊丽莎白女王"号（Queen Elizabeth）和"刚勇"号（Valiant）战列舰在亚历山大港遭到"人操鱼雷"攻击，失去战斗力。

"因此，在 1941 年底，英军能用来争夺地中海东部和中部制海权的舰船只剩 3 艘巡洋舰和几艘驱逐舰。作为德军重新控制海洋的证明， 1942 年 1 月，运送给非洲军团的物资在途中没有丢失一吨，而隆美尔也得以在 1 月 21 日发起反击，从而在 2 月 7 日重返贾扎拉。"[①]下面我们详细来看这场持续 17 天的短暂会战。

在抵达艾季达比亚之后，第 8 集团军由于后勤补给不足而无法继续攻击位于欧盖莱的隆美尔，他们此时面临 2 个选择：要么留在当地，要么后撤。第一种选择要求拥有足以抵挡敌军攻击的兵力，但是里奇将军并不具备这个条件；此时看来最好的选择是撤退，然而他却决定原地停留。他似乎完全无视德军，也忘记了隆美尔向来是以行事大胆著称的；据说他的先头部队连工事都未修筑。

里奇的一个装甲旅分散在艾季达比亚与欧盖莱之间的这片广大的区域中：在班加西以南是第 7 印度步兵旅，在巴尔切则是第 4 印度师的其余部队。除了

---

① 注释：《地中海与海权》，载《新英文评论》（The New English Review），1946 年 8 月，第 144 页。

这些部队之外，英军基本没有其余兵力，而他们主要关心的是建设临时后勤仓库，为向的黎波里进攻做准备。

隆美尔很可能意识到了对手的处境。总之，他于1月21日派出3支装甲纵队将英军逐出沿海公路，并以微不足道的代价拿下了艾季达比亚。接着他继续高速推进，在很大程度上依靠敌军的临时仓库获得补给，结果在安特拉特（Antelat）差一点俘获了英国第13军的指挥部。接着，他又直扑穆苏斯，到达那里以后，他掉头攻向西面的班加西，并于28日进入该城。英军第7印度旅经沙漠向东溃逃，第4印度师则向北逃至德尔纳。撤退的英军最终在贾扎拉稍偏东的地方站稳脚跟，而隆美尔的进攻也在2月7日告一段落。

就这样，第四次利比亚会战未能给史书增添堪比布伦海姆和滑铁卢的光辉篇章，并且它的尾声又是一场大败，对于此时正在远东大溃退的英军来说可谓雪上加霜。正如亚历山大·克利福德所指出的，最令人感到羞耻的是英军"连续2年都让完全相同的灾难发生"[1]。从战术上讲，这场短暂会战中最突出的一点是，尽管英军掌握了制空权，隆美尔却"在完全没有任何空中支援的情况下"[2]仅用17天推进了350多英里。

这两场会战合起来看是非常有借鉴意义的，可以从中得出许多经验教训，首先就是指挥艺术的重要性。

"真正的将领并非只是站在战争舞台侧面的提词员，而是舞台上盛大戏剧的参演者。"[3]因此作为一个将领，仅仅制定计划和发布命令是不够的；他必须确保自己的计划得到实施或者根据自己的想法不断修改，确保自己的命令得到执行。最重要的是，正如拿破仑曾经说过的："Un général ne doit jamais se faire de tableaux, c'est le pire de tout. Parce qu'un partisan a enlevé un poste, il ne faut pas croire que toute l'armée y est.（一个将军万万不可胡乱猜测，这是最糟糕的做法。不要因

---

[1] 注释：《三英对抗隆美尔》，第226页。

[2] 注释：《利比亚与的黎波里塔尼亚的空中作战》（The Air Campaign in Libya and Tripolitania，空军中将德拉蒙德爵士撰文），载《皇家联合军种学会志》，1945年11月，第260页。

[3] 注释：《为将之道，疾患及其疗方》（Generalship, its Diseases and their Cure，富勒著，1933年），第25页。

为某个阵地上站了一个游击队员，就相信那里有一整支军队。）" [1]

隆美尔虽然在 11 月 19 日被打了个措手不及，但是并没有乱了阵脚。拿破仑曾写道："在战争中，人们总是看到己方的困难，而忽略了敌方也正在遭遇困扰。因此，一定要对自己有信心。" [2]隆美尔是有自信的；而坎宁安在后勤部队在谢费尔增井一带遭到隆美尔打击时似乎被困难吓倒了，他没有考虑到敌军此时的绝望处境。如果我们的这个猜测属实，那么坎宁安确实做了任何将领都不应该做的事——"异想天开"——根据自身的困境脑补出一幅灾难画面，却没有想到敌军的处境。没有像他那样深陷于乱局之中的奥金莱克则处于更好的观察位置，能够看清敌军的困难以及坎宁安的困难。在发现双方处境相似后，他大胆而冷静的决策挽救了战局，正如隆美尔的冷静决定让他的军团没有在战役之初就撤退。我们从中可以明白的道理是：无论战争的科技含量有多高，指挥作战始终是一门艺术，因此艺术家的才能是不可或缺的。即便技术优势大到只靠正面强攻就能把敌军制服，只要战争没有变成纯粹堆砌武器的活动，那就仍然需要艺术家。

在较为纯粹的战术教训中，有两条特别突出。其中一条与目标有关，另一条则与部队的协同有关。

在装甲战中，战术目标就是歼灭敌人的装甲部队。装甲部队很少会被固定在一地，因为他们的机动力不仅使他们能够拒绝战斗，还使他们能够在交战后与敌人脱离接触。所以，为了使敌人的装甲部队接受战斗，就必须攻击重要性大到使敌人不能不保护的目标。在第四次利比亚会战中，这样的目标就是位于阿代姆和西迪雷泽之间的峭壁隘口。因此第 30 军不仅从一开始就应该将那个阵地作为目标，而且应该集中每一辆可用的坦克来攻打它和保护它的侧翼，等等；而不是把它交给空军解决。

光是集中坦克还不够，因为虽然坦克可以用来夺取阵地，但是用它们来守

---

① 注释：《圣赫勒拿岛：未曾发表的日记》（Sainte-Hélène, Journal inédit，古尔戈将军著，1899 年），第 2 卷，第 460 页。

② 注释：《拿破仑书信集》，第 15144 篇，第 18 卷，第 525 页。

卫阵地就是浪费。所以，除坦克外还必须集中大炮和步兵，前者具有机动性，后者具有静态的反坦克火力。所以，应该让坦克在飞机和大炮掩护下夺取目标，然后让步兵和大炮在飞机掩护下守住目标。与此同时，应该将坦克撤下前线休整和加油，然后让它们占据有利的出发阵地，以便在敌军尝试用装甲部队夺回目标（这是很有可能的）时发起反击。最终得出的结论是：坦克、大炮、步兵和飞机应该拧成一股绳，而不是各自为战。

英国空军尚未完全吸取这一教训，因为此战中皇家空军和第8集团军之间的协同似乎不如韦维尔指挥的会战那样完善。

很少有军人作家注意到这一点，显然是因为在第一次世界大战结束时，空军从陆军独立出来，使得皇家空军成为一支把战略轰炸当作主导思想的专业战斗力量。最后是平民亚历山大·克利福德注意到了这个缺陷。

他写道："皇家空军首次在战场上空取得了空中优势，但它并未真正懂得如何运用"……

"空军仍然坚持这样的理论，即空军的任务就是与敌方的空军交战并歼灭之。但是空军也以几乎难以察觉的速度逐渐卷入地面战斗，陆军和空军协同的问题顺势而来，而且变得相当令人头疼。事先空军对这个问题曾有过一定程度的理论重视，一些专家从伦敦乘飞机来到这里提出建议。但是整套协同技术仍然处于襁褓期。'陆军协同'这一术语本身就表明了皇家空军是不会与之合作的……英军部队不止一次地遭到皇家空军轰炸（在如此混乱而多变的前线也是难免）。陆军方面越来越觉得应该大大提高协同的准确性、密切性和速度，而且应该强迫空军学会它，甚至要达到与陆军融为一体的程度。另一方面，空军开始抵制这种倾向，不过大多数时候不是运用它所掌握的无懈可击的理论来抵制，而是断然拒绝讨论这个话题。" [1]

另有两点也值得一提，因为它们同样具有十分重要的意义。其一，虽然可以通过火力把步兵困在其防御工事中（因为一旦到了开阔地里他们就会被屠杀），但是把装甲部队困于一地的想法很少能够实现，因为坦克是自带防御工事（装甲）

---

[1] 注释：《三英对抗隆美尔》，第162—163页。

的。要困住装甲部队，更有效的做法是摧毁其汽油来源，或者切断两者的联系，或者将前者调动到远离后者的地方。通过切断坦克的汽油供应而不是直接拦截它们，更有可能将坦克困于一地，使它们除了充当静止的碉堡外毫无用武之地。

其二，坦克预备队的力量再强也不为过，而鉴于用来突击的力量往往也是越强越好，为了平衡这两种需求，坦克回收就成了关键。哪一方能更快地修好自己的坦克，哪一方就能更快将它们添加到自己的预备队。另外还要注意的是，哪一方失去对战场的控制，就会失去其受损的装甲车辆，而赢得战场的一方还可以把敌方的一部分装甲车辆据为己有。坦克很少会被彻底摧毁，虽然有些坦克可能受损严重，但其余的往往可以在几小时内修复。

在战争后期，英军吸取了这个教训。1942 年 10 月 1 日，英国陆军增加了一支新的部队——皇家电气和机械工程兵团 (R.E.M.E.)，它的职责包括坦克维护、回收和修理。到战争结束时，它的人员数量已经超过战前的英国常备军，这一事实足以说明它的重要地位。

第六次利比亚会战

最后，正如我们已经看到的：德军终于开始意识到他们的战略问题的根源在于没有正确认识英国的海权，而通向埃及——英国海权在欧洲战区的海外基地——的道路要经过马耳他。如果占领了马耳他，隆美尔就可以比对手更快得到补给，既然北非战场的胜负主要是交通问题，那么他们早就应该像占领克里特岛一样占领马耳他。然而德国最高统帅部还是决定通过空袭来压制这个岛屿，而德军在 2 月重新占领昔兰尼加各机场的行动为空袭提供了强大助力。

于是，一旦隆美尔的进攻陷入停顿，对马耳他的空袭就会加强。4 月，空袭达到高潮。在这个月，有 5715 架次飞机光临马耳他，而这个没有地下机库的岛屿只能主要依靠高射炮来防空。尽管如此，在威廉·多比中将（Lieut.–General Sir William Dobbie）指挥下，守军和平民的士气并未动摇。[1]在空袭的同时，德军还从克里特岛出发打击英军舰队，并于 5 月 11 日击沉了 3 艘驱逐舰。

英军的防线从贾扎拉向南延伸 40 英里到比尔哈凯姆，由于这一地区缺少有战术价值的地形，里奇将军放弃了维持连续战线的想法，让自己的部队在一片无人的雷场后面据守一系列被称为"方阵"的坚固据点。每个方阵都是 1 ~ 2 英里见方，可以把它们比作中世纪的城堡，因为它们的用途就是构成一个个能够抵挡敌人攻击直至解围的避难所。因此，它们的战术价值在很大程度上取决于前来解围的机动部队。英军显然已经做好了全方位防御的准备，也预备了用于抵御围攻的充足物资，如果敌军从这些方阵的间隙穿过，方阵的守军可以坚守阵地，并伺机出击，袭扰其交通线。所以对德军来说，把这些方阵丢在后方不管是有很大风险的。如果德军的进攻不只是为了袭扰，他们就不得不对这些方阵进行围攻，而此时对方的机动部队就会发挥作用。

在这些"方阵"中，主要的 4 个是：由第 1 南非师防守的贾扎拉方阵；在其南方的第 50 师方阵；位于中央的比尔哈凯姆—阿克鲁马（Acroma）铁路和卡普佐公路交汇处的禁卫旅方阵（也叫"骑士桥"）；以及位于最南方，由自由法国军队的 1 个旅把守的比尔哈凯姆方阵。在这些方阵之间及其后方，还有其他方阵和图卜鲁格的筑垒营地。

第 8 集团军的 2 个军仍然是第 13 军和第 30 军。前者下辖第 1 和第 2 南非师及第 50 步兵师，后者下辖第 1 装甲师（第 2 和第 22 装甲旅）、第 7 装甲师（第 4 装甲旅）、第 201 禁卫旅级战斗队、自由法国的 1 个旅、第 3 印度摩托化旅和第 29 印度旅。第 13 军的军长是戈特中将（Lieut.-General W. H. E. Gott），第 30 军的军长是诺里中将。

隆美尔的集团军包括 6 个意大利步兵师、意大利第 20 机动军（"公羊座"装甲师和"的里雅斯特"摩托化师）、非洲军团（第 15 和第 21 装甲师）和德

---

① 注释：这是杜黑理论彻底破产的又一例证。在 4 月 8 日，马耳他岛上拉响了第 2000 次空袭警报。根据英国海军部公布的希特勒与其海军指挥官的会议纪要："在 1942 年 4 月底与墨索里尼就战争问题举行的会谈中，双方商定在 5 月底或 6 月初先进攻利比亚，然后在 6 月中旬征服马耳他，此后才能对开罗和苏伊士发动最后的攻势。德国海军一贯坚持马耳他作战具有最高的重要地位，计划为此大规模动用兵力，而且将主要由德国军队而非意大利军队实施……但是在 7 月初，希特勒因为对隆美尔在利比亚的胜利过于兴奋，在既没有征求意大利人的意见，也没有与自己的海军参谋部商量的情况下，突然提出将与马耳他作战推迟到完成'对埃及的征服'之后，并把预定用于进攻马耳他的物资调拨给了隆美尔"【《观察家报》（The Observer，伦敦）1947 年 6 月 8 日】。在《齐亚诺日记》中，第一次提到进攻马耳他的计划是在 4 月 22 日（第 459 页）。在 5 月 12 日（第 468 页），齐亚诺声称这一作战"最晚在 7 月或 8 月"实施。在 6 月 21 日（第 483 页），他又写道："墨索里尼写信给希特勒，表示如果我们没有 4 万吨燃油可供调配，就只能将它（入侵马耳他的行动）无限期推迟。"

国第 90 轻装师。

据估计，隆美尔有 550 辆坦克和大约 90 辆自行火炮。里奇的坦克数量是 631 辆，其中包括约 100 辆步兵坦克和 160 辆格兰特式坦克——装备一门 75 毫米炮的美制坦克。在上次会战结束后，里奇还接收了一些 6 磅反坦克炮和相当数量的用于回收坦克的坦克运输车；因此他的集团军的装备水平大大提高了。

另一个进步是皇家空军和第 8 集团军之间的协同加强了。今后皇家空军将避免独立的空中战斗，为地面部队提供更多直接支援。①

5 月初，里奇曾打算在 6 月 7 日发动进攻。但是他预计隆美尔将先于自己做好准备，便决定在遭到敌军进攻时，由第 13 军防守主要的"方阵"，而第 30 军的任务是歼灭敌装甲部队并保护第 13 军的左翼。显然这两个任务是互不相容的，因为保护和进攻无法混为一体。

隆美尔的主要进攻思路是：用意大利步兵守住前线，全部装甲部队绕过英军左翼，寻找并歼灭英军装甲部队，在进攻第一天入夜前占领阿代姆—西迪雷泽一线；在第二天掉头西进，从后方攻击贾扎拉防线的敌军；然后在第三天右转，突击拿下图卜鲁格。这是一次带有复仇性质的闪电战。

他的计划如下：

5 月 26 日夜—27 日晨，非洲军团、第 20 机动军和第 90 轻装师将在比尔哈凯姆以南集结，天明后"的里雅斯特"师突击比尔哈凯姆，非洲军团、"公羊座"师和第 90 轻装师则向阿代姆推进，并在途中歼灭敌军装甲部队。与此同时，对贾扎拉实施佯攻，并派一支部队从海上在其东面登陆，同时还要在敌人雷场跨越卡普佐公路的地方开出通道，为的是在未能立即攻克比尔哈凯姆的情况下缩短交通线。

5 月 26 日下午，隆美尔从罗通达塞尼亚利（Rotonda Segnali）出发，预备实施洛伊滕式机动。英军虽然预测到他会进攻，但是当天仅有的一架被派出的侦

---

① 注释："他们（特德和科林厄姆）决定抛弃将空军的职能局限于压制敌方空军的陈旧而消极的理论，代之以下列积极主张：空军的很大一部分职能是配合地面部队参与战斗。他们不再将空地协同视作两种任务的结合，而是视作一种任务中的协作。"（《三英对抗隆美尔》，第 237 页。）

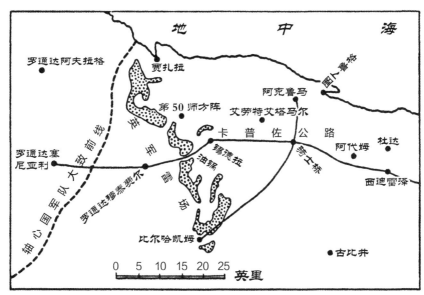

∧ 图卜鲁格之战，1942 年 5 月 27 日—6 月 30 日

察机被击落了，因此直到第二天早上，里奇才得知在比尔哈凯姆以南有大约 200
辆坦克。

隆美尔从集结地兵分 3 路北进，"公羊座"装甲师在左，第 21 装甲师居中，
第 15 装甲师在右。上午 7:30，他击溃了第 3 印度摩托化旅；接着他又与第 4 装
甲旅交战，并将其击退。随后，他继续高速推进，突袭了第 7 装甲师的指挥部
并俘虏其师长梅瑟威将军（General Messervy），不过此人后来逃脱了。最后他
绕过骑士桥方阵与第 1 装甲师交战。与此同时，英军所有方阵都被围困，其中
许多遭到攻击。到了 27 日夜间，尽管皇家空军不断袭扰，隆美尔的先头部队还
是抵达了阿克鲁马、杜达和西迪雷泽，还有一支小部队沿雷场东部侧翼前进，
曾一度到达沿海公路。德军有许多这样的小部队被击退，在贾扎拉以东的登陆
行动也被挫败。对英军来说最重要的是，比尔哈凯姆虽然遭到猛攻，但仍然牢
牢掌握在守军手中。

从 28 日上午—31 日天黑，双方的装甲部队之间爆发了激烈而混乱的战斗，

战场在广大的地域中来回移动，但最激烈的战斗发生在"骑士桥"方阵以西的一片区域，那里后来被称为"油锅"。

与此同时，德军的工兵在卡普佐公路上清出了一条穿过雷场的通道，然后又在该通道以南约 10 英里的地方着手开辟另一条通道。等到这些通道都被打通时，双方都已经精疲力竭。31 日夜间，隆美尔利用这两条分别位于英军第 150 旅方阵两侧的通道后撤。里奇认为隆美尔是心灰意冷地退兵了，然而事实上，隆美尔只不过是暂时后撤，就像中世纪的骑士惯用的伎俩，回到用战车围成的营地里休整而已。他利用英军的雷场保护自己的侧翼，并在通道以东和"油锅"地区设置了由反坦克炮组成的防护屏障。在其掩护下，他于 6 月 1 日攻击了第 150 旅方阵。虽然科宁厄姆命令自己的空军部队倾巢而出提供支援，但这个方阵还是被一举拿下，3000 多人被俘。

里奇和他的将军们此时考虑了多种方案，但是由于部队疲惫，整体情况混乱，没有一个适合实施，但又不想白白等待。于是 6 月 2 日，英军尝试了骚扰隆美尔的后方。当天一支自由法国的部队占领了塞尼亚利——隆美尔的出发地——同时第 7 摩托化旅在罗通达穆泰费尔（Rotonda Mteifel）附近对德军交通线实施了作战。

里奇最终决定对"油锅"地区发动攻击。他计划让第 10 印度旅在 4 日晚间从南面攻击隆美尔的"方阵"，并在 5 日黎明由第 22 装甲旅在北面追加攻击，同时第 32 陆军坦克旅向锡德拉（Sidra）进攻。

这个计划付诸实施后，结果却不尽如人意：虽然第 10 印度旅占领了由其负责的目标，但第 22 装甲旅在猛烈的反坦克火力打击下无法前进，而第 32 陆军坦克旅则撞上了一片雷场。随后，根本没有撤兵打算的隆美尔从他的"车阵"中冲出来，击溃了第 10 印度旅。

马特尔将军在评论这一仗时写道：

"此时已经很明显，先前我方对局势的看法太乐观了。陆军采用的进攻方式适合对付正在从阵地后撤的敌人，却不适合用于当时的情形……这一天——6 月 5 日——可能就是这场战役的转折点。"①

隆美尔顿时掌握了主动权，为了扫清右翼并控制图卜鲁格以南的沙漠，他把所有能抽调的兵员、大炮和飞机都集中到了比尔哈凯姆。虽然里奇将军命令皇家空军袭击进攻者，有力地支援了柯尼希将军（General Koenig）率领的法国守军，但是到了 10 日，由于缺水少弹，后者已经无力坚持。但是柯尼希并没有选择投降，而是在当天晚上巧妙利用夜色掩护撤退，最终将 3/4 的部下成功带到了北方的安全地带。

拿下比尔哈凯姆之后，隆美尔立刻北上，继续执行他的原计划。12 日，他在"骑士桥"和阿代姆地区发起猛攻。英国第 2 和第 4 装甲旅对他进行了反击，但是在他强大的反坦克防御面前，英军寸步难行。当天夜里，剩余的英军坦克——总共 170 辆——被划归第 13 军；13 日上午[2]，这些坦克被用于支援骑士桥方阵，但是没能击退德军。为了防止这个方阵被孤立，里奇将军决定撤出守军。撤退行动在 14 日上午开始实施，由于这导致沿海公路失去掩护，贾扎拉前线的第 1 南非师和第 50 师面临着遭到后方攻击的危险。因此，里奇命令第 8 集团军撤退到埃及边境；但与此同时，他决定留下一支部队守卫图卜鲁格。这个决定违背了战前制定的计划，该计划要求在大部队撤退时应弃守图卜鲁格，因为此时海军已经失去了地中海的制海权。

撤退行动是在皇家空军的掩护下实施的，负责保护大部队侧翼的第 1 装甲师在阿克鲁马西面和东面顶住了德军装甲部队的攻击。虽然发生了严重的交通堵塞，第 1 南非师还是在 15 日穿过了图卜鲁格城区；但是第 50 师在撤退中遇到的困难要大得多，因为敌军此时已经堵死了它的撤退路线；幸亏师长戈特将军对这种情况早有准备，他没有尝试向东突围，而是转向西突破了意大利军队的防线，然后调头南下至比尔哈凯姆，再转向正东，经过 200 英里的跋涉之后将他的师带回了埃及。

与此同时，第 30 军在它的 2 个装甲师都归建之后，一直维持着图卜鲁格东面退路的畅通。直到 17 日，敌军一支装甲部队从西迪雷泽地区发起猛攻，该军

---

① 注释：《我们的装甲兵》，第 174 页。
② 注释：7 月 2 日，丘吉尔先生在议会下院声称，这一天英军有 230 辆坦克因为中了埋伏而被击毁。这与事实相去甚远。当时不仅有 170 多辆坦克仍能作战，而且 13 日这一天并没有沙尘暴，因此很难想象部队在广阔而平坦的沙漠地区会中埋伏。

才被迫撤过边境。至此，图卜鲁格再次被包围。

18 日，隆美尔对撤退的英军紧追不舍，并在甘布特（Gambut）一带伏击了第 20 印度旅。然后他就突然掉头，扑向图卜鲁格。

此时指挥图卜鲁格要塞守军的是克洛帕少将（Major—General H. B. Klopper），他手下的部队包括第 2 南非师（差一个旅）、第 32 陆军坦克旅（大约 50 辆步兵坦克）和许多在撤退行动中涌进城里或者掉队的疲惫士兵。虽然城内物资储备充足，但是全长约 25 英里的外围防线状态很差。城内守军一片混乱，而同样糟糕的是，外面的英军又无法为他们提供战斗机掩护。

隆美尔知道图卜鲁格防御最薄弱的地段是朴讷地区，他立刻派出意大利步兵部队进攻该地，并在其掩护下迅速集结了非洲军团、第 20 机动军和第 90 轻装师的剩余部队。他在这些部队后方布置了一道反坦克炮掩护屏障，并用一个坦克营为其提供支援。事实上，他是把自己的军队编成了一个机动"方阵"。与此同时，他还把所有的斯图卡轰炸机集中到了贾扎拉和阿代姆的机场。

他在 20 日做好了攻击准备，当天黎明，他用飞机猛烈轰炸这个要塞，目的是迫使守军钻进掩体并阻止他们在要塞内部机动。接着，一波又一波斯图卡轰炸机飞到雷场上空投下炸弹；工兵立刻跟进，清除了所有未被引爆的地雷。就这样，他为自己的坦克开辟了通道，随后坦克便在大炮方阵的弹幕掩护下突破外围防线，步兵紧随其后。到了中午，在歼灭发动反击的英军坦克之后，隆美尔已经攻入要塞腹地。

与此同时，克洛帕完全失去了对部队的控制："……攻击刚一开始他就被炸弹逼出（他的指挥部），不得不转移到另一个地方。接着斯图卡轰炸机又一次飞来。在这关键的几个小时里，他被赶得到处跑，通信也不可避免地中断了……和克里特岛的战斗一样，高级指挥官只能无力地等待消息传来，却无法在得到消息的时候采取相应行动。"①

由于指挥机关瘫痪，守军没了主心骨。经过一番英勇战斗，一些士兵得以

---

① 注释：《一年战记》，第 206 页。

逃脱，而另外一些则放弃了抵抗。这并非大规模投降，而是大规模崩溃。到了21日黎明，图卜鲁格已经被隆美尔占领。大批战利品落入他手中，此外还有大约3万名俘虏。

其后，隆美尔马乘胜追击。23日，他从马达莱纳和西迪奥马尔之间进入埃及境内。里奇将军随即命令部队在皇家空军掩护下撤至马特鲁港，这条防线在27日又被德军占领。接着部队又奉命后撤到阿拉曼（el Alamein），据守地中海和盖塔拉洼地（Qattara Depression）之间宽度只有36英里的前线。阿拉曼在30日被德军占领，但英军第8集团军从叙利亚获得了一个师的援兵。

在这3天时间里，英军的形势危急万分，以至于奥金莱克将军开始准备撤退到亚历山大港防线和尼罗河三角洲。但是，好在隆美尔的军队已经成了强弩之末——它的锐气完全耗尽了。隆美尔此时只有50辆德制坦克和75辆意制坦克还能作战，而对手的坦克实力远强于他。虽然双方都一度试图继续进行运动战，但是到了7月末，两军的阵地已经稳定下来。

自5月27日以来，隆美尔一直掌握着主动权，但是此时，在距离目标——亚历山大港——不到65英里的地方，主动权先是逐渐从他手中脱离，然后快速地转到了英军手里。越来越长的交通线增加了他的后勤补给困难，而且轴心国对地中海中部的控制也在减弱。5月，一批喷火式战斗机从美国的"黄蜂"号（Wasp）航空母舰起飞抵达马耳他，给德国俯冲轰炸机带来一场浩劫。6月14日—16日，两支运输船队——一支从直布罗陀起航，另一支从亚历山大港出发——成功为马耳他输送了补给；虽然东路船队被迫返航，但西路船队的一部分在16日抵达马耳他。这次行动代价高昂（英国海军损失了1艘巡洋舰、6艘驱逐舰和2艘护航舰船，还有12艘商船沉没），但它标志着战争潮流的转折。在北非，德军因为目光短浅而错过了涨潮时节，现在他们将随着退潮被卷入毁灭深渊。

在北非发生的多次会战中，这一次为我们提供了最清晰的例证：在平坦而无障碍的原野上进行的装甲战具有很高的机动性，类似于中世纪的重甲骑士在平原上进行的战斗。前线会不停地变换，地块和区域取代了线列，交通线经常被切断或者放弃，退却的方向也经常不同寻常。在每一次交战中，装甲车辆都主宰着战场，步兵则降格为守备部队，或者仅负责占领战场。中世纪的城堡和车阵以"方阵"的形式重现，它只要有解围部队配合就能起到屏障的作用，但本身并不能成为"死亡陷阱"。正如"方阵"和装甲部队只有相互配合才能发挥最大的作用，坦克和反坦克炮也是如此，而德军在这方面比英军更胜一筹。

德军在决策速度和机动速度上完全压倒了对手，这主要是因为隆美尔掌握着全部指挥权，亲自指挥自己的装甲部队。而反观对手，指挥权不够集中再一次导致了装甲部队不够集中。英军装甲部队不仅在战役打响时分散于广阔的地域，而且在战役进行过程中他们总是部分或全部地从一个军转隶另一个军，从而失去了对于协同行动而言不可或缺的个人联系。据说在 6 月，隆美尔曾对一个被俘的英军坦克兵准将说："既然你们总是把坦克分散开来让我各个击破，那么就算用两辆坦克来对付我的一辆，又有什么作用呢。你们把 3 个旅一个接一个地送到我面前。" ①

亚历山大·克利福德这样评价隆美尔的指挥才能：

"隆美尔能够让他的部队在接到通知后立刻绕过沙漠实施穿插，因为他通常是亲自指挥作战的。他意识到，就像舰队司令应该随舰队出海并在舰队中指挥作战，在这些沙漠坦克战中，指挥官也必须亲临战场。所有相关的情报都可以不通过任何中间环节直接送到他手上，他可以在几秒钟内做出决策，而他的命令在几分钟内就会下达。他甚至可以在英军一方的情报还没有开始向指挥部传递时就改变整个作战方针。" ②

英军将领们的才干并不比德军逊色。但是他们接受的教育已经过时了。那些知识是依据 1914—1918 年的堑壕战总结而成的，并不适用于现今的装甲战。

苏军在 1941 年冬季—1942 年冬季反攻

对德国而言，攻打莫斯科失败是和不列颠之战一样重大的战略失败。但是，在这之后他们又犯了同样的错误，导致作战路线又一次被改变。

12 月 7 日，柏林方面一时手足无措，因为他们同时接到了两份报告：其一

---

① 注释：《第十一季》（The Eleventh Quarter，菲利普·格雷夫斯著），第 103 页。
② 注释：《三英对抗隆美尔》，第 255 页。

是美国成为参战国，其二是前一天，莫斯科前线气温下降到了零下 40 摄氏度。接着，正如我们先前已经提到的，他们发布了苏联的战事将因入冬而调整的公告。虽然我们还不清楚它的确切含义，但这已经足以唤起对 1812 年的回忆。据当时身在柏林的阿尔维德·弗雷德堡叙述：

"不安的情绪在大众中间蔓延。悲观者回想起了拿破仑与苏联的战争，各种关于法兰西帝国大军的书籍销量在这一时期突然明显上涨。预言家们忙于研究拿破仑的命运，占星术也风靡一时……就连最狂热的纳粹党徒也不想和美国开战。所有德军都对这个国家的实力高度敬重。所有人都情不自禁地回想起，美国的干涉是如何决定了第一次世界大战的结局。1917 年再临的前景令人不寒而栗。"[1]

与此相反，在被占领的各个国家，阴郁被欢乐取代。随着这一强国的加入，轴心国的铁蹄被限制了，虽然它的头依然坚硬无比，但双脚已经变成了一堆泥巴。巴尔干半岛的游击战被注入了新鲜血液，德国和意大利军队为了在被占国家维持权威，越来越深地陷入了泥潭中。

在前线更是一片恐慌：因为随着严寒不断加剧，每一个德国士兵都深刻地认识到，他们没有为冬季会战做好任何准备；他们既没有用于冬季作战的被服和装备，也没有受过相应的训练。将军们纷纷提议撤退，但是颇有远见的希特勒却明白，部队一旦撤退，就只能落得和拿破仑一样的下场。虽然正是他的固执把这场会战推到了灾难边缘，但此时也是他的固执使德军免于坠入深渊。毫无疑问，他拒绝撤出苏联，甚至拒绝撤到斯摩棱斯克以西的决定挽救了他的大军，避免了一场比 1812 年更大的惨败。

那么希特勒面临的问题是什么？他并不需要像拿破仑那样在撤退和原地坚守之间做抉择。无论如何，后者都是必然选择，而前者将会给已经上冻的交通线[2]造成无比巨大的压力，很容易使撤退演变为溃逃。也就是说，事实上他别无选择。他可以做的事只有两件：第一是让大部分将士在冻死之前找到过冬营地；

---

① 注释：《铁壁之后》，第 60—61 页。
② 注释：德军有数以千计的卡车和数以百计的火车头被冻坏。要花几个星期才能修复受损部位。

第二是维持交通线的通畅，使军队的装备和物质能够及时得到补充。

在莫斯科前线地段，铁路是生死攸关的交通线，莫斯科—尔热夫—大卢基（Velikiye Luki）、莫斯科—维亚济马—斯摩棱斯克、莫斯科—卡卢加—布良斯克和莫斯科—图拉—奥廖尔，这几条铁路全都通过横向的大卢基—维捷布斯克—斯摩棱斯克—布良斯克—奥廖尔铁路串联起来。此外，还有一条铁路从奥廖尔向南延伸到亚速海边的塔甘罗格，这些铁路线上各有一个或多个前进仓库可以为前线提供补给。较之更为重要的城市是：旧鲁萨（Staraya Russa）、尔热夫、维亚济马、卡卢加、布良斯克、奥廖尔、库尔斯克和哈尔科夫。在这些城市之间，还有一些小仓库，它们都堆满了物资，而且可以提供住宿。如何守住这些地方，并让部队退入其中才是此刻最关键的问题。

因此，希特勒决定把这些前进仓库变为有坚固工事的军营，也就是真正的筑垒地域，然后让部队撤到里面。这样他就可以为部队提供过冬营地，让他们依靠其中储备的物资生存，等待后勤补给线恢复正常。与此同时，他还可以在这些营地后方建立新的前进仓库。所以，希特勒的计划并不是像拿破仑那样撤退，而是进行后方机动，虽然这也是无奈之举。

每一个这样的主要筑垒地域都占地广阔，有些地方甚至可以容纳整个集团军。和利比亚的"方阵"一样，它们都具有全方位防御能力，即使被切断后路，应该也能坚持到支援。德军借用了中世纪瑞士长矛兵为了抵御骑兵而结成的方阵的名称，将这些筑垒地域称为"Igel"（刺猬阵），因为它们的防御对于从各个方向进攻的敌军来说都很扎手。在主要的筑垒地域之间，他们还围绕小城镇和较大的村子建立了小型筑垒地域，并通过飞机使它们保持相互联系，有时还利用飞机为其提供补给。

总的来说，苏军的进攻并不像反攻或追击，倒是更像稳定的前出渗透，他们总是绕开德军的防御据点，从其中的间隙穿过。而这样一来苏军的越野机动就必须多于依托道路的机动，所以他们大量运用增加了雪橇牵引炮兵、雪橇搭载步兵和滑雪部队的哥萨克骑兵师；战斗机的轮式起落架也被他们换成了滑橇。由于这个师的火力不足，它们的主要用途是涌过缺口，绕过较大的"刺猬阵"，围攻较小的。战斗变得极为残酷，因为游击队不仅与哥萨克骑兵配合，还在德

军的深远后方独立作战。暴行引发了更多暴行，正如《新苏黎世日报》的一位
作者所述："现在这已经成了一场现代欧洲闻所未闻的毁灭性战争。这就是战
斗的特点，任何一方都不会怜悯对手，也不会得到对手的怜悯。有一半的战斗
是以疯狂的屠杀告终的。"①

　　德军是全线撤退的，退得最远的地段是中央地段，即加里宁和图拉之间的
莫斯科地段。12 月 16 日，加里宁城内的德军被肃清，不久后，苏军就从加里宁
向西南方向、从图拉向西北方向进军，展开了以尔热夫、格扎茨克（Gzhatsk）
和维亚济马为目标的大规模钳形攻势。在卡卢加周围很快便爆发了激烈的战斗，
苏军在 26 日夺取该城，随后立即丢失，但又在 30 日再次收复。这是苏军在整
个冬季会战中最重要的一次胜利，因为卡卢加是主要的"刺猬阵"之一。

　　接着苏军从卡卢加向西北方向进军，直扑位于斯摩棱斯克正东和维亚济马
东南方的"刺猬阵"尤赫诺夫（Yukhnov），从而在德军防线上形成一个突出部。
与此同时在北方，他们绕过尔热夫西边，冲向维捷布斯克，并抵达了位于该城
北面的大卢基。这两个围绕维亚济马实施的攻势使苏军与斯摩棱斯克的距离拉
近到 50 英里以内。与此同时，1 月 20 日—22 日，位于莫斯科以西 65 英里、格
扎茨克以东 40 英里的莫扎伊斯克也被苏军占领。

　　在北方的列宁格勒前线，德军于 12 月 9 日放弃了季赫温（Tikhvin），而追
击的苏军渡过了沃尔霍夫（Volkhov）河；德军随即将施吕瑟尔堡和位于伊尔门
湖（Lake Ilmen）以北的诺夫哥罗德连成一线，与苏军打起了阵地战。在最南端，
苏军在克里米亚开始反攻，并在亚速海以北绕过了塔甘罗格、斯大林诺和阿尔
乔莫夫斯克（Artemovsk）等"刺猬阵"，将所有可用的兵力都用于攻打哈尔科
夫这个"超级刺猬阵"。虽然最终他们拿下了在其南面的洛佐瓦（Losovaya）并
推进到距离波尔塔瓦（Poltava）30 英里处，却无法撼动哈尔科夫。

　　进入仲冬时节，考虑到积雪深度越来越大，德军预计苏军会暂停进攻。但
是苏军仍然坚持渗透，只不过他们几乎在所有地方都没能取得决定性的战果，

---

① 注释：转引自《第十季》（The Tenth Quarter），第 63 页。

只有列宁格勒前线除外。在那里，苏军在 1 月修筑了一条经过拉多加湖冰面的汽车路，重新打通了与列宁格勒的联系，于 2 月 22 日在伊尔门湖以南的旧鲁萨地区分割包围了德国第 16 集团军的相当一部分兵力，并逐渐将其消灭。

在中央战线，苏军在 2 月和 3 月巩固了已占领地区，并夺取了位于苏希尼奇（Sukhinichi）和尤科诺夫（Yuknov）的小"刺猬阵"，其中后者是在 3 月 3 日占领的。到了 4 月，冰雪开始消融，各地的作战行动都告一段落，只有克里米亚的战斗还在进行。德军在那里对先前被苏军在冬季占领的刻赤（Kerch）以及锡奥多西亚（Theodosia）发动进攻，并取得一些进展。

这场会战的主要结果是：第一，对苏联、德国和全世界分别造成了不同的心理影响。11 月，希特勒就曾宣布苏联军队已被歼灭，这场会战证明事实远非如此。苏联士兵在冬季条件下比德国士兵更强，尽管如此，正如弗雷德堡所说，"德国士兵在苏联大军重压之下实现了不可能完成的目标"[1]。第二，因为德军被迫将其前进基地改造成"刺猬阵"，又在其后方沿着第聂伯河河和德维纳河（Dvina）一线构建新的前进基地，所以德军下一次会战的出发地后退了很大一段距离。第三，德军将领最担心的事发生了，那就是消耗战的开始。不仅军队的实力被防御战和严寒削弱，而且前线部队无法为接下来将要重新发动的攻势进行重组和训练。在冬季的这几个月里，1941 年那支帝国铁军的刀锋被窝在"刺猬阵"里的苏军砸钝了，即使把再多的意大利、罗马尼亚和其他卫星国士兵掺入其中重新锻冶，也不可能让它恢复昔日的锐利。

1942 年，德军在苏联的夏季会战

要了解德军在苏联的第二次夏季会战的全部意义，就不能忘记他们第一次夏季会战的目标。我们已经知道，那一次会战不是为了征服整个苏联，而是为了推进到主要的作战要害地区，迫使苏联军队保护它们，然后歼灭这些军队。对苏军实现战术消灭就是德军的战略目标。

我们也知道这个战略失败了，因为德军的推进速度太慢，战场空间太广，（敌

---

① 注释：《铁壁之后》，第 68 页。

对）力量太强。

在条件较为有利的 1941 年惨遭失败之后，同样的战略在有利条件减少的 1942 年有可能成功吗？希特勒的回答是"不可能！"——重复这个战略是愚蠢之举。因此，另一条路就是用消耗战略取代消灭战略。通过战术消耗来执行这样的战略是不在考虑范围的，因为即使有可能达到目标，也需要花费太多时间；从精神层面入手——煽动反布尔什维克的革命——同样不在考虑范围；因此，唯一可行的路线就是打击苏联的经济实力——她的战斗力量的物质基础。希特勒判断，可以通过夺取苏联的顿涅茨工业区、库班玉米产区和高加索油田来实现这一目标。简而言之，就是从苏联手中夺取位于哈尔科夫—斯大林格勒—巴库—巴统四边形区域中的作战要害地区，然后苏联的作战部队就会慢慢失去战斗力。

如此看来，希特勒 1942 年的作战计划应该是这样的：[1]通过平行的两路攻势切断并占领沃罗涅日（Voronezh）—萨拉托夫（Saratov）—斯大林格勒—罗斯托夫四边形区域，北路沿库尔斯克—萨拉托夫一线进攻，南路沿塔甘罗格—斯大林格勒一线进攻，然后在封锁通路的部队掩护下，穿过高加索直捣巴库。[2]根据两位历史学者的说法，这个计划"一份落入苏军之手的文件证实，部长会议主席斯大林在苏维埃革命 25 周年的纪念演讲中提到了这份文件"[3]。文件中还给出了占领下列城市的时间表：沃罗涅日以东的鲍里索格列布斯克（Borisoglebsk），

---

[1] 注释：这个计划符合这一时期希特勒的声明和德国广播电台的评论。德国人的目标不再是占领莫斯科或歼灭苏联军队，而是"控制伏尔加河"——也就是切断所有从南到北的交通。7月9日的《黑衫军》（译注：Das Schwarze Korps，纳粹党卫队的官方报纸）指出，因为苏联人拥有"空间无限的优势……只有通过顽强的努力才能打垮这个敌人，毁灭他们的物资，夺取他们的生产中心，切断他们的原材料来源，掐断他们的经济命脉。"（《铁壁之后》，第 120 页。）

[2] 注释：早在 4 月，这个计划至少有一部分已经在伊斯坦布尔传开。4 月 15 日，《泰晤士报》驻伊斯坦布尔通讯员写道："土耳其的专家们一致认为，德国人可能有两个方案——'高加索方案'和'伏尔加方案'。"前者"将使德国人能够切断高加索与苏联其他地区的联系，使苏联人失去他们主要的石油来源……伏尔加方案的目标应该是……歼灭苏联军队，方法是首先使其各自孤立，然后各个击破。按照该方案，主要的攻势将从奥廖尔和库尔斯克发起，目标是东北方伏尔加河边的高尔基（下诺夫哥罗德），从而将中央的苏联军队与南方铁木辛哥元帅的部队分割开来，并威胁保卫莫斯科的苏军的后方。"（《泰晤士报》，1942 年 4 月 16 日。）按照齐亚诺的说法，里宾特洛甫曾告诉他，油田是政治军事的双重目标。"当苏联的石油来源枯竭时，她就会屈膝投降。"（《齐亚诺日记》，第 462 页。）

[3] 注释：《1941—1943 年的苏联战事》（The Russian Campaigns of 1941—1943，艾伦和保罗·穆拉托夫著，1944 年），第 72 页。

不晚于 7 月 10 日；斯大林格勒，不晚于 7 月 15 日；萨拉托夫，不晚于 8 月 10 日；塞兹兰（Syzran），不晚于 8 月 15 日；以及高尔基（Gorki）以南的阿尔扎马斯（Arzamas），不晚于 9 月 10 日。

　　这些时间表要求的占领速度之快固然令人震惊，但更令人吃惊的是，对战略只懂皮毛的人应该也能一眼看出，与其说这个计划的成功取决于能否占领战略要地，不如说是取决于能否阻止苏军的反击。这个计划似乎忽略了沃罗涅日—萨拉托大　线以北苏联军队的存在。因为计划制定者已经认定，由于空间和实力，不可能从战术上消灭苏联军队；而苏联人民的民心士气高涨，也不可能在精神层面上消灭对方，所以打败苏联军队的唯一办法就是使其在战略上陷于瘫痪。但是这不应该通过夺取其未来资源（例如石油、煤炭和小麦）来实现，而应该通过破坏其直接机动手段来实现。因此，首先必须做的是占领或围困莫斯科，因为就像巴黎是法国所有铁路的枢纽一样，莫斯科是苏联所有铁路的枢纽。1914 年，因为没能占领巴黎，结果德军在马恩河遭受惨败，同样的，在 1942 年因为未能占领莫斯科，德军又将在伏尔加河遭遇惨败。如果德军占领了莫斯科，再对沃洛格达（Vologda）、布伊（Bui）、高尔基、阿尔扎马斯和奔萨（Penza）持续实施战略空袭（这些城市和莫斯科的距离都在 250～350 英里，处于轰炸机可以轻松打击的范围），那么不仅可以封锁来自阿尔汉格尔斯克的物资和来自苏联亚洲部分的援兵，还能使苏联中部的所有铁路运输都陷入一片混乱（如果不是完全中断的话）。

　　负责实施这一计划的各集团军[①]统归冯·博克元帅指挥。虽然他们的士气和训练水平已经不如 1941 年，但是他们的火力得到了加强；原先包括 400 辆坦克的笨重的装甲师编制已经改进为只有 250 辆，德国空军也组织了多个突击大队，与地面部队的配合比以往更密切了。此外，隆美尔元帅发明的一种新式坦克战术也得到了推广：它被命名"为 Mot-Pulk"（机动方阵），本质上是胡斯战争中的"车堡"战术的现代化版本。德瓦特维尔上校（Colonel de Watteville）对它

---

　　① 注释：在苏联作战的总兵力似乎是 225 个德国师和 43 个卫星国师。苏军至少有 300 个师。德军的装甲师和摩托化师约有 50 个。

的描述如下:

　　"这种机动集群以坦克和反坦克炮组成外围框架,内部则是由搭载卡车的步兵、反坦克炮、机动修理所和军队在战斗中需要的所有现代化设备所组成的'软皮'核心……它是一种由坚强的装甲皮肤包裹的有机的战斗组织,拥有强大的火力和强大的机动性……"①

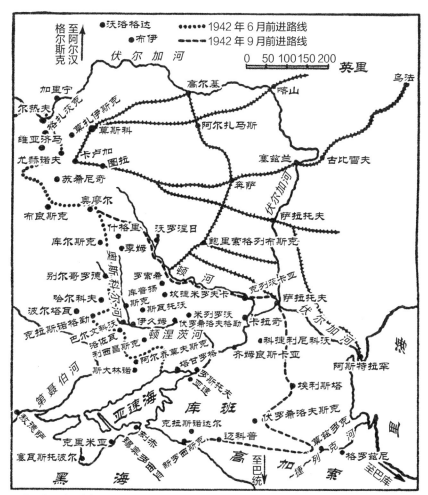

∧ 德军的苏联夏季会战,1942 年 5 月 8 日—10 月 15 日

　　① 注释:《第十二季》(The Twelfth Quarter),第 47 页。有关示意图,见《当代战争》,第 112—113 页。

虽然德军的主要攻势直到 6 月 28 日才发起，但作为准备，他们在此前就实施了一些重要的战斗。5 月 8 日，冯·曼斯坦因元帅指挥克里米亚的德国第 12 集团军对刻赤发动进攻，在 13 日一举占领该城。在这场攻势进行到收尾阶段时，铁木辛哥为了迟滞德军的攻势，于 12 日在哈尔科夫以南发起了猛烈攻击。他从洛佐瓦向哈尔科夫和波尔塔瓦快速推进，在 16 日占领克拉斯诺格勒（Krasnograd）并突破哈尔科夫"超级刺猬阵"的外围防线，2 天后就打到了哈尔科夫近郊。19 日，他遭到猛烈反击，1 个星期后由于在巴尔文科沃（Barvenkovo）—伊久姆（Izyum）地区受到猛烈阻击，他不得不从克拉斯诺格勒后撤。在撤退途中他的部队有相当一部分被围歼。6 月 1 日，德军宣布取得完胜，但这场战役也出乎他们的意料。

4 天后，冯·曼斯坦因开始炮轰塞瓦斯托波尔，随后对这座要塞发起突击。要塞的外层防线长 20 英里，内层长 8 英里。守卫要塞的是由彼得罗夫将军（General Petrov）指挥的一支 75000 人部队。经过一场壮烈的保卫战，要塞在经受了 5 万吨炮弹和 25000 吨航空炸弹轰击后，于 7 月 1 日被占领。至此整个克里米亚都落入德军手中。

到了 6 月中旬，在奥斯科尔（Oskol）河以西的冬季防线上集结了大量德军，预示着一场大规模攻势即将来临。冯·博克在那里集中了下列部队：在库尔斯克地区，是第 2 集团军、第 2 装甲集团军和 1 个匈牙利集团军，由魏克斯将军指挥；在别尔哥罗德（Belgorod）地区，是第 6 集团军和第 4 装甲集团军，由霍特将军指挥；在哈尔科夫地区，是第 17 集团军和第 1 装甲集团军，由冯·克莱斯特元帅指挥，另还有 1 个意大利集团军担任预备队。在这些集团军南面的是施韦德勒将军（General Schwedler）的集群，它将与冯·曼斯坦因元帅指挥的即将从克里米亚北上的第 12 集团军和 1 个罗马尼亚集团军会合。①

苏军意识到德军将对沃罗涅日—罗斯托夫前线发动进攻并以萨拉托夫—斯大林格勒一线为目标，便在沃罗涅日以北集结了强大的部队，加强了沃罗涅日、罗斯托夫以及顿涅茨河一线的防御。

---

① 注释：合计约有 40 个德国步兵师、16 ~ 18 个装甲师和 15 ~ 20 个匈牙利、意大利和罗马尼亚师。（《1941—1943 年的苏联战事》，第 80 页。）

6 月 22 日，德军突然从伊久姆发起进攻，3 天后就将苏军赶出了库普扬斯克（Kupyansk）。接着，在 28 日，他们谋划已久的打击在库尔斯克以东发动，并于 7 月 1 日撕碎了苏军在什格里（Shigri）和季姆（Tim）之间的防线。紧接着，德军于 2 日在别尔哥罗德和哈尔科夫之间发起强大攻势，苏军防线再次被突破。到了 5 日，德军在北面已抵达沃罗涅日西郊，在南面则进至斯瓦托沃（Svatovo）—利西昌斯克（Lisichansk）一线。

沃罗涅日争夺战就此开始，对德军来说，这是整场战争中最具决定性的战役之一。

在 6 日和 7 日，魏克斯的坦克和摩托化步兵强渡顿河，突入沃罗涅日城中，该城位于顿河和一条小支流形成的夹角中，三面环水。德国步兵跟着先头部队发起突击，结果在两条河流之间遭到侧翼猛攻。"集结在……沃罗涅日以北的一个苏联集团军及时赶到，挽救了战局，它甚至有可能为苏军挽回了整场会战。"[1]

最后结果证明的确是这样：因为在此后的 10 天殊死战斗中，德军在沃罗涅日以南的推进速度极快，苏军在沃罗涅日的坚强抵抗两相抗衡，这对希特勒的思想产生了影响。

截至 7 月 12 日，霍特已经拿下沃罗涅日—罗斯托夫铁路线上的罗索希（Rossosh）和坎捷米罗夫卡（Kantemirovka）车站，次日冯·克莱斯特的第 1 装甲集团军又夺取了米列洛沃（Millerovo）。德军又包抄伏罗希洛夫格勒（Voroshilovgrad）并于 20 日进入该城，而冯·曼斯坦因的部队直扑罗斯托夫，迫使苏军在 27 日从该城疏散。

"整条苏联战线摇摇欲坠……德国军队从宽广的正面渡过了顿河。苏联宣传机构的语气变得沉重，苏联电台的广播也透出越来越重的焦虑……在苏联国内，出现了要求开辟第二战线的强烈呼声。"[2]

由于这几路德军向着斯大林格勒快速推进，再加上苏军在沃罗涅日的抵抗意外地顽强，似乎对希特勒的心理造成了很大影响，促使他决定用魏克斯的几

---

① 注释：《1941—1943 年的苏联战事》，第 81 页。
② 注释：《铁壁之后》，第 120 页。

个集团军掩护沃罗涅日方向，并指示在正东方的霍特集群与冯·曼斯坦因配合攻打斯大林格勒，等到攻克斯大林格勒之后，再继续朝萨拉托夫推进。

从战略角度讲，这是一个非常严重的失误。因为德军没有作破坏莫斯科铁路枢纽的任何尝试，这就使沃罗涅日以北的苏联军队拥有完全的行动自由。而因为占领高加索是德军计划中最重要的部分，所以确保实现这个目标的唯一途径就是在该地区北面建立一道纵深防御屏障——按照原计划，应该占领罗斯托夫—斯大林格勒—萨拉托夫—沃罗涅日四边形区域，这是实现纵深防御和获得机动空间的必要前提。把这个四边形区域缩减为沃罗涅日—斯大林格勒—罗斯托夫三角形区域，等于是用一个突出部代替了它，那么它的北方侧翼——沃罗涅日—斯大林格勒一线——就很容易被从沃罗涅日—萨拉托夫一线南下的苏军攻破。这样一来就改变了战术上的作战路线，为最终的灾难敞开了大门。

按照这个计划变更，魏克斯的部队在沃罗涅日城下转入防御，几个匈牙利、意大利和罗马尼亚师被调到前线，保护霍特在顿河西岸的战略侧翼。与此同时，冯·曼斯坦因的集群从罗斯托夫挺进，在齐姆良斯卡亚（Tsimlyanskaya）渡过下顿河，而冯·克莱斯特则南下横扫北高加索的草原。

在7月的最后一个星期和8月的第一个星期，霍特向着顿河下游快速推进，在斯大林格勒西面顿河向南弯曲的地方，双方为争夺克列茨卡亚（Kletskaya）和卡拉奇（Kalach）的桥头堡展开了激战。8月15日，德军在卡拉奇夺取了一个渡口，但是直到25日才在克列茨卡亚渡河成功。与此同时，在顿河以南推进的德军在科捷利尼科沃（Kotelnikovo）被阻止，直到霍特过河后他们才得以继续前进。9月9日，斯大林格勒—鲍里索格列布斯克铁路被切断。当天斯大林格勒遭到猛烈轰炸，在德军看来，攻克这座城市的日子似乎近在眼前。

在这些作战进行的同时，冯·克莱斯特的集群渡过下顿河，然后展开队形，高速席卷北高加索平原。8月4日，他们拿下了伏罗希洛夫斯克（Voroshilovsk）；8日，苏军破坏并放弃了迈科普油田；20日，克拉斯诺达尔（Krasnodar）陷落；25日，德军到达位于捷列克（Terek）河中游、距里海100英里的莫兹多克（Mozdok），苏军撤向格罗兹尼（Grozny）。最后，9月10日，德军占领黑海的海军基地新罗西斯克（Novorossisk），此后由于地形、苏军的抵抗、交通线过长和缺少汽油[1]等困难，高加索会战被迫终结。德军把一切力量都集中起来用于占领斯大林格勒。

斯大林格勒，旧名察里津（Tzaritsin）[2]，是一座狭长而分散的工业城市，拥有居民约 50 万人，坐落于伏尔加河急弯处以北数英里外的右岸。在德军的进攻面前，这座城市的天然防御力量来自于它背靠的伏尔加河。当地河面宽 2 ~ 2.5 英里，因此很难架桥，而若不能成功架桥，就无法将这座城市完全包围。

所以，德军要解决的问题就是在伏尔加河左岸立足。只要到了左岸，一支规模相对较小的部队就能阻止所有过河的交通，从而将斯大林格勒的守军活活困死。

在一切战前渡河行动中，决定因素都不是河流的宽度——虽然这个因素也很重要——而是进攻方的临河战线的长度。如果临河战线很长，要渡河的一方就可以通过在多地佯动的战术引开对手，或迟或早，总可以在某个无人防守或者防守力量薄弱的地点架设起跨河桥梁，并在对岸建立桥头堡。因为在伏尔加河这样宽阔的河面上架桥的时间比在狭窄河流上更长，所以战术佯动的距离也必须更长。因此，德军首先要解决的问题是如何实施这一战术。然而他们却选择了直接攻城——试图靠快速的连续突击拿下这座城市。[3]

攻城行动始于 9 月 15 日。在此后的整整一个月里，德军发动了一次又一次攻击，但是在崔可夫将军（eneral Chuykov）指挥的守军的顽强防守面前，任何一方都无法取得局部或暂时的优势。在德军发现无法快速拿下这座城市以后，他们本应该立即认识到这种进攻是愚蠢至极的行为；因为虽然城市本身并不是

---

① 注释：弗雷德堡写道："我还听说在高加索战斗暂停的原因之一是……缺少机动车燃油。运油车队不得不转往斯大林格勒。"（《铁壁之后》，第 125 页。）这个说法得到了冯·克莱斯特元帅的证实，他在接受利德尔·哈特上尉（Captain B. H. Liddell Hart）采访时说过："我们耗尽了汽油，然后就止步不前了；我们从后方得到的接济没能持久。但这不是失败的主要原因。如果我的部队没有被一点一点地抽调去攻打斯大林格勒，我们还是有可能实现目标的。希特勒因为想要捡芝麻而丢了西瓜——到头来连芝麻都没捡到。"【《星期日电讯报》（Sunday Dispatch），1946 年 9 月 15 日。】

② 注释：有趣的是，在 1919 年 7 月 1 日，布鲁斯少校（Major E. M. Bruce）带着六个英国机械师，乘坐一辆 Mark V 型坦克占领了察里津。

③ 注释：据冯·克莱斯特说："第 4 装甲集团军本可以不经战斗就冲进（斯大林格勒）城里，但是它却被调到南方帮助我渡过顿河——相当没有必要。当它在两个星期后又被调回北方时，苏联人已经能够挡住它了。"（《星期日电讯报》，1946 年 9 月 15 日。）

要塞，但只要守军保持顽强斗志，而且其后勤补给线保持通畅，那么把城市炸成瓦砾就是把它变成比有史以来任何要塞更为强大的堡垒的最有效方法。在这些毫无意义的突击中，德军蒙受了极为惨重的损失，以至于在 10 月 15 日以后，霍特将军奉命暂停进攻，先通过炮击和轰炸将这座城市全面夷为平地。但是，为什么要这么做呢？唯一可能的答案是，为了维护希特勒的威望；因为这座城市已经成了一片瓦砾场，它的工业已经被摧毁，伏尔加河的上下游航运也已被阻断[①]。这意味着巴库和莫斯科之间像脐带一样输送石油的通道已经停止了运转。因此，此时德军需要做的仅仅是维持对伏尔加河的封锁而已，这座城市本身已经没有任何战术价值。

就这样，正如我们已经看到的，正当德军在北非的力量越来越衰弱之时，他们在苏联的主动权也流失殆尽。虽然有许多因素可以影响到主动权的维持，但基本的一条是行动自由；反之，夺取主动权的根本在于限制敌人的行动。在北非和斯大林格勒——事实上是在整个苏联——我们都可以发现一条共同的规律，那就是，随着德军交通线的过度延伸，维系它们的难度也越来越大。

隆美尔的交通线从埃及向西延伸 1200 英里才到达的黎波里，然后还要经过1300 英里的直线距离才能到达德国的工业中心——它的物资来源。霍特的交通线要从斯大林格勒向西延伸 1000 英里穿过苏联，然后再延伸 600 英里才到达德国中部。在前一场战事，只要英军牢牢控制马耳他，他们就能袭扰隆美尔的交通线；在后一场战事，只要苏军牢牢控制莫斯科，他们就能保持针对霍特实施机动的自由，同时他们的游击队不断袭扰德军，导致其野战部队失去了数十万作战人员。

尽管如此，在 1942 年秋季，苏联的经济形势还是到了山穷水尽的地步，只能依靠源源不断运抵阿尔汉格尔斯克的英美物资，虽然希特勒的排兵布阵给对手提供了绝好的机会，但苏军能否将这一机会化作胜势还是很值得怀疑的。

自 1941 年 6 月以来，德军的占领使苏联政府治下的人口从 18400 万减至

---

① 注释：在 9 月 11 日，德军到达了斯大林格勒以南的伏尔加河边。后来他们在斯大林格勒以北 30 英里的杜博夫卡（Dubovka）又占领了一段 5 英里长的西岸。

12600 万——减少了 30% 以上。不仅如此，苏联的经济损失也是巨大的——其粮食产量减少了 38%，煤炭产量和发电量减少 50%，钢铁产量减少 60%，锰和铝的产量减少 50%，化工产业减少 33%。

因此，希特勒的战略计划的指导思想是正确的——打击敌军的经济实力，从而削弱其军事实力的基础。只不过在实施过程中他连连犯错，其中最大的一个错误是：由于苏联辽阔的国土阻碍了他想要与之决战的意图，他未能意识到，必须先削弱苏军的机动能力，然后才能进攻其作战要害地区。如果他占领了莫斯科——机动的枢纽，就能做到这一点。然而他却像查理十二世一样（或者说更像拿破仑），失去了主动权。

1709 年，在波尔塔瓦取得大胜的彼得大帝进入基辅，在城中的圣索菲亚教堂举行祝捷仪式。一个名叫费奥凡·普罗科波维奇（Féofan Prokopovich）的苏联修道士在对沙皇及其将士的演讲中说：

"当我们的邻国听说发生的事情之后，他们会说，瑞典军队和瑞典当权者闯入的不是一片异国的土地，而是一片浩瀚的海洋！他们就像铅块沉进水里一样，掉进这片海洋里消失了！"[1]

这就是希特勒在他的战略中忽视的苏联伟力的奥秘。对付这种伟力的唯一方法就是削弱苏联军队的机动性，因为那样一来，广大的空间将从他们的盟友变为可怕的敌人。

---

[1] 注释：《彼得大帝》（Peter the Great，瓦利舍夫斯基著，1898 年），第 326 页。

第六章

日本丧失主动权

同盟国面对的战略问题

中途岛战役之后，同盟国面对的问题就是如何突破日本的外层和内层海上要塞防线，最终突击其大本营——日本本土。

这个问题的解决方法和以往的攻坚战中经常运用的方法一样——利用要塞的轮廓。日军的要塞防线相当于一个巨大的突出部，它的底部从缅甸延伸到千岛群岛中的幌筵岛，它的顶点位于埃利斯群岛，指向东南方的斐济和萨摩亚。

从战略角度讲，这个突出部同时控制着西太平洋和印度洋；但是对美国和大英帝国来说幸运的是，日本的实力并不足以在为前者展开生死搏斗的同时，占领并坚守位于后者的战略要地。如果她有这样的能力，那么整场战争的进程都会改变；因为如此一来她就可以掐断盟军通向中东和印度的海上航线，这必然导致3个结果：（1）隆美尔占领埃及，因为奥金莱克将无法得到增援；（2）铁木辛哥的军队在高加索崩溃，因为他将无法通过波斯获得补给；（3）蒋介石的军队在中国中部崩溃，因为他将无法从印度获得补给，虽然同盟国建立的空运航线给他提供的物资很少，但仅仅是持续不断地补给并且逐渐增加这一事实就足以给他提供相当大的精神支持。

读者应该了解以上情况。苏联和印度洋一样，起到了隔开日本和她的西方盟友的作用，在整场战争中，因为她把全部精力都放在太平洋，这一举措对于英国来说是有利的。要了解这一点，需要明白：如果美国保持中立，那么无论欧洲发生任何情况，毫无疑问英国在印度洋都将无力抵抗对手，因此她将失去其帝国的东半部分；即使苏联打败了德国，我们也很难想象，苏联会为了替英

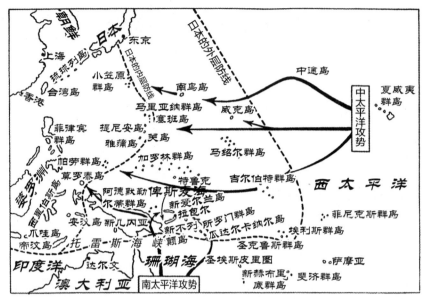

∧ 西太平洋战略，1942 年

国恢复半壁江山而掉头对付日本。

　　正是因为日本无法以足够的力量同时固守突出部的两翼，她才输掉了战争，而她肯定从一开始就清楚，最大的危险就在于两翼同时受到攻击。盟军同样清楚地认识到了这一点，事实上，他们要解决的宏大战术问题就是一场海上的超大规模坎尼式作战。他们同样明白，他们拥有的优越战略态势使他们在积累起足够的力量后就能立即实施这一作战，因为他们可以分别从 4 个基地向这个突出部进军：从印度和阿拉斯加打击其根部，从夏威夷群岛和澳大利亚打击其侧翼。

　　在这两个两翼包抄作战中，第二个更为重要，因为突出部的根部是特别坚固的：在南方有连绵的群山保护，在北方则有北极的天气助阵。

　　虽然这个突出部使日本能够实施内线作战（在敌人弱小的情况下这将成为决定性的优势），但是一旦敌人强大到足以从多个方向施加威胁，日本的海上和空中力量却不足以让她把部队集中到多个战场，同时又守住漫长的外围防线的其余部分。这对于日本是无任何优势可言的。事实上，自中途岛战役以后，日本战略的有限性一直对盟军更有利，因为这使他们获得了必要的时间来积蓄力量，这最终迫使她过度扩张，从而让主动权落入了盟军之手。

尽管如此，在同盟国做好大举进攻的准备之前，日军仍然需要解决准备和防御问题。

美军和英军都很清楚，他们从缅甸和阿拉斯加进攻突出部根部的路线只是次要的，重要的是从夏威夷和澳大利亚进攻其侧翼。此外，因为中途岛的胜利使美军的基地得到了可靠的巩固，所以他们的当务之急就是确保澳大利亚。为此就必须防止日军扩大他们在新几内亚占领的范围，并阻止他们将突出部顶点推向东南，将新赫布里底群岛、新喀里多尼亚、斐济和萨摩亚诺囊括在内；因为如果他们做到了这一点，就可以轻易地威胁从美国到澳大利亚的南太平洋交通线，从而严重阻碍同盟国在澳大利亚集结兵力和物资。

这个战区的战略中心是新不列颠岛上的拉包尔，前文我们已经提过，它在1942年1月23日被日军占领。它的重要性在于，它处于俾斯麦海和珊瑚海之间的中央位置，而俾斯麦海位于新几内亚北海岸的侧翼，珊瑚海位于澳大利亚东北海岸以及托雷斯海峡的侧翼。因此，一旦同盟国压制或占领了拉包尔，就再也不必担心突出部的顶点向东南方向扩张。

不仅如此，拉包尔还位于从夏威夷群岛穿过突出部北翼进军的路线的左翼。这个进军路线可分为3条子路线，中央路线是经威克岛至关岛和塞班岛（Saipan Island）；右翼路线是经中途岛和南鸟岛至小笠原群岛；左翼路线是经吉尔伯特群岛和特鲁克（Truk）至帕劳群岛和雅蒲岛。由于拉包尔位于特鲁克——日军在加罗林群岛的主要基地——以南800英里，也就是在该岛的飞机作战半径之内，一旦拉包尔和特鲁克被压制，在从澳大利亚经新几内亚向莫罗泰岛进攻的部队和从夏威夷向帕劳群岛、雅蒲岛和关岛进攻的部队之间，就可以建立起一条没有敌机骚扰的交通线。而且，以上所有终端岛屿都是至关重要的战略要点，因为它们都处于日本的内层防线上。

同盟国解决战略问题的方案如下：

首先压制拉包尔，从而突破突出部的南方侧翼，并防止其顶点向东南方向延伸；然后，在威克岛和吉尔伯特群岛之间突破北方侧翼；接着，在这两个作战成功实施之后，突击莫罗泰岛和关岛之间的内层防线并攻打菲律宾，从而将日本本土与她新近占领的帝国南方疆域分割开来；最后，从菲律宾向其大本营进军。

瓜达尔卡纳尔会战和巴布亚会战

　　正如战争中经常出现的情况，战略的制定既是战前精心策划，但同时也受到意外的影响。中途岛战役之后，日方为了扩展突出部的顶点而决定重新对莫尔斯比港发起作战，并在其东面的所罗门群岛南部建立一个强大的航空基地，下一个重大事件随之发生。7月，日军为了执行第二个决定，开始在紧邻佛罗里达岛南面的瓜达尔卡纳尔岛北岸建造一个机场。他们企图从这个机场使用陆基飞机，威胁位于斐济群岛西北方和西方以及埃利斯群岛西南方的新赫布里底群岛和新喀里多尼亚的美军基地，并保护他们在巴布亚进军的部队的临海侧翼。为了挫败日军这个向南扩张的企图，8月7日，从新西兰出发的一支美国远征军

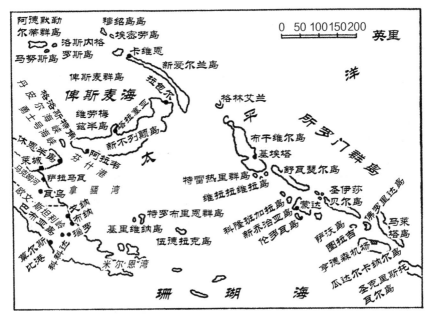

∧ 巴布亚岛和拉包尔战役, 1942 年 8 月—1943 年 9 月

在 3 艘航空母舰保护下，登上了佛罗里达岛和瓜达尔卡纳尔岛。他们未遭到多少抵抗，就占领了部分完工的瓜岛航空基地，并将它命名为"亨德森机场"。这个行动引发的一系列空前激烈的海上和陆上战斗整整持续了 6 个月。

第一次海上交战是萨沃岛之战，由企图打击登陆部队的日军发起。战斗在 8 月 9 日凌晨打响，虽然美军舰队遭到重创，损失了 4 艘巡洋舰——澳大利亚的"堪培拉"号（Canberra）、美国的"昆西"号（Quincy）、"文森斯"号（Vincennes）和"阿斯托里亚"号（Astoria）——但日军乘夜撤退，美军的登陆行动仍然继续进行。

日军将力量集中于拉包尔地区，准备不惜一切代价歼灭登陆部队。空袭和海战在此后接二连三地上演。8 月 23 日—25 日，爆发了东所罗门群岛海战，一支规模庞大并有强大护航力量的日军增援船队被击退；美国海军在此战中以"萨拉托加"号（Saratoga）和"企业"号航空母舰为核心。接着，在 10 月 11 日夜—12 日晨，发生了埃斯佩兰斯角海战；16 日，强大的日本援军登上瓜岛，守卫该岛的美军面临严峻挑战。美日两军的大部分战斗发生在茂密的丛林中，战况极为混乱，从以下叙述中可见一斑："我记得先头部队的一个排成散兵线向塔萨法隆加（Tassafaronga）前进，"一个美军参战者写道，"团长出现了，他穿过散兵线走了一小段距离，然后掉头回来问，'前线还有多远？'我答，'上校，你刚刚回到前线，小日本就在那边'。"[1]

10 天后，又发生了圣克鲁斯群岛海战，美军的"大黄蜂"号航母在此战中折损，"企业"号航母受到重创。这一天日军对亨德森机场发动了全面进攻，美军历经苦战将其击退。接着，在 11 月 13 日夜—14 日晨，爆发了瓜岛海战，这是有史以来最惨烈的海战之一。[2]日本战列舰参与了此战，最终有 2 艘被击沉。对于这一时期，美国海军军官布罗迪上尉（Lieutenant Brodie）写道：

"我军掌握着瓜岛上的亨德森机场，这不仅使我军获得了用于直接空中攻

---

[1] 注释：《瓜岛的教训》（Lessons of Guadalcanal，杰拉德·谢伊上尉撰文），载《步兵杂志》，1943 年 7 月。

[2] 注释：《战争中的我国海军》，第 36 页。

击的基地，还给我军的水面舰队提供了宝贵的前进侦察阵地。我军的飞机可以
飞到瓜岛北面很远的地方进行侦察，监视接近瓜岛的日本海军舰队和运输船队
的必经水域，而日军几乎无法对我军接近瓜岛的方向进行类似的侦察。因此我
军能够在必需的时候把可用的船只调到战场，它们在到达的时候很可能拥有全
面的突击优势。通过这样的手段，我军的水面舰队对敌军持续施加压力的时间，
与它们在交战水域活动的总时间相比，占据大部分比例……"　①

　　尽管拥有这些优势，在下一场海战——11 月 30 日爆发的塔萨法隆加海战中，
美军还是险些遭受了灾难。布罗迪上尉写道：　"参战的 5 艘美国巡洋舰中，只
有 1 艘免于受损。不过，好在参战的日本舰船（几艘驱逐舰，可能还有轻巡洋舰）
没能回去报告他们造成的巨大破坏。这场战斗充分证明了战后对外闭口不谈己
方所受损失是多么的明智。"　②

　　虽然这可能有一定影响，但更重要的原因是，到了 12 月初，巴布亚的局势
已经非常危急，导致日本不得不在 2 月 1 日把集结在拉包尔地区准备增援瓜岛
守军的部队调往巴布亚。于是在 2 月 7 日夜—8 日晨，在约有 1 万人战死，还有
同样数量的人因疾病和饥饿而损失之后，瓜岛守军的残部撤出了该岛。至此，
日军扩展突出部的计划有一半惨遭失败。另一半又如何呢？

　　攻略巴布亚的另一半计划是以 3 个独立的作战为基础的。其一，通过途经
澳大利亚政府在科科达（Kokoda）的驻地并翻越欧文·斯坦利岭（Owen Stanley
Range）的丛林小道，从戈纳（Gona）正面进攻莫尔斯比港。这一路部队的目标
是吸引莫尔兹比港的澳大利亚部队北上进入山区和丛林。其二，在上述部队机
动时，再派一支部队渡海占领米尔恩湾，并夺取其附近的机场。实现这个目标后，
就地建立一个航空基地，与当时正在瓜岛修建的机场相配合，夺取珊瑚海北部
入口的制空权。最后，在这些基地的空中掩护下，派一支部队从拉包尔渡海前
往莫尔斯比港，其任务是从后方攻击正在山区与戈纳纵队纠缠的澳军，并切断

---

　　① 注释：《太平洋战争中的海军战略》（The Naval Strategy of the Pacific War，美国海军预备役上
尉伯纳德·布罗迪撰文），载《步兵杂志》，1945 年 8 月，第 37 页。

　　② 注释：出处同前，第 37 页。

澳军在莫尔斯比港和达尔文（Darwin）之间的交通线。①

7月21日—22日，这个计划的第一部分开始实施，一股日军在巴布亚北海岸的村庄戈纳登陆，该村大致处于莱城至米尔恩湾的中途。当时海岸上只有少数澳大利亚巡逻队，隶属于科科达的一个民兵营。这个营经过奋战后，被迫退往莫尔斯比港。8月初，日军占领科科达。接着他们就穿越丛林，缓慢地向南推进。

8月26日，日军将计划的第二部分付诸实施。当天约有2000人在米尔恩湾以北登陆，然后立刻发起了夺取机场的行动。这股日军以为只会遇到轻微抵抗，因此人数不多。但是他们很不走运地遭到了顽强抵抗和猛烈的空袭，在损失大部分物资并战死700人之后，他们在29日重新登船，放弃了原计划。为什么日军没有再度尝试在这个至关重要的地点建立航空基地？唯一可能的解释是，瓜岛的作战牵制了太多援军，导致剩下的部队无力再作登陆尝试。

于是打赢整场会战的重担就转到了陆上纵队的肩上，但是他们缺少当地的制空权，无法保护自己的基地以及通到科科达的林间小道。结果，日军的推进速度变得越来越慢。每天都有数十人饿死，导致这一路日军的力量严重衰竭。到了9月15日，在莫尔斯比港以北约30英里的地方，他们在埃尔佛吉（Elfogi）村和罗利拜瓦（Loribaiwa）村之间与敌军的遭遇战中力不能支，上级不得不命令他们撤退到欧文·斯坦利岭主峰以北10英里的瑙罗（Nauro）。澳军发起追击，在11月3日重返科科达。

在澳军的这次进攻中，最有趣的一点是，他们几乎完全依靠空投补给。当时在场的战地记者考特尼先生（Mr. Courtenay）这样写道：

"在这些山区根本没有可以着陆的地方，但是在尖削的山脊两边，凭借某种幸运的地理作用，到处都有一片片差不多一个村子大小的青葱的林间草地。陆军勤务军团把这些小地方整理成了物资空投场，在我们沿着这些山间小路行军时，澳大利亚飞行员们，驾驶着没有武装的运输机，在主宰着天空的战斗机

---

① 注释：当战争爆发时，从澳大利亚中部的艾丽斯斯普林斯（Alice Springs）到达尔文以南250英里的伯德姆（Birdum），有近700英里的区域既无公路也无铁路。澳大利亚和美国的工程兵们奉命在90天内修筑一条贯穿该区域的公路。他们用88天完成了任务。

的庇护下，可以蜿蜒穿过山谷，将物资空投给我们。大多数物资没有降落伞可用，其中大约 80% 掉进了丛林里，再也没有被找到；但是其余 20% 能掉进目标区域，为行军的战士解燃眉之急。"①

日军希望能在瑙罗一直顶住盟军的进攻，等待己方增援到达为止，但是出乎他们意料的是，就在他们企图就地固守时，后方却突然遭到一支空降的美军的威胁。美国陆军航空兵总司令阿诺德上将（General H. H. Arnold）这样描述这个精彩的机动：

"日本增援布纳（Buna）—戈纳地区的所有努力都被我们的远程重型轰炸机挫败了。我们的空运司令部把一整支打击部队——兵员、装备和食品——放飞到了该地区。在一次空运行动中，我们将 3600 人的部队从澳大利亚运到莫尔斯比港，15000 人从莫尔斯比港越过高耸的欧文·斯坦利山脉，运到布纳附近的机场。我们不仅运输了这些部队，还通过空运以每星期 200 多万磅的速度为他们提供补给。施工设备、钢垫和沥青都是通过同一条航线运输的。一架 B-17 运输了一个装备 4 门 105 毫米榴弹炮的炮兵连。飞机在返回时还把伤病员送到后方。整个行动产生了深远的战术影响。"②

这次后方进攻的目的是骚扰日军的交通线，并在条件允许的情况下，占领他们的沿海基地。为了保护这些基地，日军不得不做了胡克将军在钱瑟勒斯维尔做过的事——完全放弃进攻计划，撤到海边并固守戈纳（Gona）、萨那南达（Sanananda）和布纳。澳军的陆上纵队随即与空降部队会师并围攻这些基地。戈纳在 12 月 9 日被攻克，布纳在 1943 年 1 月 3 日被攻克，萨那南达在 1 月 19 日被攻克。日军全都宁死不降。

被这些败仗彻底警醒之后，日本大本营把大批当时预定用于瓜岛的增援调

---

①注释：《太平洋战争》（The War in the Pacific，威廉·考特尼撰文），载《皇家联合军种学会志》，1945 年 2 月，第 16 页。

② 注释：《陆军航空兵司令向陆军部长呈交的报告（1944 年 1 月 4 日）》（Report of the Commanding General of the Army Air Force to the Secretary of War, 4th January, 1944），第 36—37 页。"这个行动最值得一提的特点就是，现场只能提供匆忙制备的、极为粗陋的简易机场。是非同寻常的操作技巧和勇敢精神使它的实现成为可能。"【《美国陆军总参谋长双年报（1941 年 7 月 1 日—1943 年 6 月 30 日）》，第 32 页。】

到了芬什港（Finschhafen）、莱城和萨拉马瓦，随后从萨拉马瓦以南约 15 英里的姆博（Mubo）出兵，进攻同盟国在新几内亚东北部金矿地区的主要航空基地瓦乌（Wau）。1942 年 6 月，一支澳大利亚突击队曾进驻该地，但是此时疾病已使他们的人数减少到 300 多人。这支小部队要对抗的日军进攻部队有 3300 多人，要不是麦克阿瑟将军迅速空运 600 名澳军前往支援[1]，守军肯定会被打垮。但是这一次日军发现了澳大利亚军队并不知道的一条山间小道，从后方奇袭了澳军，到了 1 月 29 日，他们已经前进到距离瓦乌不到 400 码（约 366 米）的地方。就在他们准备通过突击一举拿下目标时，又有 1200 名援军乘坐飞机前来救援守军。次日，澳军还运来了几门 25 磅炮，它们落地后不到半小时就参与战斗，被挫败的日军不得不撤退。

最后，在 3 月 3—4 日发生了俾斯麦海战，日军一支从拉包尔向莱城运送补给和援军的运输船队被同盟国的空袭彻底歼灭。美国陆军总参谋长马歇尔将军（General G. C. Marshall）写道："在这场海战中，同盟国的损失是 1 架轰炸机和 3 架驱逐机，伤亡名单上只有 13 个人，而我们已知的日军损失是 61 架飞机和 22 艘舰船，而且估计有 15000 人相当于一整个师团的损失。"[2]

就这样，日军扩展突出部的后半部分战役和前半部分一样以灾难告终，虽然对同盟国来说，这两个部分都是战略防御作战，但是赢得瓜达尔卡纳尔岛和巴布亚的事实已经清晰地证明：战略主动权从日本转到了他们的手中。在接下来的两场会战中，这样的主动权易手还会大大加快。

拉包尔会战和征服新几内亚

在俾斯麦海战结束后，同盟国花了几个月时间肃清巴布亚北部和所罗门群岛南部的日军分遣队并增援当地盟军。在巴布亚北部，他们集结了 4 个美国师和 6 个澳大利亚师；因此直到 6 月中旬，同盟国才在太平洋战区的这些分区做好发起下一场会战的准备——压制日军的主要基地拉包尔。

---

[1] 注释：麦克阿瑟将军在 11 月 17 日接管了这场战役的指挥权。
[2] 注释：《美国陆军总参谋长双年报（1941 年 7 月 1 日—1943 年 6 月 30 日）》，第 12 页。

在这个月的 22 日和 23 日，麦克阿瑟将军占领了位于新几内亚尾部以东的特罗布里恩群岛（Trobrian group）中的伍德拉克（Woodlark）岛和基里维纳（Kiriwina）岛。这两个岛的价值在于，只要在岛上建好机场，就可以在新几内亚和瓜岛之间建立起战斗机巡逻链，从而控制珊瑚海北面的主要入口。7 天后，在瓜岛指挥美国第 14 军的格里沃尔德少将（Major–General O. W. Griswold）占领伦多瓦岛（Rendova Island），然后立刻从该岛炮击位于新乔治亚（New Georgia）的蒙达（Munda）的敌机场。随后美军登陆新乔治亚，于 8 月 5 日占领了蒙达机场；这个岛上的战斗在 25 日结束。接着美军绕过日军重兵把守的科隆班加拉（Kolombangara）岛，于 10 月 9 日占领维拉拉维拉（Vella Lavella）岛，10 月 26 日占领特雷热里群岛（Treasury Islands）中的两座岛屿。

与此同时，为了获得用于登陆新不列颠岛（拉包尔就位于该岛的最北端）的作战基地，麦克阿瑟开始着手占领休恩半岛（Huon Peninsula）。为此，他在 6 月 29—30 日先派遣一支部队在马克姆河（Markham River）南岸城市萨拉马瓦以南 11 英里的拿骚湾（Nassau Bay）登陆，然后从南面围攻萨拉马瓦；接着，为了从北面孤立萨拉马瓦，他决定攻取位于萨拉马瓦以北和马克姆河北岸的莱城，因为只要占领该城，就等于切断了萨拉马瓦的后勤补给线；为此，在 9 月 4 日，当萨拉马瓦的日军受到南面的猛攻时，一支澳大利亚军队在莱城以东登陆。次日又有 1 个美军伞兵团空降，目的是夺取莱城西北 19 英里外的纳扎布（Nadzab）机场。对于这个取得辉煌胜利的大胆机动，阿诺德将军这样写道：

"纳扎布的空降结束了舆论界对我们初期'从一棵棕榈树到另一棵棕榈树'的进攻速度的嘲讽。这是在 1 个小时内挺进 200 英里的战斗。在读者还来不及读完这一页文字的时间里，我们的第 5 航空队空投了带有全套装备和给养的 1700 名美国伞兵，以及 36 名澳大利亚炮兵和大炮。

马克姆河谷的这些作战值得大书特书：打头的 48 架 B–25 飞机猛烈扫射日军阵地并投下破片炸弹，揭开了战斗的序幕；随后，6 架 A–20 飞机释放烟幕覆盖了登陆场，得以让伞兵从 96 架 C–47 上空降。在这些飞机上空，还有 5 架 B–17 装载着物资，3 架 B–7 搭载着麦克阿瑟将军、肯尼将军（General Kenney）以及他们的幕僚。146 架 P–38 和 P–47 战斗机组成的护航编队在不同高度掩护着运输机，当编队飞行到位于纳扎布和莱城中途的希思种植园时，4 架 B–17 和 24 架 B–24 对日军阵地进行了轰炸和扫射……"①

萨拉马瓦在 9 月 11 日被攻克，16 日，澳大利亚军队进入莱城。

在占领莱城一个星期后，麦克阿瑟以澳大利亚军队为主力，在芬什港以北登陆，并在 10 月 2 日占领该城。从这时起到 1 月底，他又占领了赛多尔（Saidor）和整个休恩半岛，为下一步行动奠定了基础。在这几个月里，同盟国军队还对日军的后勤补给线和航空基地进行了数次空袭。

与此同时，在所罗门群岛，美国海军陆战队先对舒瓦瑟尔岛（Choiseul Island）实施佯攻，随后于 11 月 1 日登上布干维尔（Bourgainville）岛西海岸。② 这使得美军可以在拉包尔的战斗机作战半径内建设 1 个海军基地和 3 个机场。4 天后，以多艘航空母舰为核心的一支美军特混舰队空袭了拉包尔，并在一个星期后又杀了一次回马枪。最后，在 2 月 14 日，美军兵不血刃地登上拉包尔以东 150 英里的格林艾兰（Green Island）。从战略角度讲，所罗门会战至此已经完成，因为剩下的任务无非是肃清在被绕过的各个孤岛上的大约 2 万日军而已。

在进行这些登陆作战的同时，麦克阿瑟已经完成了准备，决定出兵攻打新不列颠岛西端，以控制勇士号海峡（Strait of Vitiaz）和丹皮尔海峡（Strait of Dampier），并在离拉包尔更近的地方建立航空基地。为此，在 12 月 15 日，他通过轰炸压制了日军在格洛斯特角（Cape Gloucester）的机场，并派部队在阿拉韦（Arawe）岛南岸登陆。继这次登陆之后，美国海军陆战队于 26 日占领了格洛斯特角机场。

由于丛林和山岭密布，麦克阿瑟认为沿海岸向拉包尔进攻是不切实际的，即使地形不是那么复杂，这样的行动也不符合他的计划，因为他的目标并不是占领拉包尔，而是通过空袭压制它，使它弹尽援绝。于是从这时起，同盟国军

---

① 注释：《陆军航空兵司令向陆军部长呈交的报告（1944 年 1 月 4 日）》，第 37—38 页。

② 注释：关于布干维尔的登陆，麦克阿瑟将军是这样说的："我特别需要机场。我的资源是有限的。我缺少打击日本人的手段。我们无法根据我们的需要增加战斗机掩护，但是如果在奥古斯塔皇后湾（位于布干维尔西海岸）有一个机场，我们就能使战斗机的掩护范围覆盖新不列颠。我已经能够压制拉包尔，但是以我手头有限的手段，我无法阻止日本人输送援军。"（《泰晤士报》，1943 年 11 月 3 日。）

队实施了"对拉包尔昼夜不断的空袭，包括对船只和设施的超低空攻击"①。1944 年 1 月 29 日，东京电台的一次广播声称："拉包尔的局势已经严重到了令我们连一丁点乐观想法都不敢有的程度……敌人平均每天用 100 架轰炸机和战斗机组成的编队攻击拉包尔。"②

到了 3 月 10 日，美军已经推进到新不列颠岛北岸中部的维劳梅兹半岛（Willaumez Peninsula），并占领了位于塔拉塞亚（Talasea）村的机场。这使得美军飞机能够在距拉包尔不到 160 英里的地方起飞。

此时可以越来越明显地看出，由于在海上损失惨重，日军的船只已经不足以为分散在各个岛屿和新几内亚各地的大量日军分遣队提供补给。正如威廉·考特尼所述，麦克阿瑟将军的计划"并不是穿越丛林一码一码地推进，也不是在无数环礁和群岛中间一个小岛一个小岛地前进，而是通过一系列我们可以称之为"袋鼠跳"的行动，每次跃进数百英里，距离不超过陆基战斗机的战术半径。如果我们要跃进得更远，就必须依靠航母舰载机——假如我们能得到航母的话。这就能够在指向菲律宾的漫长西征途中占领具有重要意义的地点，把其他地方的日军丢在前线后方，从战略上孤立和削弱他们。这样就可以避免正面进攻敌军坚固设防的地点，避免惨重的伤亡。"③

第一次这样的跃进是以阿德默勒尔蒂群岛（Admiralty Islands）为目标，它位于俾斯麦群岛以西，新几内亚以北 250 英里。它的重要之处在于当地的机场和锚地。德克萨斯第 1 骑兵师的先头部队首先在 2 月 29 日登上高速运输船，对洛斯内格罗斯岛（Los Negros Island）实施侦察。由于没有遭到多少抵抗，该师的其余部队也在 3 月 6 日登岛。接着他们占领了莫莫特机场（Momote airfield），并在日军的一系列疯狂反击下巩固了滩头阵地。在 3 月的其余时间和 4 月的上半月，美军又完成了对马努斯岛（Manus）和毗邻岛屿的占领。这些岛屿中的埃密劳岛（Emirau）适合建设机场，它距离特鲁克 690 英里，因此可以出动轰炸机

---

① 注释：南太平洋战区司令部参谋长罗伯特·康利少将（Rear-Admiral Robert Carnley）语【引自《第十八季》（The Eighteenth Quarter），第 176 页】。
② 注释：《第十八季》，第 177 页。
③ 注释：《皇家联合军种学会志》，1945 年 2 月，第 17 页。

从南方对其实施轰炸。

占领阿德默勒尔蒂群岛的行动进一步削弱了拉包尔，因为这个群岛是从日本出发的两条主要空中航线的交汇处。其中一条途经包括特鲁克在内的托管岛屿，另一条途经菲律宾和新几内亚的韦瓦克（Wewak）与马当（Madang）。因此，日军意识到他们设在拉包尔的总指挥部已无法立足，决定将它向西转移到荷属新几内亚的荷兰迪亚（Hollandia）。但是麦克阿瑟猜到了他们的意图，决定先发制人，实施从马克姆河谷到荷兰迪亚的下一次跃进（也就是向西跃进600英里），从而绕过日本第18军沿中间的海岸布防的各路支队。日军从未想到美军会进行如此远距离的跃进，他们以为美军下一步的目标是马当和韦瓦克，因此从荷兰迪亚地区抽调了一些部队到这两个地方，无意中帮助了美军实现这个大胆的机动。因此，拿破仑的箴言又一次应验了："Qui ne risque rien n'attrape rien（不入虎穴，焉得虎子）。" 敢于冒险的麦克阿瑟又赢了一局。

在荷兰迪亚，日军有3个条件良好的机场，而附近的洪堡湾（Humboldt Bay）适合建设海军后勤基地。但是由于荷兰迪亚在美国陆军的战斗机作战半径之外，必须依靠航母提供空中支援。

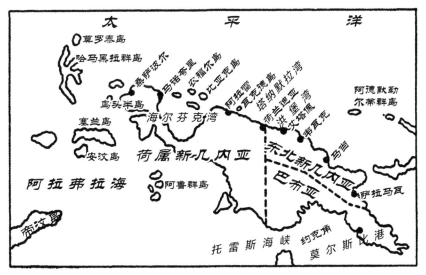

∧ 征服新几内亚, 1943 年 9 月—1944 年 9 月

4月22日，美军实施跃进，占领了艾塔佩（Aitape）、洪堡湾和洪堡湾西面的塔纳默拉湾（Tanahmerah Bay）。这个行动完全出乎日军意料，到了30日，所有机场都落入盟军之手，在东方的5万多日军被切断了后路。7月12日，位于艾塔佩的同盟国部队遭到猛烈攻击，但是到了8月2日，日军终于被击退。

5月中旬，美军继续向西推进，当月17日兵不血刃地登上阿拉雷（Arare），几天后占领了建有机场的瓦克德岛（Wakde），并经陆路占领了马芬湾（Maffin Bay）。几天后，美国第41师继续西进330英里，登上了比亚克岛（Diak Island）。这个岛的重要性在于它可以控制海尔芬克湾（Geelvink Bay）。岛上约有8000名日军把守，他们进行了极为顽强的抵抗，以至于美军直到6月22日才终于占领全岛并将岛上的3个机场投入使用。在占领瓦克德岛之后，美军又登上农福尔岛（Noemfoor Island），毫不费吹灰之力就占领了它。

在新几内亚，最后的一次向西跃进发生在7月30日，一支美军在鸟头半岛（Vogelkop Peninsula）的桑萨波尔（Sansapor）登陆，目的是控制那里的航空和海军基地。虽然当地有相当数量的日军守卫，但他们没有来得及反抗就被制服了。桑萨波尔以东120英里是日本第2军的指挥部马诺夸里（Manokwari），当地有约15000名日军；但是由于两地中间隔着大片沼泽和丛林，他们无法增援守军。此外，桑萨波尔与菲律宾东南部的距离也不超过600英里。

就这样，同盟国花费1年多时间推进了1300英里，并使至少135000名日军陷入求援无望的绝境。马歇尔将军写道："这些作战是在不利的气象条件下和险恶的地形上实施的，几乎每一个被我军占领的地区交通都不便，给部队的机动和补给造成了特别大的困难。同时，疟疾也是严重的威胁，但是我们通过抑制疗法和严格的蚊虫控制措施，使它不再严重限制战术行动。"[1]

虽然占领桑萨波尔给新几内亚会战画上了句号，但是在这里还应该提一下紧随其后发生的作战：从战术角度讲，它发生在新几内亚之外，但是从战略角度讲，它标志着新几内亚会战的终结。这就是9月15日占领哈马黑拉群岛（Halmaheras group）最北端的岛屿——莫罗泰岛的行动。考特尼先生写道："在

---

[1] 注释：《美国陆军总参谋长双年报（1943年7月1日—1945年6月30日）》，第70页。

这里，日军又一次在谋略上完败。他们以为我军下一个目标是主岛，便在那里部署了大约 3 万人，然而麦克阿瑟却选择了只有 200 ~ 500 人左右的莫罗泰岛。我们只伤亡 5 个人就拿下了这个岛，日军被围困岛上，因为我们控制的机场更多，所以日军的援军既不能增援也不能解救他们。" ①

占领莫罗泰岛使麦克阿瑟与菲律宾的距离拉近到 300 英里，同样重要的是，它位于太平洋上另一个大规模会战的焦点区域。切斯特·尼米兹将军（Admiral Chester W. Nimitz）自 1942 年春季以来就一直沿着中央路线实施这个会战，旨在与前一个会战相互呼应，最后汇成针对菲律宾的同一个攻势。这第二个会战就是我们的下一个主题。

中太平洋会战

我们已经追随着麦克阿瑟将军针对突出部南方侧翼的作战路线，一直讲到了他在内层防线上取得立足点，接下来我们将关注尼米兹将军针对突出部北方侧翼的作战。

虽然尼米兹面对的问题和麦克阿瑟一样，主要是通过占领和压制敌方航空基地来获得局部制空权，但和在地面上步步为营的麦克阿瑟不同的是，尼米兹必须带着自己的基地一起机动。也就是说，他的舰队必须同时充当他的作战基地和打击部队：这一工具必须担负夺取制空权、在海上战斗和突击并占领敌方岛屿的任务；因此，这是一个具有四重性质的组织：海上基地、舰队、航空部队和地面部队。在中途岛海战后的 18 个月里，这个组织的设计、建造和集结可能是海军历史上最伟大的组织成就。而这一切只有依靠美国强大的工业实力才能得以实现，而正是这种实力决定了整场战争的结局。

在这 18 个月里，美国建造出了一支令日本无论如何都不可能与之抗衡的舰队。它拥有数量空前的航空母舰，为尼米兹将军提供了一种具有强大打击威力的武器。截至 1943 年秋季，他所掌握的航母舰载机已经多达 800 架，次年更是

---

① 注释：《皇家联合军种学会志》，1945 年 2 月，第 18 页。

增至 1000 架。同样重要的是他的移动基地，使他能够征服太平洋的广袤空间，彻底颠覆日军的战略基础（即认为对手不可能克服这些空间造成的障碍）。"每一种战舰——战列舰、巡洋舰、驱逐舰、航空母舰和潜艇——都配有一类专门的补给和维修船，这类船只的造价堪比战列舰，建造时间也与之相同。"这些船只是带有铸造车间的海上工场，搭载着成百上千的熟练工人，他们能够"承担一切修理工作，包括在水下焊接"[①]。因此，在一场交战过后，除非需要进行极为繁重的修理，所有舰船都可以就地恢复到适合战斗的状态。美国还组建了新的部队，例如以"海蜂"命名的广为人知的美国海军工程营。这些部队紧跟登陆部队机动，负责修建码头、兵营、道路、医院，以及建设和修复机场并建立无线电通讯。除此之外，还有数量众多的陆战队和陆军士兵接受了丛林战和岛屿战的训练。

这台庞大的战争机器使尼米兹和他手下的舰队司令们能够在极为宽广的战线上作战，逼迫日军大本营将自己本就处于劣势的力量——尤其是他们的航空部队——分散部署在这些辽阔的空间中，无法集中兵力。结果，因为太平洋上大多数岛屿都太小，无法改造成真正坚固的堡垒，也无法容纳具有足够兵力的守军来作长期抵抗，它们在援兵到来前就会被攻下。此外，在一个群岛中只要有 1 个或多个航空基地被夺取并投入使用，剩下的岛屿就完全失去作用，可以直接绕过或困死。就这样，因为美国的战争机器不仅极其强大，而且能够自给自足地执行所有行动，包括其自身的补给、维护和修理，所以具备了无限的作战半径。我们将会看到，它把太平洋的广袤从日本的优势变为能致其于死地的陷阱，从而迅速地将日本的防御战略彻底粉碎。

1943 年夏季，一系列准备性质的作战揭开了对突出部北方侧翼进攻的序幕。这包括在 7 月 24 日和 27 日对威克岛的航母空袭，8 月 31 日对南鸟岛——作为日本托管岛屿补给线上中继点的重要航空基地——的袭击，以及占领马绍尔群岛中的重要岛屿的行动。菲尼克斯群岛（Phoenix group）中的贝克岛（Baker

---

① 注释：出处同前，第 10 页。

Island），以及埃利斯群岛中的努库费陶（Nuku Fetau）和纳努梅阿（Nanumea）都在 9 月初被占领。10 月 4 日和 6 日，威克岛再次受到猛烈轰炸。

会战的初始阶段包括登陆吉尔伯特群岛中的马金岛（Makin Island）、塔拉瓦环礁（贝蒂欧）和阿贝马马环礁（Abemama Atoll）。对前两者的登陆都在 11 月 11 日成功实施，第三个则在次日成功登陆。马金岛被完全占领的时间是 23 日，塔拉瓦是 24 日，在阿贝马马的登陆行动则未遇抵抗。

在塔拉瓦发生了整场太平洋战争中最血腥的小规模战斗之一，虽然日本守军只包括不超过 2700 名正规军士兵和 1200 名武装劳工，但是他们的激烈抵抗导致美军有 1026 人战死，2556 人负伤。[①]

这些行动的目的是在实施主要的中央攻势之前消除埃利斯群岛的风险。日军因此受到误导，以为美军将以所罗门群岛和新几内亚作为主要突击目标，从而支援拉包尔会战。直到尼米兹将军发动下一次打击，日军才开始认识到自己的错误。

这次打击的对象是吉尔伯特群岛西北 500 英里外的马绍尔群岛。美军的目标仍然不是占领所有岛屿，而只是占领拥有条件良好的机场的个别岛屿。1944 年 1 月 1 日，在经过两天猛烈轰炸之后，美军兵不血刃地占领了马朱罗（Majuro）及其附带的优良港湾；但是夸贾林环礁（Kwajanlein Atoll）顽强地抵抗到了 2 月 8 日。2 月 2 日，第 4 陆战师登陆纳穆（Namu）和罗伊（Roi），而且同样是在 8 日完全占领。从 19 日—22 日，美军又拿下了埃内韦塔克环礁（Eniwetok Atoll）。

对于这些作战，理查森将军（General Richardson）这样写道：

"由于陆海空火力的轰击，夸贾林完全陷入一片深渊。毁灭是彻底的。在从潟湖一侧接近时，它看上去就像是第一次世界大战中的无人地带，我认为它比贝蒂欧或塔拉瓦还要惨。除了混凝土结构留下的残垣断壁之外，没有任何建筑还矗立着。用除了混凝土之外的其他任何材料修建的一切都被彻底烧掉或毁

---

① 注释：在这些登陆战中，"履带式两栖车辆被证明是一种有效的突击武器。它们可以在岸炮的射程之外下水，按一般的登陆艇队形展开，越过岛屿周边的暗礁，开到滩头上。"【《美国陆军总参谋长双年报（1943 年 7 月 1 日—1945 年 6 月 30 日）》，第 69 页。】

灭了。"①

因为尼米兹将军的意图是绕过加罗林群岛并针对马里亚纳群岛开展第三阶段会战，而且加罗林群岛中的特鲁克岛是日军防御计划中的重要核心之一；而我们在前文已经看到，它此时即将受到来自阿德默勒尔蒂群岛的攻击，而控制马绍尔群岛已经使尼米兹具备了通过航空轰炸压制它的良好条件，所以在1月底，特鲁克遭到了极为猛烈的轰炸，基本上失去了作用。美军对加罗林群岛中的其他岛屿也进行了空袭，3月29日，一支包括航空母舰和战列舰在内的强大舰队攻击了帕劳群岛。

在马里亚纳群岛的作战是以塞班岛、提尼安岛（Tinian）和关岛为目标的。6月10—12日，这3个岛屿都受到猛烈轰炸，15日，第2和第4陆战师以及第27步兵师先后登上了塞班岛。这是截至此时为止，在中太平洋实施的最重要的作战；因为占领马里亚纳群岛不仅意味着突破敌军的内层防线，而且还使美军能够切断敌军与加罗林群岛的直接交通线，并针对小笠原群岛开展行动。而一旦在小笠原群岛上建立了航空基地，就可以随机轰炸日本本土各岛。

在这场登陆战进行时，日军一支拥有强大航母力量的战斗舰队进入了菲律宾和塞班岛之间的太平洋海域。这个舰队的指挥官似乎并不想进行舰队交战，因为他的计划似乎是首先对斯普鲁恩斯将军（Admiral R. A. Spruance）指挥的美国舰队发动空袭，然后等他的轰炸机在关岛和罗塔岛（Rota）加油以后，再攻击美军在塞班岛的滩头阵地。然而不幸的是，美军早已针对这样的行动做好了准备。6月19日，斯普鲁恩斯将军让舰队在关岛附近游弋，等待日军到来。在接到敌军来袭的报告后，他立刻发动了猛烈的空中攻击，击落了353架敌机；其中335架是被美国的航母舰载机击落，18架是被高射炮火击落。接着，在20日，斯普鲁恩斯派出飞机打击当时在他西北方约300英里外的日军舰队，重创了对手。马里亚纳之战的重要性仅次于中途岛海战。②

---

① 注释：出处同前，第69页。
② 注释："在6月19日和20日的交战中，以及针对马里亚纳群岛的远征的其他战斗中，被摧毁的日本飞机共有848架。30艘舰船被击沉，51艘被击伤。与此相比，美军仅有3艘战舰轻微受损，另外还损失了151架飞机和98名空勤人员。"（尼米兹上将6月26日的报告。）

塞班岛上的战斗持续了25天,直到7月9日,日军有组织的抵抗才宣告结束,但是清剿残敌的行动又持续了几个月。日本守军估计有23000人,其中21036人死亡。美军的伤亡也非常大,合计达到15053人,其中2359人战死,11481人负伤,1213人失踪。这场胜利直接导致了东条将军和他的政府倒台,小矶将军领导组建了新的日本内阁。

美军攻略的下一个岛屿是关岛。7月21日,第77步兵师和第3陆战师登上该岛,8月10日,岛上有组织的抵抗终止。最后,提尼安岛在被飞机轰炸和来自塞班岛的火炮轰击严重削弱后,在7月24日被第2和第4陆战师突破,经过9天的战斗后被占领。

在征服塞班岛后,美军暂停作战,直到9月8日,威尔金森中将(Vice-Admiral Wilkinson)指挥的美国第3两栖军出现在帕劳群岛附近,15日,美国陆战队士兵和陆军步兵登上了佩莱利乌岛(Peleliu)。同一天,麦克阿瑟将军登上莫罗泰岛,中太平洋舰队则出现在他的右翼。至此,收复菲律宾的条件成熟了。

在我们结束这一节之前,还应该概述一下此时在这许多岛屿进攻战中被广泛应用的战术。它们在形式上近似于1917年11月为康布雷战役设计的战术,只不过把大海当成了无人地带。首先是对要突击的目标进行轰炸和炮击,在这些火力的掩护下,突击部队分成3个波次或梯队穿越水面:第一波是由发射火箭弹的登陆艇组成的一列横队,它们取代了1917年的徐进弹幕;在后方,排成2列或更多横队的"短吻鳄"——装备直瞄火炮的两栖坦克——冲向海滩将其占领;最后是搭载部队的登陆艇,上面乘坐着步兵、炮兵和工兵,他们是突击的主力,负责占领、扫清和巩固已占领的土地。虽然这些战术体现的思想并不新颖,但它们新颖的应用使两栖战发生了革命性的变化。它们很有可能是这场战争中最深远的战术革新。

阿留申群岛会战

　　我们在前文已经看到，日本的战略是建立在以空间作为缓震器的基础上，排出一个三角阵型，其底边是缅甸—幌筵岛一线。因此，为了确保三角形的两条侧边不垮（虽然可以被压缩），就必须牢牢守住底边；因为如果它从中间断裂，整个防御体系就会坍塌，如果它的末端被向内压缩，就必须调动资源来恢复它的稳固性，而三角形的两条侧边将因此被直接或间接地削弱。

　　底边中间部分包括中国东部和"满洲国"。日本和中国处于战争状态，而且在这场战争中，中国自始至终是她在陆地上面对的主要问题。"满洲国"虽然与日本相安无事，但是它的安全取决于德苏两国斗争的结果。如果最终结果是苏联崩溃，那么"满洲国"的安全不会受到影响；但如果最终是德国败北，那么"满洲国"就将不复存在。此外，还有另两种可能：其一，鉴于希特勒和斯大林都是老谋深算之辈，不能担保他们不会通过妥协来化解分歧，即苏联将乌克兰等地让给德国，从而腾出手来经营亚洲。这种可能性使日本不得不在"满洲国"维持一支庞大的军队，而她显然更希望把它用于中国。其二，虽然苏联对日本保持中立，但斯大林也可能在不与日本直接开战的情况下，同意将位于堪察加（Kamchatka）和滨海边疆区（符拉迪沃斯托克以北）的航空基地租借给美国。假如他这样做了，日本列岛就会处于美国轰炸机能够轻松攻击的范围——600 ~ 700 英里——内，不仅日本的工业城市会受到攻击，她与"满洲国"的海上交通也将受到波及。因此，就三角形底边的北半部分而言，日本必须将美国拒止于一定距离之外。要在不侵犯苏联中立地位的情况下做到这一点，那就必须占领阿留申群岛。这个全长 1200 英里的火山岛链就是连接千岛群岛——底边的左端——与阿拉斯加的纽带。[①]

　　因此，这极有可能就是日本在 1942 年 6 月 3 日用航母舰载机空袭荷兰港的美国海军基地的原因。尽管空袭未能摧毁目标，日军还是在 14 日开始占领阿留申群岛西部的基斯卡岛（Kiska）、阿图岛（Attu）和阿加图岛（Agattu）。当时

---

　　① 注释：1867 年，美国政府用 720 万美元从苏联政府手中购买了阿拉斯加和阿留申群岛。阿拉斯加的面积是法国的两倍半还多。

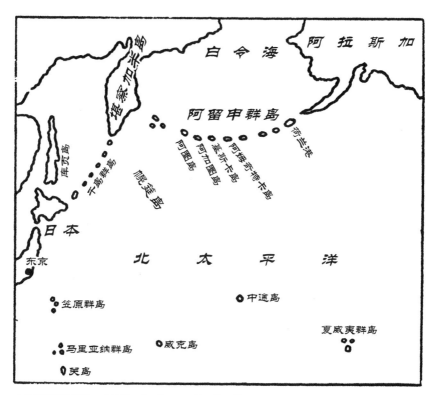

∧ 阿留申群岛战役，1942 年 6 月 3 日—1943 年 8 月 15 日

美国正在全力经营中太平洋和南太平洋，因此除了轰炸为这些岛屿运送物资的日本舰船之外无能为力，直到 1943 年 1 月，他们才能够实施反击。在这个月，美军在未遇抵抗的情况下登上了基斯卡岛以东 70 英里的阿姆奇特卡岛（Amchitka Island），并在那里建立了一个前进航空基地。接着在春季，等到有更多资源可用时，美军决定挑战日本占领军。5 月 11 日，一支特混编队绕过日军以为美军会攻击的基斯卡岛，在阿图岛登陆，并在海空力量的强大支援下，包围并消灭了奇恰戈夫港（Chichagof Harbour）的 2350 名日本守军。由于这一胜利使基斯卡岛的守军无法立足，日本在 8 月 15 日将岛上守军撤出，彻底放弃了阿留申群岛。美军随即在西部的几个岛上修建了航空基地，并以它们作为出发地轰炸千岛群岛，尤其是幌筵岛。

1942—1944 年缅甸的防御和反制作战

　　三角形底边的另一端位于缅甸，日本将它作为防御堡垒来维护，但是却遇上了更棘手的难题。她不仅要面对印度的庞大潜力，而且，除了海路之外，几乎没有任何交通手段可以到达缅甸这个国度。为了保护她从新加坡到缅甸的海上交通线，日军占领了尼科巴群岛（Nicobar Islands）和安达曼群岛（Andaman Islands）；但是由于太平洋的作战压力沉重，使他们的舰队、商船队和空中力量日益捉襟见肘，而且他们对孟加拉湾的控制始终是有名无实。

　　当时盟军的处境更为艰难，而确保中国继续战斗对同盟国的战略至关重要。这主要不是因为中国战场牵制了日本 1/3 的陆军，而是因为只要战争在中国继续，维持这些部队就会给日本的工业资源和商船运输造成巨大的压力。因此，为了给中国提供物资，在滇缅公路被切断后，史迪威将军立即提出了"开辟越过喜马拉雅山的空运航线的计划"[①]。这条航线后来被称为"驼峰航线"，因为运输机必须爬升到 23000 英尺的海拔高度才能飞越群山。

　　在好几个月的时间里，除了靠这条航线一点一滴地输送物资外，没有别的办法，因为此时已经成为驻印军总指挥的史迪威将军告诉我们："……在 1942 年 3 月，印度没有一个全训师。"[②]而且，从 1941 年春季开始，印度就被当成了一个用来支取意外的经常性花费的应急基金，已经有许多印度士兵被派往非洲和中东。在德国入侵苏联后，巴士拉的驻军得到显著加强。8 月，为了开辟一条通往苏联的补给线，英国又出兵入侵了波斯。新加坡陷落之后，日军在印度洋的活动导致本来要派往印度的援军和装备在 5 月被转到马达加斯加，在那里与法国打了一场小规模战争。隆美尔在 6 月对阿拉曼的进攻也起了同样的作用，而 8 月德军攻入高加索的行动更是导致英国政府对印度提出了经波斯向苏联输送物资的新要求。除了这些干扰之外，国大党的煽动也使得许多士兵被分散到全国各地维持治安，进一步妨碍了训练。事实上，除了在那加丘陵（Naga Hills）与日军进行的一些小规模遭遇战，以及对日军交通线和驻地的零星轰炸外，

---

① 注释：《美国陆军总参谋长双年报（1941 年 7 月 1 日—1943 年 6 月 30 日）》，第 23 页。
② 注释：《快报》，载《伦敦公报》副刊，1946 年 9 月 17 日，第 4670 页。

唯一值得一提的军事行动就是 13000 名中国军人被空运至印度，使得在印度避难的中国军队实力恢复到两个师。这一行动发生在 10—12 月间。

　　1943 年，缅甸基本保持停战状态，只发生了两次小规模会战。第一次是1942 年 12 月—1943 年 4 月第 14 印度师在阿拉干（Arakan）进行的战斗，最后以惨败结束。第二次则首开长途丛林渗透行动的先河，其可圈可点之处在于清楚地证明了应该更多地在空中，而不是地面上寻找解决丛林战难题的方法。这次试验性质的远征是由奥德·温盖特准将（Brigadier Orde C. Wingate）指挥的，他在阿比西尼亚领导游击队作战时表现突出。温盖特的部队使用第 77 印度步兵旅的番号，在 2 月兵分几路出发，渡过钦敦江和伊洛瓦底江，在杰沙（Katha）地区多处切断了密支那铁路。他们没有运输车队，基本上完全依靠空投补给，这种补给方式使他们在战场上活动了 3 个月，获得了完全的行动自由。这次作战决定性地证明了，只要士兵接受过细致的丛林战训练，通过把后勤纵队从地面转到空中，就可以避免这类作战中的两大困难——缺少道路和需要用大量人

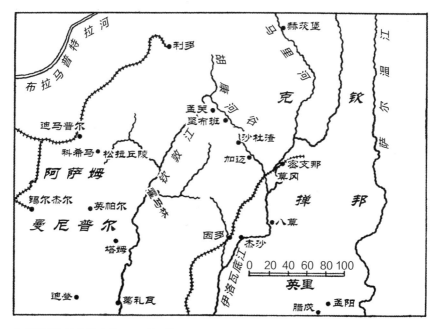

∧ 缅甸战役，1943 年 12 月—1944 年 6 月

力维持交通线。

在这一年的春季和夏季，中国的战局以极快的速度恶化，使得采取措施支援中国成为当务之急，所以，这个问题在 8 月的第一次魁北克会议上得到了充分研究。

会议决定成立独立的东南亚战区司令部 (SEAC)，以路易斯·蒙巴顿中将（Vice-Admiral Lord Louis Mountbatten）为总司令[①]，史迪威中将任其副手。[②]缅甸的所有空中力量都编入乔治·斯泰特梅尔少将（Major-General George E. Statemeyer）领导下的东方空军司令部。他们的任务是按下列路线重新打通与中国的地面交通：(1) 在 1943—1944 年的冬季，对缅甸北部发动攻势；(2) 将当时正在修建的以阿萨姆（Assam）为起点的利多公路（Ledo Road）延长，在腊戍附近的孟阳（Mong Yawng）与旧滇缅公路连通；(3) 修建一条从加尔各答至阿萨姆的输油管，以及另一条与利多公路平行的输油管；(4) 将"驼峰"航线的运输量从每月 1 万吨提高到 2 万吨；(5) 在中国境内建设用于打击日本和"满洲国"的前进航空基地。

按照这些指示，拟定了以 3 个独立但又相互关联的作战为基础的计划，主要目标是夺取密支那，因为只要同盟国控制该地，飞越"驼峰"的空中航线就没有必要了。原因是密支那有 3 个机场，从印度到中国的飞机如果取道该处，不仅飞行距离会缩短，而且不必爬升 23000 英尺来飞越"驼峰"，还可避免"全世界最可怕的结冰气象"[③]。

这 3 个作战分别是：

（1）史迪威将军的中美联军（中国的第 22 和第 38 师，以及梅里尔准将的美国特遣队）将从钦敦江的上游源头胡康河谷（Hukawng Valley）向莫冈（Mogaung）和密支那进攻，同时克钦族应征部队从利多以东 120 英里的赫茨堡（Fort Hertz）出发与他的左翼配合，卫立煌将军指挥的中国军队在萨尔温江河

---

① 注释：与此同时，韦维尔勋爵被任命为印度总督，奥金莱克将军任印度英军总司令。
② 注释：史迪威将军任中缅印战区美军司令，并兼任蒋介石委员长的参谋长。
③ 注释：《缅甸作战的航空方面》（Air Aspects of the Operations in Burma，空军中将约翰·鲍德温爵士撰文），载《皇家联合军种学会志》，1945 年 5 月，第 198 页。

谷向西面的八莫（Bhamo）—腊戍前线进攻。

（2）第3印度师（即"温盖特支队"）将乘飞机进入缅甸境内，破袭与史迪威将军作战的日军的交通线——敌军的后方。盟军方面已经知道日军正计划进攻曼尼普尔（Manipur）地区，希望这些破袭行动也能打乱这一攻势。

（3）克里斯蒂森中将（Lieutenant-General A. P. E. Christison）指挥的第15印度军（第5和第7印度师以及第81西非师）将进入阿拉干，目标是肃清整个孟都半岛（Maungdaw Peninsula）并夺取阿恰布（Akyab）。盟军高层希望这一攻势能将大量日军堵截在下缅甸，防止其被调往上缅甸。

1944年1月初，在适宜作战的季节①开始很长时间后，第15军越过缅甸边境收复了孟都。2月初，该军遭到敌军的猛烈反击，若不是英军改变了战术，这场会战很可能会像上一场一样，以严重的挫折告终。

英军采用的战术如下：当在丛林中被日军迂回到侧翼时，部队并不退却，而是按照利比亚的方式组成师级和旅级的"方阵"，通过运输机队获得补给。这样的战术之所以能够实施，是因为盟军已经取得了彻底的空中优势，与此同时，参战日军的地面交通则因为轰炸而陷入一片混乱。结果，战争变得并不像是两支敌对武装力量之间的较量，而成了维持后勤供应的竞赛。英军将自己的补给线转移到了空中，而且因为他们掌握了制空权，所以部队的空中交通线非常安全，而日军因为失去了制空权，他们的地面补给线也显得非常脆弱。结果，静态防守的英军并没有因为饥饿而投降，机动进攻的日军反而因为缺粮少弹不得不撤退。

对空运补给的第一次请求是位于辛兹维亚（Sinzweya）的第7印度师"方阵"在2月6日发出的——他们的弹药快要见底了。"指挥空运司令部的美国军官奥尔德准将（Brigadier-General Old）……登上一架飞机，亲自带队飞行。在21天的战斗中，这个司令部的英军和美军机组空投了1500吨弹药、食品、汽油、机油和医疗用品，只损失了一架'达科他'式飞机。"②

---

① 注释：导致丛林几乎无法通行的雨季始于5月，终于10月初。在阿萨姆，雨季的平均降雨量是150英寸左右。因此，适宜作战的季节是从10月到次年5月。

② 注释：《泰晤士报》，1944年2月29日。完整的叙述见《缅甸战记》（Campaign in Burma，皇家文书局，1946年），第9章。

　　这场会战是日军在缅甸的英印军队手下第一次遭受较大规模的失败，日军的反突击使战斗拖延了相当长的时间，随着雨季在 5 月到来，会战只能在未获得决定性胜利的情况下结束。

　　与此同时，在北面 500 英里外，自 1942 年以来第一次重返缅甸的史迪威将军在 1 月中旬开始顺胡康河谷而下，攻击曾在攻打新加坡时表现突出的日军第 1 师团。由于极其困难的地形和日军的顽强抵抗，攻击进展缓慢，直到 3 月 4 日他才占领孟关（Maingkwan）。此后他继续进攻，于 20 日占领了坚布班（Jambubum）。

　　4 月，他顺着莫冈河谷从沙杜渣（Shadazup）向加迈（Kamaing）前进，同时克钦族应征部队沿马里河谷（Mali Valley）前进到距密支那不到 50 英里的地方，卫立煌将军也从东面渡过了萨尔温江。此时部队推进速度加快，在 5 月 17 日，当雨季刚开始时，梅里尔的"劫掠者"部队攻击了密支那的南机场，并将其占领。

　　如此快速的推进在很大程度上要归功于第 3 印度师远程渗透部队（"温盖特支队"，又名"钦迪特"）的作战，该部是在 3 月 5 日乘飞机出发的。第一批空运的人员中包括一队工兵，他们被空投在杰沙地区，任务是修建供主力部队降落的飞机跑道。这项工作在短短 12 个小时内就完成了，主力部队一落地，就对日军第 18 师团的后方发动了作战。当时这股日军正在史迪威的进攻面前节节后撤。但极为不幸的是，3 月 24 日，温盖特将军在一次坠机事故中身亡。他的继任者是伦泰恩少将（Major–General W. D. Lentaigne）。

　　在杰沙地区，第 3 印度师威胁着日军的 4 条补给线：（1）从曼德勒到密支那的公路和铁路；（2）从因多（Indaw）到钦敦江边的霍马林（Homalin）的公路；（3）穿过掸邦（Shan State）北部到八莫的公路；（4）自八莫以下都可供内河轮船通航的伊洛瓦底江。

　　因此，日军在缅甸北部的交通枢纽不是面临威胁，就是受到了攻击。正是这种强大的袭扰为史迪威将军最后阶段的进攻铺平了道路。虽然同盟国方面希望能够快速夺取密支那和当地剩下的两座机场，但日军进行了顽强的抵抗，直到 8 月 4 日，经过 80 天的攻坚，密支那才终于被攻克。

　　如果没有空中运输，这两场引人注目的会战都是不可能实施的。1945 年，当远东的战争仍在进行时，马歇尔将军就写道：

"重返缅甸是在空中补给线末端实施的最有雄心的会战。从中国在10月首次攻入胡康河谷，到次年8月攻克密支那城，参加战斗的部队始终保持在25000～100000人的规模，他们的食品、装备和弹药大部分或完全依靠空中补给，方式包括伞降、自由空投和机降运输。"①

除了史迪威将军的部队之外，"温盖特支队"也完全依靠空中补给。因此：

"C-46和C-47运输机夜以继日地在布拉马普特拉河谷（Brahmaputra Valley）中的众多基地机场和缅甸丛林中盟军部队的会合点之间穿梭。每次飞行都必须越过1条或多条险峻的山脊，它们是喜马拉雅山沿着印缅边境向南探出的爪子，构成了世界上对军事行动影响最大的障碍之一。在会战达到高潮时，各个运输机中队里每架能够出动的飞机平均每月要飞行230小时，就这样持续了3个月。"②

在这些会战进行时，日军并没有消极防守，而是大胆地主动迎击，目的是阻止盟军重新建立与中国的陆上联系。为此，他们发动了两场会战：一场是向东越过萨尔温江，以求趁早击退中国军队，阻止利多（史迪威）公路完工；另一场则是向西进攻第4印度军在印度曼尼普尔邦的指挥部所在地英帕尔，以求切断作为"驼峰"航线和史迪威部的后勤基础的孟加拉—阿萨姆铁路。

英帕尔地区的防御弱点就在它的主要补给线上，这是一条从位于上述铁路线的迪马普尔（Dimapur）经科希马（Kohima）通至英帕尔，然后又向南通至迪登（Tiddim）的公路，与日军进攻的前线平行。因此，如果日军在英帕尔北面或南面切断这条公路，英帕尔守军就不得不转而依靠向西通至上述铁路支线上的锡尔杰尔（Silchar）的一条二级公路，而这条公路在雨季是无法通行的。因此，日军的计划就是趁雨季尚未开始，在英帕尔北面或南面切断公路，最好使英帕尔守军因缺粮而撤退。然后，占领英帕尔，再从该地出发攻打迪马普尔及其机场，从而切断史迪威将军的补给线，终止"驼峰"空运。

3月15日，日军首先进攻英帕尔以南约100英里外的迪登。第17印度师

①注释：《美国陆军总参谋长双年报（1943年7月1日—1945年6月30日）》，第58页。
②注释：出处同前，第58页。

经过激战后从迪登撤退，接着第20印度师也撤出了迪登以北60英里的塔姆（Tammu），该城在22日被日军占领。与此同时，日军还穿过松拉丘陵（Somra Hills）向科希马进攻。4月2日，英帕尔—科希马公路被切断，5天后，科希马遭到围攻。此时强大的英国和印度部队已在迪马普尔集结，第5印度师正搭乘飞机从阿拉干赶来；他们立刻向科希马挺进，重新打通迪马普尔—科希马公路，解救了陷入重围的科希马守军。不过，日军还不会这么快就被赶出英帕尔地区。而且在5月，由于公路被切断，英帕尔也陷入了被围困的状态，尽管无论如何都不能算是被包围。

空中运输再一次挽救了战局。英帕尔守军不仅在雨季气候最恶劣的时期得到了补给，还获得了不少于2个半师及其炮兵的加强。

"我们使用了直升机。"空军上将约翰·鲍德温爵士写道，"'达科他'式飞机在我们的多次作战中既搭载过人员、弹药、吉普车、火炮、无线电设备和汽油，也运送过口粮、工程设备、摩托艇、骡子、牲畜和猪……伤病员则乘坐运送物资后返航的飞机后撤。没有安排什么特别的勤务，不过返航的飞机都被安排降落在一家医院附近的机场，以减少不必要的道路运输。总计空运了3万名伤病员。"[1]随后，在6月7日，日军的抵抗突然崩溃了。由于进攻部队损失高达50%，再加上雨季通过公路补给的种种困难和密支那地区不断恶化的局势，他们终于被消耗殆尽。于是日军从英帕尔和科希马地区全面撤退，他们大胆发动的会战因为盟军的空中运输而功亏一篑，主动权也易手。

空中力量的意义

本章中讨论的几场会战驱散了1919—1939年所谓的专家们用文字笼罩在空中力量的意义之上的乌云，将它展现在战争本质的阳光之下。

这些会战证明，飞机的主要用途不是充当炸弹货车，而是作为一种新型的运输手段，以它为核心可以改变战争的形态。假如那些20年来长篇累牍地讨论用炸弹打击战列舰、炸弹打击工厂和炸弹打击平民士气的专家们，有一点历史

① 注释：《皇家联合军种学会志》，1945年5月，第201页。

头脑的话，他们就不会看不出，飞机对战争的影响与第一次被用于军事用途的马匹的影响没有任何本质的区别。军马的主要影响是什么呢？

不是使徒步的士兵有了骑在马上战斗的能力，而是使士兵不必将自己变为驮畜。通过增加为士兵提供补给的手段，军马使战争在后勤方面——从运输和补给的角度——发生了革命性的变化，在这场根本性的革命中，所有其他变革都是因为军马才有了基础。

1919—1939 年间，人们本应该看到，飞机的主要影响也是在后勤方面，它使得士兵不必依赖地面交通，而由此可能引发的所有其他变革也有了基础。

由于省却了依靠公路、铁路、河流、运河乃至地球表面本身作为交通线的必要，战争得以简化。以前战争对军人而言是基地、交通和战斗部队的问题，而现在成了只需要考虑基地和战斗部队的问题。正如一位作者思考空中运输在缅甸的影响时所述："它使地面的部队指挥官不必再为掩护交通线而忧虑，减少了大规模修筑道路的必要（无论如何，这些道路在每年的雨季难免要被冲毁），从而大大简化了后勤问题。"①

他还写道：

"值得一提的是，即使在从铁路终点到前线的相对较短的交通线上，卡车往返一次也需要花 12 天左右，如果计入机动运输车辆消耗的汽油，那么估计每天需要 18 辆卡车才能向前线输送一卡车的物资；另一方面，一架载货能力约为 3 吨的飞机可以每天输送 3 次，因此能完成大约 54 辆卡车的运输量。此外，单是这一架飞机就可以在同一天将多达 60 名伤病员后送，而卡车的运力在返回途中大部分是被浪费的，它们肯定不能用来运送伤员。所以，空中运输不仅是东南亚会战中至关重要的因素，它还帮助我们在人力、机动车运输和筑路材料供应方面实现了显著的节约，为我们的部队提供了很高的灵活性，使他们能够克服我们在对日战争初期遇到过的所有不利条件。这种形式的战争技术已经有了长足发展，但还有巨大的潜力可挖。"②

---

① 注释：《缅甸前线的空中运输》（Air Transport on the Burma Front，"天鹰座"撰文），载《皇家联合军种学会志》，1945 年 5 月，第 205 页。

② 注释：出处同前，第 206 页。18 辆卡车这个数字似乎是夸大了，也可能是印刷错误。

在缅甸的历次会战中，合计有"超过118万吨的物资和装备以及138万人次的部队是通过飞机运输的；在印度和中国之间飞越'驼峰'的空运量最高曾达到每月71000吨"[①]。

虽然正如以上数字所示，飞机能够将天空变为后勤补给线，还能够掩护基地和作战部队，但它不能将天空变为作战基地；因为无论以什么形式进行机动，基地始终必须留在地面。正因如此，战争归根到底仍然是在基地和基地之间的斗争；战场或作战空域与战壕之间的无人地带没什么两样，都起到了将基地隔开的作用，并成为基地争夺的目标。

在本章考察的几次会战中，我们一次又一次地看到了这一点。局部制空权是为基地、交通线和作战部队建立保护伞的必要条件，但获取它的方法并不是在天空中到处乱窜，像古代希腊和特洛伊的英雄那样，叫喊敌空军出来决一死战（这是专家们的理念），而是破坏敌方空中力量的基地，并为己方的空中力量赢得新的基地。敌方失去的航空基地越多，其空中力量的机动能力[②]就越差；而我方获得的基地越多，则我方在空中的机动能力就越高：这里的机动能力不是指一小时能飞多少英里，而是指飞机的活动半径，也就是空中掩护的范围。

一旦某个区域有了空中掩护，为了赢得行动自由，接下来应该实施的两种作战就是：（1）打击敌军的基本（地面或水面）机动能力；（2）增强我方自己的基本（地面或水面）机动能力，即协助我方的陆军和海军将基地向前推进，最终把敌军的基地也占领下来，消除无人地带。

前一种作战是轰炸机的主要职责，后一种作战是运输机的主要职责；而战斗机的主要职责就是确保我方能够履行这两种职责，而敌方无法履行。

以上就是这种新的战争形式的各大要素，而1919—1939年的航空专家们所设想的战争形式不过是把1916—1917年制造成片焦土的炮战从地面搬到空中而已。

既然这种形式能够适用于丛林战，那么它原则上就可以适用于一切作战，

---

① 注释：《美国战略轰炸调查总结报告（太平洋战争）》，1946年，第8页。
② 注释：出处同前。

只不过在每个不同的战区都需要对其应用做一些修改。

但是在西线,这个理论却没有得到运用。在接下来的3个章中,我们将会看到,只要把用于建造轰炸机的资源抽出一小部分用来建造运输机,在这几章中讨论的几次会战就会大大加快,取得的收益也会远高于实际情况。因为在战争中,战略目标是占领敌方的基地——最终占领整个敌国,而不是将它们化为焦土。

第七章

同盟国在西线确立主动权

1940—1944 年的对德战略轰炸

如果有一条战略原则在战争史上自始至终被所有伟大的战略家所坚持，那它一定是统一指挥。按照这一标准，拿破仑可能称得上是史上最伟大的战略家，他特别强调指挥才能：在他的《书信集》中，一次又一次地提到它，他说过："Un mauvais general vaut mieux que deux bons（一个拙劣的将军要比两个优秀的士兵在一起强）。"[①] 在 1796 年 5 月 14 日写给督政府的信中，他曾指出："Si vous affaiblissez vos moyens en partageant vos forces, si vous rompez en Italie l'unité de la pensée militaire, je vous le dis avec douleur, vous aurez perdu la plus belle occasion d'imposer des lois à l'Italie（如果你们通过分兵来削弱你们的武力，如果你们在意大利破坏军事思想的统一，那么，你们将失去在意大利施行你们的律法的最佳机会）。"[②]

这个原则毋宁说是所有原则的支点，而我们已经看到，1917 年的英国政府曾将它抛在脑后，结果是在 1918 年 4 月，空军从海军和陆军独立出来，成为一个独立军种。这不可避免地破坏了军事思想的统一，结果就是，在 1940 年，空军的指挥与陆军的指挥完全脱节，导致身在法国的戈特勋爵陷入了只能通过伦

---

① 注释：《拿破仑书信集》，第 1 卷第 664 篇和第 29 卷第 107 篇。

② 注释：出处同前，第 1 卷第 420 篇。在 1798 年 2 月 25 日写给卡法雷利将军（General Caffarelli）的信中，他表示："Il faut que toute la marine qui est située dans l'enceinte de l'armée d'Angleterre soit absolument entre les mains du général qui commande l'armée, comme les autres armes（在英国陆军作战区域内的所有海军部队都必须和其他部队一样听从陆军指挥官的号令）。"

敦的陆军部向空军部请求空中支援的荒谬境地。①

在这场战争的前半部分，仅有的负责协调不同军种的环节就是英国战时内阁，而因为内阁的主人是身兼国防大臣和首相职务的丘吉尔，所以他本人就是这个环节。

按照 1939 年时的情况，《1922 年华盛顿限制军备会议决议》第 22 条（乙）部分中的规定仍然有效。这些条文的内容是："禁止以恐吓平民、摧毁或破坏无军用性质的私有财产或杀伤非战斗人员为目的而实施航空轰炸。"②此外，在 1939 年 9 月 2 日，也就是德国入侵波兰的第二天，英法两国政府曾经声明轰炸对象只包括"最狭义的军事目标"，而德国政府也做了类似的声明。6 个月后的 1940 年 2 月 15 日，英国首相张伯伦在对议会下院做出的声明中又重申了这一政策。他说："无论其他各方做到何种程度，我国政府绝不会仅仅出于制造恐怖的目的而诉诸攻击妇女和其他平民的流氓手段。"③

这样的情况一直持续到 5 月 10 日，在这一天丘吉尔成为首相，他立刻就采取了战略轰炸这一手段。

战略轰炸究竟是什么？

早在 1917 年 10 月 21 日，丘吉尔就写过一份备忘录，对此做了充分说明：

"对交通线或基地的一切攻击应该都与主要战斗相关。如果想仅仅依靠空中攻势就结束战争，是不合情理的。任何可以通过空中攻击实现的对平民的恐吓都不太可能迫使一个大国的政府屈服。对轰炸的熟悉，良好的防空洞或掩体系统，再加上警察和军事部门的强力控制，就足以保证国民的战斗力。以我们自己为例，我们已经看到德军的空袭并未使人民的战斗精神消退，反而将其激

---

① 注释：《快报》，载《伦敦公报》副刊，1941 年 10 月 10 日，第 5914 页。他写道："从 5 月 21 日起，空军与英国远征军的所有合作都是由陆军部在本土会同空军部安排的。"

② 注释：但是英国人从未遵守过这些规定，虽然 1937 年 4 月，在西班牙的格尔尼卡（Guernica）发生的不知是真实还是编造的轰炸曾令英国人群情激愤，差一点引发了英国与西班牙的战争，但是在 1925 年 11 月 11 日，空军少将埃林顿爵士（Air Vice-Marshal Sir S. Ellington）发给驻印英军总司令有关空军在瓦济里斯坦（Waziristan）的作战行动的快报中，我们就能读到下列文字："此次战役的目标既有相当大的村庄……也有不折不扣的窑洞"，还有"古里克尔（Guri Khel）的零星棚屋和围场"。

③ 注释：《英国议会议事录》，第 357 卷，下院讨论第 5 辑，第 924 栏。

发了出来。根据我们了解到的德军民忍受苦难的能力，没有理由认为他们会被这样的做法吓倒，事实上，他们可能因此而更加抱定死战到底的决心。因此，我们的空中攻势应该始终以打击重要的基地和交通线为目标，因为这些设施是他们的陆军和海上及空中舰队的战斗力的基础。在这一攻击过程中对平民造成的任何伤害都必须被视作是附带的和不可避免的。"[①]

但是在写下这些文字时，丘吉尔作为军需大臣，在政府中仅仅担任着次要的职位，而在 1940 年，他即使不是法定的英国武装力量最高统帅，也在事实上占据了这样的地位。虽然无法亲自上阵，但是他立刻通过下列方法解决了这个难题：他决定以皇家空军的轰炸机司令部作为自己的私人军队来开展一场属于他个人的战争。[②] 5 月 11 日，巴登的弗赖堡（Freiburg）遭到轰炸。于是，用斯佩特先生（Mr. J. M. Spaight）的话来说："我们（英国人）在德军开始轰炸英国本土的目标之前，就对德国本土的目标开始了轰炸。这是一个已经得到公认的历史事实……但是，因为我们担心宣传机关会曲解战略进攻由我们发起这一事实，造成不利的心理影响，所以我们没敢对 1940 年 5 月的这个伟大决定给予应有的宣扬。这是一个了不起的决定，它所体现的英雄主义和自我牺牲精神堪与苏联实行'焦土'政策的决定相比。"[③]

因此，根据斯佩特先生的证词，正是丘吉尔点燃导火索，引发了一场自塞尔柱突厥人入侵欧洲以来从未有过的毁灭性的恐怖战争。

当时，正忙于攻打法国的希特勒并未报复。但是毫无疑问，对弗赖堡以及后来对其他德国城市的轰炸促使他向英国本土发动了攻击。他在 1940 年 9 月 4 日为冬季赈灾运动所做的开幕演讲就可证实这一点，他在演讲中表示："我有 3

---

① 注释：《空中战争》（The War in the Air，1937 年），附录 4，第 19 页。

② 注释：关于这个问题，在战争后期的 1944 年 3 月 3 日，哈里·布彻上校（Captain Harry C. Butcher）写道："首相的立场是，要么让皇家空军轰炸机司令部独立于最高统帅（艾森豪威尔将军）的管辖之外，仅仅与他和他的部队保持合作关系，要么就只把轰炸机司令部的一部分划给他管辖。首相希望能在自己愿意的情况下进行属于他个人的战争。"【《与艾森豪威尔共事的三年》（Three Years with Eisenhower，哈里·布彻上校著，英文版，1946 年），第 427 页。】

③ 注释：《轰炸有理》（Bombing Vindicated，斯佩特著，1944 年），第 68 和 74 页。斯佩特先生的言论具有权威性，因为他是空军部的首席副大臣。

个月时间没有做出回应。" 随后就说明了他打算采取的措施。[①]

尽管如此，我们还是可以说，法国沦陷之后的军事形势与 1917 年 10 月并无相似之处。在 1917 年，英德两军正打得难分难解，而从 1940 年夏天开始，连续 3 年时间，除了突击队的袭扰和在希腊的失败远征之外，英国陆军没有一兵一卒踏上欧洲大陆。那么，在这 1000 多天里，皇家空军就该无所事事吗？如果在这段时间里能够系统地摧毁德国军事力量的工业基础，即便仅凭这一做法不足以使她崩溃，也不能加剧她最终的失败吗？

回答是肯定的；因此，这么做很显然是正确的。唯一的问题是——怎么做？

据估计，德国军事工业的占地面积有 130 平方英里，要用当时已有的手段一下子摧毁其全部或大部，显然是不可能的；即便花数年时间慢慢摧毁，需要的飞机数量也是倾尽英国全部工业资源都无法提供的天文数字。所以，直接开战是不明智的。如果丘吉尔有一点战略头脑，而不是光想着搞破坏的话，他就应该清楚，要打击的目标不是这些工厂本身，而是煤炭和石油——它们的能源。如果能稳步地减少这些能源，那么最终 90% 的德国工业都将陷于停顿。

对于这个办法，可能的反对理由只有两种。第一，煤田是很难摧毁的；第二，因为石油目标数量很少[②]，所以它们将会得到有力的保护，对它们的攻击将会代价高昂。但第一种理由只不过是表面上的困难，因为空军只要不断轰炸进出鲁尔和萨尔地区煤田的铁路即可，这样一来，德军虽然能够开采煤炭，也无法将其输送出去。但是，这两个理由有可能根本不曾被决策者考虑过，原因也很简单：摧毁工业只不过是毁灭德国并恐吓其平民的宏大计划的一部分罢了。总之，

---

① 注 释："Wenn die britische Luftwaffe 2 oder 3 oder 4000 Kilogramm Bomben wirft, dann werfen wir jetzt in einer Nacht 150,000, 180,000, 230,000, 300,000, 400,000 und mehr Kilo! Und wenn sie erklären, sie werden unsere Städte in grossem Masstabe angreifen—wir werden ihre Städte ausradieren!(如果英国空军投下 2000、3000 或 4000 公斤的炸弹，那么我们就会在一夜之间投下 150000、180000、230000、300000、400000 公斤以上! 如果他们声称要大规模空袭我们的城市——那么我们就把他们的城市抹平!）"

② 注释：德军只有两个稍具规模的油田，即罗马尼亚油田和匈牙利油田，此外有 10 座主要的合成石油工厂——洛伊那（Leuna）、珀利茨（Pölitz）、盖尔森贝格（Gelsenberg）、布鲁克斯（Brux）、波伦（Bohlen）、蔡茨（Zeitz）、韦瑟灵（Wesseling）、绍尔文（Scholven）、马格德堡（Magdeburg）和韦尔海姆（Welheim）。

这样的计划是有一系列事件证明的，我们可以将截至 1944 年春季的这些事件分为两个主题来论述：（1）经济攻击；（2）精神攻击。

前者可以分为两个时期：1940 年 5 月—1942 年 3 月，分散的、由皇家空军主要在夜间实施的所谓"精确"轰炸；1942 年 8 月—1944 年 3 月，由美国陆军航空兵对德国的特定工业实施的昼间空袭。

在这第一个时期，虽然对建筑物密集区域造成不少破坏，但对德国军工产量的影响微不足道：产量非但没有下降，反而大幅增长了。根据《美国战略轰炸调查（欧洲战争）》[①]："因为德国经济在战争的大部分时间里严重动力不足，所以它对空袭的承受能力很强……德军的经验表明，无论作为空袭目标的系统是什么，没有一种必需产业会因为一次空袭就停产——必须持续进行反复空袭。"此外，因为德国加上被占国家的面积是大不列颠岛的 12 倍，所以皇家空军在1940—1942 年的力量不足以取得合算的战果。这一时期空军完全是在白费力气：他们在搞的是某种"浪费"轰炸，而不是"战略"轰炸。

第二个时期随着美国陆军航空兵来到欧洲而开始。美军司令部坚信"特定的工业和机构是敌方经济中最有打击价值的目标"，而"要准确地命中这类目标，就必须在白天进行攻击"。然而《调查》显示：美国陆航"在 1942 年和 1943年上半年实施的作战无一产生显著效果"。

当这些失败的作战还在进行时，在 1943 年 1 月的卡萨布兰卡会议上，各方确定英美战略空中力量的目标应该是："破坏和打乱德国的军事工业和经济体系，持续打击德军民的士气，直至其武装抵抗的能力受到致命的削弱。"6 月，这些决议被付诸实施，打击目标从德国的飞机工业换成了潜艇基地。

这些空袭中的第一批将矛头指向了施魏因富特（Schweinfurt）的轴承工厂实施，在一系列针对这些工厂的袭击中，共投下了 12000 吨炸弹。但是在 10 月14 日的空袭中，美军损失过于惨重[②]，导致对施魏因富特的后续空袭暂停了 4 个

---

① 注释：发表于 1945 年 9 月 30 日。这是一份极有价值的官方文献。因为后文我将频繁引用它的内容，所以就省略页码了。

② 注释：美军出动 228 架轰炸机，损失了 62 架，还有 138 架被击伤，其中有些已经无法修理。

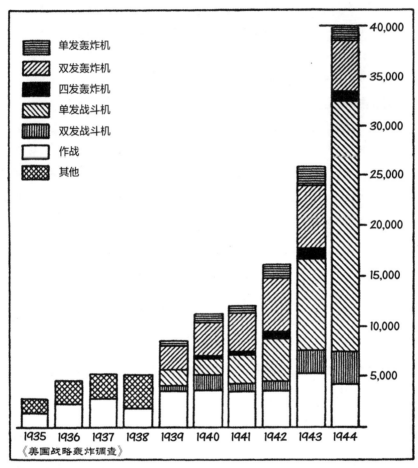

图例：
- 单发轰炸机
- 双发轰炸机
- 四发轰炸机
- 单发战斗机
- 双发战斗机
- 作战
- 其他

《美国战略轰炸调查》

∧ 德国飞机产量

月，而在此期间工厂的恢复速度极快，《调查》对此的评论是："……没有证据表明对轴承工业的空袭在基本军工产量方面产生了任何明显的效果。"

经过上述代价高昂的空袭之后，在战斗机护航范围之外的昼间空袭受到严格限制，直到 P-51（"野马"式）远程战斗机于 12 月到来，这类袭击才再度得以实施。对德国飞机工业的空袭高潮始于 1944 年 2 月的最后一个星期。然而，按照《调查》的说法："生产停顿的时间并不长。相反，根据报告，德国空军在 1944 年全年共接收各式飞机 39807 架——与之相比，在工厂遭受袭击之前的 1939 年是 8295 架，1942 年是 15596 架……在空袭最猛烈的 2 月过后，3 月接收的飞机数量要比之前在 1 月接收的更高。飞机产量还在继续增长……恢复的速度几乎和工厂遭到破坏的速度一样快。"

这些失败意味着盟军必须改变战术。之前，护航战斗机部队一直承担着保护轰炸机编队的任务。此时他们接到了引诱德国战斗机部队出动并尽可能与之交战的指示。结果德国战斗机和战斗机飞行员的损失不断增加，到了 1944 年春季，德国空军的抵抗已经不再有效。尽管如此，《调查》还是指出："德国战斗机产量在 1944 年夏季继续增长，9 月空军接收的数量达到了 4375 架的最高峰。"

因此，从经济攻击的角度来看，这些年的战略轰炸是一场可笑的失败，基尔戈参议员（Senator Kilgore）依据 "1944 年第三帝国军备和战时生产部的官方报告" 所做的《关于德国工业的说明》[1]足以证明这一点。下面我们就从《说明》列举的众多证据中略摘几例：

"这份文件以图表方式说明，虽然遭到同盟国的猛烈轰炸，德国还是能够不断地重建和扩大其工厂，并提高其军工产量，直到德国军队最终被击败为止。德国工业从未丧失其强大的恢复能力。"

"报告显示，在 1944 年饱经战火蹂躏的德国，生产出来的装甲战斗车辆多达 1942 年产量的 3 倍。"

"1944 年德国生产的战斗轰炸机数量是 1942 年产量的 3 倍以上。"

"1944 年的夜间战斗机产量达到 1942 年产量的 8 倍。"

"德国不但 1944 年的军工产量比前几年提高了，而且有多种产品在 1944 年最后一个季度的产量比当年第一季度还高。"

---

[1] 注释：美国战时情报局驻伦敦办事处 1945 年 8 月 8 日发表。

　　说完了经济攻击，接下来我们再说说精神攻击，它的目标正如卡萨布兰卡会议上的决议，是"持续打击德军民的士气"。它的正式开端是 1942 年 3 月 28 日夜—29 日晨对吕贝克（Lübeck）城的毁灭性空袭。当时官方宣布他们的政策发生了重要改变，从此以后，将采取与"精确"轰炸相对的"区域"轰炸方法。言下之意是：以前从英国派出的空军部队不足以有效地"烤焦"目标，但是从今往后，他们将具有足够强大的威力来做到这一点。因此，再也不需要瞄准军事目标来轰炸了，只需要将炸弹密集地投到这些目标所在的区域，摧毁其中的一切就可以了。

　　下一个被轰炸的是罗斯托克（Rostock），该城的市中心化作废墟，但是码头却几乎毫无损伤。接着，在 5 月 30 日夜—31 日晨，第一次"千机轰炸"降临在科隆（Cologne）。实际上共有 1130 架飞机参与此次行动，共投下了 2000 吨炸弹。在此次空袭之后，官方宣布摧毁了 250 座工厂；[①]但是照片显示轰炸重点是科隆市中心，有大约 5000 英亩的城区被毁，根据德方估计的数字，有 11000 ~ 14000 人死于非命。因此很显然，这次空袭的主要目标并不是打击科隆周边的工厂，而是杀伤城中的居民。在对埃森实施了下一次"千机轰炸"之后，官方也确认了这一点。因为 6 月 2 日，丘吉尔在议会下院宣布此次行动时说："实际上，我可以说，在今年接下来的时间里，德国的城市、港口和军工生产中心将遭受在持续长度、严重程度和规模方面前所未有的打击，从来没有一个国家有过这样的经历。"[②]很显然，他将城市与军事目标区分开来。

　　在这些空袭中，对汉堡的空袭是一场"重头戏"。1943 年 7 月的最后一个星期，这座城市遭受了 6 次夜间空袭和 2 次昼间空袭，落下了总重 7500 吨的炸弹。根据《调查》的数字：55% ~ 60% 的城区被毁；这些被毁部分中有 75% ~ 80% 是毁于火灾；12.5 平方英里的城区被彻底烧毁；30 平方英里遭到破坏；6 万 ~ 10 万人丧生；30 万户住宅被毁，75 万人因此无家可归。关于轰炸引发的大火，我们看到了这样的描述：

---

　　① 注释：这是 pour faire rire（搞笑），因为工厂区在市区以外。
　　② 注释：《英国议会议事录》，第 380 卷，下院讨论第 5 辑，第 553 栏。

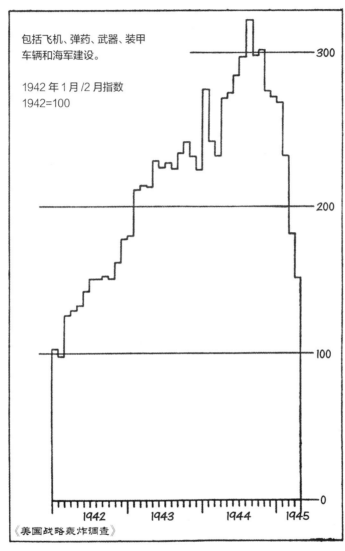

包括飞机、弹药、武器、装甲车辆和海军建设。

1942 年 1 月 /2 月指数
1942=100

《美国战略轰炸调查》

∧ 德国战时军工产量

　　"随着众多火焰冲破建筑物的屋顶，升起了一条由热空气组成的火柱，据飞临汉堡上空的飞机测量，其高度超过 2 英里半，直径达 1 英里半。这条火柱直冲云霄，其底部不断有贴近地面温度较低的空气流入补充。在距离火柱 1 ~ 1.5

的地方，这种气流使风速从每小时 11 英里增加到 33 英里。在火柱边缘区域，风速更大，因为直径 3 英尺的大树都被连根拔起。在短时间内，温度就达到了所有易燃物的着火点，整个地区陷入一片火海。如此猛烈的大火彻底烧毁了一切，没有留下任何可燃材料的痕迹，过火区域两天后才冷却到可以接近。"①

如此骇人听闻的屠杀肯定会令匈奴王阿提拉自叹不如，但是官方却以军事需要为借口来辩解——受到攻击的只有军事目标。在英国，约克大主教出言维护这些行动，理由是它们将"缩短战争，有可能挽救千上万人的生命"②。而副首相艾德礼（Mr. Attlee）是这样为它们开脱的："不，我们没有进行过无差别的轰炸（欢呼声）。我已经在议会反复申明过，我们轰炸的是从军事角度来看极有效果的目标（欢呼声）。"③4 天后，空军副大臣哈罗德·鲍尔弗上校（Captain Harold Balfour）宣称："只要德国和意大利人民继续容忍纳粹主义和法西斯主义，我们就会将轰炸袭击进行到底。"④这只能意味着轰炸的目的就是逼迫这两国人民起来造反。

《调查》对这些轰炸行动是怎么说的？

"我们相信，对城市的空袭提供了一种摧毁德国平民士气的手段。我们相信，如果工业劳动者的士气受到影响，或者劳动者被迫离开工厂，转而从事其他活动，例如照看家人，修复受损的住宅……德国的军工产量就将下降。"此外，《调查》还告诉我们，"以投下炸弹的吨位计，在空袭中有 24%——接近总吨位的 1/4，几乎 2 倍于投向所有制造业目标的炸弹总重——的炸弹是针对大城市投下的……在纯粹的破坏方面，这些空袭远远超过了其他所有攻击形式。"

尽管如此，它们的精神效果却与杜黑及其信徒的预测截然相反。德国军民

---

① 注释：据目击者描述，这场大屠杀极为恐怖，火场以外的空气都被吸入其中。许多人因为窒息死亡，或者被高温活活烤干。还有人跳进穿城而过的运河中将自己淹死。几天以后，人们打开附近的地下室，发现了数千具尸体，都像是被放在炉子里烤熟了一样。

② 注释：《泰晤士报》，1943 年 6 月 25 日。

③注释：出处同前，1943 年 5 月 28 日。

④ 注释：出处同前，1943 年 5 月 31 日。在同一天，空军上将阿瑟·哈里斯爵士（Air Chief Marshal Sir Arthur Harris）说："我们可以保证，只要她（德国）继续其侵略行径，那么她过去的遭遇与将来的遭遇相比，只不过是小菜一碟。"（出处同前，1943 年 5 月 31 日。）

士气并未快速崩溃，而是以极其缓慢的速度下降。请记住，有 61 座居住着 10 万以上人口的德国城市遭到轰炸，这些城市的总人口是 250 万，"360 万座房屋被毁或受到严重破坏——相当于德国住宅总面积的 20%；750 万人无家可归，大约 30 万人丧生，78 万人负伤……"《调查》还指出："德军民对空袭的精神反应是引人注目的。在纳粹的无情管制下，他们对反复空袭所带来的恐怖和苦难，对自己住宅和财物的毁坏，以及对自己生活条件的下降都表现出了惊人的忍耐力。他们的士气，他们对最终胜利或者令人满意的妥协结果的信心，以及他们对国家领导人的信任都衰落了，但是只要进行生产的物质条件仍在，他们仍然会高效地工作。我们不能低估一个国家对其人民的控制力。"

我们值得进行这些以毁灭和恐吓为目的的空袭吗？换言之，它们真的有战略意义吗？没有，丘吉尔和他的顾问们完全误解了整个战略问题——如果他真研究过战略的话。

前文我们已经看到，在 1940 年，德军的反击主要不是因为缺乏空中力量或地面力量，而是因为缺少海上力量。希特勒要解决的问题是跨过英吉利海峡。从 1940 年 7 月起，丘吉尔也需要解决这个问题，然而比希特勒更不可原谅的是，他没有利用德军的错误给自己的国家带来优势。德国占领的外国海岸线每延长 1 英里，英国海上力量可以攻击的目标就会增加 1 英里，而英国的海军优势也会随之倍增。与此同时，这还会迫使德国分散自己的军事力量。苏联有纵深优势，英国有广度优势；因为正如陆地交通线每延长 1 英里都会削弱前线的力量，海岸防线每延长 1 英里也会带来同样的效果。

因此，如果丘吉尔是个战略家，他就应该看到，打赢战争的主要方法必须以海权为本，而因为海上力量要实现对海洋的控制就需要空中力量配合，所以空中力量必须从属于海上力量。此外，因为海上力量和空中力量要实现最终的征服就需要陆地力量配合，所以陆地力量必须与空中力量并列。简而言之，这 3 种力量必须整合起来才能使打击力量实现经济化、机动化和集中化。

然而在现实中，空中力量在很大程度上是与海上力量和陆上力量分离的，虽然对德国的经济空袭和精神空袭迫使她将占总数一半的飞机用于防守，并动员了 100 万人操作高射炮，从而削弱了她的进攻力量，但是根据《调查》的说法，仅仅实现这样的效果就使英国不得不将"40% ~ 50% 的军工生产能力用于空军"。这意味着只有 50% ~ 60% 的产能用于海上力量和陆上力量。作为佐证，1944 年 3 月 2 日，陆军大臣詹姆斯·格里格爵士在向国会说明陆军预算时，曾说过："皇家空军计划所雇用的劳工人数已经超过了陆军的装备计划，我敢说，如今参与重型轰炸机制造的人员已经和整个陆军计划的相关人员一样多。"①如果丘吉尔认识到（他应该认识到，因为他伟大的先祖——第一代马尔伯勒公爵当年就洞若观火），英国要解决的战略问题首先是海上问题，然后才是陆上问题——首先是穿越海洋的问题，然后才是穿越陆地的问题——那么他就不会把自己国家的半数资源用于"以一切手段使敌军陷入火海和血海"②，而会按照这样的优先顺序来分配资源：（1）建造充足的战斗机和战斗轰炸机来赢得和保持制空权，从而保护英伦三岛并掩护海上和陆地军事行动；（2）建造充足的登陆舰艇，从而充分运用他已经掌握的制海权；（3）建造充足的运输机，从而为地面部队提供补给，并使其在登陆后保持机动能力。只有在完全满足这些需求之后，才可以将资源分配给他的"大有价值的试验"——战略轰炸。

因为上述第二条和第三条需求并未得到充分满足，所以我们将会看到，当同盟国在 1942 年 11 月终于在西线确立主动权之后，几乎每一场战役都因为缺少登陆舰艇而受到严重制约，或者因为缺少运输机而举步维艰。因此，作为一场试验，对德战略轰炸到 1944 年春季为止已经一败涂地；它非但没有缩短战争，反而通过浪费原材料和产业人力延长了战争。

---

① 注释：《英国议会议事录》，第 397 卷，下院讨论第 5 辑，第 1602 栏。美国的飞机生产也是如此。"身兼美国航空兵统帅和同盟国参谋长联席会议成员的阿诺德将军仍然相信，空中力量可以通过轰炸迫使德国投降——只要他能够从其他战争部门获得足够的人员、物资和优先级。他和他手下的将领们以及他的公关官员们，通过力争继续扩充航空兵部队，巧妙而坚定地抵制了（诺曼底）登陆行动。他们总是要求推迟该行动，为的是给自己争取时间来建造和训练出飞临德国上空的机队。他们的动机似乎既有自己的武器的真挚热情（秉承比利·米切尔的传统），也有强烈的个人野心。他们在军界大耍政治手腕，认为既然只凭航空力量就足以制服德国，那么航空兵自然就是高人一等的兵种。"不过，按照英格索尔（Ingersoll）的说法，"航空部队的请求从未得到过完全满足……"【《最高机密》（Top Secret, 拉尔夫·英格索尔著，英文版，1946 年），第 52 页】美国战时军工产能的 35% ~ 40% 都用在了飞机生产等方面。

② 注释：《泰晤士报》，1943 年 2 月 2 日。

阿拉曼战役和的黎波里追击

上文提到的会战中的第一场是苏联的严峻战局所引发的。1942 年 7 月初，罗斯福总统被塞瓦斯托波尔的陷落和德军对沃罗涅日的进攻彻底警醒，为了牵制德军的夏季会战，他坚决要求在 9 月实施一次针对瑟堡半岛（Cherbourg Peninsula）的登陆战。然而这是不可能的，因为按照他定的日期，适用的登陆舰艇只够运送 1 个师。[①]因此在 7 月 24 日，各方决定将登陆法国的行动推迟到 1943 年，并重拾在 1 月的华盛顿会议上最初提出的建议，即派部队在非洲西北部登陆[②]，以配合埃及盟军的西进。与此同时，为了向苏联表示善意，英军于 8 月 18 日对迪耶普（Dieppe）实施了一次大规模渡海袭扰，而这一仗的惨败结局似乎严重影响了丘吉尔，促使他反对再次实施跨越海峡的作战。大约与此同时，一支由 13 艘船组成的运输船队，在驶向马耳他途中被击沉了 12 艘。[③]这又使盟军高层更加担心在撒丁岛（Sardinia）和西西里岛（Sicily）的战斗机作战半径之内登陆非洲的危险性。尽管如此，发动两场会战的筹划工作还是立刻展开，中东司令部也发生了人事变动：哈罗德·亚历山大将军（General Sir Harold Alexander）接替奥金莱克将军，而蒙哥马利中将（Lieut.–General B. L. Montgomery）获得了第 8 集团军的指挥权。

在埃及，斗争是直接围绕交通线展开的；换句话说，问题就是——哪一边能更快地补充装备？隆美尔明白，从长期来看，自己获胜的希望将越来越渺茫；因此，尽管实力不如对手[④]，在临近 8 月底时他还是决定进攻。

此时，蒙哥马利的集团军据守的防线是沙漠战中的新事物，因为它第一次有了两个无法攻击的侧翼——北面的地中海和南面的盖塔拉洼地。这条防线从

---

① 注释：《与艾森豪威尔共事的三年》，第 9 页。

② 注释：布彻上校写道，登陆北非的行动是"出于首相（丘吉尔）的意愿，而非美国军方领导人的意愿"（出处同前，第 18 页）。在这场战争中，用 1915 年的话来说，丘吉尔先生始终是个"东方派"。也就是说，他希望在巴尔干半岛而非法国进行决战；很显然，这是为了阻止苏联染指这些地方。但是，一贯前后矛盾的他到头来还是和罗斯福先生一起把巴尔干和其他许多地方拱手送给斯大林，以答谢对方为同盟国事业出力，结果在政治上和战略上都输得一干二净。

③ 注释：出处同前，第 45 和 63 页。

④ 注释：在坦克方面，他的劣势很明显。他只有 230 辆坦克，而蒙哥马利有 390 辆，其中 140 辆是"格兰特"式。（《我们的装甲兵》，第 198 页。）

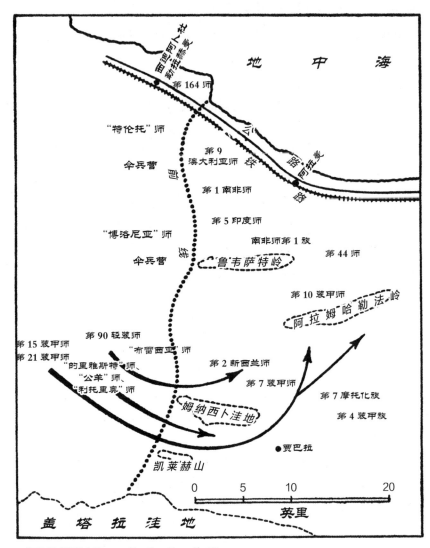

地 中 海

第 164 师

"特伦托"师

第 9
澳大利亚师

伞兵营

前

第 1 南非师

第 5 印度师

"博洛尼亚"师

南非师第 1 旅

线

第 44 师

伞兵营

鲁韦萨特岭

第 10 装甲师

阿 拉 姆 哈 勒 法 岭

第 15 装甲师

第 90 轻装师

第 21 装甲师

"布雷西亚"师

"的里雅斯特"师

第 2 新西兰师

"公羊"师

"利托里奥"师

第 7 装甲师

第 7 摩托化旅

姆纳西卜洼地

第 4 装甲旅

●贾巴拉

凯莱赫山

0   5   10   20

英 里

盖 塔 拉 洼 地

∧阿拉姆哈勒法之战，1942 年 8 月 31 日—9 月 6 日

阿拉曼略偏西处的海岸向南延伸 40 英里到洼地，而这个洼地是轮式车辆和履带车辆都无法通过的。在防线的英国一侧，从距离海岸约 15 英里处，有两条山岭向东延伸——鲁韦萨特岭（Ruweisat Ridge）和阿拉姆海法岭（Alam el Haifa

Ridge），蒙哥马利明智地决定，不在全长 40 英里的整条防线上部署重兵，而把主力放在从海岸到鲁韦萨特岭西端以及沿这条山岭到阿拉姆海法岭的地方。因此，他的防线的右半部分是 L 形的，L 的那一横掩护着兵力薄弱的前线南半部分的右翼，而南半部分的左翼则有洼地保护。

8 月 30 日午夜刚过，隆美尔发动了攻击；他的目标是消灭敌军，占领整个埃及。他的部队兵分 3 路突击：北路是佯攻，中路是牵制攻击，南路则是主攻；负责南路的是非洲军团（第 15 和第 21 装甲师，以及第 90 轻装师）和意大利第 20 军（"公羊座"和"利托里奥"装甲师）。在突破英军设于盖塔拉洼地以北的雷场后，他挥师北上，直扑阿拉姆海法岭，企图突破蒙哥马利的 L 阵形的那一横，再从后方攻击那一竖。如果成功的话，他就能包围第 8 集团军的主力，但是他没有成功，这主要是因为他的对手采用了令人钦佩的反坦克战术和航空战术。9 月 3 日，他在受挫后开始撤退，并在 4 日、5 日和 6 日遭到猛烈反击。7 日，蒙哥马利命令部队停止前进，因为在击退隆美尔之后，他已经赢得了交通线之争。从此他可以安全地忽略德军，等待第 8 集团军的实力增强到可以将德军彻底碾碎为止。

虽然正如蒙哥马利所说，这场漂亮的防御战提升了部队的士气[1]，但是他并未将功劳归于给他留下了一支精锐之师的前任。[2]尽管曾经努力克服了自己从未遇到过的困难——缺少有经验的军官和训练有素的士兵，缺少装备和武器不如敌军。所有这些缺陷都得到了很好的补救，以至于在 8 月 30 日隆美尔开始最后的赌博时，骰子的点数已经对他非常不利了。

10 月，当第 8 集团军准备发动攻击时，隆美尔的军队包括 8 个步兵师和 4 个装甲师：总共 96000 人，其中过半是德军，装备有 500 ~ 600 辆坦克，其中大半是意大利造的。他需要用这支部队对抗蒙哥马利的 3 个军，即第 10、第 13 和第 30 军，军长分别是赫伯特·拉姆斯登中将（Lieut.-General Sir Herbert

---

[1] 注释：《从阿拉曼到桑格罗河》（El Alamein to the River Sangro，陆军元帅伯纳德·蒙哥马利爵士著，1946 年），第 10 页。

[2] 注释：见《三英对抗隆美尔》，第 306 页。

Lumsden）、霍罗克斯中将（Lieut.–General B. C. Horrocks）和奥利弗·利斯中将（Lieut.–General Sir Oliver Leese）：包括 7 个步兵师、3 个装甲师和 7 个装甲旅，共有 15 万官兵和 1114 辆坦克，其中有 128 辆"格兰特"式坦克和 267 辆"谢尔曼"式坦克。[①]人数和装备的对比都对隆美尔极为不利，而且他占据的阵地也不如蒙哥马利在 8 月 30 日的阵地。他的阵地中央没有易守难攻的山岭，因此他无法仿效蒙哥马利缩短自己的防线。而且，虽然他的侧翼可以倚仗同样无法通行的障碍，但 96000 人的兵力实在太少，即使布设了大量地雷，也无法可靠地防守 40 英里的防线。我们不知道隆美尔会尝试用什么方法来防守，因为在英军进攻前，他临时将自己的指挥权移交给冯·施图姆将军（General von Stumme），然后去了柏林。接过兵权的冯·施图姆知道英军即将对他的正面发动进攻，但是他犯下了令人震惊的错误，把自己的部队均匀分布在整条防线上，而没有采取前轻后重的部署，把装甲部队集中在深远后方以便随时反击。

蒙哥马利并没有通过渡海作战来包抄敌军左翼的条件，他决定在海岸线以南数英里的地方突破敌左翼；虽然从战术上看，这里比冯·施图姆的中央和右翼要坚固，但从战略角度看，在这里成功突破所产生的收益要大得多，因为这样可以切断敌军中央和右翼与沿海公路的联系，等于切断他们唯一的补给和后撤通道。为了迷惑敌军，蒙哥马利还决定对冯·施图姆的右翼发起辅助攻势，而且在攻击前，他通过使用假坦克、假车辆和假输油管道，尽可能对敌军进行了误导。

他给自己的 3 个军分配的任务如下：第 30 军在北面，以 4 个师齐头并进，在雷场中开辟两条通道。开出通道后，第 10 军（第 1 和第 10 装甲师以及第 2 新西兰师）就要穿越雷场，其最终任务是歼灭敌军的装甲部队。与此同时，第 13 军和第 7 装甲师要在南面攻击，拖住德国第 21 装甲师并误导它。在攻击发起后，所有轰炸机部队都要立刻投入作战。

---

① 注释：布彻上校在他的《与艾森豪威尔共事的三年》一书的 10 月 25 日的记录中写道："艾克说，在对付狡猾的隆美尔的沙漠战中，如果考虑到物质和人员的质量与数量，那么蒙哥马利应该赢。他有 300 辆崭新的'谢尔曼'式坦克，全都有可以 360 度旋转的炮塔和 75 毫米炮。"（第 131 页）

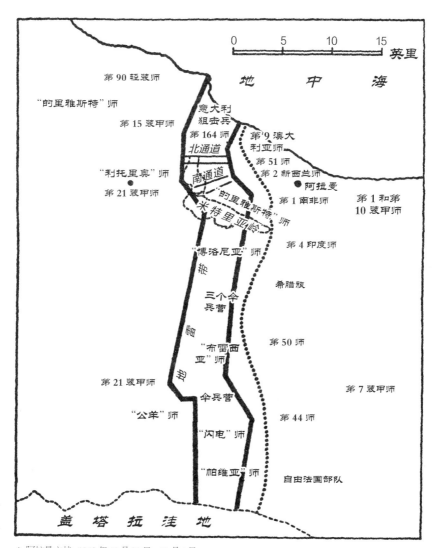

∧ 阿拉曼之战，1942 年 10 月 23 日—11 月 4 日

　　根据计划，这场战役的基础在于强大的打击力量，因此，它与 1916—1917 年的战役很相似，而且我们将会在蒙哥马利日后指挥的历次战役中看到，他在很大程度上是一个靠物质优势取胜的将领。对他来说幸运的是，他接过指挥权的时候正值大批军需物资涌入埃及；如果他更早获得兵权，很难想象他会打出西迪拜

拉尼或贝达佛姆这样的战斗。莫尔黑德写道："按照蒙哥马利的做法，所有战争艺术都可以被简化为一系列数字组成的套路；一切都取决于兵力、火力等等要素的多少。"[1]后来，布彻上校（Captain Butcher）也有非常类似的评论："……但是'蒙蒂'并不满意。他的反对意见的实质是，他在'雪橇犬'行动（登陆西西里）中指挥的力量一定要强大到使失败的风险减少为零。"[2]尽管如此，莫尔黑德也评论说："虽然他的仗缺少灵气，但至少打得很顺利，而且非常合理。"[3]

与第一次世界大战中的众多战役类似，蒙哥马利的进攻是以长时间的火力准备开始的。不过这一次，他用轰炸机代替了大炮。轰炸在 10 月 9 日开始，一直持续到 23 日。隆美尔在意大利的后勤基地和港口遭到来自英国的轰炸机攻击，而他的雷场、反坦克炮阵地、机场、临时仓库、运输车队和仓库，包括图卜鲁格和马特鲁港在内，遭到了来自埃及的空袭。英军动用的轰炸机不少于 700 架，截至 23 日，轴心国在非洲的空中力量已经几乎处于瘫痪状态。

当天晚上 9:40，1000 门大炮在 6 英里的正面上开火，20 分钟后，第 30 和第 13 军的步兵在工兵伴随下，借着满月的照耀开始前进，截至 24 日凌晨 5:30，第 30 军在正面开出了两条穿过主布雷带的通道。到了上午 7 点，第一个目标——米特里亚岭（Miteiriya Ridge）已被占领；第 1 和第 10 装甲师随即前进至该地。与此同时，南面第 13 军的进攻受挫，第 7 装甲师奉命北上。

24 日，第 30 军巩固了自己的阵地；25 日冯·施图姆将军死于非命；26 日隆美尔从德国返回，立刻集中装甲部队，在 27 日对受阻于反坦克炮火的第 30 和第 10 军发起一系列猛烈的反击。所有反击都被英军击退。蒙哥马利随即重整了自己的部队：第 13 军转入防御，第 10 军后撤，第 30 军则接到了准备实施新一轮步兵攻击以拓展突出部的命令。

28 日，隆美尔再度发起进攻，然后将半数装甲部队北调以解救当时被第 9 澳大利亚师包围的第 90 轻装师。当地激烈的战斗持续到 11 月 1 日，第 30 军在

---

[1] 注释：《非洲战事的结局》（The End of Africa，艾伦·莫尔黑德著，1943 年），第 102 页。
[2] 注释：《与艾森豪威尔共事的三年》，第 248 页。
[3] 注释：《非洲战事的结局》，第 103 页。

这一天完成了攻击准备，并于 2 日凌晨 1 点在 4000 码的正面上开始进攻。他们以大量巡洋坦克打头阵，在付出惨重损失后，突破了德军最后的雷场。到了上午 9 点，有明显迹象表明，隆美尔正准备以第 15 和第 21 装甲师反击。第 10 军随即命令第 1 和第 10 装甲师前出，在特尔艾尔阿卡其尔（Tel el Aqqaqir）一带爆发了激烈的装甲战，德军在 2 日夜—3 日晨失去了这个地方。隆美尔意识到自己被打败了，他放弃自己的大部分右翼部队，开始向西撤退。第 8 集团军在 7—8 日重新占领了马特鲁港。

阿拉曼之战就这样结束了，盟军赢得了最具决定意义的陆地战役，也赢得了英国历史上最具决定意义的战役之一。隆美尔的损失是灾难性的：59000 人战死、负伤或被俘，其中 34000 是德军；500 辆坦克、400 门大炮和数以千计的车辆损失。英军的损失是 13500 人战死、负伤或失踪，432 辆坦克失去战斗力。

虽然正如克利福德所指出的[1]，没有美国援助的"格兰特"式和"谢尔曼"式坦克，这一仗不可能赢，但马特尔将军提到了一个更重要的因素；那就是，在突击敌军精心准备的阵地时，巡洋坦克的装甲不够厚重，无法与步兵配合。[2]在先前的会战中，"玛蒂尔达"式坦克表现良好，但是我们前文也指出了，它们架不住德军的 50 毫米反坦克炮弹，而"丘吉尔"式坦克却有这个能力。"毫无疑问，"马特尔写道，"如果有一个旅的'丘吉尔'式坦克参战，它们将能相当轻松地……突破 50 毫米反坦克炮阵地。"[3]英军在此战中只使用了 4 辆"丘吉尔"式坦克："它们全部……都被 50 毫米反坦克炮命中许多次，但是只有一次被击穿。"[4]因此结论就是，正如炮兵需要 2 种大炮，一种用于野战，另一种用于攻坚，装甲兵也需要 2 种坦克——一种是野战坦克，另一种是攻坚或突击坦克。

正如克利福德的评价，第 8 集团军从马特鲁港到的黎波里的追击行动是"一

---

[1] 注释：《三英对抗隆美尔》，第 359 页。
[2] 注释："格兰特"和"谢尔曼"式坦克属于巡洋坦克，它们的最大装甲厚度是 75 毫米。"玛蒂尔达"和"丘吉尔"式坦克是步兵坦克，它们的最大装甲厚度分别是 78 毫米和 90 毫米。
[3] 注释：《我们的装甲兵》，第 216 页。
[4] 注释：出处同前。

场沉闷而慎重的作战"，而不是"那种疯狂的、匆忙的、激动人心的追击"[1]。他还补充说："隆美尔实施了巧妙的撤退——这是一个真正教科书式的杰作。我估计历史上从未有过如此严格地按计划执行的撤退行动。"[2]

　　这样的撤退之所以能够实现，应该更多地从英军对沙漠航空队的错误运用上找原因，而不是拿后勤困难和天气恶劣当借口。第 8 集团军参谋长德甘冈将军（General de Guingand）说得很清楚："凭借我们掌握的空中优势，再考虑到敌军的混乱状态，我们都觉得，皇家空军遇上了'梦寐以求的目标'。但是最后的结果却非常令人失望；在沿着阿拉曼战场和达巴（Daba）之间的公路前进时，我本希望看到一连串的毁灭痕迹，但是能看到的车辆残骸却寥寥无几，而且间隔很远。过了达巴以后，空军取得的战果开始转好，但即使在这些地方，我们仍然发现有许多车辆是因为缺少汽油才被放弃的。"

　　他对这种现象的解释显然是正确的——空军过度沉湎于空战和轰炸，飞行员"被禁止飞到低空"，而且即使看到了敌军的撤军行动，他们"也没有受过在低空用机炮攻击的训练"。另外，他还告诉我们："在我们抵达的黎波里以后，在'不列颠之战'中成名的飞行员哈里·布罗德赫斯特少将（Air Vice-Marshal Harry Broadhurst）接管训练事务，进行了密集的训练和演习，让他的部下掌握低空攻击的技术。我们将在马雷特战役中收获所有这些训练的成果。"[3]

　　英军在 13 日进入图卜鲁格，14 日进入贾扎拉，20 日进入班加西，12 月 25 日进入苏尔特（Sirte），1 月 23 日进入的黎波里。在长达 1400 英里的退却和追击过程中，双方的交战很少，隆美尔的实力随着后撤得到了恢复。

　　确实，正如莫尔黑德的结论，"沙漠战的 9 成是后勤战"[4]。既然我们已经看到这个道理在缅甸同样适用，那么英军在中东克服这个最大困难的过程中如此忽视空运就更令人不解了。莫尔黑德在 1942 年 8 月描述这个问题时曾说过："敌

---

　　[1] 注释：《三英对抗隆美尔》，第 319 页。

　　[2] 注释：出处同前，第 322 页。

　　[3] 注释：《胜利行动》（Operation Victory，陆军少将弗朗西斯·德甘冈爵士著，1947 年），第 209—210 页。

　　[4] 注释：《非洲战事的结局》，第 104 页。

军获得补充和增援的速度是我们的 3 倍。他们经常使用飞机把大量物资和援兵运到前线，他们到达前线的速度是走陆路和海路的 10 倍，我们至今对运输机没有任何利用。"[1]他还说："请注意，除了一些有限的例子外，英国在这些会战中的任何时候都没有运用过伞兵。"[2]

直到这一次追击战，英军才尝试弥补这一过失。克利福德告诉我们，"……这是一种新事物——对德军来说没什么新鲜的，但是英国任何军队都从未尝试过。在这次会战中，空运第一次得到了相当规模的运用……空军的运货卡车几乎从公路上消失了。以前在战线的我军一侧，从未有过与此有一点点相似的景象。"[3]

为什么会这样？答案只可能有一个：因为英国本土的皇家空军太钟情于战略轰炸，以至于忘记了对空中运输的需求。但是毫无疑问，如果蒙哥马利从一开始就能掌握一支有足够实力的运输机部队，他主要的后勤困难就可以迎刃而解。不仅如此，假如他拥有哪怕 1 个空降师和少数的登陆舰艇，他就能用前者夺取哈尔法亚隘口或者北非海岸线上的其他要点，并用后者迅速增援该部。如果他能做到以上这 3 件事，就可以加快部队的推进速度并封堵隆美尔的撤退路线，从而快速结束追击，在新年到来前就占领突尼斯东部。我们将在下一节看到，如果情况真是这样，对战争会产生什么影响。

登陆北非和征服突尼斯

从战略角度考虑，登陆北非的行动无疑应该先于阿拉曼之战实施，因为这可以直接威胁隆美尔在的黎波里的基地以及他的海上交通线，从而迫使他兼顾两个方向。另外，同样毫无疑问的是，同盟国军队登陆的地点离的黎波里越近，这种威胁就越有力。这两个道理其实同盟国决策人员都想到了，但是因为登陆舰艇短缺而不得不放弃。关于这个问题，马歇尔将军是这样写的："我们曾希望在初秋时节执行该作战，但为了从船厂接收大量舰艇，必须将它推迟到 11

---

[1] 注释：《一年战记》，第 237 页。
[2] 注释：出处同前，第 244 页。
[3] 注释：《三英对抗隆美尔》，第 318 页。

月……"他还写道："我们曾热切希望在阿尔及尔以东的博内（Bone）、菲利普维尔（Philippeville）乃至突尼斯登陆，但因为缺少运输船、登陆艇和航空母舰，在当时执行这样的方案是不切实际的。"①除此之外，为远征军护航的皇家海军因为担心来自撒丁岛和西西里岛的空袭，也反对在阿尔及尔以东的任何地方登陆。因此，最后选定的登陆地点仅限于卡萨布兰卡（Casablanca）、奥兰（Oran）和阿尔及尔。第一个地点的登陆将由乔治·巴顿少将（Major–General George S. Patton）率领一支从美国直接出发的美军部队实施，第二个地点也是由美军登陆，在第三个地点登陆的则是分别由罗伊德·弗雷登达尔少将（Major General Lloyd Fredendall）和安德森中将（Lieut.–General K. A. N. Anderson）率领的直接从英国出发的英美联军。在后两个地点登陆的部队将合成以安德森为指挥官的第一集团军。此外，为了快速夺取奥兰的机场，还决定派一支美国空降部队乘飞机从英国飞越西班牙降落到奥兰，全程长达1500英里。最后，在9月9日，登陆日期被确定为11月8日，而在11月5日，被选为此次远征的总司令的德怀特·艾森豪威尔将军（General Dwight D. Eisenhower）在直布罗陀开设了自己的指挥部。

虽然在摩洛哥、阿尔及利亚和突尼斯没有轴心国部队，但这次作战可谓兼具创意和胆魄。首先，同盟国方面不能确定法国会做什么：他们会顺从还是抵抗？其次，也不知道德军会做什么：他们会不会入侵西班牙并占领直布罗陀？这是所有风险中最大的一个，因为如果直布罗陀落入德军之手，同盟国到阿尔及尔和奥兰的交通线就会被切断。当时这种可能性让盟军忧心忡忡；但是现在我们知道，虽然希特勒考虑过这个行动，但是因为遭到佛朗哥将军（General Franco）的强烈反对②而作罢。实际上希特勒已经拿不出入侵西班牙所需的部队了。

10月25日，从英伦三岛出发的部队驶向直布罗陀，11月7日，德军设在拉内利阿（La Línea）的瞭望哨向柏林发报告称，有一支庞大的船队正在开往地中海。然而虽然船队规模很大③，却似乎并没有引起德军的多少兴趣；因为弗

---

① 注释：《美国陆军总参谋长双年报（1941年7月1日—1943年6月30日）》，第15页。
② 注释：见《铁壁之后》，第149页。
③ 注释：三支船队合计至少有350艘战舰和500艘运输船。

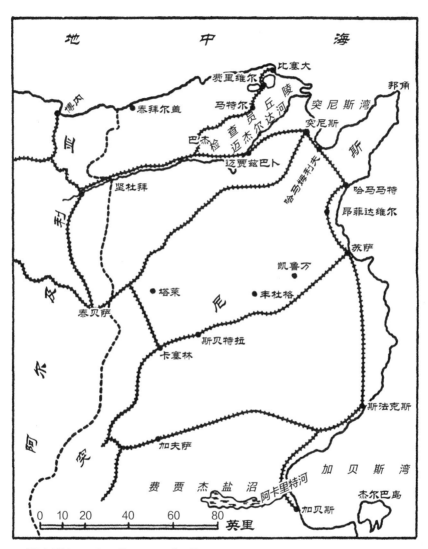

∧ 登陆突尼斯，1942 年 11 月 8 日—1943 年 5 月 12 日

雷德堡在第二天写道："随后 8 日的黎明降临了。我永远不会忘记盟军登陆的消息在柏林引发的震惊。威廉街（德国外交部）的惊愕不亚于各国外交官和新闻记者。"[1]接着又传来几乎同样令人吃惊的消息。虽然盟军的登陆遭到了抵抗，但双方的士气不可同日而语，而在 11 日，已被指定为贝当元帅的继任者、当时恰好在阿尔及尔访问的让·达尔朗将军（Admiral Jean Darlan）下令停火[2]，同盟国在摩洛哥和阿尔及利亚登陆的问题随即变成了进军突尼斯的问题。

这也成了希特勒要面对的问题，虽然这次登陆完全出乎他的意料，但他还是一如既往地迅速做出了反应。他做了两件事：第一件事是立即占领维希法国，这导致法国海军舰队 11 月 27 日在土伦港（Toulon Harbour）自沉；第二件事是迅速通过海运和空运将部队派往突尼斯和比塞大，第一批空运的部队于 9 日降落在突尼斯的阿瓦奈（el Aouana）机场。如果没有运输机，速度如此惊人的机动是不可能实现的。不久，每天乘坐运输机降落的部队就达到了 1000 人以上。这一次轮到盟军大出意外了，因为很显然，如果他们料到德军能够如此快速地运来援兵，即使只派出突击队，他们也会冒险在 8 日登陆突尼斯和比塞大。

从 7 月—10 月，亚历山大和隆美尔真正在比拼的就是后勤，而从 11 月中旬—次年 2 月中旬，突尼斯的同盟国和轴心国部队也是在后勤上明争暗斗。如果前者要按部就班地进攻，延迟是不可避免的，因为部队登船的顺序是根据法国抵抗的可能性而定的。因此，第一波登陆的突击部队只带了极少的运输车辆，而后勤机关和大部分运输车辆都在最后一波的船上。所以，要想有条不紊地进攻，整个登船顺序都必须颠倒过来。如果盟军真这么做了，由此造成的延误就足以让轴心国以重兵占领突尼斯。

我们认为，艾森豪威尔正确地做出了立即进攻的决定。于是，在 11 日，第

---

① 注释：《铁壁之后》，第 145 页。这很奇怪，因为在 10 月 9 日，齐亚诺就提到美英两国准备"派部队在北非登陆"，在 11 月 4 日又指出直布罗陀出现的庞大船队"暗示在摩洛哥可能发生登陆行动"。（《齐亚诺日记》，第 508、519 页。）

② 注释：这就更出人意料了，因为自从丘吉尔先生在 1940 年 7 月 4 日冲动地袭击了奥兰的法国军舰以来，达尔朗将军一直对英国抱有强烈的敌意。这一次据说丘吉尔先生曾有这样的表态："如果有必要，可以亲吻达尔朗的屁股，但是一定要争取到法国海军。"（《与艾森豪威尔共事的三年》，第 151 页。）丘吉尔似乎自始至终都在担心法国舰队落入德国人之手。只是我们很难想象他为何有此担忧，因为这基本上是不可能办到的。达尔朗在 1942 年 12 月 24 日遇刺身亡，而刺客则在 26 日被匆匆枪决。

一集团军的先头部队在阿尔及尔匆忙重新登船，在布日伊（Bougie）登陆，然后就向博内进发，而该城在 12 日就被一支从海上登陆的突击队和 2 个伞兵连占领。15 日，另一队伞兵降落在泰贝萨（Tébessa）附近，夺取了一个机场，次日还有一队伞兵降落在坚杜拜（Jendouba）以掩护进攻部队。在伞兵打响头炮之后，第 1 集团军第 78 师的两个步兵旅立刻使用手头的运输工具跟进。他们在 15 日与德军侦察部队发生遭遇战，在 25 日占领了突尼斯城西南 30 英里外的迈贾兹巴卜（Majāz al Bab）。3 天后，美国伞兵到达斯贝特拉（Sbeitla）—加夫萨（Gafsa）地区。

此时盟军的后勤问题已经很严重，猛烈的暴风雨和德军对运输船的空袭更使其雪上加霜。到了 29 日，空中补给已经击败了公路补给。从阿尔及尔到迈贾兹巴卜有 300 多英里路程，而最好的机场都在轴心国手中，当道路成为泥浆的河流时，德国运输机还在源源不断地将部队运进突尼斯。到了圣诞节，双方完全陷入僵持。尽管如此，第 1 集团军还是守住了迈贾兹巴卜，但丢掉了其北面的高地，尤其是检查员丘陵（Longstop Hill）；在南面，战线经过一系列定居点延伸到丰杜格（Fondouk）。这种局面一直维持到 2 月中旬。

与此同时在的黎波里塔尼亚，第 8 集团军已经占领的黎波里，隆美尔后撤到了马雷特防线，这是法国为了保护突尼斯边境而修建的一条筑垒地带。2 月 13 日，第 8 集团军的先头部队在本加尔丹（Ben Gardane）追上了他的后卫。

随着第 8 集团军进入突尼斯，依照 1 月卡萨布兰卡会议上的决定，这个集团军划归艾森豪威尔将军指挥，而艾森豪威尔决定做以下变动：让亚历山大成为他的副手，并担任由突尼斯境内所有地面部队组成的第 18 集团军群的司令。所有航空部队则组成由特德上将领导的地中海空军司令部，并由卡尔·斯帕茨中将（Lieut.–General Carl Spaatz）担任西北非洲航空队指挥官。战略航空部队将由杜立德中将指挥，轻型和中型轰炸机部队以及战斗机部队则编入科宁厄姆少将指挥的战术航空部队，为海军和陆军提供近距离支援。

随着多雨的季节进入尾声，局势越来越不利于突尼斯的两支轴心国军队，此时其中一支由迪特洛夫·冯·阿尼姆元帅（FieldMarshal Dietloff von Arnim）指挥，与第 1 集团军对垒，另一支由隆美尔指挥，对抗第 8 集团军。隆美尔的

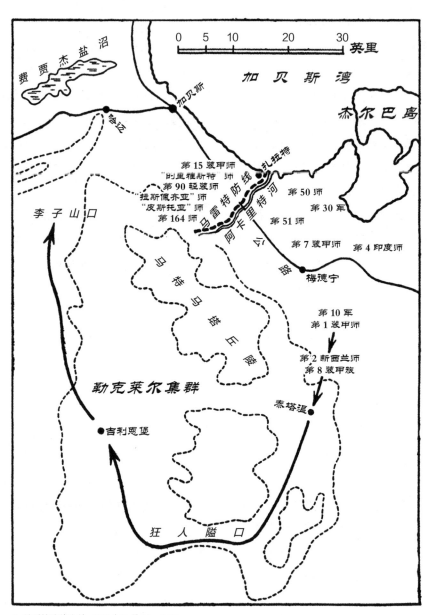

∧ 马雷特防线之战，1943 年 3 月 20—27 日

处境更为危急，因为他从马雷特防线后撤的路线直接受到斯贝特拉—加夫萨地区的美国第 1 和第 34 师威胁，美军随时可能东进，使他成为瓮中之鳖。但隆美尔也有内线作战的有利条件，他知道蒙哥马利还没有做好进攻准备，便决定先攻击美军，然后再进攻第 8 集团军，其目的不是赢得决定性的胜利，而是为己方争取时间，使突尼斯的战事尽可能延长。

他调集重兵迅速北上，在 2 月 14 日攻击了美军，并于 20 日突破卡塞林山口（Kasserine Pass）。接着他兵分两路，一路向塔莱（Thala）推进，企图切断第 1 集团军主力的交通线，另一路西进攻击泰贝萨，因为那里是第 1 和第 8 集团军的结合部。他起初势如破竹，但很快就遭到猛烈抵抗，在 23 日被迫撤退。接着在 3 月 6 日，他在马雷特防线以东数英里的梅德宁（Medenine）攻击了第 8 集团军，但是遭到以反坦克炮火为主的迎头痛击，而第 8 集团军的坦克始终没有参加这场战斗。

至此，北非战场的主动权终于转到了同盟国手中。尽管如此，隆美尔还是部分实现了自己的目的。此时他的撤退线路已经安全，因此他决定在马雷特防线坚守尽可能长的时间，从而阻止美军的 2 个集团军会师。

隆美尔据守的阵地特别坚固，其左端连至海岸，前方横贯着齐格扎乌河（Wadi Zigzaou）。这条河流平均宽度为 80 码（约 73 米），某些地方水深 50 英尺，对坦克来说是难以逾越的障碍。右端则连接着马特马塔丘陵（Matmata Hills），那里是轮式车辆无法通行的区域。在梅德宁以南的泰塔温（Foum Tatahouine）有一条穿过丘陵的道路，而在马雷特正西方 40 英里处，丘陵中间有一个被称为"李子山口"的隘口，位于比尔莱扎尼（Bir Rhezane）以北和哈迈（El Hamma）以南。这个隘口本身设有坚固的防御工事。

要取道泰塔温和"李子山口"迂回马雷特防线，就必须在崎岖的地形上行进大约 150 英里；不过蒙哥马利还是决定一试。他的计划是让第 30 军正面进攻敌军的左翼来牵制其兵力，同时让第 2 新西兰师和第 8 装甲旅通过泰塔温隘口，与从乍得湖（Lake Chad）赶来的勒克莱尔将军（General Leclerc）率领的法军小部队会合，拿下"李子山口"，然后打击敌军的后方。第 10 军则担任预备队。这个作战令人想起钱瑟勒斯维尔之战的高潮部分，但战术上有很大不同。

这一仗也不同于第 8 集团军截至此时打过的所有战役，因为蒙哥马利这一次终于可以调用强大的空中支援，不仅能用于攻击敌军的机场和火力准备，还可以用来与地面部队密切配合，攻击"李子山口"的狭窄正面。

德甘冈告诉我们，在战斗开始前他与沙漠航空队的指挥官布罗德赫斯特进行了长谈，向对方指出第 8 集团军"一直想尝试德军实践过的那种通常被称为'闪电战'的攻击"。他还说，布罗德赫斯特听了他的意见以后说："我会做的。您将拥有我们的全部火力——炸弹和机炮。那将是真正的低空闪电战……"

"最终的航空计划特地安排 40 架轻型轰炸机趁地面部队即将开始进攻时在狭窄的进攻正面制造一次'轰隆'。然后以 5 个'喷火'式战斗机中队在高空掩护，16 个'咪咪轰炸机'①中队将在战场上空活动 2 个半小时，任何时候的平均兵力密度都达到 2 个中队。这些飞机将使用炸弹和机炮打掉发现的所有目标；此外，1个经过特别训练的'坦克破坏者'中队将在发现敌军装甲部队时前去打击。"②

3 月 20 日晚上 10:30。第 30 军的第 50 师在强大的炮兵弹幕掩护下强攻齐格扎乌河，在西岸取得了一个立足点，但是在 22 日又被第 15 装甲师和第 90 轻装师赶回了东岸。

第二天，蒙哥马利决定把能抽调的所有兵力都用于迂回机动，便命令第 10军指挥部和第 1 装甲师在 23 日天黑后出动，与第 2 新西兰师会合。他还在撤下第 50 师后将第 7 装甲师加强给第 30 军，用于再次攻击敌军中央防线。

另一方面，第 2 新西兰师在成功穿过泰塔温后却无法突破宽度只有 6000 码（约 550 米）左右的"李子山口"。第 10 军指挥部和第 1 装甲师赶到后，对该隘口实施了猛烈的空中火力准备。26 日傍晚，他们在更为强大的航空兵和炮兵弹幕掩护下，对这个隘口发动进攻。德甘冈写道："我们的沙漠航空队以前从

---

① 译者注：寇蒂斯 P-40"战鹰"式战斗机的绰号，因为这种飞机从 1942 年起主要被当作战斗轰炸机使用。
② 注释：《胜利行动》，第 256—257 页。

未给我们提供过如此出色、如此勇猛和如此密切的支援。"　①这场"闪电战"是一次压倒性的胜利，部队直到夜幕降临才暂停前进。月亮升起之后他们又继续进攻，一直前进到有反坦克炮阵地保护的哈迈城下。与此同时，面对第30军再次发起的猛攻，隆美尔再一次以高超的技巧且战且退。27日夜里，他成功地将受到重创的部队撤至阿卡里特河（Wadi Akarit），其部队被俘人数不超过2500名。

几天后，他奉命将自己的部队交给意大利的梅塞将军（General Messe），自己回到德国。这可能是因为4月初同盟国对轴心国的空中和海上交通线发起了全面进攻，德军认为需要在它们被彻底切断之前将隆美尔接回国内。从5日—19日，德军有147架运输机被击落，31艘舰船被击沉。

在盟军这一针对敌军后方的攻击进行时，梅塞的部队在6日被赶出阿卡里特河防线并损失惨重，随后快速后退至昂菲达维尔（Enfidaville），于4月中旬在当地占领了防御阵地。与此同时，第1和第8集团军于11日在加夫萨附近会师。

19日，为了将敌军牵制在南面，蒙哥马利接到了攻击昂菲达维尔的命令。次日他一举拿下该城，又推进了数英里。4天后，第1集团军进攻检查员丘陵并在26日将其占领；5月3日，美国第2军第1装甲师拿下了马特尔（Mateur）。

就这样，在整个4月，盟军的打击一次接着一次，而随着检查员丘陵被占领，进入迈杰尔达河谷（Medjerda Valley）的门户敞开了，亚历山大决定把轴心国的阵地当作堡垒来对付，先突破一点，然后猛攻其内部。简单说来，他的想法就是在狭窄正面上再来一次"闪电战"式的进攻。

他首先重组了自己的部队：在左翼，他集中了整个美国第2军（第1、第9、第34步兵师和第1装甲师）；在右翼，他让第8集团军主力保持原来的部署；当时部署了第1集团军的第1、第4和第78师的中央是他打算用于主攻的方向，

---

① 注释：出处同前，第262页。在此战中非常正确地运用了航空力量之后，皇家空军又一次表现出对杜黑的教条的执迷不悟。德甘冈写道："我应该说说沙漠航空队在哈迈战役中大显身手之后产生的某些影响，我觉得只有这样才能正确反映事实……然而，尽管取得了成功，我却听说在皇家空军的高层——自空军部以下——有人表露出相当严重的担忧。他们费了很大力气来贬低这一战——我估计这一切背后的主导思想是，担心陆军会习惯于一直要求提供这种支援，结果可能给我们的战斗机部队造成很大压力，从而使皇家空军更难以完成击败敌方空军的主要任务……值得一提的是，在那一天的作战中，空军的损失是8名飞行员阵亡或失踪——无论如何都不能算是很大的代价……"

他在这里组织了新的第9军，下辖第1集团军的第4步兵师和第6装甲师，以及第8集团军的第4印度步兵师、第201禁卫旅和第7装甲师，由霍罗克斯中将任军长。为了支援这个军，他集中了空前强大的航空部队供科宁厄姆少将调遣。

亚历山大的进攻计划特别简单。首先对轴心国此时全长约130平方米的防线全面施加压力。然后，沿迈杰尔达河谷向突尼斯城重点进攻；第9军的2个步兵师要在3000码（大约2750米）的正面实现突破，紧随其后的2个装甲师在敌军的反坦克防御被打垮后要立即超越步兵，直捣突尼斯。预定的进攻日期是5月6日。

当天早晨，对敌军前线和后方的密集轰炸揭开了战役的序幕"……在从迈贾兹巴卜到突尼斯的最后一段路程中，"阿诺德将军写道，"我们出动了2146个架次，其中大部分执行的是在6000码（大约5500米）正面上的轰炸机、战斗轰炸机或对地扫射任务。我们炸出了一条从迈贾兹巴卜到突尼斯的通道。"[1]

在空军狂轰滥炸的同时，1000多门大炮狠狠打击了敌军的工事。凌晨3:30，一队队工兵在炮火掩护下前出，他们的任务是排除地雷并在铁丝网上剪开缺口。步兵在他们后方跟进，凭借绝对的人数优势突破敌军前沿防线，在黎明时攻至敌军的主防御带，到了上午11点，他们已在付出很小的代价后将其突破。突破口打开后，第6和第7装甲师的坦克奉命前进。当夜幕降临时，他们已经前进了很长距离。次日下午2:30他们进入了突尼斯的郊区，并在入夜时占领该城。敌军的堡垒就这样被劈成了两半。在美军攻击的前线，战局发展也同样迅速，费里维尔（Ferryville）和比塞大都在7日下午被占领。

虽然遭受这样沉重的打击，轴心国军队的主力仍在，他们在一片混乱中分别向东和向北撤退，目的地都是邦角半岛（Cape Bon Peninsula），这是一个特别坚固的阵地，也是突尼斯堡垒的天然大本营。有两道山岭像两道城墙一样横贯这个半岛的底部，两个隘口就像两个城门，北面的一个在哈马姆利夫（Hammam Lif），南面的一个在哈马马特（Hammamet）。

亚历山大没有给敌军喘息和驻守城墙的机会，他命令第6装甲师强攻哈马

姆利夫隘口，然后在山岭后面沿着通向哈马马特的道路北上，从后面攻击哈马马特隘口。这样就可以将2个山口都堵死。

在8日入夜时，第6装甲师到达哈马姆利夫外围，并在月亮升起后发起进攻。对于这个异常大胆的机动，莫尔黑德给出了以下生动的描述：

"在接下来的10个小时里，他们突破敌阵，径直冲向哈马马特。他们在轰鸣声中冲过德军的机场、修理厂、汽油和弹药堆放地以及火炮阵地。他们没有停下来抓俘虏——任务远比这种事重要。就算有一颗彗星扫过那条道路，也很难造成比这更大的震撼。德军彻底懵了。在每个地方他们都只能目送英国坦克疾驰而过……德国的将军们放弃了下命令的努力，因为他们和能够接受命令的部下完全失去了联系，后者每个小时都在减少……随着疑虑和恐惧的蔓延，德军士兵纷纷逃跑，沿着邦角公路往海边寻找船只。当到了海滩上，他们终于发现那里没有船——也没有飞机——于是这支军队就成了一群乌合之众。"[1]

正如克利福德所指出的："这支军队的大脑和中枢神经瘫痪了，再也没有任何机能可以协调地运作。"[2]当初法国崩溃的那一幕重演了。

12日，一切都结束了；这一天，252415名德国和意大利军人放下了武器。同盟国赢得了非洲，地中海再一次对其船只开放了，法国军队得到了重生；而从比利牛斯山—爱琴海的整条轴心国海岸线都面临着盟军的攻击。

西线的第一次大规模两栖会战就此结束：这场会战无可辩驳地证明了胜利的战略基础在于海权。使这场胜利成为可能的是同盟国对大西洋的控制，而不是对德国的所谓战略轰炸。很显然，与我们期望的正相反，后者实际上妨碍了同盟国快速取胜；因为如果同盟国不轰炸任何一座德国城市，而把用于制造重型轰炸机的庞大人力分出一半来生产登陆舰艇和运输机，那么毫无疑问，不仅可以提前几个月赢得非洲，还会像下一章所明示的那样，比实际情况提前至少1年结束欧洲的战争。

这场会战还证明，因为同盟国的工业实力不断增长，所以在战术层面上，比拼物质力量的战斗又重新盛行。虽然我们没有理由怀疑在阿拉曼、马雷特和迈

① 注释：《非洲战事的结局》，第201页。
② 注释：《三英对抗隆美尔》，第411页。

杰尔达的强大火力准备既正确又有益，但狂轰滥炸式的进攻有可能又像 1916—1917 年那样被奉为教条，从而挤占想象力的空间，使指挥官们用无趣的固定模式来解决每一个进攻问题。在下一章中，这个现象同样会变得很明显，虽然有一些精彩的例外，但我们还是会看到指挥艺术稳步退化为钢铁的堆砌。

斯大林格勒的惨败和德军在 1942—1943 年冬季的退却

　　虽然在北非，盟军是按部就班地夺取轴心国的主动权的，但是在苏联，主动权却是突然从德军手中被夺走的。这主要不是因为苏军有更善于在冬季作战的士兵（虽然他们也许确有这个优势），而是因为，优秀的组织和后勤使德国士兵在夏季的作战效率更高。而和 1941 年一样，在 1942 年夏季的几个月里，他们消耗了太多实力，以至于当冬季来临时，苏联的战争潜力压倒了他们残存的实力。这个基本原因来源于苏联的广大纵深和由此造成的难以逼迫苏军接受决战的问题，而使这个问题严重恶化的是德军包含缺陷的战略和缺乏想象力的战术，以及两个重要的新情况：第一是苏军士兵的实战经验越来越丰富；第二是苏军在伏尔加河和乌拉尔山对面的工厂日益发挥出生产潜力。

　　我们已经看到，德军在第一次夏季会战之后不再以莫斯科作为主攻目标，在第二次夏季会战中又放弃了进攻萨拉托夫的行动，动摇了这次会战的战略根基。因为萨拉托夫是一个交通枢纽，而德军任由苏军控制该城，就使得后者能够集中兵力攻打斯大林格勒突出部的左翼——萨拉托夫：（1）通过铁路与莫斯科相连；（2）通过铁路和河流与乌拉尔工业区相连；（3）通过铁路与阿斯特拉罕相连；（4）通过铁路与契卡洛夫（奥伦堡）相连，而该城附近有一条通至里海北部油田的输油管。因此，军队、弹药、燃油和武器都可以从莫斯科、阿尔汉格尔斯克、西伯利亚、哈萨克、高加索和波斯源源不断地涌入萨拉托夫地区。[1]这样的可能性使得德军不对萨拉托夫使用一兵一卒却投入重兵攻打斯大林格勒的

---

　　① 注释：不仅如此，横向的图拉—奔萨—塞兹兰、米丘林斯克（Michurinsk）—坦波夫（Tambov）—萨拉托夫、坦波夫—巴拉绍夫（Balashov）—卡梅申（Kamyshin）、沃罗涅日—鲍里索格列布斯克—斯大林格勒铁路，再加上纵向的莫斯科—沃罗涅日和高尔基—鲍里索格列布斯克铁路，使得顿河以北的地区成为苏联境内最适合集结和部署军队的地区之一。

做法显得更为愚蠢。

在斯大林格勒以南，阿斯特拉罕起着虽然次于萨拉托夫但与之类似的作用。它通过铁路，经萨拉托夫可以连接苏联未被占领的所有地区，经里海可以连接波斯乃至外部的整个世界；波斯湾在南方所起的战略作用和白海在北方的作用相同。

德军在战术上的错误几乎与战略上一样大。在1941—1942年的冬季，他们的"刺猬阵"防御体系取得了成功，因为苏军的机动能力很低——缺乏运输工具。因此，苏军在"刺猬阵"之间的穿插举步维艰。而由于本国产量增加，再加上美国和英国的援助，到了1942年秋季，这个限制已经不是那么严重了。所以，苏军此时不仅能够执行更迅速、更深远的穿插，而且同样重要的是，他们还能集中更强大的炮兵力量来对付"刺猬阵"。不仅如此，在1941—1942年由于德军采用了全方位防御，他们的机动部队能够在各个"刺猬阵"之间自由行动，而在1942—1943年，由于相当一部分机动部队在冬季的几个月里被用于对斯大林格勒和高加索的进攻，机动性就无法充分发挥了。所以，整个"刺猬阵"防御体系成了碎片化的马奇诺防线。

读者应该记得，我们在研究法兰西之战时曾指出，马奇诺防线本身并没有什么错误，真正的错误是在这条防线之外——缺少一支强大的机动部队来担当与盾牌配合的长剑。在下面这场会战中，读者也将会明显看出，德军的错误同样出在机动部队不足，无法阻挡在"刺猬阵"之间涌入的苏联大军，导致"刺猬阵"体系的优势无从发挥。缺乏机动性反而使"刺猬阵"成了陷阱。

这些错误的影响又被心理作用放大了。苏联境内不断增多的游击队将恐惧注入了分散在漫长交通线上的德国士兵心中。在他们穿越辽阔地域的过程中，游击队所起的作用类似于大西洋上的U艇狼群。"白天他们是为德国效力的苏联劳工（潜伏在水下），到了晚上，他们就成了军人（浮出水面）。"[①]在苏联境外，西班牙正在从亲德的非交战国转变为中立国；土耳其表现出越来越明显

---

① 注释：《铁壁之后》，第154页。

的倾向于同盟国的态度；意大利受到盟军北非登陆行动的直接威胁，正在坠入彻底的失败主义深渊；而维希政府的消失使法国的立场越来越坚定。在德国国内，情况正在快速恶化。人们开始谈论"Teppichfresser"（"啃地毯的人"）[1]，而"警察不得不采取激烈的措施来防止人们公开批评政府"[2]。集中营开始人满为患，而其中的暴行也随着人员超额而变得越发猖獗。当局为了征兵又一次搜刮了德国的人力，并在被占领的国家强征劳工。

　　这样的背景虽无形却又极其真实，只需一场灾难就可将它推到战争的前台。接下来我们就将讲述这场灾难。

　　11月初，弗里德里希·保卢斯将军（General Friedrich von Paulus）接替霍特将军成为德国第6集团军的司令。这个集团军下辖22个师，共有官兵约30万人，大部分人员与集团军的机场和后勤仓库一起，集中在斯大林格勒以西一个相对较小的区域中。在其西北方，长达350英里的顿河防线是由罗马尼亚和意大利防守的，而在其南方的艾尔吉尼山地（Ergeni Hills）也是由罗马尼亚防守。还有一个薄弱环节是这些山地的罗马尼亚军队的右翼是不设防的，因为其与高加索德军的唯一联系就是德军在埃利斯塔（Elista）的孤立据点，该地位于斯大林格勒以南175英里，距离莫兹多克也是大致相同的路程。因此，高加索的德军实际上是在一个极为狭长的突出部——罗斯托夫—莫兹多克—新罗西斯克——中作战，它的安全完全依赖于斯大林格勒突出部的坚守。

　　有了德军的这种排兵布阵，苏军的会战计划也就顺理成章了。它由两个行动组成：第一个是在大卢基—尔热夫前线发动牵制性攻击来拖住德军可能的增援部队，第二个是通过突破这个突出部的侧翼来为斯大林格勒解围。按照苏军的想法，如果攻击成功，保卢斯就不得不放弃攻城并撤退。这样一来，德军在高加索的形势就岌岌可危了。在突破突出部的侧翼之后，苏军的进攻目标将是斯大林格勒—斯大林诺和斯大林格勒—新罗西斯克铁路线——保卢斯的后勤补给线。罗科索夫斯基将军（General Rokossovsky）的方面军将在他们控制了一个

---

① 译者注：传说某个外交官曾透过半掩的房门看见焦虑中的希特勒趴下来啃地毯。
② 注释：出处同前，第179页。

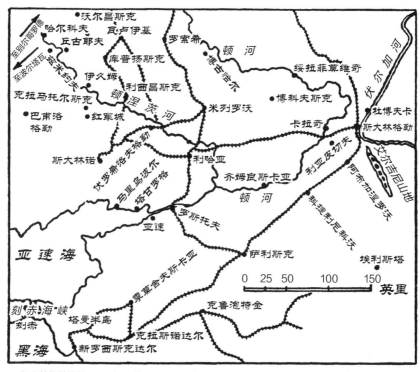

∧ 斯大林格勒战役，1942 年 11 月 19 日—1943 年 2 月 2 日

小桥头堡的绥拉菲莫维奇（Serafimovich）渡过顿河，然后向卡拉奇（Kalach）前进，切断斯大林格勒—斯大林诺铁路线。在罗科索夫斯基的右侧，瓦图京将军（General Vatutin）的方面军将在更偏西的地方渡过顿河，然后向斯大林格勒—斯大林诺铁路线上的利哈亚（Likhaya）前进；与此同时在南方，叶廖缅科将军（General Yeremenko）将在艾尔吉尼山地突破罗马尼亚军队的防线，占领斯大林格勒—新罗西斯克铁路线上的阿布加涅罗沃（Abganerovo）。很显然，和参谋长华西列夫斯基将军（General Vassilevsky）一起组织了这些宏大作战的朱可夫

元帅从来就没想过，保卢斯在自己的交通线遭到 3 路攻击的情况下还会继续在斯大林格勒攻坚。

11 月 19 日，当北非德军的形势到了生死关头之时，苏军也发动了针对斯大林格勒突出部侧翼的攻势。在北线，罗马尼亚和意大利军队都被击溃，罗科索夫斯基的装甲部队在顿河畔卡拉奇杀开一条血路，突向斯大林格勒—斯大林诺铁路线，而瓦图京朝着利哈亚的进攻也同样顺利。与此同时，南面的叶廖缅科在艾尔吉尼山地突破罗马尼亚军队的防守并占领了阿布加涅罗沃，随后继续向着卡拉奇以南 20 英里的利亚皮切夫（Lyapichev）前进。

这些成功的进攻使德国第 6 集团军面临生死关头，虽然保卢斯发动了一系列猛烈的反击，但它们的目的不是掩护撤退，而是击退苏军！

这么做的原因是出于政治考虑；继隆美尔折戟阿拉曼和盟军登陆北非之后，又迎来了这场新的危机，此时撤兵可能会被心怀不满的德国将军们利用，导致希特勒名誉扫地和引发军事政变。因此，保卢斯奉命在斯大林格勒原地坚守，等待后方组织援军来解围。于是，早在 28 日，他就不得不将自己的后勤补给线转移到空中，而恰在此时，突尼斯战场又急需大量运输机。在 30 日这一天，就至少有 50 架德国运输机被击落，而从 11 月 19 日—次年 1 月 10 日，总共有 600 架被摧毁。

解围部队从哪里来？此时，德军在苏联的总预备队已经被基本耗尽，而 25 日苏军对大卢基—尔热夫前线的攻击又使北方尚存的预备队无法调动。尽管如此，德军还是以他们特有的高效率在罗斯托夫地区搜罗了由冯·曼斯坦因率领的部队，第 11 装甲师是从沃罗涅日抽调的；第 17 装甲师来自奥廖尔；第 6 装甲师来自法国；第 24 装甲师以及一个轻装师来自高加索。

在纠集了约有 15 万以上兵力的一个集团军之后，曼斯坦因向萨利斯克（Salsk）—斯大林格勒铁路线推进，于 12 月 12 日在齐姆良斯克和科捷利尼科沃之间突破苏军防线，经过激战后占领了科捷利尼科沃。但是他刚刚取得这些进展，瓦图京就在 16 日打击了他左翼以北的博科夫斯克（Bokovsk），而戈利科夫将军（General Golikov）的方面军此时出现在瓦图京的右侧，占领了顿河边的博古恰尔（Boguchar）并击溃了意大利第 8 集团军。因为这场灾难使曼斯坦因的左翼和左后方都暴露了，所以他只能让原定用于正面进攻的预备队北上，阻止瓦图京和戈利科夫攻取极为重要的沃罗涅日—罗斯托夫铁路线上的车站——米列罗沃。预备队的这一调动至少部分导致了曼斯坦因的右翼在 27 日被马利诺夫斯基将军（General Malinovsky）率领的一支装甲部队击败，科捷利尼科沃也得而复失。解围行动至此已经失败。与此同时，罗科索夫斯基还在稳步向德国第 6 集团军施加压力，使其朝斯大林格勒方向节节败退。

这一失败促使冯·克莱斯特的部队从高加索撤退。1943 年 1 月 2 日，德军放弃莫兹多克，苏军随即占领该地。随后冯·克莱斯特退向能够控制刻赤海峡的塔曼半岛（Taman Peninsula）以及罗斯托夫以东的筑垒地域。虽然他后来放弃了后者，但在冬季余下的时间和整个春季，始终坚守着前者。

与此同时，在斯大林格勒守军和罗克索夫斯基的方面军两面夹击下，德国第 6 集团军的形势越来越危急。这个集团军的官兵得不到冬装，缺少粮食和弹药，而且饱受疾病折磨。按照弗雷德堡的说法[1]，保卢斯曾在 1 月初飞赴希特勒的指挥部，建议以损失半数兵力为代价突出苏军包围圈，但这个提案被否决了。到了 8 日，第 6 集团军的形势已经彻底绝望，以至于罗科索夫斯基呼吁保卢斯投降；这个要求同样遭到了拒绝，于是这股德军继续在灭绝之路上前行。31 日，已经被晋升为元帅的保卢斯和他手下的 8 个将军一起被俘。2 天后，战役结束，第 6 集团军最后残存的 22500 名军官和士兵向盟军投降。

根据苏军的战报，从 1 月 10 日—2 月 2 日，共有 91000 名德军被俘，另有 10 万人战死或病死。如此巨大的人力损失对德军来说是灾难性的，且物质方面的损失更为巨大。据说苏军从 11 月 19 日到全歼城内敌军为止，总共摧毁或缴获了 6 万辆卡车，而如果将所有战线都计算在内，则不少于 12 万辆。此外，他们的战果中还有 7000 辆坦克和 5000 架飞机。[2]如果这些数字是真实的，那么它们就可以有力地解释"刺猬阵"防御体系的崩溃。

德国军队从这场大惨败中收获的唯一果实就是，希特勒从此直到 3 月中旬

---

[1] 注释：《铁壁之后》，第 175 页。
[2] 注释：出处同前，第 176 页。

前后，一直未曾指导作战。冯·曼斯坦因元帅在哈尔德将军协助下，接管了苏联境内德军的最高指挥权。但是在我们叙述此后的战事之前，有必要先考察一下其他战线上的进展。

由于只遭遇微弱抵抗，截至1月19日，瓦图京已经推进到瓦卢伊基（Valuyki）和利哈亚之间；2月10日，他已在顿涅茨河沿岸站稳脚跟，并朝着丘古耶夫（Chuguyev）前进。4天后，叶廖缅科攻克了伏罗希洛夫格勒和罗斯托夫。与此同时，在1月22日，戈利科夫在沃罗涅日地区击溃德国—匈牙利第2集团军，并于4天后在卡斯托尔纳亚（Kastornaya）将其基本歼灭。2月7日，库尔斯克的"刺猬阵"遭到放弃或攻克，2天后，别尔哥罗德也被占领。这一攻势与瓦图京的进攻互相呼应，使苏军有了突击哈尔科夫的"超级刺猬阵"的条件，德军虽然拼力死守，还是在2月16日丢掉了该地。

与此同时，冯·曼斯坦因已经明白，要想积聚起一支机动打击部队，就必须缩短前线。因此，他在2月初下令撤出尔热夫—格扎茨克—维亚济马突出部。撤退行动截至11日已经完成。大约与此同时，德军还丢掉了施吕瑟尔堡，通向列宁格勒的道路被苏军打通了。

作为一个优秀的将领，曼斯坦因不可能认识不到，虽然希特勒固执地坚持以守住阵地为目标，但此时德军的目标只能是以丢失阵地来换取敌军的消耗。到了2月中旬，他认为这个目标已经实现。苏军的攻击势头正在减缓，不仅因为他们已经前进了很大距离，还因为他们的部队被分散了，而解冻季节比往年提前了一个月到来。此外，苏军此时已经形成了一个从哈尔科夫指向南方的相当庞大的突出部，这就给了曼斯坦因等待已久的良机——赢得一场具有足够重要意义的胜利，从而动摇敌军在整条苏联前线上的主动权。

曼斯坦因在第聂伯罗彼得罗夫斯克一带集结了由25个师组成的大军，其中12个是装甲师，这是截至此时在所有战役中部署的最大规模的装甲部队。2月21日，他发动了3个协同攻势中的第一个。他首先打击了突出部的东侧根部，经过5天战斗，将苏军逐出克拉马托尔斯克（Kramatorsk）和红军城（Krasnoarmeysk）。接着他停止这一路的进攻，转而突击拿下巴甫洛格勒（Pavlograd），并继续向洛佐瓦推进；最后，他又向东攻击了波尔塔瓦。这3

次快速连续实施的打击完全打乱了苏军的阵脚，迫使他们立刻后撤到兹米约夫（Zmiev）—利西昌斯克一线，在冯·曼斯坦因继续施压下，又撤到顿涅茨河以东。冯·曼斯坦因没有尝试强渡顿涅茨河，而是加强了3路攻击部队中最偏西的一路，并于3月8日命令它向哈尔科夫前进。德军在12日进入这座城市，3天后就重新将其拿下。接着曼斯坦因又从哈尔科夫向丘古耶夫推进，并继续进攻哈尔科夫以北的沃尔昌斯克（Volchansk）和哈尔科夫以南的伊久姆。此时冰雪不断消融，冬季会战随着这次非凡的反击而落下帷幕。

从装甲战（很像骑兵战，应该以运动战为主）的角度来看，1942—1943年冬季会战的这最后一次战役与1940年的法国会战以及利比亚和埃及的多次会战一样，非常有教育意义。它表明：

（1）静态的防御，无论是采用连续的防线形式，还是由"方阵"或"刺猬阵"组成的非连续防线形式，如果没有可以在防御阵地外部、周围或之间机动的强大机动（装甲和摩托化）部队，都是毫无价值的。防御的支柱不是坚固的工事，而是这些机动部队；筑垒区域就像防波堤，其作用是挫伤进攻部队的锐气，从而使其更容易被反击所打垮，而不是像防汛墙一样把进攻者挡在外面。

（2）在运动战中，如果机动部队不足以使连续的或非连续的防线——如果能够建立这样的防线的话——具备防御价值，那么一旦进攻方的冲劲耗尽，而且防守方有条件发动反击，进攻方就应该立即后撤并引诱其敌军追击，直到判断敌军的冲劲也耗尽了，才可以掉头发动反击。

在这第二次冬季会战中，一旦可以明显看出（在1942年10月中旬肯定能够看出）德军的进攻到了强弩之末，因而主动权——进攻和反击的自由——正在转到苏军手中，德军决策者的头脑里就应该只考虑一种机动。那就是尽快后撤，吸引苏军追击，直到苏军的进攻势头开始减弱，德军才可以转过身来，对苏军前线上预先选定的要点实施一系列强大的打击。

如果德军在1941—1942年和1942—1943年都能照此办法作战，那么毫无疑问他们将能够彻底消耗敌军实力，从而为最终解决对手的一击创造条件。但对苏联来说幸运的是，希特勒虽然解决了马奇诺防线的问题，却没能解决马奇诺式思维的问题，所以，尽管有了冯·曼斯坦因迟来的反击，主动权最终还是从德军手中转到了苏军手中，正如 3 个月后在突尼斯战役中它转到英美军队手中一样；冯·阿尼姆的军队在邦角半岛的投降正是北非的斯大林格勒。

至此我们迎来了这场战争的高潮部分。同盟国在获得主动权之后，将会如何运用呢？

同盟国的领导人肯定很清楚，德国已经不可能赢得战争，因此他们要解决的问题是：他们自己应该建议把赢得哪种类型的和平作为目标？对全世界的公众来说，这个问题的答案已经在《大西洋宪章》中给出了，既然意大利到了崩溃的临界点，德军的士气也一落千丈①，那么此时正是将宪章中的条款详细阐述为对同盟国有利的和平条件的最佳时机。

希特勒是不太可能同意这些条件的，因为《大西洋宪章》的第 6 条要求"彻底摧毁纳粹暴政"。但是德军民很有可能在内心深处乐于接受这样的条件，如果确实如此，那么他们的信任就会给德国军方长期以来一直反对希特勒战争政策的强大派系提供莫大的支持。如果有了如此强大的支持，那么几乎可以肯定，这些将军们在 1944 年 7 月的起义会提前 1 年发动并取得成功，因为在现实中虽然没有得到同盟国的道义支持，当起义实际发动后还是离成功只差了一步。如果成功了，那么国家社会主义就会按照德军民的意愿被摧毁，《大西洋宪章》的理想将取而代之。

因此，既然此时轴心国在东线和西线的地基都在下沉，那么对地基上面开裂的大厦发动心理攻势正逢其时。

当此紧要关头，罗斯福总统和丘吉尔首相应该自问的是："战争的目的是什么？"而正如我们后面将会看到的，如果他们无法回答这个问题，至少也应该请同盟国参谋长联席会议给他们提供答案。如果他们这样做了，那么肯定会得到这样的答案："改变敌人的想法。"

---

① 注释：关于这个问题，弗雷德堡写道："在 1943 年上半年，民心士气已经瓦解到了几乎找不出一个依然保持高度忠诚的德国人的地步。"还有："德国人恨纳粹党甚于恨其他一切。有关党的传说不计其数。全德国人民都在唱：'Es geht alles vorüber, es geht dies vorbei（全都完蛋啦，完蛋啦）.'后来这歌被禁掉了，因为许多人还会接着唱：'Zuerst fällt der Führer und dann die Partei（先倒台的是元首，然后轮到纳粹党）'。"（出处同前，第 209 和 229 页。）

然而他们做了什么呢？在1943年1月的卡萨布兰卡会议上，他们公开宣布，同盟国的战争目标是迫使敌国"无条件投降"。从此以后，这五个字就成了压在美英两国肩上的沉重包袱。[①]这5个字意味着什么？首先，因为任何大国都不可能在遵从这一条件的同时保全其自身、历史、人民及子孙后代的尊严或荣誉，所以这场战争只能打到一方彻底毁灭为止。[②]因此，这个条件本身带有宗教性质，它将使宗教战争的种种恐怖重现于人间。对德国来说，这就是天堂与地狱的选择。其次，在赢得胜利之后，欧洲内部以及欧洲各个国家之间的实力平衡将被不可逆转地颠覆。苏联将成为欧洲最大的军事强国，因而将成为欧洲的主宰。所以说，这5个字所预示的和平不过是把纳粹的暴政换成更残暴的专制统治而已。

---

① 注释："有很多人和他（罗斯福）讨论过'无条件投降'对德国的意义。凡是军人都明白，每一次投降都是有条件的。有人觉得，在卡萨布兰卡，总统和首相（前者的可能性更大）在运用格兰特前总统的这一著名用语时并未意识到它对敌人的全部含义。戈培尔借此大做文章，用来强化德国军队和人民的士气。我们的心理专家相信，更明智的做法是让德国军队产生认同投降的心理，这样一来他们的抵抗就有可能像在突尼斯一样崩溃。他们认为如果能够使德国总参谋部产生适当的情绪，那么甚至可能出现一个德国的巴多格利奥。"（《与艾森豪威尔共事的三年》，第443页。）

② 注释：弗雷德堡在1943年春天写下的文字可谓一针见血："今天的德国确实走到了一个恐怖的关口。许多德军知道，德国的胜利将意味着他们自己和其他人要戴上令人无法忍受的枷锁。因此，他们无法全心全意地期盼德国胜利。但与此同时，他们的良心又面临悲剧性的冲突。在他们头脑中已经根深蒂固地认为，不愿狂热地信奉元首的人都是叛徒，国家社会主义就等于德国。不仅如此，那些经历过1918年的人都知道，放下武器并任由敌人处置意味着什么。他们也明白，这一次后果之严重将是上一次的七倍。德国军民已经开始感受到欧洲各地的灰烬之下郁积的仇恨之心，以及来自全欧洲人民的威胁——他们曾希望把这个欧洲统一在德国的旗帜之下，然而纳粹主义却使整个欧洲都联合起来反对德国。他们还感受到了斯拉夫人咄咄逼人的压力，以及他们身边数以百万计的外国劳工所潜藏的危险。他们感到自己必须把这场角逐进行到底。除了战斗，还有别的办法吗？同盟国事实上除了彻底投降之外，没有给德国军民任何选择。让一个民族在军事局势尚未崩盘之前接受这样的出路是很困难的。实际上，当时的局势和德国的敌人正在用鞭子把德军赶到卐字旗下。'要么胜利，要么接受布尔什维主义'成了戈培尔的宣传口号。他就是用这种方式告诉德军民，没有第三条道路可走。无论如何，纳粹党人确实明白，自己的斗争是一场生死之战。"（《铁壁之后》，第239页。）

第八章

两条战线上的主动权

征服西西里

在把让敌人无条件投降列作战争的目标之后，同盟国列强要面对的下一个问题就是，如何实现这个目标？

当时，斯大林怒气冲冲地呼吁在欧洲开辟第二战场，他意图在法国开辟一条在战略上与苏联战线相呼应的战线。但是丘吉尔却主张进攻意大利——那里是轴心国"柔软的下腹部"。坊间各种说法流传，据说当时在他头脑里似乎有一个华丽而宏大的计划，其内容包括武装45个土耳其师并投入战场[1]，攻略巴尔干半岛，证明他1915年提出的战略的正确性[2]，以及在罗马与艾森豪威尔将军共享圣诞大餐。[3]结果他凭借自己作为战略家的声望和强硬的个性，在卡萨布兰卡会议中占得上风，使得各方同意在征服北非之后考虑3个行动路线——第一个是登陆法国南部；第二个是登陆希腊并在巴尔干半岛开辟战场；第三个就是登陆西西里岛和意大利。

从战略以及空中掩护的条件来看，第三个方案更切实际，因为重新打通同盟国在地中海的海运线意义重大，而要想充分实现这个目标，就必须占领西西里岛和撒丁岛。但是，正如战争中经常发生的状况——政治因素又掺杂了进来；于是这场简单的作战就变得复杂起来。作战的目标不再仅仅是夺回地中海的全

① 注释：《与艾森豪威尔共事的三年》，第197—198页。
② 注释：出处同前，第317页。
③ 注释：出处同前，第269页。

部制海权，还包括：迫使敌人从苏联抽调兵力；牵制当地德军部队，以免他们在法国的第二战线开辟时被调回法国；协助此时得到丘吉尔大力支持的南斯拉夫抵抗组织；以及占领意大利福贾省（Foggia）的机场，用于加强对中欧的战略轰炸。

这些目标都未要求完全征服意大利；充其量只需征服亚平宁半岛的"足部"——从末端到那不勒斯的部分——其中已经包括了福贾省的机场。但是，在西西里岛被占领后，由于丘吉尔坚持投入重兵征服整个意大利[1]，同盟国千辛万苦赢来的主动权又在一场军事史上绝无仅有的缺乏战略意义和战术想象力的会战中被挥霍殆尽。

为了登陆西西里岛，盟军采取的第一个步骤是攻克西西里海峡中的潘泰莱里亚岛（Pantellaria）和兰佩杜萨岛（Lampedusa）。前者有一个可供同盟国战斗机使用的机场，岛上的守军是大约 11000 人的意大利二线部队。美英军队的海空力量已经压制了这两个小岛，并彻底切断了它们可能获得援助的通道。尽管如此，盟军还是决定先通过"饱和"轰炸削弱其防御。从 5 月 18 日到 6 月 11 日，仅在潘泰莱里亚岛上就有 6570 吨炸弹落下。很显然，如此兴师动众的空袭的主要目的是确定"大规模航空轰炸对重兵防守的坚固阵地的效果"[2]，或者用科宁厄姆中将的话来说，这是"对长时间密集轰炸的效果的试管实验"[3]。如果确如其言，那么结果是绝对负面的；因为岛上的守军一直等到 6 月 11 日看见一支"声势浩大的舰队"[4]逼近时，才亮出白旗。而且，进攻方在登陆之后，发现守军的伤亡"出奇地轻微"；"一架架完好的飞机静卧在几乎毫无损伤的地下机库中"[5]；"岛上的 54 座海岸炮台中，只有 2 座彻底失去战斗力"[6]。因此，这场试验清楚地证明了，由于精度不够准确，"饱和"轰炸彻底失败了。然而，"从中获

---

① 注释：出处同前，第 267—268 页。

② 注释：《意大利与巴尔干作战的航空方面》（Air Aspects of the Campaigns in Italy and the Balkans，空军少将多比亚克撰文），载《皇家联合军种学会志》，1945 年 8 月，第 325 页。

③ 注释：《通向罗马之路》（Road to Rome，克里斯托弗·巴克利著，1945 年），第 13 页。巴克利是《每日电讯报》的战地记者。

④ 注释：《与艾森豪威尔共事的三年》，第 278 页。

⑤ 注释：《陆军航空兵司令向陆军部长呈交的报告（1944 年 1 月 4 日）》，第 46 页。

⑥ 注释：《与艾森豪威尔共事的三年》，第 279 页。

取的信息在后续作战的策划中提供了巨大的帮助"①。一切都变得有意思起来!

其实真相是: 在同盟国的军工生产逼近高峰之时, 战术却快速退化为以钢铁和高爆炸药的吨位为基础的消耗战, 与以想象力和胆识为基础的运动战背道而驰。在1915—1917年, 流行的论调是: "炮兵征服, 步兵占领"; 此时则是: "轰炸征服, 其他的都跟着上。"

很显然, 盟军在占领突尼斯之后, 应该立即登陆西西里岛, 而不是进行长达4个星期的轰炸实验。有传言说, 艾森豪威尔将军确实是想这么做的, 但是因为"登陆舰艇稀缺"而无法实现。②于是就这样耽搁了2个月。

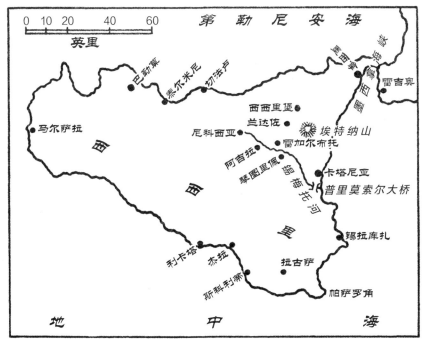

∧ 登陆西西里岛, 1943 年 7 月 10 日—8 月 16 日

---

① 注释:《皇家联合军种学会志》, 1945 年 8 月, 第 326 页。

② 注释:《与艾森豪威尔共事的三年》, 第 257 页。"因为在突尼斯获胜之后我们没能迅速乘胜登陆意大利, 首相对艾克和这里的盟军指挥部 (阿勒及尔, 5 月 27 日) 颇有微词。'甲虫'(艾森豪威尔的参谋长沃尔特·比德尔·史密斯中将) 说, 他似乎完全无视了我们一直面临的登陆舰艇短缺。"(出处同前, 第 265 页。)

　　计划用于西西里岛的部队是巴顿将军指挥的美国第 7 集团军，兵力为 2 个半师，以及蒙哥马利将军指挥的英国第 8 集团军，兵力为 4 个半师。这两个集团军统一归亚历山大将军指挥。第 7 集团军将在利卡塔（Licata）和斯科利蒂（Scoglitti）之间登陆，先向岛上的巴勒莫（Palermo）挺进，然后掉头攻向东面的墨西拿（Messina）；而第 8 集团军将在锡拉库扎（Syracuse）略偏南的地点和帕萨罗角（Cape Passaro）之间登陆，先占领锡拉库扎，然后是卡塔尼亚（Catania），最后向墨西拿进军。这两个集团军将乘坐 2600 到 2800 艘船舶和突击艇渡海，从直布罗陀和苏伊士这两个相距甚远的地方起航。登陆前要对敌人的机场、港口、交通线等处进行 6 个星期的火力准备，并继之以伞兵空降。当时，西西里的守军包括 5 个意大利步兵师和 5 个分布在沿岸防线上的意大利海防师，以及 2 个德国师——第 15 装甲掷弹兵师和"赫尔曼·戈林"师在该岛西部担任预备队。

　　7 月 9 日，英美空降部队乘坐 400 架运输机和 137 架滑翔机，在战术空军的战斗机和轰炸机护航下，从突尼斯的凯鲁万（Kairouan）飞往西西里；但是由于大风干扰和训练不足，不少滑翔机掉进海里，还有许多伞兵被空投在距离目的地数英里之遥的地方。继这次运气不佳的空降之后，渡海登陆行动在 10 日凌晨 2:45 实施。第 8 集团军没有遇到任何抵抗，第 7 集团军也仅在部分地点遇到抵抗。这是因为意大利的海防部队纷纷丢弃阵地逃跑，而美英军队完全控制天空，实现了彻底的战术突击。

　　部队进攻的重点是墨西拿，这座城市的南面有海拔 10758 英尺的埃特纳山保护，它就像一座城堡俯瞰着通向墨西拿的 3 条可用通道：以卡塔尼亚为起点的道路沿西西里岛东海岸延伸；以切法卢（Cefalu）为起点的道路沿北海岸延伸；而在这两者之间的道路经过琴图里佩（Centurip）、阿吉拉（Agira）、雷加尔布托（Regalbuto）、兰达佐（Randazzo）和西西里堡（Castiglione di Sicilia），绕过埃特纳山西翼通至墨西拿。

　　7 月 22 日，巴顿的先头部队进入巴勒莫。随后第 7 集团军掉头东进，于 25 日占领泰尔米尼（Termini），27 日占领切法卢，29 日占领尼科西亚（Nicosia）。另一方面，英国第 11 伞兵旅在 11 日实施了一次大胆的空降，为蒙哥马利夺取了锡梅托河（Simeto）上位于普里莫索尔（Primo Sole）的重要桥梁，但此后第

8 集团军在卡塔尼亚平原被阻挡了近 3 个星期。为了打破僵局，亚历山大从突尼斯调来地中海战区经验最丰富的山地作战部队——第 78 师，这帮助他向琴图里佩进攻，通过中央的道路包抄抵抗的德军。然后他又实施了一系列包括夜袭的轰炸行动，纯粹依靠枪支弹药迫使德军一个村子一个村子地退向墨西拿。这些 "poliorbuster" 作战证明了，在一个坦克运用受到限制的多山国家，战术轰炸作为加快地面推进的手段价值极低。而且，更值得注意的是，德军在敌人拥有绝对制空权情况下进行的撤退几乎完全不受影响。正如克里斯托弗·巴克利（Christopher Buckley）所指出的："他们基本上是按照自己的步调撤退的，所受损失无足轻重。"[1] 到了 8 月 16 日，当美军进入墨西拿结束会战时，德军不仅将第 15 装甲掷弹兵师和 "赫尔曼·戈林" 师大部分剩余兵力运过了海峡，还带走了许多重装备。按照多比亚克少将（Air Vice Marshal D'Albiac）的说法，这是因为 "撤离行动井然有序，高射炮和岸防炮数量庞大，德军士兵士气高昂，而且无情地利用了他们的意大利盟友来掩护自己的行动"[2]。他没有说明这最后一条是怎么实现的，即便意大利人是远比表面上更好战的民族，即便他们大都是战争狂热分子，但是让他们以血肉之躯充当抵御炸弹的保护伞的可能性却是极低的。如此看来原因更有可能是同盟国空军部队里有人犯了大错。

不过，虽然有这次成功的撤退，但这场会战还是成了压断轴心国脊梁的最后一根稻草。[3]墨索里尼于 7 月 25 日辞职，意大利国王将政府转交给彼得罗·巴多格利奥元帅领导。次日，曾经权倾朝野的 "领袖" 锒铛入狱，但是大约 6 个星期后，他被人从阿布鲁齐山脉（Abruzzi Mountains）中的一处悬崖上救了出去。

不幸的是，同盟国却放任这一截至此时最具政治决定意义的胜利果实腐坏变质。艾森豪威尔将军希望快速与意大利缔结和平条约，然后立即进军那不勒斯。然而有 3 个阻碍摆在了他的面前：英国人的谨慎[4]，登陆舰艇的稀缺[5]，以及无

---

[1] 注释：《通向罗马之路》，第 143 页。
[2] 注释：《皇家联合军种学会志》，1945 年 8 月，第 328 页。
[3] 注释：在这场会战中双方损失如下：轴心国方面，167000 人阵亡、负伤和被俘，其中有 37000 德国人；同盟国方面，31138 人阵亡、负伤和失踪，此外还有 85000 吨船只沉没。
[4] 注释：《与艾森豪威尔共事的三年》，第 316 页。
[5] 注释：出处同前，第 316 页。

条件投降。[1]

从 7 月 27 日到 9 月 2 日，同盟国方面为了这 5 个字的含义与巴多格利奥争执不休。德军却借此为掩护，迅速将 13 个师开进了意大利。隆美尔元帅指挥北路德军，而此前一直在西西里指挥作战的阿尔贝特·凯塞林元帅指挥南路。米兰（Milan）和其他工业城市的起义被迅速镇压，而盟军猛烈的战略轰炸对起义者没有丝毫的帮助。罗马和那不勒斯先后被德军占领，即使意军有心抵抗，要想不被德军占领，唯一的选择就是让战火烧遍整个意大利。最终，在 9 月 2 日，巴多格利奥接受了无条件投降，8 日，停战条件被公之于众，而按照其中的第 4 条，意大利海军舰队随即启程前往马耳他。

很快我们就会看到，罗斯福总统和丘吉尔首相在卡萨布兰卡决意的行为使美军和英军卷入了整场战争中在战术上最为荒唐、在战略上最无意义的会战。无条件投降把"柔软的下腹部"变成了鳄鱼的脊背，延长了战争进程，摧毁了意大利，还牺牲了成千上万美国人和英国人的生命。

西西里会战虽然仅仅持续了 38 天，却意义非凡，主要是因为它是在西线针对德军实施的第一场真正的联合作战。它的基础是海权，而不是空权；但是如果没有后者，盟军也根本不可能尝试发动它。而且，因为它的目标是征服西西里，所以陆权也相对重要，但若缺了空权，陆权也不可能成功。又因它的首要条件是海权，海权的灵活性使进攻方天然具备打击其选择的任何地点的能力，所以只要保证防守方始终无法正确判断进攻点，就可迫使其要么分散兵力，要么将兵力集中起来应对多处虚假地点，最终极有可能用错地方。显而易见，通过这种方法可以更充分地发挥海权的优势，甚至可以让这场会战的进程比实际上更快。

例如，当战局在卡塔尼亚前线陷入胶着时，如果盟军掌握了足够的登陆舰艇，就可以通过海路来转换阵地，而不必通过陆路绕过巨大的埃特纳山。而且，一旦德军出现经墨西拿海峡撤退的明显迹象，盟军只要在意大利登陆，就可以

---

① 注释："英国公众……似乎已经对战争相当厌倦，但却奇怪地坚持'无条件投降'。这两者根本合不到一块儿。通过给意大利开出体面的条件，我们可以缩短战争进程，更不用说还将挽救许多生命。"（《与艾森豪威尔共事的三年》，第 332—333 页。）

切断他们的退路。然而这些方案都是不可能付诸实践的，因为世界上最大的两个海军强国现都将目光投向了空中。在轰炸机产量过剩的情况下，登陆舰艇的数量不可能充足。这就是问题的关键。

海路，舰船的缺乏使英法两国战略无法实施；陆路，想象力的缺乏同样削弱了英美两国的战术。在这个问题上，目击者克里斯托弗·巴克利的说法很有启发。他写道："每次作战往往都会成为前一次的重复，而空军的火力准备规模则变得越来越大。以雷加尔布托和后来的兰达佐为代表，一个个村庄被战争史上前所未有的航空轰炸完全抹去。"[①]他还指出，通常情况下德军"很少会把防御阵地建在村庄里面，大都是在村庄后方，与其隔开一小段距离。这意味着这些轰炸对德军可能毫发无伤，而伤的大都是意大利平民。更重要的是，我们的目标是用碎砖烂瓦阻断道路，使德军的轮式车辆无法撤退，但因为德军并不需要穿越这些村庄撤退，所以我们基本上无法实现这一目标。相反，当我们的部队进入这些地方时，却不得不花费几个小时来清理瓦砾才能继续前进。我们自己人的轰炸竟然给我们的地面部队制造了障碍。轰炸还给部队占领这些村庄增添了阻碍，因为在每个村庄都必须处理数十位失去住处的居民和数百名死伤的平民。在这样的情况下，疫病的快速传播是棘手的现实。"[②]巴克利还写道："我不禁感到，我们热衷的战术就像用一柄沉重的大铁锤去砸一只瘦小而警觉的爬虫，它一次又一次地在大锤刚抡起来的时候就溜之大吉。德军在这一过程中并没有损失多少人员；在西西里战役中期阶段的这些艰苦战斗中，他们也并未显出多少疲态，因为在这样狭小的正面上，他们可以通过让各营交替后撤来达到休息目的。"[③]

这是战术航空力量不能适应战场需求的证明吗？这个问题一针见血：不是战术航空力量有缺陷，而是战术航空力量的战术太愚蠢，因为在这些把战场夷为平地的战斗中所发生的，无非是把战略轰炸对城市里人们心理上的影响转用到了战场。虽然目标不同，但理念是相同的：对目标投放压倒性重量的金属——

---

① 注释：《通向罗马之路》，第 107 页。
② 注释：出处同前，第 108 页。
③ 注释：出处同前，第 127 页。

把高爆炸药当作推土机使用！

正如科宁厄姆中将在一次新闻发布会上所说，"德国空军已经从空中被驱散"，那么他肯定应该认识到，使用机炮和机枪火力进行低空攻击对德军造成的杀伤肯定不如全方位轰炸村庄的效果所能够比拟的。不过，最有效的解决方案仍然是从海上攻击，因为在沿海地区的作战中，掌握制海权的一方几乎都能找到通向敌人后方的暴露侧翼——每一场战役中的决定性要点。这就是西西里会战所提供的教训，然而它却并没有被吸取。

登陆意大利

从战略角度讲，在欧洲大陆所有较大的强国中，意大利最接近于岛屿。相对于国土面积，她的海岸线是大陆各国中最长的，而她的陆地边境则是最安全的；因此她更容易遭到海上攻击，而不是陆上攻击。那么，如果一个海洋强国要从西面或南面入侵她，登陆部队在利古里亚（Liguria）登陆要比在卡拉布里亚（Calabria）登陆更有利，因为保护波河谷地——意大利的作战要害地区——的唯一天然屏障就是位于利古里亚和伊特鲁里亚（Etruria）的亚平宁山脉（Apennines），它的宽度约为30英里；而取道卡拉布里亚意味着登陆部队必须沿着纵轴穿越整条亚平宁山脉，距离约为600英里。此外，意大利境内几乎每一条河流、沟壑、峡谷和山嘴尖坡都是垂直于这条中央山脉的，每一条都能形成天然的防线，一旦被守军占领，进攻方就只能从正面突击。

虽然艾森豪威尔将军似乎认识到了利古里亚进军路线的优点[1]，但是由于缺少航空母舰和登陆舰艇，他只能选择卡拉布里亚路线。而马歇尔将军告诉我们，即便如此，在此后整个会战进程中，"冲锋舟和登陆艇的短缺一直困扰着部队作战"[2]。结果这场会战没有速战速决，而是变成了漫长的消耗战，它可以分为

---

[1] 注释：《与艾森豪威尔共事的三年》，第362页。

[2] 注释：《美国陆军总参谋长双年报（1943年7月1日—1945年6月30日）》。布彻上校在1943年9月6日写下了这样的评论："……似乎没人强调这样一个苦涩的真理：军人们没有耶稣的神奇力量，不能在水面上行走。我们仍然需要依靠登陆舰艇，然而不幸的是，我们拥有的数量不足以在继续为西西里提供补给的同时再实施两场大规模作战。"（第348页。）

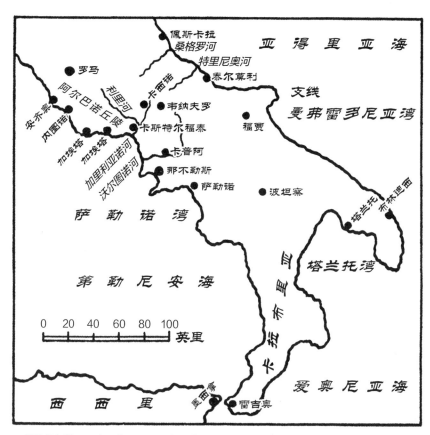

∧ 登陆意大利, 1943 年 9 月 3 日—1944 年 6 月 4 日

3 个阶段:

(1) 合理阶段, 截至占领那不勒斯和福贾为止。

(2) 政治阶段, 截至占领罗马为止。

(3) 胡闹阶段, 自从占领罗马以后。

亚历山大将军奉命指挥远征军, 它包括 2 个集团军, 即蒙哥马利将军指挥的、完全由英国士兵组成的第 8 集团军; 以及马克·克拉克中将 (Lieut.-General Mark W. Clark) 指挥的, 英美士兵混编的第 5 集团军。前者将在雷吉奥 (Reggio) 登陆, 等它将德军赶进意大利的 "靴尖" 部分后, 后者将在敌军后方的萨勒诺

（Salerno）登陆，切断其后路。选择萨勒诺是因为它刚好位于战斗机的空中掩护范围之内。如果有足够的航空母舰可用，那么整个战役的弹性就会大很多；正因为航空母舰不足，所以德军才预料到盟军的计划。虽然整个战役是以海权为基础，但是在很大程度上又一次被陆基飞机所左右，而且正如莫尔黑德所指出的，至少部分是由于这个原因，"从选择意大利作为进军路线的大战略，到选择在萨勒诺登陆的战术，在每个环节上，想象力和冒险精神都因为安全至上的思维而被牺牲了"[1]。第 8 集团军的登陆时间定在 9 月 3 日黎明前一个小时，空军为此所做的准备是对敌人交通线和铁路站的长期空袭，以及在临登陆前实施的、已经成为蒙哥马利将军习惯之一的"大爆裂"。然而当地并没有德军，因为他们洞悉了盟军的意图，此时已经快速撤退到"靴尖"——这原本是可以轻易判明的事实——于是，这场"自阿拉曼以来最大规模的轰炸"成了没必要的浪费。当时随军出征的巴克利形容跨越海峡的航行"危险性就跟在和平时期从南海城（Southsea）坐轮渡到怀特岛（Southsea）[2]一样"[3]。应该指出的是，无论具体情况如何，"大爆裂"已经成为常规，于是和 1915—1917 年的战争一样，战术想象力变得僵化了。

意大利海军舰队已经在 9 月 8 日驶向马耳他，塔兰托（Taranto）在 9 日被英国第 78 师和第 1 空降师占领。同日凌晨 4 点，经过猛烈的海军炮火准备和空军飞机轰炸之后，第 5 集团军开始登上萨勒诺的海滩。11 日，该集团军被得到德国空军有力支援的德军部队猛攻，形势变得十分危急；美国巡洋舰"费城"号（Philadelphia）和"萨凡纳"号（Savannah），以及英国战列舰"厌战"号（Warspite）都被滑翔炸弹击中。[4]

此战失败的一大原因就是，以西西里岛为基地的战斗机所携带的汽油只能支撑它们在滩头阵地上空作战 15 分钟。另一个原因是，"船只短缺使亚历山大直到 D+5 日（14 日）英国第 7 师开始卸载，才能将自己的重装甲部队投入

---

① 注释：《日蚀》（Eclipse，艾伦·莫尔黑德，1945 年），第 22 页。
② 译者注：南海城和怀特岛都是英格兰南方的旅游胜地，两地中间只隔着几公里宽的海峡。
③ 注释：《通向罗马之路》，第 158 页。
④ 注释：一种雷达控制的火箭炸弹，从位于防空区域之外的飞机发射。

战斗"。①此时艾森豪威尔告诉马歇尔，"我们的这场战役正处于万分危险的阶段……我们无法前进，而敌人正在准备大规模反击……我已经用上了我们所有比小划艇大的船……在目前的形势下，我们的最大希望就是空军……"②

在接下来的3天里——9月12日至14日——盟军把所有战术和战略航空力量都用于打击敌军。敌人的部队集结地遭到轰炸，行军纵队则被机枪扫射。15日，危机结束，空中力量的到来几乎拯救了第5集团军。16日，第8集团军在萨勒诺东南约40英里的一个地方与第5集团军会师。

27日，盟军占领福贾，10月1日攻克那不勒斯。阿尔贝特·凯塞林元帅随即将自己的部队撤到沃尔图诺河（Volturno）。9月20日，德军撤离撒丁岛，10月4日撤出科西嘉岛。10月中旬，凯塞林放弃沃尔图诺河防线，后撤至加里利亚诺河（Garigliano）。

从此以后，这场会战就演变为"要面对斗志坚决、足智多谋、擅长通过埋雷和爆破利用天然障碍的敌军，穿越困难重重的地形缓慢而痛苦地推进"③；主要原因是盟军一方无法包抄敌军的侧翼。对于这个问题，威尔逊将军写道："第5集团军和第8集团军在萨勒诺以南会师之后，我们考虑过多种包抄敌军侧翼的小规模两栖作战；其中一次作战在第8集团军战线上的泰尔莫利（Termoli）实施，取得了振奋人心的成功"；但是"在这个战区，登陆舰艇的状况极为困难。此时舰艇的配备和可用数量已经成为所有两栖作战中永久的限制性因素，不仅地中海战区是这样，同盟国的所有战区都不例外。"④

此外，还有另一个原因造成了这样的僵局：此时有2个战役同时在进行，一个在地面上，另一个在空中。集结在福贾的战略轰炸部队并不归艾森豪威尔将军指挥，而他们消耗了大约30万吨的海上运力，马歇尔将军指出"意大利会战中最关键的几个月内。第15战略航空队的运输需求实在太大……导致我们地

---

① 注释：《美国陆军总参谋长双年报（1943年7月1日—1945年6月30日）》，第18页。
② 注释：出处同前，第19页。
③ 注释：《梅特兰·威尔逊将军就1944年1月8日—1944年5月10日的意大利战事向同盟国参谋长联席会议呈交的报告》（General H. Maitland Wilson's Report to the Combined Chiefs of Staff on the Italian Campaign, 8ᵗʰ January, 1944, to 10ᵗʰ May, 1944），第1页。
④ 注释：出处同前，第1和2页。

面部队在意大利积聚实力的过程在相当程度上被延迟了。"[1]

不仅如此，指挥官们对战局的失误把控也是一大因素，他们习惯于蒙哥马利式的战术，而忽视了在意大利进行的是山地战。他们的战术包括：（1）所有兵种集聚起庞大的数量优势；（2）积聚数量超大的弹药和军需物资；（3）用飞机和大炮进行毁灭一切的火力准备；（4）步兵有条不紊地推进，通常在夜幕掩护下开始进攻；（5）坦克跟进，作为自行火炮使用，为步兵提供火力支援。

只要德军的目的仅限于迟滞盟军，盟军就会通过这些战术有条不紊地拿下一个又一个阵地。首先是沃尔图诺河，然后是特里尼奥河（Trigno），接着是桑格罗河（Sangro），直到凯塞林决定在加里利亚诺河坚守。

凯塞林占领的是意大利境内最坚固的阵地之一，艾森豪威尔将军随即做出指令：一方面通过对加里利亚诺河的正面进攻牵制德军，另一方面派美国第6军在罗马以南约30英里的安齐奥（Anzio）—内图诺（Nettuno）地区登陆以包抄其阵地。如果能从那里成功地向内陆推进，就可以切断凯塞林的交通线，迫使他后退或投降。然而在12月24日，艾森豪威尔以及蒙哥马利将军、特德上将和布雷德利将军（General Bradley）都被召至英国，负责登陆法国的准备工作。艾森豪威尔的继任者是亨利·梅特兰·威尔逊将军，奥利弗·利斯中将获得了第8集团军的指挥权，而艾拉·埃克中将（Lieut. –General Ira C. Eaker）则负责指挥地中海的盟军航空部队。

1月17日夜18日晨，盟军发起加里利亚诺河战役，左路攻击部队渡河后不久，就在卡斯特尔福泰（Castelforte）村一带受阻，而右路部队甚至无法在河上架起桥梁，进攻彻底失败。

22日，当这场战役进入最后阶段时，第6军——5万英美联军——在卢卡斯少将（Major–General Lucas）指挥下，于凌晨2点登上安齐奥的海滩，几乎未遇任何抵抗。这次登陆完全出乎德军的意料；虽然凯塞林知道盟军正在那不勒斯准备渡海远征，但他以为其目标是奇维塔韦基亚（Civita Vecchia）、加埃塔（Gaeta）或泰拉奇纳（Terracina）。在这次登陆中，空中支援遵循了通常的模式；

---

[1] 注释：《美国陆军总参谋长双年报（1943年7月1日—1945年6月30日）》，第19页。

但是省略了海军舰炮的火力准备，只有两艘火箭发射船在部队临上岸前对滩头进行了一次火力覆盖。但遗憾的是，此次登陆的成果也仅止于此。为了放大最初取得的奇袭效果并在加里利亚诺河德军防线的后方制造恐慌，他们应该立即向阿尔巴诺丘陵（Alban Hills）前进，然而卢卡斯就像 1915 年苏弗拉湾（Suvla Bay）的斯托普福德中将（Stopford）[1]，只顾巩固自己的滩头阵地。于是不可避免的后果发生了：凯塞林意识到自己的交通线不会立即受到威胁，便调兵牵制第 6 军的两翼和先头部队，同时集结了强大的反击兵力。于是，远征军在登陆后没几天便陷入了持续数月的困境。

在这场糟糕的败仗之后，又发生了一系列索姆河—伊普尔式的战役，只不过战场从泥沼换成了山地。这些战役中有 3 场是为了争夺小镇卡西诺（Cassino）而打的，该镇附近的制高点是修道院山（Monastery Hill），山上矗立着著名的圣本笃修道院（Abbey of St. Benedict）。

这些战役中的第一场在 1 月 29 日发起，到了 2 月 4 日，双方已经打成僵局。盟军指挥官把失败归咎于修道院，而不是修道院所在的山丘；于是决定摧毁这座建筑。然而他们并没有将这个决定保密，而是广而告之并放任人们自由讨论，这就不可避免地产生了恶果：当盟军终于发动攻击时，德军早已做好了充分准备来应对。因为修道院是个实在过于明显的轰炸目标，而且修道院山已经为德军提供了不计其数的观察哨位，所以像凯塞林这样能力出众的军人派兵进驻修道院本身的可能性是很低的，而居住在修道院中的僧侣们一直表示修道院从未被用作观察哨。

2 月 14 日，盟军的飞机在修道院上空撒下传单，提醒僧侣和难民离开。次日，229 架轰炸机对修道院投下 453 吨炸弹，将它炸成废墟。然而如此毁灭性的轰炸却起到了意料之外的作用，修道院从普通建筑变成了坚固堡垒，因为在混杂着残垣断壁的瓦砾堆中防守要比在完好的建筑物中防守更轻松、更自在。这不仅是因为有现成的材料用来构筑坚固据点，而且也不会有屋顶和楼板掉下来砸到守军。

---

[1] 译者注：1915 年加里波利战役中，英军为打破僵局，派斯托普福德中将率部在苏弗拉湾登陆。但此人连续一周不思进取、优柔寡断，坐视战机丧失，遂被就地免职。

因此与其说对修道院的轰炸是恣意毁坏的暴行，倒不如说是在战术上惨重失误。

第二天，卡西诺及其周边地区再次遭到轰炸；但是直到18日清晨，盟军步兵才发动攻击。火炮轰击是在17日夜里9点开始的。5个小时内，盟军炮兵以每小时1万发的速度向这些瓦砾堆倾泻炮弹。凌晨2点，步兵开始前进，但是进展甚微，于是亚历山大将军在19日明智地决定中止作战以减少损失。

盟军是否吸取了潘泰莱里亚岛的教训，明白了饱和轰炸很少会成为通向胜利的捷径呢？没有！因为正如巴克利告诉我们的："对修道院的空袭没能产生预期的效果，因此轰炸机的数量和搭载炸弹的重量都必须加码……这一次要把铁锤做得更大。我们对卡西诺的攻击就像埃及的灾难一样，要变得越来越猛烈，直到法老凯塞林认为应该屈服为止。"[1]这个说法得到了威尔逊将军本人的证实。他表示，"……同盟国参谋长联席会议担心意大利的现状长期持续可能给整体战略态势造成不利影响。他们认为在狭小的要害区域集中近3000架轰炸机和战斗机可以对敌军造成毁灭性的打击，只要地面上有猛烈的攻击行动与之配合即可。"[2]因此，尽管面对种种例证，盟军指挥官还是坚信这样的教条：金属的重量只要足够，就能把守军摧毁，地面部队要做的仅仅是占领已经瘫痪的目标而已。埃克将军就是这种教条的忠实拥护者，因为根据报道，他曾经在3月15日，也就是第三次卡西诺战役发动的那一天，说："轰炸的效率将由地面部队推进的程度决定。"还未及实施，又补充说："让德国考虑一下吧，我们在3月15日对卡西诺堡垒所做的事，将在他们选择坚守的所有要塞上重演。"[3]

这一次我们让盟军副总指挥雅各布·德弗斯中将（Lieut.-General Jacob L. Devers）来描述这场发生在15日的进攻，他在一封写于3月22日的信中说：

"3月15日，我觉得我们对卡西诺的进攻和在利里河谷（Liri Valley）的推进就要成功了。我们使用了飞机、大炮和坦克，步兵紧随其后。我隔着河谷

---

① 注释：《通向罗马之路》，第300页。（译注：此处引用了《旧约圣经·出埃及记》的典故，上帝对埃及降下十种大灾，最终使埃及法老同意放犹太人返回故土。）

② 注释：《梅特兰·威尔逊将军就1944年1月8日—1944年5月10日的意大利战事向同盟国参谋长联席会议呈交的报告》，第37页。

③ 注释：《每日邮报》（Daily Mail），1944年3月16日。

目睹了这次进攻，当时天气状况良好；轰炸准确而猛烈，在此之后持续 2 个小时的炮兵弹幕射击则更为猛烈和精准，共有 900 门大炮参与。2 队中型轰炸机打头，然后是 11 队重型轰炸机，后面又跟着 3 队中型轰炸机。这些机群从上午 8:30 准时开始轰炸，直到中午 12 点结束行动。在 9 点之前它们每 10 分钟就轰炸一次，9 点之后则是每 15 分钟一次。尽管有了这一切轰炸和俯冲轰炸机与炮兵火力在下午的有效支援，地面部队却还没有拿下第一个目标……这些战果对我来说是当头棒喝。步兵在早晨就撤到了卡西诺以北 5 英里外。当他们在下午 1 点左右重新回到卡西诺镇上，德军仍然守在那里，并迟滞了步兵的前进，甚至在夜间悄然加强了自身实力。"[1]

具体细节：

作战计划中的主要行动之一是在头 3 个小时内将 1400 吨炸弹丢到大约一平方英里的区域中，然而即便目标如此庞大，轰炸的精度还是极差，以至于离卡西诺 3 公里之遥的第 8 集团军临时指挥部都不幸中弹。更离奇的是，有整整一队重型轰炸机把所有炸弹都投在了位于韦纳夫罗（Venafro）的法国军队指挥部头上，因为他们把这座小镇错当成了卡西诺，尽管两者相隔 12 英里！

没过几个小时，步兵就发起突击，然后就传来诸如此类的纷乱报告："我军用于支援步兵的装甲车辆被瓦砾拖慢了速度"……"初步报告指出，可怕的破坏给进攻带来困难"……"建筑物的残部和大量瓦砾堆被敌人改造成了坚固据点。"威尔逊将军还说："虽然我们的步兵能够前进，但没有一辆坦克能开上去给他们提供支援，因为炸弹坑挡住了去路，这些炸弹坑的直径大约有四五十英尺，而且里面很快就会积满水。直到 36 个小时后，靠推土机清出一条道路，坦克才能跟随步兵进入镇中。"[2]然而这种情况在潘泰莱里亚岛已经发生过了，当时盟军也是用推土机清出通道以后才得以进入港口的；同样的情况也曾发生在巴勒莫、雷加尔布托和兰达佐，甚至发生在 1917 年的帕斯尚德尔战役中！

这场战役持续了 8 天。然后，在没有取得多少进展的情况下，进攻被叫停了。

---

[1] 注释：马歇尔将军的报告，第 22 页。
[2] 注释：威尔逊将军的报告，第 39 页。

在这次惨败之后，是一段真正的战略轰炸，指挥者和主要执行者都是战术空军，而目标是德军的公路和铁路交通线。截至 3 月底，平均每天有 25 处线路被切断，而到了 5 月中旬，这个数字上升到了 75 次，甚至更高。毫无疑问，针对敌军后勤系统的这次持续攻击不仅扰乱了他们的交通，还限制了他们的夜间机动，对他们的打击要远远超过任何一次"大爆裂"。

在这种以切断交通线而不是单纯毁灭为目的的轰炸掩护下，第二次加里利亚诺河战役完成了准备，并在 5 月 11 号发起。这一次盟军的进攻严格避开了卡西诺镇。

这场战役是以一次夜间炮火准备揭开序幕的，炮击持续 40 分钟，在 30 ~ 40 英里的正面，达到了极高的强度。这一次，步兵的突击取得了成功，部分原因在于航空兵的火力准备，另有部分原因是德军的冬季防线到此时已开始崩溃，坏天气消逝，凯塞林看准这个时机决定撤退。16 日夜间，他开始让自己的军队脱离战斗；17 日，英军通过绕到后方进攻的战术，终于拿下了卡西诺；18 日，波兰军队占领了修道院山。6 月 4 日，丘吉尔——在这场"柔软的下腹部"会战中主宰着盟军一方行动的神明——虽未亲临现场，却在精神上起到了很大的作用，像第二个阿拉里克一样带着自己的大军开进了罗马。两天以后，美英联军在法国登陆的消息就传遍了全世界。但是在我们描述这个决定性的事件——第二条战略性前线的开辟——之前，必须关注苏联的第一条前线。

1943 年，苏军的夏秋两季会战

当希特勒于 1943 年 3 月中旬重拾对战争的最高指导权时，他肯定很清楚，从战略角度看，这场战争已经不可能打赢，防止它演变成不可挽回的悲剧的唯一机会就是打好政治仗。这意味着什么呢？

虽然局势纷繁复杂，但是对希特勒这样的神秘主义者来说，答案却是简单而直接的。那就是颠覆德国面临的整个战争问题，推翻他截至此时一直奉为铁律的一切。他不能再为了建立德国人的生存空间而将自己的意志强加于整个欧洲，而应该捍卫欧洲的自由，阻止苏联人建立生存空间。他明白，欧洲大陆上的每一个国家心底里都对苏联人获胜的前景满怀恐惧。他也知道，英国自古以来的政策就是对抗任何一个支配他国的霸权国家。此外他也明白，苏联人非常了解其他国家的这些情绪，因此他有可能利用欧洲人的恐惧和苏联人的猜忌为自己谋得出路。如果他能用消耗战略（或者按照他和他的吹鼓手的叫法，是"腓特烈战略"）取代消灭战争，从而将战争变为持久战，那么就有可能等到苏联同意与他单独讲和的时候。但是为了劝说苏联考虑这样的提案，他就必须坚持不懈地避免德国人在精神上出现任何软弱的迹象。

以上论断并非是纯粹的猜测，因为当德军在此后的会战中露出败象时，由戈培尔博士发起的心理战就明显体现了希特勒的这一政策。随着德军在苏联的形势越发恶化，有关日耳曼新秩序的宣传也越来越少。当夏季会战结束时，"生存空间"已经让位于"Festung Europa"（欧罗巴堡垒）。随后德国宣传机关又号召人们去戍守"东方壁垒"，宣布要对亚洲再一次发动十字军东征。除此之外，同盟国为了防止德国有条件投降而特意提出的"无条件投降"政策意味着德国只能在两条出路之间抉择——要么胜利，要么毁灭。因此，无条件投降重创了德国国内反对希特勒的力量，就像输血一样，使这场战争又延长了 2 年寿命。

尽管如此，战争却不可能简化为纯粹的心理较量，希特勒在 1943 年夏季面对的形势仍然是以真刀真枪的对决为主。为了延长战争，他就必须顶住苏联的进攻，而这意味着冬季会战中的损耗必须得到补充。可是必要的战力从哪里来？虽然他可以从被占领的国家抽调守备部队，但那里的防御力量也只能抽掉一部分，因为自从盟军登陆北非以来，他的西方敌国的海军力量就像达摩克利斯之剑一样高悬在他的头顶上。这种威胁可能已经在事实上建立了第二条战线，因为他不得不将 100 个师的大部分人马部署在苏联战场之外。简而言之，整个总预备队本来都应该被投入苏联，或者随时可应在苏德军的请求而派遣，然而他们却在其他地方抛锚停泊，而且在同盟国海军力量的威胁下，无法砍断锚链离开。

因为希特勒此时所采取的策略不允许为了积攒预备队而缩短战线和交通线——纯粹主动的撤退将暴露出恐惧——而他决心继续展示力量。虽然他的前两次夏季攻势都在战略上失败了，但是在开始之初却都曾取得了压倒性的战术成功。所以，为什么他就不能再一次取得战术成功呢？这一次，为了重振德军的士气和打乱苏联正在筹划的攻势，他需要的只不过是一场漂亮的战术胜利。

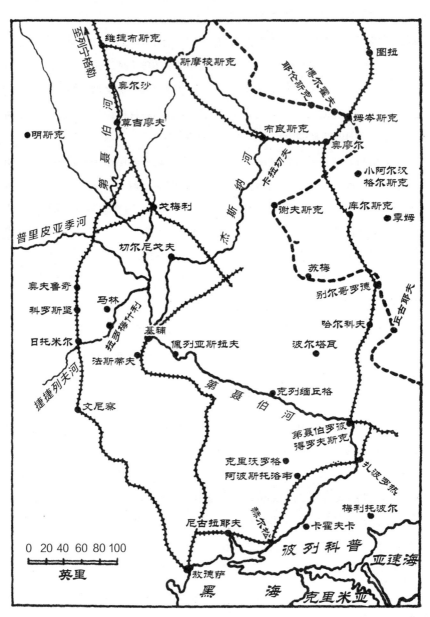

∧ 苏军的夏秋两季会战，1943 年 7 月 5 日—11 月 30 日

前线的作战模式也很适合这个计划，因为冬季会战给苏军在库尔斯克以西留下了一个巨大的钝头突出部，它的根部夹在奥廖尔和别尔哥罗德之间，而这两个地方仍在德军手中。如果能够切断这个突出部并歼灭其中的苏军。那么就可以使苏军的攻势推迟数月之久。

希特勒是个赌徒，从来不惮于冒险，因此他下定决心实施这一作战。虽然它命中注定要以惨败收场，但是考虑到他当时面对的政治环境，这一决定也有几分道理。面对苏军不断增加的人力和英美联军不断增加的军火，如果一味地后撤，最终除了失败，没有别的结局。此外，因为当时他已经看出美英两国不太可能在 1943 年开辟第二战场，所以在此之前重挫苏军就有可能达到他所期望的政治效果。

为了实施这个大胆的计划，他在奥廖尔集结了 7 个装甲师、2 个摩托化师和 9 个步兵师，在别尔哥罗德集结了 10 个装甲师、1 个摩托化师和 7 个步兵师。这两支部队合计约有 50 万人，统一归冯·克鲁格元帅指挥。两路攻击部队的会师地点则定在库尔斯克以东的小城季姆。

两路进攻都在 7 月 5 日早晨 5∶30 发动，严格遵循传统的闪电战突击原则——与 1939 年德军教科书中规定的原则完全相同。此外，进攻箭头都是指向突出部的根部，虽然在战争初期，从战术上讲这是能够产生最大收益的攻击目标，但是因为战术重要性巨大，它们早已成为每一个突出部中防御力量最强的部位。尽管这样的战术缺乏想象力，突出部北翼还是被德军突入 10 英里，北翼更是达到 30 ~ 40 英里。但是德军为此付出了惨重的代价，人员和坦克损失巨大，因此到了 22 日，两路攻击部队都不得不撤退。不过，这样的突破还是证明，如果对突出部的突击指向不在那么明显的部位，这次进攻还是有可能成功的。而正因为猜中了德军的突击方向，所以苏军坚信自己的纵深防御能够顶住德军的攻势，于是在 15 日他们反而对位于库尔斯克北面侧翼的奥廖尔突出部发动了攻击，而为了给冯·克鲁格的进攻提供部队支援，那里的防御已经被削弱。苏军的攻击在北面指向耶伦斯克（Elensk），在东南面指向小阿尔汉格尔斯克（Maloarkhangel'sk）。他们在 19 日—21 日一举攻克姆岑斯克（Mtsensk）和博尔霍夫（Bolkhov），并在 8 月 4 日迫使德军撤离奥廖尔。在南方，瓦图京将军通过突袭在同一天将德军赶出了别尔哥罗德。

　　就这样，德军的进攻以彻底失败告终，而在此战中的坦克损失之惨重使希特勒的防御策略彻底破产，因为它要依靠强大的机动部队来执行。可以毫不夸张地说，库尔斯克的失败对德军造成的灾难性后果不亚于斯大林格勒之败。

　　在攻克奥廖尔和别尔哥罗德之后，苏军立即大举西进，索科洛夫斯基（Sokolovsky）和波波夫（Popov）的方面军攻向第聂伯河上游，罗科索夫斯基、瓦图京和科涅夫（Koniev）的方面军扑向第聂伯河中游，马利诺夫斯基和托尔布欣（Tolbukhin）的方面军则朝着第聂伯河下游前进。8月11日，苏军占领丘古耶夫，4天后，科涅夫的前锋逼近哈尔科夫。与此同时，从奥廖尔出发的苏军也继续推进，在16日占领了布良斯克—奥廖尔铁路线上的卡拉切夫（Karachev）。接着，23日，苏军攻克哈尔科夫，顿涅茨地区的德军随即全面撤退。于是托尔布欣在罗斯托夫地区推进到了米乌斯河（Mius river）以西。30日，苏军攻克塔甘罗格，9月8日，占领斯大林诺。与此同时，在库班地区指挥着第1装甲集团军和第17集团军（合计可能有14个师）的冯·克莱斯特开始撤出桥头堡，渡过刻赤海峡进入克里米亚。这一撤退使彼得罗夫将军的方面军得以在9月15日占领新罗西斯克。

　　与此同时，苏军在中路也稳步保持着对敌军的压力。从库尔斯克西进的罗科索夫斯基将进攻矛头指向基辅以北，而在他南面，瓦图京也朝着基辅以南推进。这些进攻切断了戈梅利—克列缅丘格和戈梅利—敖德萨铁路线，等于是截断了第聂伯河以东德军南北两个集团军群的主要联系通道。9月22日，苏军占领波尔塔瓦，3天后又拿下了斯摩棱斯克。

　　在整个这一时期——8月5日—9月22日——似乎一直没有发生多少激烈的战斗。德军的撤退是按部就班进行的，根据地理条件，平均每天后撤1英里半到3英里半。除了可能被游击队袭击外，他们的撤退似乎没有受到多少干扰，因此德军有充足的时间在身后留下一片"焦土"。考虑到他们饱受机动部队短缺之苦（不仅因为在库尔斯克进攻中的损失，还因为西西里的战事和意大利与法国南部面临的登陆威胁），这就更令人惊讶了。苏军的追击速度没能更快则可能是由于后勤困难。

　　到了9月底，德军已经后退到由第聂伯河和他们修建的筑垒地域组成的一条防线。这些筑垒地域从扎波罗热向南延伸，经梅利托波尔（Melitopol）向东连接亚速海。德军将第聂伯河称为自己的"冬季防线"，但苏军并没有让其发挥作用，反而不断威胁德军，导致他们大面积溃逃。10月7日，苏军宣布整条战线上的浩大攻势正在展开。在北方连接伊尔门湖和拉多加湖的沃尔霍夫河畔，苏军攻克了基里希（Kirishi）；在被德军称为"祖国防线"、被苏军称为"白俄罗斯防线"的地带，涅韦尔（Nevel）和戈梅利也都于11日被攻克。但对这条防线的主要打击是在南方由罗科索夫斯基、瓦图京和科涅夫的方面军发动的。10月5日和6日，罗科索夫斯基在基辅以北的捷捷列夫（Teterev）河和普里皮亚季（Pripet）河之间渡过第聂伯河，瓦图京在佩列亚斯拉夫（Pereyaslav）渡过该河，科涅夫则在克列缅丘格东南数英里处渡河。

马特尔将军这样描述在这条大河上架桥的场景：

"横跨第聂伯河架起的桥梁大部分是用就地采伐的树木搭建的桩桥或栈桥。苏联工兵特别擅长这种工作。他们会派一队人到河岸，每个人都带着一把斧子，当然也有其他工具，但几乎所有工作都是用斧子完成的。一些军官和士官会乘坐小艇下水测量水深，并测定河流的'截面'，拟画草图。然后这群人就会分散走进树林，在很短的时间内，就把当地的树木改造成非常实用的支架和桥桩用于架桥。他们架设一座这样的桥梁平均只需要4天，而桥上能够承载10吨的卡车。第聂伯河的宽度大约是1500英尺。他们还架设了专门用于坦克的特制桥梁。可以说，这项工程是建设得相当出色"①。

当中路的这些作战正在进行时，托尔布欣于10日开始攻击梅利托波尔南北两地的筑垒防线。德军随即用坦克从扎波罗热桥头堡发动了反击。但是马利诺夫斯基的方面军击退了这次反击，并在3天激战后攻克了扎波罗热。另一面，托尔布欣的部队虽然突破了第一道筑垒防线并前进至梅利托波尔郊区，却未能攻占这座城市。但是此时第聂伯河弯曲部的作战已经快速影响到了南方的战局。17日，科涅夫将自己在克列缅丘格附近的桥头堡向南扩张，开始朝克里沃罗格方向进攻，到了21日，他已经推进到距这座城市不到20英里的地方。2天后，为了避免在

---

① 注释：《我们的装甲兵》，第270页。

不断缩小的突出部中被围歼，曼斯坦因放弃了梅利托波尔，又过了 2 天，马利诺夫斯基攻占第聂伯彼得罗夫斯克。11 月 2 日，托尔布欣的前锋进入位于赫尔松（Khersun）以东不到 50 英里的卡霍夫卡（Kahovka），这导致克里米亚的德军陷入危机，因为德军唯一的撤退路线就是彼列科普—赫尔松铁路线。

科涅夫、马利诺夫斯基和托尔布欣的方面军（此时已经分别被命名为第 2、第 3 和第 4 乌克兰方面军）的这几路攻势使第聂伯河弯曲部的德军快速陷入了类似于斯大林格勒的德国第 6 集团军的境地。因此，为了让此时仅剩的扎波罗热—阿波斯托洛韦（Apostolovo）—尼古拉耶夫铁路线保持畅通，冯·曼斯坦因指挥在第聂伯河弯曲部中重建的德国第 6 集团军，联手冯·克莱斯特的第 4 装甲集团军，在克里沃罗格对苏军发动了有力的反击，在他们即将攻占这座城市之际将他们击退。而在北面，瓦图京指挥的第 1 乌克兰方面军虽曾在第聂伯河弯曲部受阻，此时已经进至基辅近郊，并在 11 月 4 日开始攻城。德军随即弃城而逃，苏军于 6 日占领基辅。7 日，瓦图京占领了法斯蒂夫（Fastov），12 日占领日托米尔，17 日占领科罗斯坚和奥夫鲁奇（Ovruch）。后两座城市都位于至关重要的列宁格勒—敖德萨铁路线上。

为了稳定局面，德军开始将他们的几个装甲师和摩托化师从克里沃罗格前线经文尼察（Vinnytsia）北调以阻击瓦图京。在 12 日——苏军占领日托米尔的那一天——冯·曼斯坦因集中了 6 个装甲师和 6 个步兵师[①]（合计约 15 万人），对法斯蒂夫、日托米尔和科罗斯坚的苏军发动进攻。19 日，他重新夺回日托米尔，20 日夺回科罗斯坚，到了 12 月，他已经将苏军赶出马林（Malin）以南 20 英里的拉多梅什利（Radomysl），迫使其向法斯蒂夫退却。

此时冬季已经来临，考虑到气候条件，夏季和秋季会战已经结束；但是，从战术上讲，战事并未中断。

---

① 注释：这个集团军由霍特将军指挥。它的装甲部队构成很有意思，反映出了德国人是如何被迫挖东墙补西墙的。霍特有 3 个原本就归他指挥的装甲师，即第 7、第 8 和第 12 师。他在 25 日前从挪威获得增援，还得到了来自巴尔干半岛的"阿道夫·希特勒"师以及来自希腊的第 1 师。后来第 16 和第 24 师也从意大利调来，在那里这两个师由于地形不利，是被当作步兵使用的。

1944 年，苏军的冬春两季会战

苏军在 1943 年的辉煌胜利，加上意大利的崩溃，德国各卫星国的士气低落，被占国家持续高涨的抵抗运动，大西洋 U 艇作战的日趋不利[1]，以及最重要的，同盟国在西欧登陆的威胁不断加大，共同表明战争在西方战场已经进入最后阶段。因此，同盟国阵营在年底召开多次重要的国际会议研究未来安排也就不足为奇了。[2]但令人惊讶的是，等到这些会议结束时，除了铲除希特勒主义之外，西方盟国奋战至此所捍卫的一切都被抛弃了。《大西洋宪章》被束之高阁，波兰和波罗的海诸国被弃若敝屣，东欧的大门则对苏联敞开。作为最后一项让步的象征，11 月 29 日在德黑兰，丘吉尔伴着《国际歌》的曲调，恰如其分地向斯大林大献上了一柄十字军宝剑。

从此以后，苏联的战争目标就从击败德国迅速扩大为征服东欧，而这一地区的战略锁钥是维也纳，不是柏林。因此，苏军采取的第一个行动就是将冬季会战的方向调整到东南方，这不仅是为了解放乌克兰，也是为了取得一个入侵巴尔干半岛并打通维也纳之路的跳板。请读者牢记这一点，它对此后的作战以及战争的结果产生了巨大的影响。我们将首先概述冬季会战打响时苏联境内的局势。

在秋季会战结束时，德国有 3 个集团军群分布在波罗的海和黑海之间：北方、中央和南方集团军群。北方集团军群下辖 3 个集团军，中央集团军群下辖 4 个，南方集团军群下辖 6 个，指挥官分别是屈希勒元帅，冯·布施元帅和冯·曼斯坦因元帅。北方集团军群的前线从列宁格勒以南延伸至涅韦尔以西；中央集团军群的前线从涅韦尔以西延伸至奥夫鲁奇以西，而南方集团军群的前线从奥夫鲁奇以西延伸至黑海，包括克里米亚。由于丢掉了涅韦尔和奥夫鲁奇，连接 3

---

① 注释：在 11 月 9 日的一次广播中，丘吉尔先生宣布："在 10 月，U 艇与商船的损耗比例要比之前的任何一个月都更令人满意。"在 12 月 9 日，罗斯福总统和丘吉尔先生发布了一份声明："在 11 月被 U 艇击沉的商船比 1940 年 5 月以来的任何一个月都少。"

② 注释：10 月 15 日—30 日的莫斯科会议，11 月 22 日—26 日的第一次开罗会议，11 月 29 日—12 月 1 日的德黑兰会议，以及 12 月 4 日—6 日的第二次开罗会议。1943 年 12 月 12 日，《苏联—捷克斯洛伐克友好条约》在莫斯科签订。对此，《泰晤士报》驻莫斯科特派记者写道："就和莫斯科会议以及德黑兰会议的决议一样，这个条约标志着苏联人向切实参与欧洲事务又迈进了一步，也唤醒了大众对于苏联在欧洲大陆承担重大责任的回忆。"（《泰晤士报》，1943 年 12 月 13 日。）

个集团军群的主要铁路线——即列宁格勒—敖德萨铁路线——已经不再畅通；因此，除了德诺（Dno）—维尔纽斯—萨尔内（Sarny）—罗夫诺（Rovno）—舍佩托夫卡（Sheptovka）—普罗斯库罗夫（Proskurov）—日梅林卡（Zhimerinka）—敖德萨的迂回路线之外，德军各部之间没有铁路线连接。这种互相隔离在战略上是严重的缺陷。

北方和中央地段的防御要强于南方，这不仅有地形因素，也有人为因素，因为这些地段长期被占领使德军有充裕的时间在这些地方构筑工事。此外，北方和中央地段的前线没有明显的突出部，而南方地段形成了一个从科罗斯坚东南到基辅以南的第聂伯河，然后在第聂伯河弯曲部连至赫尔松的巨大突出部。因此，无论政治目标如何，这个突出部的存在就注定成为苏军下一个攻势的目标，特别是针对它的北翼实施打击。此举目的不是包围第聂伯河弯曲部中的所有德

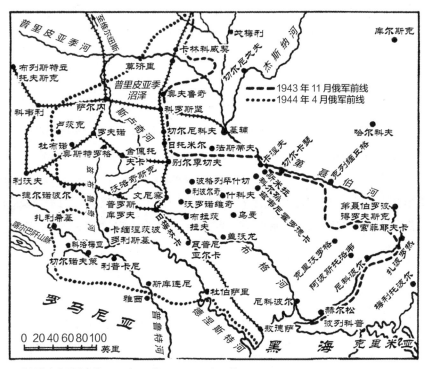

∧ 苏军的冬春两季会战，1943 年 12 月 24 日—1944 年 4 月 15 日

军，就是将他们赶过南布格河、第聂伯河和普鲁特河进入罗马尼亚，从而在德国的防线上造成一个位于普里皮亚季沼泽和喀尔巴阡山之间的大缺口，而这个缺口中的核心要点就是罗夫诺（Rovno）、捷尔诺波尔和切尔诺夫策。

为了实现这些目标中的第一个（一旦成功实现，那么第二个目标也会自然而然地实现），瓦图京、科涅夫和马利诺夫斯基的方面军领受了合围曼斯坦因部的任务。但是由于我们无法查明的原因（可能是因为气候，1944 年冬天的天气基本上是阴晴不定的；也可能是因为后勤困难，特别是基辅西南方的地区已经遭受了严重破坏；还有可能是因为苏军已经计划了在实施主要打击之前先牵制其他地区的德军），在这场大规模攻势之前，他们先发动了 4 场有限的进攻战役：一场在中央地段，一场在北方，两场在南方。这些战役占据了冬季会战的前 2 个月。

第一场战役由瓦图京的方面军实施，从结果来看，它具有双重目的：第一，在该部向南扫荡之前，为其战略侧翼赢得更多机动空间；第二，通过向西推进，使普里皮亚季沼泽能够为其后方提供掩护，并且切断德军从布列斯特—立托夫斯克向东连通至基辅的铁路交通线。

瓦图京在 12 月 24 日攻向冯·曼斯坦因，并于 29 日从他手中夺取了位于日托米尔北方的科罗斯坚和切尔尼科夫（Chernikov），以及日托米尔南方的别尔季切夫（Berdichev）。为了避免日托米尔守军被包围，冯·曼斯坦因在 31 日放弃了该城。这一撤退行动似乎在普里皮亚季沼泽南面造成了一个缺口。瓦图京立即抓住机会，将机动部队投入其中，于 1 月 13 日占领了维尔纽斯（维尔诺）—利沃夫铁路线上的萨尔内。与此同时，在他北面的罗科索夫斯基也立即占领了列宁格勒—敖德萨铁路线上的莫济里（Mozyr）和卡林科威契（Kalinkovichi），大大增加了瓦图京的战略侧翼后方的安全性。

这次进攻令冯·曼斯坦因看清，要想保持敖德萨—捷尔诺波尔铁路线的畅通，就必须阻止苏军从别尔季切夫南下攻取文尼察和日梅林卡。但是他当时无力阻止苏军，结果瓦图京在 1 月 7 日拿下利波尔奇（Liportsi），11 日占领沃罗诺维奇（Voronovitsy），前者位于文尼察以东 28 英里，后者位于文尼察东南 15 英里。18 日，曼斯坦因终于做好准备，向文尼察北方和东方发动了猛烈反击，将苏军赶回了波格列毕什切（Pogrebischche）和扎什科夫（Zhashkov），前者位于文尼察东北 45 英里，后者位于文尼察以东 65 英里。

苏军的第一个有限或预备攻势就这样结束了，当它处于收尾阶段时，第二个攻势也开始了，目标是德军战线上由冯·屈希勒元帅的第 5、第 18 和第 16 集团军把守的北方地段。第 5 集团军负责的是列宁格勒以南的防线，第 18 集团军负责沃尔霍夫河与伊尔门湖前线，第 16 军负责从旧鲁萨到新索科利尼基（Novo—Sokolniki）的前线。

苏军的计划是由戈沃罗夫将军（General Govorov）率部从列宁格勒进攻，配合梅列茨科夫将军（General Merezkov）从诺夫哥罗德以东发起的进攻以及更南方的辅助攻势，包围屈希勒的防线的北半部分。发起进攻的日期由沃尔霍夫河与伊尔门湖封冻的时间决定，而直到 1 月 15 日，冰层的厚度才足以保证部队进攻。这一天，苏军发动了两路攻势，戈沃罗夫在 17 日突破至红村（Krasnoye Selo），2 天后梅列茨科夫拿下了诺夫哥罗德。29 日，苏军攻克新索科利尼基，屈希勒随即下令全线撤退。2 月 12 日，卢加（Luga）也被苏军占领。2 天后，德军从他们位于旧鲁萨（在伊尔门湖以南）的"刺猬阵"撤退，又于 23 日放弃了德诺。此后冯·屈希勒后撤到普斯科夫—奥斯特罗夫（Ostrov）—奥波奇卡（Opochka）防线，这条由莫德尔将军（General Model）组织的防线向东延伸到涅韦尔，然后又延伸至维捷布斯克以东。至此，列宁格勒和喀琅施塔得（Kronstadt）所受的围困完全解除。

当冯·曼斯坦因还在稳定文尼察北方和东北方的阵地时，随着瓦图京一声令下，苏军的第三次有限攻势发动了。这一次瓦图京与科涅夫将军联手，目标是包围卡涅夫（Kanev）—第聂伯河沿岸—斯米拉（Smela）—科尔孙地区的 8 个德国师，这 8 个师构成了韦勒将军（General Wöhler）指挥的德国第 8 集团军的大部分。这次作战于 2 月初起，虽然德军下定决心要救出被围的这几个师，并且通过空运疏散了相当数量的军官，但残部还是在 17 日投降了。在这次主要由科涅夫实施的作战过程中，瓦图京突然从萨尔内向南推进，先将德国人赶出罗夫诺和卢茨克，然后又向科韦利（Kovel）和杜布诺（Dubno）挺近。这个由机动纵队实施的大胆突击迫使曼斯坦因将部队西调，以掩护通向加利西亚的道路。

主要的冬季会战之前的最后一次有限进攻是由马利诺夫斯基实施的。2 月

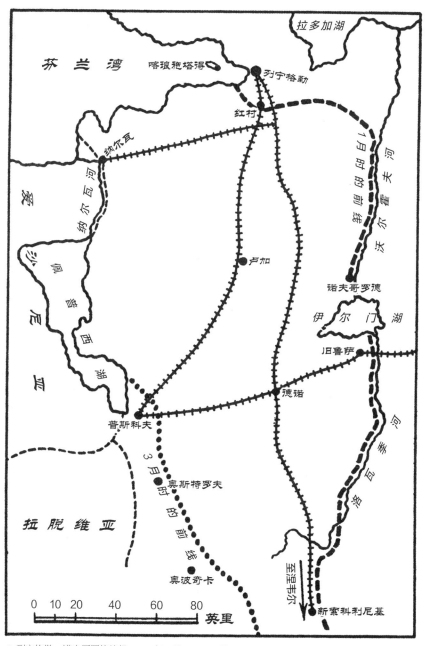

∧ 列宁格勒—诺夫哥罗德战役，1944 年 2 月 23 日—4 月 15 日

2 日，他在第聂伯罗彼得罗夫斯克以南攻击了位于第聂伯河和小城索菲耶夫卡（Sofievka）之间宽 40 英里的正面，并于 7 日拿下阿波斯托洛韦铁路枢纽站。这次进攻将德军分割为两半；随后马利诺夫斯基逼迫德军一半向尼科波尔（Nikopol）退却，另一半向克里沃罗格退却。在南面与马利诺夫斯基配合的托尔布欣于 8 日占领了尼科波尔，而马利诺夫斯基则在 2 月下旬占领了双方争夺已久的克里沃罗格。

在苏军对顿河弯曲部的德军大举进攻之前，朱可夫元帅作为斯大林的代表接替瓦图京将军指挥乌克兰第 1 方面军，斯大林的参谋长华西列夫斯基元帅则奉命协调马利诺夫斯基将军的乌克兰第 3 方面军和托尔布欣将军的乌克兰第 4 方面军作战。

朱可夫的方面军占领着从科韦利郊外至文尼察东北长约 250 英里的前线。在他的左面，是由刚刚晋升为元帅的科涅夫指挥的乌克兰第 2 方面军。这两个方面军的首要目标是与它们的前线大致平行的敖德萨—利沃夫铁路线。

3 月 4 日，朱可夫在西起奥斯特罗格（Ostrog）、东至斯卢奇河（River Sluch）的大约 60 英里的正面发起进攻，在开始两天就推进了 50 多英里，占领了敖德萨—利沃夫铁路线上的沃洛奇斯克（Volochys'k）。9 日，朱可夫的前锋已经到达捷尔诺波尔郊外

在这次进攻开始 2 天后，科涅夫开始攻击位于科尔孙以南 25 英里的兹韦尼霍罗德卡（Zvenyhorodka）南部，他的部队快速西进，于 10 日突袭并占领了德军设在乌曼的大型基地，缴获了 500 辆坦克和 12000 辆卡车。这次突如其来的快速打击让不知所措的德军在恐慌中阵脚大乱，也使整个南部战线的局势发生剧变。由于此战是紧随着科尔孙守军的投降而发生的，德军根本没有足够的兵力武器来阻止科涅夫的前进。12 日，科涅夫拿下了盖沃龙（Gayvoron），15 日，他的坦克部队又夺取了敖德萨—利沃夫铁路线上的瓦普尼亚尔卡（Vapniarka）枢纽站（佩先卡），当地距离德涅斯特河和罗马尼亚边境只有约 30 英里。

继这一胜利之后，朱可夫挥师南下攻向切尔诺夫策，这是连接波兰境内德军和苏联南部德军的最后一个铁路枢纽。他在兹布鲁奇河——1939 年苏波边境南段界河——以西一路推进，在 3 月 21 日—24 日粉碎当地德军抵抗，推进到了

德涅斯特河，并在科洛梅亚（Kolomyya）以北的扎利希基（Zalishchyky）渡河成功。到了25日，朱可夫的部队已经在50英里的正面渡过德涅斯特河，并在27日包围切尔诺夫策，3天后占领该城。

与此同时，科涅夫的右翼在布拉茨拉夫（Bratslav）附近渡过南布格河，几乎溃不成军的德军在18日放弃了日梅林卡，22日放弃文尼察，25日放弃普罗斯库罗夫，26日放弃卡缅涅茨—波多利斯基（Kamenets Podolsk），一路向南撤退。

27日，科涅夫在位于雅西（Jassy）以北15英里的斯库连尼（Skuliany）和切尔诺夫策以东35英里的利普卡尼（Lipkany）之间75英里的正面上到达普鲁特河边。因此，在3月底，朱可夫和科涅夫都已经站在普鲁特河边，而到了4月中旬，这两人的前线已经稳定在从科韦利略偏东处至捷克斯洛伐克最东端，然后延伸到雅西和德涅斯特河畔的杜伯萨里（Dubosari）一线。

当这些大战进行时，马利诺夫斯基也发动了进攻，在3月13日攻占赫尔松，然后经过激战，在28日占领尼古拉耶夫。由于敖德萨无人防守，苏军在4月10日兵不血刃地占领该城。几天后，马利诺夫斯基到达德涅斯特河边，在杜伯萨里与科涅夫的左翼连成一片。

还有一场战役也值得一提，那就是收复克里米亚之战。

占据这个半岛的是耶内克将军（General Jänecke）指挥的德国第17集团军，下辖5个德国步兵师和7个战斗力很弱的罗马尼亚师。为了守住克里米亚，德军大力加强了彼列科普地峡的防御工事和苏军1942年修建的横贯刻赤半岛最狭窄部分的阿克马纳尔防线。他们还在刻赤城构筑了坚固的工事，并部分修复了塞瓦斯托波尔的防御设施。但他们没有对"锡瓦什"（Sivash）这个浅水潟湖多加关注，这个潟湖位于彼列科普地峡东面，在严寒的冬季会封冻，此时军队就可以徒步穿越。

攻占克里米亚是托尔布欣将军指挥的乌克兰第4方面军的首要任务。他意识到德军防御的弱点就是锡瓦什湖，便计划在该湖封冻时直接穿越，同时突击彼列科普防线，并加强他已经在刻赤北面和东面的陆地上建立的两个小桥头堡；他将从这两个桥头堡夹击刻赤，然后向阿克马纳尔防线进攻。

但是托尔布欣运气不佳，当年冬季特别温和，到了3月，锡瓦什湖明显已经不会封冻。但他没有被这个情况吓倒，而是决定在湖水最浅的时候涉水通过，利用驳船、浮舟和皮筏将大部分部队和重装备运过该湖。

4月8日早晨，他开始集中炮火轰击彼列科普的防御工事，主要目的是吸引德军的注意力。9日，在进攻刻赤的同时，他突破了第一道彼列科普防线，但是在依雄（Ishun）受阻。另一方面，穿越锡瓦什湖的行动却完成得出人意料地轻松，这是因为它没有封冻，所以负责防守其南岸以及阿拉巴特沙嘴（Arabat sand-bank）的4个罗马尼亚师只派兵驻守在少数据点，主力都在内陆方向20英里外的占科伊（Dzhankoy）休息。

这次出其不意的进攻严重威胁了依雄和刻赤德军的后勤补给与撤退路线，耶内克将军因此彻底慌了神，他没有命令占科伊的罗马尼亚师大胆反击，反而指示他们就地坚守，同时命令刻赤守军向阿克马纳尔防线撤退。结果在11日，已经将相当数量的部队运过锡瓦什湖的托尔布欣向占科伊发起进攻，击溃了罗马尼亚军队并占领该城。耶内克随即命令位于克里米亚北部和东部的所有部队全面撤向辛菲罗波尔（Simferopol）。他这么做的原因我们很难猜想，因为这一

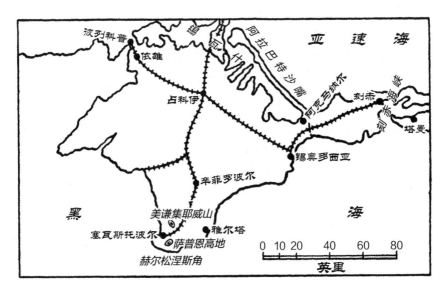

∧收复克里米亚，1944年4月8日—5月12日

后撤行动意味着放弃依雄和阿克马纳尔防线，把克里米亚的正门和后门都向敌人敞开。不过还没等德军集中到辛菲罗波尔，该城就落到了苏军手里。随后德军在一片混乱中向塞瓦斯托波尔败退。

因为托尔布欣要把他的攻坚重炮调到前线才能攻打塞瓦斯托波尔，所以苏军直到5月6日才开始炮击这座要塞。在此期间，耶内克手下3个罗马尼亚师以及另一些部队乘船转移到罗马尼亚。托尔布欣从北面和东面向美谦集耶威山（Mackenzie）和萨普恩高地（Sapun Heights）发起攻击，迅速将德国第17集团军的残部赶进塞瓦斯托波尔城内。最后，接替耶内克的阿尔门丁根将军（General Allmendingen）按照希特勒的指令放弃了这个要塞，将自己的部队集中在赫尔松涅斯角（Cape Khersones）。5月12日，他在该地投降。就这样，苏军1944年的冬季攻势以在这个战绩辉煌的一年中策划和实施得最出色的战役之一的结束而圆满完结。

同盟国登陆诺曼底

前文已经提到，在12月24日——苏军冬季攻势开始的那一天——艾森豪威尔将军和他的两位得力大将奉命回到伦敦，接管登陆法国作战的策划工作，此前这一作战的策划自卡萨布兰卡会议以来一直由陆军中将弗雷德里克·摩尔根爵士（Lieut.-General Sir Frederick E. Morgan）负责。原计划是最初以3个师登陆，但艾森豪威尔和蒙哥马利都认为这点兵力不够，于是最初登陆的部队增加到5个师。由于增加了这些兵力，计划细节需要做相当大的改动，登陆日（D日）便从5月1日推迟到6月5日。

1月21日，在艾森豪威尔[①]和他手下的三军司令——同盟国远征军海军司令贝尔特拉姆·拉姆齐上将（Admiral Sir Bertram H. Ramsay）、同盟国远征军空军司令特拉福德·利—马洛里上将（Air Chief Marshal Sir Trafford Leigh-Mallory）、同盟国远征军陆军司令蒙哥马利上将主持的第一次会议上，各方就

---

① 注释：空军上将阿瑟·特德被任命为艾森豪威尔将军手下的副总指挥。

这些更改达成一致。同盟国远征军陆军下辖美国第 1 集团军和第 21 集团军群；前者由奥马尔·布雷德利将军指挥，包括第 82 和第 101 空降师，后者下辖克里拉中将（Lieut.–General H. D. G. Crearar）指挥的加拿大第 1 集团军、邓普西中将（Lieut.–General Sir M. C. Dempsey）指挥的英国第 2 集团军、布朗宁中将（Lieut.–General F. A. M. Browning）指挥的第 6 空降师和各种盟军分遣队。

登陆地区定在塞纳湾（Bay of the Seine），因为在这个海湾可以借助科唐坦半岛（Cotentin Peninsula）阻挡盛行的西风，而且通过炸毁塞纳河和卢瓦尔河（Loire）的桥梁，可以在战略上孤立法国的西北地区。同时还有 2 个大型港口——瑟堡和勒阿弗尔（Le Havre）——位于这个海湾的侧翼；这两个港口以及该海湾本身都处于从英国起飞的战斗机可以轻松掩护的范围内，而且因为瑟堡位于科唐坦半岛的末端，只要占领该半岛，就可以将这个港口完全包围。

登陆正面的总宽度大约是 70 英里，从巴夫勒尔（Barfleur）以南的小镇屈伊内维尔（Quinéville）延伸至奥恩河（Orne）的入海口。美军将在西半区域登陆，英军在东半区域登陆，第一天的目标是圣梅尔埃格利斯（Ste-Mère-Église）—卡朗唐（Carentan）—巴约（Bayeux）—卡昂（Caen）一线。最后一个城镇是颇有利用价值的港口，有运河与海相连。

简而言之，进攻计划是这样的：首先占领包括瑟堡、卡昂和机场地区在内的立足点。然后"向布列塔尼（Brittany）进攻，目标是夺取南至南特（Nantes）的各个港口"。最后，"沿卢瓦尔一线东进，朝巴黎进军，并向北渡过塞纳河，以求在此西部地区歼灭尽可能多的德军部队"[1]。蒙哥马利将军写道："此举将切断塞纳河以南所有敌军的退路，而对这条河上的桥梁，我军将通过空袭摧毁。"[2]在实施这些作战的过程中，由亚历山大·帕奇少将（Major–General Alexander M. Patch）指挥的美国第 7 集团军将在法国南部登陆，并沿罗讷河谷（Valley of the Rhône）向上游推进。

---

① 注释：将由巴顿将军率领的美国第 3 集团军完成。他将在 D+30 日前后将自己的指挥部移到法国，并首先拿下布列塔尼半岛。

② 注释：《蒙哥马利元帅的"快报"》，载《伦敦公报》副刊，1946 年 9 月 3 日。

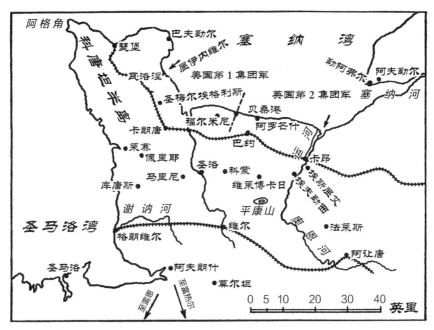

∧入侵诺曼底,1944 年 6 月 6 日—8 月 10 日

　　艾森豪威尔的对手是德国西线总司令冯·龙德施泰特元帅。由于认识到整个战区的德国军队战线拉得过长，而且敌人拥有绝对的空中优势，龙德施泰特主张将部队撤出法国，退到德国边境进行防御。虽然希特勒不赞成这个意见，但他还是继续让冯·龙德施泰特担任总指挥，不过在 2 月他又指派隆美尔元帅指挥位于法国的部队。隆美尔因此成为 B 集团军群的司令，该集团军群下辖部署在诺曼底和布列塔尼的第 7 集团军，部署在加来海峡省和佛兰德斯的第 15 集团军，以及部署在荷兰的第 88 军。除了 B 集团军群之外，冯·龙德施泰特麾下还有雅各布·布拉斯科维茨元帅（Field-Marshal Jacob von Blaskowitz）指挥的 G 集团军群，下辖第 1 和第 19 集团军，驻扎在比斯开湾（Bay of Biscay）沿岸和里维埃拉（Riviera）。冯·龙德施泰特共计有 50 个步兵师和 10 个装甲师，其中 36 个步兵师和 9 个装甲师位于从荷兰到比斯开湾的洛里昂（Lorient）的沿海地区；这些部队大部分在加来海峡省，在诺曼底仅有 9 个步兵师和 1 个装甲师。

对德军来说，隆美尔的任命是一个极为不幸的决策；虽然他和冯·龙德施泰特都认为应该死守法国的各个港口直至最后一兵一卒，以阻止敌军利用它们，但是这两位元帅对于迎击登陆敌军的方式意见不一。隆美尔支持在滩头与敌军对抗，因此主张在滩头部署强大的守备力量，并将预备队置于浅近后方。而冯·龙德施泰特的立场与他截然相反；他的意见是先让敌军取得立足点，然后趁其立足未稳时以强大的部队实施反击。这就意味着要将主力部署在距离沿岸防线有相当距离的后方。这两种南辕北辙的意见最后只能折中，而这恰恰是战争中最糟糕的情况：将步兵部署在前方，大部分装甲部队留守在后方。结果当危机来临时，这两个兵种之间根本没有办法协同作战。

除了这个有严重缺陷的安排之外，德军沿岸防线的性质也是雪上加霜；因为这条防线在形式上是线性的，纵深几乎没有。它们是由一连串沿着海岸修筑的工事组成的，工事之间通过水下和滩头的障碍连接。在这些工事后方没有备用防线，因此，整个体系实际上就是一条马奇诺防线。而希特勒和隆美尔对这条防线的信心与法国1940年对真正的马奇诺防线的信心如出一辙，这实在令人匪夷所思。

不仅如此，德军的判断严重失误。他们相信主要的登陆行动将发生在加来海峡省，因此他们不仅在那里修筑了比其他地方坚固得多的岸防工事，还分配了远比其他任何地段强大的守备力量。了解到这一情况后，为了让德军保持这个状态，艾森豪威尔将军在自己的职权范围内尽了最大努力来调整舰船的部署，摆出一副要在加来登陆的模样。他这样描述这个计策："对于这个极为成功的威慑行动，无论怎么强调它的决定性价值都不为过，在我军突击滩头时和随后2个月的作战中，它都带来了巨大的效益。"[1]

在决定将第一波登陆部队从3个师增加到5个师之后，艾森豪威尔面临的问题就是要找到更多的船只。他写道："尽管多了一个月时间生产舰艇……我们还是必须……考虑从地中海或太平洋抽调舰艇来凑足所需的数字。"[2]马歇尔将军

---

[1] 注释：《盟军总司令报告（1944年6月6日—1945年5月8日）》，第35页。诺曼底地区之所以会有那样坚固的防御，是因为希特勒坚持认为盟军将会尝试在该处登陆。（见《兵败西线》，第96和98页。）

[2] 注释：出处同前，第8页。

的说法与此完全一致。他指出，"在实施这一设想战略的过程中，同盟国被不计其数的具体问题所困扰"，而"其中最大的问题绝对是登陆舰艇的短缺"[①]。虽然他告诉我们，对法国南部的攻击被认为是登陆法国北部必不可少的辅助，但是"为了满足当时计划中跨海峡进攻的需求"，还是从地中海战区抽调了65艘登陆船。结果"原本应该和诺曼底进攻同时实施的法国南部作战被推迟了几个月，为的是先将登陆舰艇用于英吉利海峡，然后赶紧转到地中海战区完成双重任务……"[②]

除了登陆舰艇外，拖船、摆渡船和弹药驳船也很短缺，除此之外，盟军还需要一支庞大的海军舰队来护送和掩护登陆。最终有702艘战舰和25支扫雷艇队被用于此次作战。也就是说，为了跨越英吉利海峡，盟军动用了5000多艘舰船以及4000多艘"由船到岸"的小艇。相比之下，德军在1940年的登陆可能性就显得有些滑稽可笑了。

为了方便登陆，所有机动车辆和坦克都做了防水处理，以确保它们能够涉过深水，或者在必要时潜水行进。因为登陆行动要在空旷的海滩上进行，所以盟军预先设计了5个代号为"醋栗"的人工避风泊地，通过在岸边自沉60艘阻塞船来形成，又建造了2个可以在海上分段拖曳的人工港，代号为"桑葚"，每一个的大小都和多佛尔港差不多。此外，还准备了一条代号为"冥王"的水下输油管（最终准备了好几条），用于将汽油输送到海峡对面。

航空支援计划分为两部分，即准备阶段和突击阶段。第一个阶段的目标是限制敌军的机动能力：（1）破坏法国和比利时的铁路；（2）破坏法国西北部的桥梁；（3）攻击敌军在作战区域150英里半径内的机场。第一个行动在D—60日开始，第二个在D—46日开始，第三个在D—21日开始。为第二阶段分配的战斗机兵力为：滩头掩护，54个中队；舰船掩护，15个中队；直接空中支援，

---

① 注释：《美国陆军总参谋长双年报（1943年7月1日—1945年6月30日）》，第27页。肯尼思·爱德华兹中校在《海王行动》中提到了同样的问题："部队疾呼增加登陆舰艇，再增加更多登陆舰艇。"（第52页）英格索尔在《最高机密》中也有同样的叙述，见第24、25、31、37、38和50页。

② 注释：《美国陆军总参谋长双年报（1943年7月1日—1945年6月30日）》，第27和30页。艾森豪威尔将军说，他们曾希望在法国南部的登陆行动中使用3个师，"最坏情况下"也要2个师，然后逐渐增加到10个师；但是到了1月23日，由于诺曼底战役规模扩大导致的突击舰艇短缺，不得不将兵力削减为1个师。（《盟军总司令报告（1944年6月6日—1945年5月8日）》，第15—16页。）

36 个中队；战斗机进攻作战和轰炸机护航，33 个中队；机动打击部队，33 个中队。共计 171 个中队。

在对铁路和桥梁的攻击中，主要目的不仅仅是孤立登陆地区，还包括孤立塞纳河和卢瓦尔河之间的整个前沿作战地区，为此需要炸毁这两条河上的所有铁路桥和公路桥。如果这一行动成功，敌军就很难将第 15 集团军机动到塞纳河西边，也很难将法国南部的部队机动到卢瓦尔河北面。事实上，除了奥尔良（Orléans）和枫丹白露（Fontainebleau）之间的缺口，这些破坏活动将把整个前沿地区变为一个战略孤岛。除此之外，还有另一条沿默兹河和阿尔贝特运河分布的"封锁"线，这两条河上的桥梁对德国第 15 集团军的后勤补给至关重要。因此，如果破坏了这些桥梁，这个集团军就会遭到战略封锁。一方面它的补给线将被切断，另一方面它的西进路线也会受到限制。这意味着塞纳河以西的德国第 7 集团军将无法迅速得到增援。

在对铁路的攻击方面，主要目标是通过轰炸机务段来破坏铁路的运输能力。盟军选择了 80 个这样的"神经中枢"，截至 D 日已有 50 多个遭到严重破坏。"在轰炸开始前，每天合计有超过 100 趟军用列车进入法国……截至 4 月底，平均每天的军列数量减少到 48 趟，而到了 5 月底，已经跌至每天 20 趟。"[1]这并不奇怪，因为有至少 62000 吨炸弹被投在上述铁路枢纽，其中大部分在法国。

除了这些针对交通线的攻击，盟军航空部队还实施了其他预备作战，其中比较重要的是对敌军岸防炮台、工事、雷达站和机场的攻击。在 D 日以前岸防工事已经被轰炸了几个星期，在 D 日前一天，诺曼底海岸以及法国的整个北海岸上共有 10 个超大的雷达瞄准炮台也遭到轰炸。这是为了迷惑德军，阻止其判断出实际的登陆地点。盟军对这些目标总共投入了 14000 多吨炸弹。

无论是冠以"战略"还是"战术"的前缀，整个轰炸作战都是准备性质的，与即将发生的战斗——登陆——直接相关，与 1916—1917 年在步兵冲出战壕之前的炮火准备一样。看起来它确实有可能过火了一点，特别是在对桥梁的破坏

---

[1] 注释：《对交通线的空袭》（Air Attack on Communications，空军中将罗伯特·桑德比爵士撰文），载《皇家联合军种学会志》，1945 年 11 月，第 478 页。

方面，但是它的效果却是毋庸置疑的。

6 月的最初几天风急浪高，3 日的天气预报也显示天气不佳，于是艾森豪威尔决定将登陆时间推迟 24 小时。但第 5 日天气也只是稍有改善，不过他还是在凌晨 4 点大胆决定次日就发动跨越海峡的突击。恰巧也正是这个大胆的决定——在天气如此不确定的情况下进攻，在很大程度上帮助盟军达成突击。

进攻的时间表如下：空降部队使用 2395 架飞机和 867 架滑翔机，在凌晨 2 点着陆；由 2219 架飞机执行的航空轰炸将在凌晨 3:14 开始，海军的炮击则在 5:50 开始。第一波登陆的 5 个师乘坐 4266 艘登陆舰和登陆艇，将在早晨 6:30 上岸。

空降部队的任务是保护登陆突击的侧翼。英国第 6 空降师准确地降落在了奥恩河入海口的目标区域，但是美国第 82 和第 101 空降师有相当一部分在卡朗唐地区散落于长 25 英里、宽 15 英里的区域中。

航空轰炸和舰炮轰击是交杂在一起进行的。这次火力准备是以对敌军岸防工

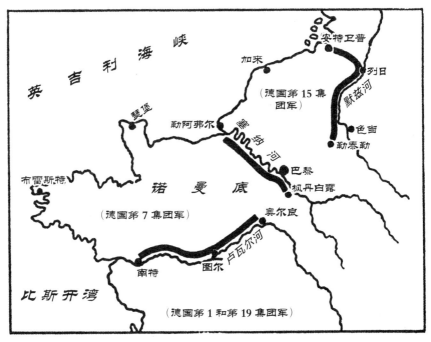

∧ 封锁德军的交通

事和滩头障碍的密集轰炸开始的，共有 7616 吨炸弹被投放在这些目标上，而登陆行动本身还得到了英国第 2 战术航空队和美国第 9 战术航空队的直接支援。在第一波轰炸还未结束时，联军的舰队就开始以重炮轰击敌人的固定炮台和混凝土工事。[①]接着，在距离拉近之后，舰队又以较轻型的舰炮轰击较小的防御设施。最后，当第一波突击部队接近海岸时，舰队对海滩进行了长时间的弹幕覆盖，并在部队登陆时立即延伸。对此，爱德华兹中校（Commander Edwards）告诉我们，驱逐舰和 LCG（登陆炮艇）——旧式浮动炮台的现代对应装备——用高爆炸药准确清晰地"覆盖"了每一码滩头。为了进一步增加"覆盖火力"的强度，还使用了 LCR（登陆火箭艇）发射的火箭，"以短距离的'覆盖火力'而论，"他写道，"一艘这种船的火力相当于 80 多艘轻巡洋舰或将近 200 艘驱逐舰。"[②]

在这些作战过程中，空中始终有 10 个战斗机中队巡逻掩护，因此德军战斗机的反应几乎没有任何作用。[③]但登陆成功的主要因素也许是两栖坦克。关于这种武器，艾森豪威尔写道："在战役初期阶段大量使用两栖坦克提供火力支援是我们计划中的一个基本要点，虽然它们由于恶劣的海况而受到一定损失……但如果没有这种武器的协助，突击部队很可能无法站稳脚跟。"[④]

虽然在某些地点遭到德军地面部队的有力抵抗，而且未能占领卡昂，但在登陆开始后 24 小时内，部队已经在法国建立了稳固的立足点。10 日，法国境内第一个机场投入使用；到了 11 日，各个滩头已经连成一片；截至 12 日，共有326547 人、54186 台车辆和 104428 吨物资被运送上岸；在战役开始的第一个星期，

---

① 注释："虽然实施了大规模的航空和舰炮火力准备……在我们的部队上岸前，岸防工事总体上并未被摧毁。实战证明，舰炮火力能有效压制规模较大的炮台，但由于混凝土护壁厚度极大，未能使它们永久失去战斗力。航空炸弹同样无法穿透混凝土……"【《盟军总司令报告（1944 年 6 月 6 日—1945 年 5 月 8 日）》，第 27 页。】

② 注释：《海王行动》（Operation Neptune，肯尼思·爱德华兹中校著，1946 年），第 89 页。

③ 注释：D 日当天，德军在登陆地区只有 160 架飞机。

④ 注释：《盟军总司令报告（1944 年 6 月 6 日—1945 年 5 月 8 日）》，第 30 页。蒙哥马利对美国第 7 军的突击做了这样的描述："30 辆两栖坦克为突击作战提供了很大协助，它们在离岸 5000 码处下水，仅仅损失 1 辆就冲上了海滩。"（"快报"，第 4438 页）他还提到了："……突击工程坦克，坦克携带的用于跨越反坦克壕的桥梁，在滩头软泥坑上铺设硬垫的坦克，让其他车辆能够爬上海堤的斜坡坦克，负责清除地雷的扫雷坦克……"（出处同前，第 4435 页）1920 年 2 月 11 日，我在皇家联合军种研究院主持的一次讲座上最早提出使用两栖坦克，那次讲座的题目是《海上登陆战的发展及其对未来海军作战的影响》。

空军出击了 35000 架次。"我们对天空的控制真是彻底，"艾森豪威尔写道，"以至于当天气晴好时，敌军所有的机动在白天都停滞了。"①

与此同时，盟军将人工港拖过海峡完成搭建：一个"桑葚"位于美军区域，另一个位于英军所在的阿罗芒什（Arromanches）。不幸的是，在 19 日到 22 日，一场大风将美军的"桑葚"彻底破坏，并导致 415 艘船被毁或受损，严重干扰了登陆行动，由此，盟军在月底之前攻陷瑟堡可谓相当幸运。美军是在 26 日至 27 日突击并占领该城的，但是港口由于遭到严重破坏，在大约一个月的时间内无法使用。

英军在另一半滩头的作战显然未从意大利会战中吸取经验教训。在巴约以南 21 英里处，有一块高出海平面 365 英尺的高地，名为平康山（Mount Pincon）。因为它可以俯瞰大部分滩头，所以占领这座山头尤为重要。这导致了一系列围绕维莱博卡日（Villers-Bocage）发生的战斗。这是一块封闭的区域，而英军的坦克在装甲和火力上都逊于德军。艾伦·莫尔黑德写道："计划让我们轰炸位于路口的维莱博卡日镇。让我们炸毁房屋堵塞街道，以阻断德军的后勤补给线。"接着他又补充说："这一仗发生在会战的初期，因为时间太早，所以指挥官们顾不上停下来回忆卡西诺战役，也就没能想起西西里和意大利那些被毫无必要地炸平的村庄。"②

于是，我们在一份官方报告中看到："在 6 月 30 日，重型轰炸机被首次用于诺曼底的战场……风险是显而易见的；轰炸机飞行员们要轰炸的地方距离自己的部队只有 1 英里左右，出错概率之大难以想象，特别是在整个目标区域都被尘土和烟雾覆盖的情况下。"③

这是一个耐人寻味的声明，因为，如果说在光天化日之下投弹误差 1 英里

---

① 注释：《盟军总司令报告（1944 年 6 月 6 日—1945 年 5 月 8 日）》，第 36 页。

② 注释：《日蚀》，第 112 页。

③ 注释：《欧洲的战略轰炸》（Strategic Bombing in Europe）。这是英国空军部和美国驻欧战略航空队在 1945 年 4 月 30 日发表的一份声明，见《皇家联合军种学会志》，1945 年 8 月，第 369 页。按照蒙哥马利的说法，第一次请求轰炸机司令部协助是在 7 月 7 日，当时"轰炸安全线与我军先头部队的距离不会小于 6000 码"。（《从诺曼底到波罗的海》，第 73 页。）德甘冈也持同样说法。（《胜利行动》，第 401 页）但是，在"欧洲的战略轰炸"中却明确指出，"第一次这类攻击是在 6 月 30 日白天进行的，目标是维莱博卡日……"（第 369 页）

是意料之中的事，那么对德国城市中的军事目标进行夜间轰炸的误差肯定不会比这小。

莫尔黑德描述了这次空袭的结果。"轰炸机从英国低空飞来，掠过滩头，"他写道，"……在 20 分钟内一切都结束了。地面进攻开始，然后就遇到了丝毫不亚于先前的抵抗。德军的办法无非就是撤出维莱博卡日，躲进周边的田野而已。最后，过了许多天，当我们进入维莱博卡日时，已经没有任何可以辨认的东西了。推土机在 20 英尺厚的瓦砾中开出了新的道路。对维莱博卡日的轰炸没有任何效果，除非把对后续进攻造成的延误也算作效果。" ①

如果说这里的地形过于封闭，坦克在其中难以机动，所以重演卡西诺山之战还算情有可原，但是这个理由不适用于卡昂争夺战，因为该城周边是一马平川。然而，盟军在此地还是用了同样的战术。7 月 7 日，这座城市遭到无情的轰炸，接着在 9 日那天，莫尔黑德写道："最后总攻之前实施了密集的航空轰炸，毁灭了大片城区，却没有给德军造成严重的打击或威慑。" 这次空袭动用了 2200架轰炸机，对这座城市投下了 7000 吨炸弹。

如果读者认为莫尔黑德抱有成见，那么请看另一个战地记者的记录：

"卡昂，当我进入这座城市，看到的是最骇人听闻的毁灭场景……

"……我完全理解轰炸在军事上确实具有必要性，但是我却不敢苟同对以卡昂为代表的法国城镇进行无差别轰炸是必要的，反而极为肯定这是不可取的。以卡昂为例，我收集到的所有证据都表明，在 'D' 日德军并不在城里，我对各种估计数字取平均值后得出的结论是，那天的轰炸杀死了大约 5000 名平民，男女老幼都有。

"在最后一次轰炸（7 月 9 日）中，'兰开斯特'式轰炸机在非常低的高度轰炸了卡昂北郊的防御阵地。轰炸非常彻底，因此又有 2000 平民无辜惨死。至于德军，在盟军逼近的时候就快速穿过城区，逃到了河对岸。他们并没有尝试留在城里战斗……轰炸应该是冲着军事目标去的，但结果却是毁掉了一座城市，而且仅就军事目标而言，这次轰炸是毫无作用的……我要坦率承认，我被卡昂

---

① 注释：《日蚀》，第 112 页。

的这次轰炸吓坏了，不是因为建筑物的毁坏，而是因为无辜平民遭受的苦难……卡昂轰炸在军事上和道义上都是错误的……很多人和我意见一致，据我所知，没有一个战地记者在目睹卡昂的惨状后不感到羞愧的。"[1]

当蒙哥马利在用大锤猛击卡昂时，美军部队在占领瑟堡之后作必要的休整时，布雷德利将军将南下进攻的时间推迟到了7月3日，而当进攻开始时，封闭的地形和恶劣的天气又拖慢了进程。不过他还是取得了一些战果，到了7月中旬，艾森豪威尔决定实施下一个进攻计划。

16日至17日，第2集团军将在埃夫勒西（Évrecy）—埃斯屈艾（Esquay）实施有力的佯攻，吸引敌军装甲部队向西调动。接着，在18日，"英国—加拿大军队从卡昂跨过奥恩河向南方和东南方向发起突击，朝着塞纳河盆地和巴黎推进。"最后，在19日，布雷德利将军越过佩里耶（Périers）—圣洛（St.-Lô）一线发起攻势，如果成功突破，"他应该让前锋掉头向着库唐斯（Coutances）西进，孤立敌军位于圣洛和海岸之间的那几个师，然后穿过阿夫朗什（Avranches）实施打击，尽可能包抄敌人的侧翼。"通过这一行动将可打通布列塔尼半岛，占领半岛上盟军急需的港口，"同时将德国第7集团军和西线装甲集群[2]的至少一部分合围在西路的美军和东路的英加联军之间并歼灭"[3]。

从这个方案可以看出，计划中的机动是按照坎尼会战的模式：即两翼合围，而不是仅在西方侧翼突破，但实际只实现了后者，于是这个机动就变成了埃尔比勒的模式。

第2集团军在16日夜至17日晨实施的佯攻成功欺骗了敌军，而且值得一提的是，在行动中第一次采用了一种名叫"人造月光"的新式战法。这种战法就是将大量探照灯的光束聚焦到云层上，让光线反射回地面。[4]据蒙哥马利将军

---

① 注释：《欧洲的胜利》（European Victory，约翰·达西·道森著，1946年），第87—88页。德甘冈在提及对卡昂的轰炸时是这样写的："当时的麻烦是轰炸造成了太多破坏，我军的进攻受到了轰炸后果的阻碍。"（《胜利行动》，第396页。）

② 注释：西线装甲集群由冯·施韦彭堡将军（General von Schweppenburg）指挥，负责管理所有装甲部队。

③ 注释：《盟军总司令报告（1944年6月6日—1945年5月8日）》，第45页。

④ 注释：《欧洲的胜利》，第98—99页。

说，实战证明它对步兵帮助很大。[1]

18 日的进攻沿袭了蒙哥马利一向的作风。他计划在奥恩运河上架起桥梁，将 3 个装甲师（禁卫师、第 7 师和第 11 师）连同支援坦克和步兵一起运过河去，在一次"超级大爆裂"的掩护下向南攻击法莱斯（Falaise），切断并歼灭德军的 3 个师。

为了给坦克开路，重型轰炸机要在一片 4000 码（9114 米）宽的区域两侧实施轰炸，压制位于进攻的装甲部队侧翼的敌军反坦克炮。而在这两道炸弹组成的火墙中间，轻型轰炸机将以不会造成弹坑的破片式反步兵炸弹实施轰炸，以免将地面炸得无法通行。然后坦克将在炮兵徐进弹幕的掩护下，通过航空炸弹扫出的通道前进。

17 日夜里，空军少将布罗德赫斯特告诉一群战地记者，"1000 架'兰开斯特'式和'哈利法克斯'式轰炸机将于明天早上出击，美国第 8 航空队的 1500 架'飞行堡垒'式和'解放者'式轰炸机将紧随其后；然后是 600 架英国和美国的中型轰炸机；美国第 9 航空队的全部战斗机和我们的整个战术航空队。'今天上午他们就已经在英国开始组织了，'布罗迪说，'我还真不知道当这场好戏开演的时候还有哪一片天空没有飞机。'"[2]

艾森豪威尔证实了这一说法，因为他告诉我们在这次进攻发起前"实施了迄今为止火力最猛、规模最大的空中突击来支援地面作战"；要投放的炸弹达到 12000 吨，其中 5000 吨"在不到 45 分钟内投下……与此同时，还组织了强大的舰炮火力准备作为空袭的补充。"[3]

但是德军早已看穿了这些笨拙的战术。他们撤走了部队，并在盟军突击通道后方数英里处准备了一个反坦克防御地带。在这个防御地带中，他们的炮手

① 注释：《1944—1945 年西北欧战役中的（英国）第 21 集团军群》【Twenty-First (British) Army Group in the Campaign in North-West Europe, 1944-1945, 陆军元帅伯纳德·蒙哥马利爵士撰文】，载《皇家联合军种学会志》，1945 年 11 月，第 450 页。

② 注释：《第一次浪潮》（First Tide，艾伦·梅尔维尔著，1946 年），第 101 页。蒙哥马利说："大约 1100 架轰炸机司令部的重型轰炸机和美国第 8 航空队的 600 架重型轰炸机，以及美国第 9 航空队的 400 架中型轰炸机将出动。"（《从诺曼底到波罗的海》，第 81 页。）

③ 注释：《盟军总司令报告（1944 年 6 月 6 日—1945 年 5 月 8 日）》，第 45—46 页。

躲在地下等待轰炸结束。然后他们冲出地面，"对穿越平原前进的成百上千台车辆"开了火。他们击毁了150到200辆进攻阵地的坦克，仅英国第11装甲师就损失了100辆以上，随后大约50架德国飞机在夜里猛烈轰炸了这个师。第二天风雨大作，卡昂一带的平原变成了泥浆的海洋，战斗被迫终止。①

根据达西—道森（D'Arcy-Dawson）的说法，"德军的机动速度比我们快得多，被俘的高级军官坦率地表示……如果他们也拥有和我们一样多的空中支援、大炮、坦克和物资，可以在8天内把我们赶出法国。'你们有强大的火力，'一个德国高级军官说，'但是你们没有机动'。" 这位作者将蒙哥马利的行动迟缓归结于过度谨慎。他写道："谨慎是必要和值得赞扬的，但是良将与名将之间的差距就在于后者时有灵光闪现，能判断出何时应该冒险，何时应该缓慢前进。"②

天气转坏——可能还有18日失败的因素——导致艾森豪威尔将布雷德利的进攻推迟到25日，计划是：在圣洛以西用3个师齐头并进，以马里尼（Marigny）—圣吉勒（St. Gilles）一线为主要目标。接着，以3个新投入战场的师超越先前的3个师，向西攻取库唐斯和格朗维尔（Granville）。

这一次的航空战术如下：首先，用战斗轰炸机攻击圣洛以南维尔河（River Vire）上被敌人控制的桥梁，从而孤立前进地区。"在10：40，"阿诺德将军写道，"携带炸弹和燃烧弹的P-47'雷电'式战斗机分成7个波次，以2~4分钟的间隔自东向西扫荡。然后在1个小时内，1500多架'飞行堡垒'式和'解放者'式轰炸机投下3431吨炸弹。P-48'闪电'式战斗机再分成8个波次轰炸20分钟，投下更多燃烧弹。然后400架中型轰炸机用500磅炸弹攻击该地区的南端，重点是交叉路口以及集结在圣吉勒村中的德国坦克和步兵。燃烧弹引发的大火

---

① 注释：这是艾森豪威尔在他的报告中提出的理由。但是，按照布彻的说法，还有其他原因——具体说来：在7月19日，"大概在夜里，特德打电话给艾克，说蒙蒂实际上已经让他的装甲部队停止南下。艾克急疯了。蒙蒂总是要等他的'后勤尾巴'赶上来"。在7月20日，"然后他（艾森豪威尔）现身了……对蒙蒂的决战愁得不行"。7月22日，艾森豪威尔给蒙哥马利写信，要求他'拿出每一分力气和热诚继续前进'。（《与艾森豪威尔共事的三年》，第529、530、531和532页。）据德国第1装甲师师长特奥多尔·维施将军（General Theodor Wisch）说，在7月18日夜里，他的豹式坦克突袭了大约100辆停在营地里的英军坦克，当晚干掉40辆，第二天上午又干掉40辆。（《兵败西线》，第140—141页。）

② 注释：《欧洲的胜利》，第113页。

横扫了德军的营地和工事。"　①

和卡昂的空袭一样，这次大规模的空中打击又"没能使敌人遭受大量伤亡，但是造成了很大的混乱"。而且，"和在卡昂时一样，这种震撼效果只是暂时的……进攻部队遭遇了从未被轰炸压制的阵地射来的密集炮火。"　②

步兵的进攻是在坦克支援下，在4英里的正面上实施的，而最耐人寻味的就是空地协同部分。"在我们的地面部队前进时，"阿诺德将军写道，"战斗机和战斗轰炸机与他们保持密切通信，与他们保持方向一致，赶到他们前方摧毁军事目标……通过电台与坦克直接通信的战斗机不断在我们的装甲纵队上空进行警戒飞行。地面的军官会呼叫战斗机对前进路上的火炮或装甲车辆投弹或扫射。飞行员们会提醒坦克车长注意交叉路口或树林里的敌人。德国装甲部队没有空中的眼睛，在战斗中很吃亏。"③这可以说是超大规模的闪电战。

盟军在27日拿下佩里耶和莱赛（Lessay）这两座城镇，于28日封闭了经过库唐斯的逃跑路线，俘虏了4500名德军。与此同时在东面，加拿大第2军对法莱斯的进攻受阻于一道包括反坦克炮、半埋坦克和迫击炮的坚固防御地带。

5天后，下辖第8、第12、第15和第20军的美国第3集团军在巴顿将军率领下正式组建；霍奇斯中将（Lieut.—General C. H. Hodges）获得了美国第1集团军（第5、第7和第19军）的指挥权，布雷德利将军则成为第12集团军的司令。这使蒙哥马利手下的部队只剩加拿大第1集团军和英国第2集团军；不过，他还是担任艾森豪威尔在前线的代表直至9月。

在夺取库唐斯之后，第3集团军的计划是继续南下，经阿夫朗什突入布列塔尼，并占领雷恩（Rennes）—富热尔（Fougères）地区。然后掉头西进，占领圣马洛（St. Malo）和布雷斯特（Brest），同时第1集团军南下攻取莫尔坦（Mortain）—维尔地区。与此同时，第2集团军将在科蒙（Caumont）地区快速突进。艾森豪威尔决定，这一次无论天气条件如何，都要"一鼓作气全面进攻，

---

① 注释：《阿诺德将军的第二份报告（1945年2月27日）》，第11—14页。
② 注释：《盟军总司令报告（1944年6月6日—1945年5月8日）》，第47—48页。
③ 注释：《阿诺德将军的第二份报告（1945年2月27日）》，第14页。

并在必要时把一切顾虑置之脑后。"①此时确实是采取这种行动的好机会，因为他已经掌握了绝对的制空权，而且和敌人的兵力对比至少是 2：1，坦克和火炮的对比大约是 3：1。

29 日，巴顿的装甲前锋在库唐斯以南渡过塞纳河，2 天后进入阿夫朗什。艾森豪威尔写道："现在我军和布列塔尼之间已经不存在屏障了，我包抄敌军侧翼的期望已经实现。敌军已经陷入土崩瓦解的状态……"②与此同时，蒙哥马利通过 1200 架飞机的"又一次毁灭性航空轰炸打头阵"，发动了他在科蒙以南的突击，于 8 月 4 日攻克卡昂西南方的埃夫勒西和埃斯屈艾，又在次日占领了维莱博卡日。

在夺取格朗维尔和阿夫朗什之后，巴顿只遇到微不足道的抵抗。他在 2 日进入雷恩并绕过了圣马洛。到了 6 日，已经控制从雷恩到海边的维莱讷河（Vilaine River）一线，从而彻底孤立了布里塔尼半岛。南特在 10 日被攻克，美国第 6 装甲师也在同一天推进到了布雷斯特城下。

有史以来规模最大的两栖登陆战役至此终于以盟军的决定性胜利告终。从此以后，无论其他战线的战事如何，最终的胜利都已注定。然而这场战役不仅仅是一场胜仗，还是一场颠覆了自古以来海防安全的基础的革命。它证明了，只要进攻方拥有必要的工业和技术资源，那么任何一条海岸线，无论属于大陆强国还是海岛强国，无论是否有重兵守卫，都不再安全了。它也证明了，只要希特勒在 1933—1939 年间把他支配的资源分出一小部分用于解决英吉利海峡的问题，他就能赢得战争。同时，这也为以后任何有志于成为欧洲霸主的人提供了经验借鉴。

就这场战役本身而言，一个突出的因素就是航空力量——盟军对它的利用和滥用。前者——强大的制空权在得到战略性应用的情况下赋予了进攻方阻碍对手机动的能力。后者对这种力量的巨大浪费导致制空权被用于以加快战术机动为目的的毁灭性轰炸。

---

① 注释：《盟军总司令报告（1944 年 6 月 6 日—1945 年 5 月 8 日）》，第 50 页。
② 注释：出处同前，第 50 页。

这是因为虽然有科学的瞄准装置，轰炸仍然是很不精确的，只能以固定的物体为目标。所以，对法国和比利时铁路的"阻断"是成功的，因为那里的仓库、桥梁、信号装置和线路都不可能从一个地方挪到另一个地方，而对战场上敌军的"阻断"却以失败告终，因为他们能够变换位置。

这个精度欠佳的问题非常重要，然而战术制定者对它的估计却极为不足，我们将举几个例子来说明。

艾伦·莫尔黑德声称，在诺曼底的一次进攻中，他看见"一次大规模的轰炸落在我军前线后面5～6英里的地方"[1]。同样的情况似乎也发生在7月25日，并导致麦克奈尔将军（General McNair）死于非命。[2]在8月8日，艾伦·梅尔维尔（Alan Melville）亲眼看见美国陆军第8航空队轰炸加拿大军队。他说："通向后方卡昂的公路因为燃烧的车辆而无法通行。"[3]达西·道森也见证了这一惨剧。他的描述如下：

"第一波轰炸机飞来，在卡昂郊外投下了炸弹。我擦了擦眼睛，定睛一看，是的，我没看错，轰炸安全线在前方足足4英里开外。更糟糕的情况发生了，后续的飞机……把它们的千磅炸弹直接扔在我们的预备区域。不幸的是，它们炸中了我们庞大的弹药储备堆场，那里的弹药随着震耳欲聋的爆炸都一起炸响……情况就这样持续下去，直到我们的后方区域充满了爆炸的炸弹和燃烧的车辆产生的浓烟和火焰……

"……所有人都跑出来看轰炸机投弹，因为他们在前线后面7英里，所以很难想象美军竟会把炸弹投出轰炸安全线……加拿大军队有一个参与进攻的师级指挥部被炸弹直接命中，立刻失去了战斗力……虽说近距支援轰炸本就不精确，但差了7英里之多就是令人震惊的差错了。"[4]

在同一场战役中，同样的事情又重演了一回。这一次的主角是皇家空军轰炸机司令部，投弹高度是海拔1万英尺！这一次误差只有3英里，但是曾经遭

---

① 注释：《日蚀》，第125页。
② 注释：《盟军总司令报告（1944年6月6日—1945年5月8日）》，第47页。
③ 注释：《第一次浪潮》，第127—130页。
④ 注释：《欧洲的胜利》，第136—137页。

过美军轰炸的那个加军师级指挥部又被炸了一回。

　　真实的情况是，虽然盟军的战役规划很出色；登陆行动本身也很出色；使用制空权阻碍德军机动更是干得漂亮，但是固执地通过"大爆裂"的方式实现战术机动就愚蠢至极了。何况这也完全没有必要，因为艾森豪威尔将军和蒙哥马利将军掌握着一支完整的战术组织，如果善加利用（实际是没有利用），肯定能够解决他们面临的问题。我的意思就是使用所谓的"C.D.L."——配备了大功率探照灯的坦克，专为在黑暗掩护下实施闪电战而设计的。[①]这种新颖而强大的武器从未得到应用的原因是个谜。我们相信，如果它被投入战场，就能解决"大爆裂"从未高效率解决，也很少能有效解决的战术问题，从而缩短战争时间。

苏军的 1944 年夏季会战

　　在苏联这样辽阔的战场，维持连续的前线是不切实际的，主动权——以安全的基地为起点的机动自由——主要取决于两个因素：一是良好的横向交通线；二是充足的预备队。有了这两个条件，前线本身的战术缺口就不一定是弱点。因为，如果敌人企图利用这些缺口，只要横向调动预备队，就可以从侧翼攻击来犯之敌，迫使其在不利的情况下应战，因为敌人的交通线是与其进攻路线平行的。反过来，如果横向交通线不畅，预备队又很弱小，或者这两者都不存在，那么战术缺口就会给敌人提供契机来实施一系列坎尼式的作战，以连续的钳形攻势占领战线上的各个地段。

　　这就是夏季来临时德军发现自己所要面对的恶劣态势。他们的预备队被牵制在法国、意大利和其他被占领的国家，在苏联曾经有过的预备队已经被消耗光了，而他们的横向交通线基本上已经被切断了，这个问题在战线南段尤其严重。在那里，冯·曼斯坦因的部队已经被分割成两半；由他亲自指挥的左翼被赶到了喀尔巴阡山以北，负责掩护利沃夫和通向西里西亚的道路，而由冯·克莱斯特指挥的右翼已经被迫退入罗马尼亚境内，其任务是阻止苏军染指多瑙河下游。

---

①注释：见附录："照明攻击"。

左右两翼之间的交通不畅，导致它们在战略上互相隔离，因此在战术上它们也无法合作。

于是德国军队在东线的主要集团由 3 个变成了 4 个：林德曼将军（General Lindemann）指挥的集团在北方（即波罗的海前线），冯·布施元帅的集团在中央（即白俄罗斯前线），莫德尔元帅——他取代了冯·曼斯坦因——的集团在利沃夫前线，而冯·克莱斯特元帅的集团在罗马尼亚。所有这些部队都严重缺编，虽然在夏季会战开始前它们得到了增援，但他们接收的部队战斗力都很差。不过德军还是采取了各种措施来应急，而且他们相信敌人的下一次打击将会在罗马尼亚前线，目的是夺取普洛耶什蒂（Ploesti）油田——在德国战时经济中举足轻重的要害地区。

当德军在做无米之炊时，苏军却在他们的军事谋划中越来越多地考虑到政治因素。与满脑子想着无条件打赢战争的西方盟友不同，苏军都是现实主义者，他们既想赢得战争，也想赢得和平。所以，从此时起，他们的行动开始与盟友背道而驰，而德军的处境加上苏军的战术理论，给苏军提供了各种机会来实现他们的政治目标——在东欧取得生存空间。这种战术上的差异很值得一提。

西欧各国贯彻的是拿破仑的理论，即以敌军主力为打击目标，并且持续不断地打击直至将其消灭。苏军的理论则是将打击持续到自身的进攻锐势接近枯竭为止，或者敌军的抵抗持续加强，使继续进攻无利可图为止，此时他们就会立刻放慢进攻速度，以便在其他战线上另开攻势。所以，苏军的战术目标是消耗敌军，而不是消灭敌军，除非为消灭付出的代价很低。广阔的空间和漫长的前线使这种战术能够在东欧实施，而在空间狭窄，前线大大缩短的西欧，这种战术的应用就会受到限制。

虽然对苏军来说，战争的方向越来越趋向于维也纳（这座城市是中欧的锁钥，因此也是东欧的锁钥），但他们直到夏季会战进入尾声时才选择了南方的进军路线，这显然是出于下列原因：（1）他们在波罗的海和白俄罗斯前线的交通线比乌克兰和罗马尼亚前线的交通线短得多，而且因为他们还没有在这些前线发起大规模进攻，所以交通线的状况也更好；（2）他们知道在这 4 条前线中，罗马尼亚前线由于态势孤立，是最容易突破的，因此他们认为打击敌人最薄弱前线之前先在较强的前线消耗其实力较为明智——他们希望顺利打通前往维也纳的道路。

在苏军发动攻击时，他们的战斗序列如下：卡累利阿方面军，司令员是梅列茨科夫将军；列宁格勒方面军，司令员是戈沃罗夫将军；波罗的海第 1 方面军，司令员是巴格拉米扬将军（General Bagramyan）；波罗的海第 2 方面军，司令员是叶廖缅科将军；波罗的海第 3 方面军，司令员是马斯连尼科夫将军（Maslennikov）；白俄罗斯第 1 方面军，司令员是罗科索夫斯基将军；白俄罗斯第 2 方面军，司令员是扎哈罗夫将军（General Zakharov）；白俄罗斯第 3 方面军，司令员是切尔尼亚霍夫斯基将军（General Chernyakhovsky）；乌克兰第 1 方面军，司令员是科涅夫将军；乌克兰第 2 方面军，司令员是马利诺夫斯基将军；乌克兰第 3 方面军，司令员是托尔布欣将军；乌克兰第 4 方面军，司令员是彼得罗夫将军。合计至少有 300 个师，450 万人以上，10 倍于拿破仑在 1812 年带进苏军的大军。与这支强大的力量对垒的德军大约有 200 个师，但其中许多只是空架子，大部分都不满编。它们的总兵力很可能不到 150 万人。苏军在兵员上有 3∶1 的优势，在物质——坦克、大炮、飞机等等——方面的优势也达到了 5∶1 左右。尽管如此，苏军的装备还是远不如其盟友精良。因此，东欧的战争与西欧的战争相比，还是比较原始的。

简单说来，苏军在夏季的计划就是依次粉碎每个地段的德军抵抗，首先从芬兰前线开始，目的是扫清右翼并释放出波罗的海舰队。戈沃罗夫将军一直等到盟军在法国登陆，然后于 6 月 10 日指挥列宁格勒方面军攻击了卡累利阿地峡，突破曼纳海姆防线，并于 20 日占领维堡。战役至此基本结束，虽然苏芬双方的敌对行动一直持续到 9 月才停止，但终止两国之间战争的谈判已经秘密开始了。

在攻克维堡 3 天之后，3 个白俄罗斯方面军和波罗的海第 1 方面军的 100 多个师，在强大的炮火掩护下发起了攻势。这次进攻的矛头直指布施元帅的第 4 和第 9 集团军，他们防守着维捷布斯克、奥尔沙（Orsha）、莫吉廖夫（Mogilev）和日洛宾（Zhlobin）的"刺猬阵"以及中间的防线。苏军的计划是包围整个维捷布斯克—日洛宾—明斯克三角地区，并铲除这些"刺猬阵"。巴格拉米扬将军带领的波罗的海第 1 方面军迅速突破了德军在维捷布斯克以北的防御，切尔

∧ 苏军的北线夏季会战，1944 年 6 月 10 日—8 月 16 日

尼亚霍夫斯基带领的白俄罗斯第 3 方面军则击穿了奥尔沙以北的防线，扎哈罗夫带领的白俄罗斯第 2 方面军在莫吉廖夫以北突破，而罗科索夫斯基带领的白俄罗斯第 1 方面军猛攻日洛宾。这四个"刺猬阵"最终都被攻克了：维捷布斯克是在 26 日，奥尔沙在 27 日，莫吉廖夫在 28 日，而日洛宾在 29 日。30 日，苏军前锋从鲍里索夫（Borisov）以东和奥西波维奇（Osipovichi）威胁明斯克，并在奥西波维奇围歼灭了德国第 9 集团军的相当一部分兵力。

接下来的第二阶段从强渡别列津纳河（Berezina）开始，目标是攻克明斯克。经过一番激战，鲍里索夫在 7 月 1 日被攻克；德军随即从明斯克撤离，而苏军在 3 日进入该城。继这一胜利之后，巴格拉米扬的方面军在 4 日突击波洛茨克（Polotsk），并在同一天越过了 1939 年的波兰边境。

罗科索夫斯基在拿下明斯克后转向巴拉诺维奇（Baranovichi），并于 7 日突破这座城市，随后又向比亚韦斯托克进军。而在他北面的切尔尼亚霍夫斯基正向着里加前进。10 日，后者包围维尔纽斯，并在 13 日将其占领。3 天以后，他的机动纵队冲进戈罗德诺，并在阿利图斯（Alytus）跨过涅曼河建立了一个桥头堡，打开了通向东普鲁士的道路。

到了 7 月中旬，由于交通线大大延长，进攻的势头开始放缓；苏联最高统帅部随即将进攻的重点转移到拉脱维亚和利沃夫前线。

叶廖缅科的波罗的海第 2 方面军于 7 月 12 日对拉脱维亚前线发起进攻。该部在巴格拉米扬部北面的内旋攻势突破了德军在奥波奇卡的防御，并包抄了奥斯特罗夫筑垒地域的侧翼。而马斯连尼科夫的波罗的海第 3 方面军在 21 日占领了这个筑垒地域，接着又在 23 日拿下普斯科夫。与此同时，叶廖缅科攻占卢扎（Ludza），并前进到奥斯特罗夫—德文斯克（Dvinsk）公路。随后，在 26 日和 27 日这两天，德文斯克、雷泽克内（Rēzekne）、希奥利艾（Šiauliai）和纳尔瓦都被攻克；前两个城市是叶廖缅科的战果，第三个是巴格拉米扬的，第四个则是戈沃罗夫的。

位于德文斯克以西近 150 英里外的希奥利艾是被奥布霍夫将军（General Obukhov）率领的机动坦克纵队占领的，他在攻克该城后立即向正北方向挺进，于 31 日突袭了位于叶尔加瓦（Jelgava）的德军，并将他们赶出了这个重要的铁路枢纽。接着他继续向北进攻，在8月1日占领图库姆斯（Tukums），从而切断了林德曼仅存的一条可退入德国的铁路线。与此同时，巴格拉米扬占领了里加南面的包斯卡（Bauska）和比尔扎（Birzha）。

　　这次大胆的进攻导致林德曼被舍尔纳将军（General Schörner）取代，后者在8月16日以3个装甲师和1个步兵师攻击了希奥利艾。虽然他没能夺回希奥利艾，但是迫使苏军退出了图库姆斯，只是没能将他们从叶尔加瓦赶走。随后他开始撤出爱沙尼亚和拉脱维亚。

　　与此同时，在利沃夫前线，一场规模更大的攻势开始了。盟军此次的主要

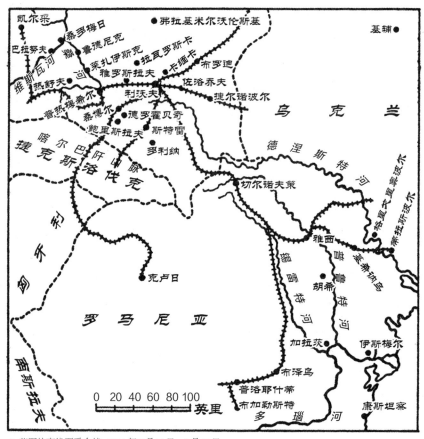

∧ 苏军的南线夏季会战，1944年7月16日—9月16日

目标是从位于正东的佐洛乔夫（Zlochov）和位于正北的卡缅卡（Kamenka）及拉瓦—罗斯卡（Rava-Rus'ka）对利沃夫实施两翼合围。这些行动由科涅夫元帅的乌克兰第1方面军在7月16日发起。卡缅卡和佐洛乔夫都在17日被攻克，虽然德军尽了一切努力防守布罗迪（Brody），但它还是在18日被攻占，拉瓦—罗斯卡则在20日步其后尘。

在卡缅卡以北60英里外，科涅夫的先头部队的右路纵队在7月20日从弗拉基米尔—沃伦斯基（Volodymyr-Volynskyi）西进。到达桑河之后，他们在鲁德尼克（Rudnik）和莱扎伊斯克（Leżajsk）过河，随后向桑多梅日（Sandomeirz）挺进，于8月2日和3日在巴拉努夫（Baran ó w）架起了横跨维斯瓦河的桥梁。10日，他们遭到猛烈攻击，但是守住了阵地。桑多梅日在18日被攻克，随后他们在那里建立起一个桥头堡，并与巴拉努夫连成一片。

与此同时，已经占领科韦利的罗科索夫斯基派出一支强大的机动纵队，突袭了德国第2集团军，并于7月21日从宽广的正面进至布格河。这支由科尔帕克奇将军（General Kolpakchi）指挥的纵队在奥帕林（Opalin）过河，于22日占领海乌姆（Chełm），23日占领卢布林。

在这个极为重要的攻势进行时，科涅夫继续向利沃夫推进。24日，他在利沃夫以西大约15英里的地方推进到利沃夫—普热梅希尔（Przemyśl）公路，并在次日拿下利沃夫。这个损失导致冯·布施元帅被撤职，他的继任者是莫德尔元帅。

科涅夫从利沃夫继续西进，在7月28日攻占了雅罗斯拉夫（Yaroslav），莫德尔随即放弃桑河防线。接着，科涅夫进攻热舒夫（Rzeszów）并将其占领，同时攻占了利沃夫西南方的桑博尔（Sambor），与此时在乌克兰第1方面军左翼作战的彼得罗夫将军的乌克兰第4方面军会师。彼得罗夫已经在29日占领多利纳（Dolina），在8月5日他又占领了斯特雷（Stryi），继而于7日和8日攻占油田城市德罗霍贝奇（Drohobych）和鲍里斯拉夫（Borislav）。

此时在白俄罗斯前线，扎哈罗夫的白俄罗斯第2方面军又开始向比亚韦斯托克进攻，并在7月28日将其占领，同时，罗科索夫斯基扑向布列斯特—利托夫斯克，经过激战后在同一天将其占领。在罗科索夫斯基进攻的同时，科尔帕克奇从卢布林出发，在 26 日拿下伊万哥罗德（Ivangorod），随后快速北上，又占领了奥特沃茨克（Otwock）和拉济明（Radzymin），前者位于华沙东南方，后者位于华沙东北方，距离华沙都不过数英里。这是发生在 31 日的战事。第二天，波尔·科莫罗夫斯基将军（BorKomorowski）认为华沙即将被攻克，便率领波兰地下军发动了反抗德军的起义。同一天，切尔尼亚霍夫斯基的白俄罗斯第 3 方面军强渡涅曼河，占领了科夫诺（Kovno）。

因为罗科索夫斯基的各路纵队此时相当分散，德军元帅莫德尔便抓住这个机会，从 8 月 1 日至 10 日在谢德尔采（Siedlce）一带发起反击，但未能取得重大胜利。而已经在 7 月 30 日占领贝尔斯克（Belsk）的扎哈罗夫继续西进，威胁到了莫德尔的左翼。于是莫德尔退回华沙东郊的普拉加（Praga），在 15 日对扎哈罗夫发动了一系列猛烈反击。他通过这些措施将盟军迟滞了一个月，在此期间罗科索夫斯基夺取了位于华沙东北方的特鲁奇（Tluscz），而扎哈罗夫拿下了奥斯特罗沃（Ostrowo）。9 月初，扎哈罗夫攻向奥斯特罗文卡（Ostrołęka）—维什库夫（Wyszków）一线，在 3 日夺取维什库夫，在 12 日以攻占沃姆扎（Łomża）结束了他的作战，而罗科索夫斯基也于 15 日在普拉加站稳脚跟。中央地段的夏季会战至此结束。

截至 8 月中旬，德国的形势已经绝望到了极点。在波兰，她的敌人已经站在东普鲁士边境、华沙东郊和喀尔巴阡山中部；在法国，她的第 7 集团军和增援该部的第 15 集团军大部正在法莱斯包围圈内，将被粉碎，而美国第 7 集团军也抵达里维埃拉海岸；与此同时在意大利，德国军队正在从佛罗伦萨（Florence）撤退。总崩溃似乎近在眼前，而且是意料之中的；然而在无条件投降的限制下，总崩溃就意味着总毁灭。因此，战争还在继续，既然波兰前线的苏军已经完成了任务，东线的下一次打击就轮到罗马尼亚了。

在该国，德国第 8 和第 6 集团军部署在摩尔达维亚（Moldavia）和比萨拉比亚（Bessarabia）这两个地区。两个集团军共计大约 25 个师，每个师充其量只有6000 多人。有 15 到 16 个罗马尼亚师支援这些德军，但是罗马尼亚人此时已经完全靠不住了。这些德军无法得到增援，因为交通状况不允许这么做，且德国恐也派不出增援了。

苏军的计划又是一次两翼合围。马利诺夫斯基的乌克兰第 2 方面军将从雅西北面粉碎德国第 8 集团军的防御，然后南下打击第 6 集团军的左后方，而托尔布欣的乌克兰第 3 方面军将渡过德涅斯特河下游，突破第 6 集团军的右翼，与马利诺夫斯基会师。简而言之，这就是一次包抄。

托尔布欣已经在德涅斯特河西岸的格里戈里奥波尔（Grigoriopol）和蒂拉斯波尔（Tiraspol）对面建立了两个小桥头堡。他巧妙地加强了这些桥头堡，并在 8 月 20 日发起攻击，主要突击是来自后一个桥头堡。由于罗马尼亚军队一触即溃，进攻立刻取得了成功。随后，托尔布欣的部队在几乎未遇抵抗的情况下向着西北和西南方向一路横扫。与此同时，马利诺夫斯基也打击了德国第 8 集团军，将德军逐出雅西，并在 23 日占领该城。

这一系列打击使罗马尼亚停止了抵抗；就在雅西失守的当天，罗马尼亚国王米哈伊（King Michael）发动政变，逮捕了安东内斯库元帅（Marshal Antonescu），罢免了他的政府，并成立了一个由瑟讷泰斯库将军（General Sanatescu）领导的新政府，宣布以特兰西瓦尼亚（Transylvania）回归罗马尼亚为条件支持国联。毫无疑问，这场政变的事先筹划有同盟国列强的参与；因为早在 3 月，国王的代表——巴尔布·什蒂尔贝伊大公（Prince Barbu Ştirbey）——就与同盟国代表在开罗秘密约见过。4 月 2 日，莫洛托夫先生曾在一次广播中表示，"……苏联政府声明自己并不谋求获取罗马尼亚的任何一部分领土（比萨拉比亚除外），也无意改变罗马尼亚既有的社会制度。苏联军队是否进入罗马尼亚边界完全取决于军事需要，以及敌军的持续抵抗。" [1]

虽然这个声明与无条件投降相去甚远，但是却"得到了伦敦和华盛顿方面的热烈欢迎"。

马利诺夫斯基从雅西向胡希（Huşi）挺进，切断了第 6 集团军的撤退路线。他在列奥沃（Leovo）与托尔布欣的右翼会师，截至 25 日，已经将第 6 集团军的主力包围在基希讷乌（Chişinău）一带，不久就将其全歼。米哈伊国王随即对

---

[1] 注释：引自《第十九季》（The Nineteenth Quarter），第 136 页。

德国宣战。次日，托尔布欣的左翼开进了多瑙河三角洲上的伊斯梅尔（Ismail）要塞，并在 27 日占领加拉茨（Galați）。

与此同时，马利诺夫斯基继续南下，在 29 日推进到产油区布泽乌（Buzău）；30 日，他占领了普洛耶什蒂，31 日开进布加勒斯特。就这样，苏军以比任何战略轰炸都有效的手段达成了目标：使德国失去大部分天然石油供应和所有的罗马尼亚小麦。

另一方面，保加利亚在 25 日退出了战争。于是德军匆忙从希腊撤军。9 月16 日，苏军占领了索菲亚，从而控制了罗马尼亚和保加利亚全境，接下来他们就发起了"一场在多瑙河谷地向上游进攻的独立会战，其终极目标是征服匈牙利和入侵奥地利"[1]。

1944—1945 年的对德战略轰炸

当艾森豪威尔在伦敦设立指挥部以组织登陆法国的行动之后，他立刻开始研究可以被称作"第三战场"的一整套问题。因为他并不相信仅靠航空轰炸就可以使德国屈服，所以他无论如何都不同意，在登陆准备阶段以及登陆过程中，战略轰炸继续归独立的司令部管辖并作为独立的战线继续实施。

当这个重要问题在 1 月 20 日第一次出现时，以英国为基地的战略轰炸是由同盟国参谋长联席会议领导的[2]，而且仍然在很大程度上受英国战时内阁的战略影响，至于其主要目标，我们在前文已经看到，就是毁灭德国工业，并打击德国人民的士气。

此时艾森豪威尔提议将战略轰炸划归他本人管辖，但他似乎遇到了来自英国空军部的强大阻力。[3]无论如何，在马歇尔将军的支持下，各方最终达成了妥协，虽然皇家空军轰炸机司令部和美国战略航空队并未被真正移交给艾森豪威尔，但他被授权在登陆计划最终确定之后以及在登陆作战过程中按照他的意愿来控

---

① 注释：《第二十季》（The Twentieth Quarter），第 135 页。
② 注释：在英国，三军的高级将领组成了参谋长委员会，而美国的对应机构叫参谋长联席会议。这两者合称同盟国参谋长联席会议。
③ 注释：《与艾森豪威尔共事的三年》，第 405 页。

制这两支部队。[1]

接下来的问题就是：最能产生收益的空袭目标是什么？继续屠杀德国人民、夷平德国城市和打击德国工业中心显然是荒谬的，因为正如阿诺德将军在此时所写："与流行的观念相反，对每一个交战国而言，所有的工业都不是绝对不可或缺的。工业受到的破坏，即使规模非常大，在20年或者更长时间内可能也不会对交战国在前线的军力造成任何影响。"[2]最终，各方决定应该优先轰炸交通设施和合成石油工厂。美国战略航空队参谋长卡尔·斯帕茨中将（Lieut.—General Carl Spaatz）主张重点打击石油工业，而特德上将倾向于攻击德国的铁路，因为他认为：只要破坏了铁路运输，德军就不得不通过公路机动，而这会大大减缓机动速度，而且会在公路上为飞机提供极好的打击目标。按照常理预计，在可用于轰炸的时间内只有轰炸交通设施才有望打乱敌人的组织，而轰炸石油工厂的效果可能要过几个月才会显现。3月30日，特德的意见被采纳，交通设施将排在战略轰炸名单的第一位，合成石油工厂将排在第二位。此时，战略轰炸终于有了战略意义。

我们在前文已经看到，在登陆的准备阶段和登陆过程中，轰炸的主要目标是切断德国和诺曼底之间的所有铁路交通，而随着前线东移，对铁路和水路的空袭也延伸到了德国境内，到了10月，德国西部的交通已经基本瘫痪。这也给占德国铁路运输量约40%的煤炭运输造成了灾难性的影响。我们在《美国战略轰炸调查》中看到：

"输入埃森大区的煤炭数量，在1944年1月是每天21400节车皮，到了9月就下降到12000节车皮，其中只有3000～4000节车皮是用于长途交通的。科隆大区的煤炭输入几乎完全消失。鲁尔地区以外的交通被逐步破坏，导致运煤车厢无法回到产地装煤。截至11月，输入巴伐利亚各地工厂的煤炭减少了近50%，而且情况在冬季又进一步恶化。德国北部则仍然能得到较好的补给，截至1945年1月，鲁尔地区的煤炭配给量已降至每天9000节车皮。最终，在2月，

---

① 注释：出处同前，第427和450页。
② 注释：《陆军航空兵司令向陆军部长呈交的报告（1944年1月4日）》，第47页。

鲁尔地区几乎被完全封锁。已经装车的煤炭也被铁路方面没收，用于为机车补充燃料。即便如此，德国国营铁路的煤炭储备量也从 1944 年 10 月的可供应 18 天减少到 1945 年 2 月的 4 天半。到了 3 月，南方某些大区的储量已不足一天，许多机车因为煤炭短缺而被闲置，从而降低了当地的运力。"[①]

德国的两个主要石油来源是：（1）罗马尼亚和匈牙利的油田。（2）本土的 18 个合成石油厂。[②]美国轰炸机在 1943 年 8 月首次空袭普洛耶什蒂的炼油厂，在 1944 年 4 月又再次攻击，但收效甚微。直到 8 月，被苏军占领。所以，从此以后德国对合成油生产的依赖比以往更为严重了。

5 月 12 日至 13 日，盟军初次袭击位于洛伊那、波伦、布鲁克斯（在布拉格附近）和珀利茨的合成油工厂[③]，5 月 28 日，又以近 2000 架战斗机护航大批美国轰炸机攻击了洛伊那、蔡茨、洛伊岑多夫（Leuzendorf）和柯尼希波恩（Königsborn）等工厂；但是直到诺曼底登陆之后，主要攻击才发动。截至 7 月，每一个大工厂都遭到了袭击。在 5 月，这些工厂的月产量是 316000 吨，6 月则跌至 107000 吨，到了 9 月更是只有 17000 吨。此外，航空汽油的产量也从 4 月的 175000 吨下降到 7 月的 3 万吨和 9 月的 5000 吨。虽然这些工厂以惊人的速度恢复了部分产能，但还是支撑不住持续的空袭。例如，为了使洛伊那大工厂的产量一直维持在其产能的 9%，盟军对它进行了 22 次空袭，其中 20 次由美国第 8 航空队执行，2 次由英国皇家空军执行，合计动用了 6552 架次的轰炸机，投下 18328 吨炸弹。

《调查》宣称："原油产量的下降也在其他许多方面体现出来。1944 年 8 月，飞机发动机的磨合时间从 2 小时被减至半小时。由于缺少燃油，此前已经缩水的飞行员训练时间被进一步减少。在整个夏天，德国装甲师的越野机动由于战斗损失和运输困难而受到越来越严重的阻碍，油料生产的下降更是雪上加霜。据施佩尔供认，截至 12 月，燃油短缺已经达到灾难性的程度。当德军在 1944

---

① 注释：《美国战略轰炸调查总结报告（欧洲战争）》【United Spates Strategic Bombing Survey, Over—all Report (European War)】，1945 年 9 月 30 日，第 63—64 页。

② 注释：在 1938 年，德国消费了 750 万吨汽油。1943 年，德国自产汽油 618 万吨，从匈牙利和罗马尼亚进口了 200 万吨。

③ 注释：在此次空袭之后，德国军备部长施佩尔说："5 月 12 日发生的事是我们担心了两年多的梦魇。"（《美国战略轰炸调查》，第 41 页。）

年 12 月 16 日孤注一掷发起反攻时，他们的燃油储备远远不足以支持该行动。他们把希望寄托在缴获盟军的储备上。由于未能实现这一目的，许多装甲单位在耗尽汽油后损失。

……

"石油短缺的后果也体现在东线。1945 年 2 月和 3 月，苏军在西里西亚的一系列胜利都因为德军缺乏燃油而加快了。在巴拉努夫桥头堡，德军为了守住防线而集结的 1200 辆坦克因为缺少汽油而动弹不得，导致防线失守。根据斯大林大的证言，对石油工业的轰炸在苏军摧枯拉朽的胜利中发挥了重要作用。"①

对德国合成石油工厂的攻击还大大减少了合成氮和甲醇的供应量——这两种原料都被用于高爆炸药的生产，前者还是化肥的原料。此外，合成橡胶的产量也从战时最高峰的月产 12000 吨锐减至大约 1/6。

但奇怪的是，《调查》也指出：在德国只有一座投产的二溴化乙烯工厂能够生产四乙铅溶液，而它是"高标号航空汽油中不可或缺的成分……任何现代化飞机少了它都无法飞行"。然而，尽管这家"独苗"工厂"在空袭面前极为脆弱"，却从未遭到轰炸。②

如果这是事实，那么轰炸这个目标可以给德国空军造成比对其他所有飞机工厂的空袭之和还要大的伤害。四乙铅溶液就是整个问题的"重心"，然而它却被放过了。这意味着在科技时代，军人和飞行员如果没有技术头脑，很可能会弄巧成拙。

不管怎样，根据我们目前写下和引用的文字，可以清晰地看出，经济攻击只有针对工业和军队的能量来源以及配送途径，才能成为真正具有战略意义的战争行动。如果丘吉尔和空军部把他们的轰炸政策建立在这些显而易见的事实基础上，就会从整体上给同盟国带来远非无情轰炸城市和工业中心所能及的助益。然而，即使在战争的最后一年，那些当权者对战略轰炸的真正意义的认识

---

① 注释：《美国战略轰炸调查》，第 44 页。
② 注释：出处同前，第 45 页。

还是少之又少，在此期间区域轰炸成为普遍的方式[1]，显然是因为此时飞机产量已经庞大到使当权者无法抗拒使用它们的诱惑了。飞机产量大大超出了使敌国交通瘫痪和合成石油产量降低的需要。例如，在 1944 年 10 月的最后 4 天，9000 吨炸弹如雨点般落在科隆的残垣断壁上，皇家空军的轰炸机"以极为紧密的间隔挤在一起，看起来相撞的危险比被高射炮击中更大"。

造成巨大破坏的空袭就这样持续着，并在 1945 年 2 月 13 日对德累斯顿（Dresden）的毁灭中达到最高潮。在那一天晚上，皇家空军的 800 架轰炸机分两次袭击这座城市的中心城区，倾泻了 65 万颗燃烧弹以及 8000 磅和 4000 磅的高爆炸弹。第二天，900 架战斗机护航下的 1350 架美国轰炸机中的大部分又光顾了这座城市，在 15 日还有 1000 架美国轰炸机紧随其后。当时这座城市里涌入了数十万在科涅夫元帅的大军进攻下背井离乡的难民。因此，这场大屠杀造成了骇人听闻的后果：25000 人死亡，30000 人受伤；6 平方英里的市区化作废墟；27000 座民宅和 7000 座公共建筑被彻底摧毁。

如此肆意破坏的借口是，因为德累斯顿是铁路和公路中心，所以轰炸是阻止德军利用它快速集结军队迟滞苏军攻势的必要手段。但是，如果要切断这些交通，只要不断轰炸这座城市的交通线出口就可以了——通过空袭围困这座城市，而不是用炸弹毁灭它。

在德累斯顿被夷为平地的同时，还有其他许多空袭正在进行。事实上，在最后 36 小时的浩劫中，从英国、意大利、荷兰、比利时和法国起飞的12000 ~ 13000 架飞机投下了 14000 吨炸弹。轰炸就这样一直持续到战争结束。

这样狂轰滥炸的结果是什么？在第一和第二战场上捷报频传、赢得战争之时，第三战场却忙于摧毁胜利之后的和平的根基；毕竟文明的基础是城市，而不是一堆堆碎砖烂瓦。

---

[1] 注释：按吨位计，英国皇家空军和美国陆军航空兵投在欧洲的炸弹有 83% 是 1944 年 1 月 1 日以后投下的。投在德国的炸弹有 72% 是 1944 年 7 月 1 日以后投下的。

飞行炸弹和远程火箭的降临

总体而言，德国对英国的战略轰炸就和英美两国截至 1944 年春季的对德战略轰炸一样愚蠢，只有在不列颠之战期间才当得起"战略"之名。虽然对私有和公有财物造成了相当大的破坏，但除了海港以外，鲜有军事目标被击中，而即便在港口区域，德军造成的破坏也根本谈不上伤筋动骨。在 1940 年 8 月至 12 月，轰炸造成 22744 人死亡，30948 人负伤；在 1941 年 1 月至 5 月，则造成了 19576 人死亡，19177 人负伤。1941 年 6 月仅有 399 人死亡，461 人受伤，而在此之后，德军就忙于在苏联作战，无暇将精良的弹药浪费在无利可图的目标上。于是，除了一次偶然的空袭和 1942 年 4—5 月德军为报复吕贝克、罗斯托克等地遭遇轰炸而对埃克塞特（Exeter）、巴斯（Bath）、诺里奇（Norwich）、坎特伯雷（Canterbury）和约克（York）实施的所谓"贝德克尔"空袭之外，英国一直没有遭到任何战略轰炸，直到 1944 年 6 月 12 日夜至 13 日晨，V1（复仇武器一号）飞弹第一次降临。

虽然英国新闻界出于宣传目的对这种新式武器嗤之以鼻，但它却开启了一场重要程度不亚于发明飞机和坦克的战术革命。我在 1931 年就提到过这种飞行武器，并指出"未来战争的核心问题甚至不是电气化，而是淘汰，即淘汰人的因素……在整个武器发展史上，目标始终是将人的因素降至最低，而其最终结果看来就是听从远方意志指挥的自动机械。"在描述这种自动机械时，我写道："它们将是以无线方式接受导引的……只有直接命中才能将它们摧毁。否则，这些没有灵魂、没有神经也没有恐惧的机械将会一直快速向前移动，并在到达目标时，毫不迟疑地猛扑上去。被这样的怪物攻击将是极其可怕的。这是耳聋眼瞎、麻木不仁的怪物，是由钢铁和高爆炸药组成的怪物。它们既不会咒骂，也不会欢呼，然而它们就是毁灭的化身。"①

不出所料，V1 的效果基本上是在精神方面，主要是因为人们对一种脱离人类控制的机械、一种无法被恐吓的武器有着本能的恐惧。这样的机械是不可思

---

① 注释：摘自一篇未曾发表的文章，该文是根据 1928 年 7 月 6 日出版的《广播时报》上一篇题为《电气化作战之日》的文章而写的。

议的。人们从小到大早已习惯与人搏斗，因此在面对不会流血、毫无神经的"生物"时往往会感到无能为力。这种东西虽然可以被摧毁，却无法被杀死。

尽管英国新闻界对它大加贬抑——《泰晤士报》形容它是"侵略者对阻碍他实现计划的岛国最后一次表露怨恨"——英国政府却因为它的来临而极度慌乱。以至于早在 6 月 18 日，诺曼底登陆开始后不到两个星期，对 V1 发射场的轰炸就列在了其他所有轰炸任务之前。

V1（按照美国人和英国人的通行叫法，是飞行炸弹）从机械角度讲，是一种无人驾驶、喷气推进、陀螺仪稳定的飞机，不能通过雷达控制。它的翼展是 16 英尺，整体长度是 25 英尺 4 英寸，宽度是 2 英尺 8 英寸半。它有一个携带 1000 千克高爆炸药的战斗部，最大速度是每小时 350～400 英里，有效航程是 150 英里。

它没有被用于袭击登陆部队的港口，而是主要用来打击英国人的士气和振奋德国人的精神。从 6 月 12 日—9 月盟军占领法国境内的发射场为止，大约有 7400 发 V1 从法国射向英国，此后大约有 800 发从荷兰或者亨克尔轰炸机上射向同一个目标。在这 7400 发 V1 中，大约有 2300 发落到了伦敦地区。从 1944 年 10 月—1945 年 3 月，大约有 7800 发射向欧洲大陆上的目标，主要是安特卫普。从 6 月到 9 月，它在英国境内造成的伤亡是 5649 死 16194 伤。

V2（或者叫远程火箭）的心理恐吓作用不如飞行炸弹，因为在击中目标前人们既看不到也听不到它，但它未来的潜力要比 V1 更大。德国从 1927 年起就一直在试验这种武器。它的长度是 47 英尺，重达 15 吨，战斗部携带 1000 千克炸药，最大速度据说达到每小时 2500 英里，最大射程为 200 英里，弹道最高点有 70 英里。它是一种复杂而且弹道诡异的飞弹，有时会偏离瞄准区域的中心 15 英里之多。这种武器的产量在 1944 年 1 月至 8 月是每月 50 至 300 发，此后达到每月 700 发左右。V1 和 V2 使用的燃料都是浓缩的过氧化氢、液氧和水合肼。

第一发 V2 火箭于 9 月 8 日落在英格兰的奇西克（Chiswick），最后一发于 1945 年 3 月 27 日落在伦敦以南的奥平顿(Orpington)。总共约有 1100 发落到英国，主要落在伦敦，1675 发落在欧洲大陆的目标上，主要是安特卫普。在英国，V2 造成的伤亡是 2754 死 6524 伤。

盟军的轰炸反制措施始于1943年8月，在此后的13个月里，对法国境内的V1发射场和仓库投下了10万吨炸弹，占了同盟国航空力量在这一时期投弹吨位的9%。1943年8月，位于佩讷明德（Peenemunde）的V1和V2试验场遭到袭击，但是试验工作未受影响。1年后，盟军又进行了3次攻击，虽然试验场受到严重破坏，但此时V1的研发似乎已经完成了。

"生产低浓度过氧化氢的10座德国工厂只有2座遭到轰炸。这些空袭仅仅使敌人损失了几天的产量。位于巴特劳特贝格（Bad Lauterberg）的浓缩过氧化氢大型生产厂未受轰炸。位于盖斯特霍芬（Gersthofen）的重要的水合肼生产厂也未遭轰炸，所有这些工厂都是极易被破坏的，整个产业异乎寻常地集中在少数几座工厂。"①

在V1攻击开始以后，除了轰炸发射场之外，盟军还采取了围绕高射炮、战斗机和气球拦阻网建立防御体系的策略。高射炮阵地建立在萨塞克斯郡和肯特郡的海岸边，气球拦阻网布设于伦敦以南20～25英里处，战斗机则在这两者之间巡逻。在防御体系建立以后的第一个星期，33%的飞行炸弹在途中被击毁，在最后一个星期，达到了70%。

虽然这两种武器只不过是爆炸枪弹，但是它们的出现掀起了战争艺术的一场革命；因为它们的运用几乎让人在战争中的作用降到最低。而且，战士也被技术员所取代，后者可以在前线后方或者距离所瞄准的目标数百英里的地方，绝对安全地操作这些武器。

不仅如此，一旦人们发现了比目前试验过或运用过的任何燃料都更为经济的替代品，那么V2掀起的革命就不仅仅局限于飞弹的形式，还会以反作用力推进发动机的形式出现。这种发动机纯粹依靠反冲作用工作，不需要空气就能"反推"或维持。因此，它会在现有的机动空间之外增加一个全新的领域：在真空中机动。这样的可能性与飞机带来的革命相比有过之而无不及，因为它会将战争提升到太空中进行。

---

① 注释：《美国战略轰炸调查》，第88页。

第九章
同盟国在欧洲掌握主动权的结果

登陆法国南部和鏖战意大利

读者应该还记得，按照原计划，诺曼底登陆是一次联合作战的主要部分，而次要部分就是在法国南部的登陆，策划者的想法是用第二次登陆吸引对付第一次登陆的敌军，如果两个登陆行动都成功，就可以对法国境内的德军实现两路合围。

在 1943 年 8 月的魁北克会议上，这个双重作战方案第一次被提出，当时盟军还没有在意大利登陆，而在 11 月的开罗会议上，各方最终决定，既然意大利会战预计将在 1944 年 5 月 1 日之前结束，那么届时就可以开始登陆法国。但是我们已经在前文看到，这种情况并未发生，结果到了 1944 年 2 月，盟军的资源显然不足以支持他们在意大利进行大规模会战的同时又在法国实施两场大规模登陆。首先，登陆舰艇不足；其次，也没有足够的兵力。鉴于罗斯福总统和丘吉尔首相已经在德黑兰向斯大林大元帅承诺，不会从第二战场抽调任何资源，为了节省登陆舰艇，拟议中的孟加拉湾两栖作战被取消了。除此之外，还决定将地中海战区的大部分登陆舰艇抽调至英吉利海峡。于是，以地中海战区总司令身份负责计划中的法国南部登陆作战的威尔逊将军提议，先放弃这一作战，转而全力推进意大利境内的战事。而且，一旦占领了罗马及当地的机场，他应该就有办法在意大利的"胫部"沿海实施两栖作战，从而避免正面强攻亚平宁山脉（Apennines）。

但是，此后的战事表明，进攻罗马将比最初的预期更为旷日持久，因此，威尔逊告诉同盟国参谋长联席会议，对法国南部的登陆在 8 月 15 日之前无法实施，而这样的推迟使他更加怀疑动用自己麾下的力量"实施这一行动来协助从英国登陆法国的作战"是否明智。[①]

不久，由于意大利的缘故，整个计划彻底混乱。虽然意大利的会战只进行到一半，但是在 6 月 14 日——盟军占领罗马 10 天之后——威尔逊还是按照上级指示，命令亚历山大抽调美国第 6 军（第 3、第 36 和第 45 师）、法国远征军（7 个师）、相当一部分航空力量以及其他部队，组成美国第 7 集团军，登陆法国南部。此时，谁都不可能知道 2 个月后——8 月 15 日的总体局势将会如何。

于是，同盟国参谋长联席会议接下来提出了 3 个备选的作战方案：（1）登陆法国南部；（2）登陆法国西部；（3）在亚得里亚海最北端登陆。

威尔逊和他手下的三军指挥官们根据这些方案，又提出了第四个方案。他们建议把全部现有的和计划中的资源都分配给亚历山大将军，目的是：（1）让他继续突破比萨（Pisa）—里米尼（Rimini）防线（也叫哥特防线）攻入波河谷地；（2）以一次针对伊斯特拉半岛（Istrian Peninsula）的两栖作战支援他的攻势，"通过卢布尔雅那隘口向纵深发展，进入匈牙利平原"。威尔逊写道："这样的进军路线有可能击中德国的心脏部位，取得决定性的战果，从而诱使德军从西线抽调部队来应对新的威胁，为艾森豪威尔将军在法国的作战提供最有力的间接支援……"[②]不过他又写道："阿拉肖尔将军（General Alarshall）告诉我，艾森豪威尔将军需要我实施占领更多法国港口的作战，为的是将同盟国军队更快地部署到法国并形成更宽广的战线，目前在美国有 40 ～ 50 个师无法按照期望的速度投入法国，或者无法通过法国西北部的港口维持作战……"[③]简而言之，此时艾森豪威尔希望他占领一个大港口。对此威尔逊将军的意见是："马歇尔将军强调在法国南部占领一个大港的必要性，我承认这是我此前没有考虑到的一个至关重要的因素，但是在我看来，为了这个目的改变我们的作战方针，

---

① 注释：《地中海战区盟军总司令就 1944 年 8 月法国南部的作战向同盟国参谋长联席会议呈交的报告》（Report by the Supreme Allied Commander Mediterranean to the Combined Chiefs of Staff on the Operations in Southern France, August, 1944, 1946 年），第 18 页。（以下简称《威尔逊将军的报告》）

② 注释：出处同前，第 22 页。

③ 注释：出处同前，第 23 页。

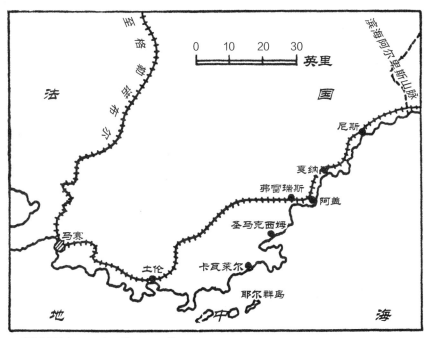

∧ 登陆法国南部，1944 年 8 月 15 日—9 月 11 日

就意味着我们的战略是以牺牲在 1944 年年底前击败德国的机会，来保证在 1945
年上半年打败他（原文如此）……虽然英国的长官们原本是支持我的建议的。
但艾森豪威尔将军的命令是必须要执行的，我在 7 月 2 日得到了指示……尽可
能在 8 月 15 日对法国南部实施进攻。" [1]

　　滩头选定在卡瓦莱尔（Cavalaire）和阿盖（Agay）之间，预计将会得到"马
基"游击队的大力协助，此时在法国南部的游击队员约有 24000 人，到 8 月 1 日，
还将增加 53000 人。与登陆部队对抗的是德军的 10 个师，其中只有 3 个部署在
沿岸。第 7 集团军也有 10 个师，分别属于美国第 6 军和法国的两个军。美国第
6 军将担任主攻任务，以第 3 师和第 36 师分居左右，第 45 师居中进攻圣马克西

---

[1] 注释：《威尔逊将军的报告》，第 24 页。

姆（St. Maxime）。威尔逊将军掌握的航空兵力共计 5000 架飞机，其中 44 个中队驻扎在科西嘉岛上的 14 个机场。部队登船的主要港口是那不勒斯和奥兰，总共需要动用 2110 艘舰船来运载登陆部队。

作为预备的空中作战早在 4 月 28 日就已开始，一直持续到 8 月 10 日，共计在法国南部投下了 12500 吨炸弹。在预备作战的最后 5 天，战略航空队集中攻击敌人沿瓦朗斯（Valence）—格勒诺布尔（Grenoble）—蒙梅利扬（Montmelian）一线分布的交通设施，战术航空队则重点打击瓦朗斯以南罗讷河上的桥梁。

15 日凌晨 0:30，登陆开始。运载空降信号员的飞机从罗马地区的机场起飞，凌晨 2:15 实施空投。紧随其后的 396 架运输机在凌晨 4:15 准确地将空降部队投放到目标。接着，上午 7:10，对滩头的航空和舰炮火力准备开始了，从 9 艘航空母舰起飞的飞机参与了这次猛烈空袭。最后，在上午 8 点，第一波登陆部队从海滩登陆。

登陆行动极为成功。截至 D+1 日中午，3 个主攻师已经全部上岸，并立即以土伦和马赛（Marseilles）为目标发起进攻。这两座城市到第一个星期结束时都被全面包围，并于 8 月 28 日双双被攻占。与此同时，对罗讷河谷上游的进攻也在全速推进。[①] 9 月 3 日，第 36 师逼近里昂（Lyons）；8 日，第 3 师肃清贝桑松（Besançon）；11 日，法国第 1 装甲师克复第戎（Dijon），并在松贝农（Sombernon）附近与巴顿的第 3 集团军的右翼会师。15 日，威尔逊将军将作战指挥权移交给艾森豪威尔，而截至 20 日，共有 400614 名官兵、65480 台车辆和 360373 吨物资被运送上岸。

从技术和后勤角度讲，在法国南部的登陆是一次决定性的胜利；但是从战略角度讲，它却是一个巨大的错误。战争已经进入最后阶段，这是不容置疑的事实，而既然战争是实现政治目的的手段，那么离战争结束的日子越近，美国人和英国人就越应该考虑其政治后果，哪怕这么做的原因仅仅是苏军已经抢先

---

① 注释：由于推进速度实在太快，不得不动用 A-20 轰炸机、B-24 "解放者" 式轰炸机和 C-47 运输机来运送汽油和机油。【《阿诺德将军的第二份报告（1945 年 2 月 27 日）》（General Arnold's Second Report, 27th February, 1945, 第 47 页。】

了好几个月。这一点至关重要，因为苏联的政治目标是与她的两大盟友截然相反的。

威尔逊将军和他手下的三军指挥官似乎看到了这一点，所以他们才会建议对卢布尔雅那用兵；但是艾森豪威尔将军没有这样的认识，这纯粹是因为其军人身份，注定了他无暇顾及政治，无法认识到战争的主要问题在几个月前就已经从策略为主转到了政治为主。此时在任何可以实现的情况下，德国的失败都是必然的；因此政治问题已经成为头等大事。而艾森豪威尔仍然认为法国是决定性的战场，[1]需要在那里集中压倒性的力量，其实法国虽然在战略上是西线的决定性区域，但在政治上早已没有决定性意义。具有这种决定性意义的地方是奥地利和匈牙利，因为如果苏联人抢在美国人和英国人之前占领了这 2 个国家——欧洲的战略中心，那么两大西方盟国在这场战争中的所有奋战都是徒劳，到头来只是让苏联取代德国在东欧建立了生存空间而已。

就算盟军没有在匈牙利展开一场会战的条件（这是一个很牵强的假设），既然用于法国南部登陆的部队是绰绰有余的，那么从战略角度讲，美国第 7 集团军在登陆并占领土伦和马赛之后，接下来的最佳行动路线应该是东进，而不是北上。它应该追随着汉尼拔和拿破仑的足迹，穿越滨海阿尔卑斯山脉，进入皮埃蒙特（Piedmont）和伦巴第（Lombardy）的平原，从北面进攻亚平宁山脉。此时配合亚历山大从南面的进攻，必然能够在入冬之前肃清意大利北部的德军。有如此强大的同盟国部队进入威尼斯地区，就可以在秋冬季的后几个月实施卢布尔雅那—维也纳会战了。

而实际上，我们看到的是什么呢？是一场条件不足，而且既无战略目标也无政治基础的会战。意大利境内的战争变得毫无意义；因为在盟军占领罗马之后，就"开始了一场一度被温斯顿·丘吉尔形容为'拉着火热的战争之耙纵穿整个意大利半岛'[2]的拉锯战"。我们将简要地说说这场一直持续到 1945 年早春的毫无意义的破坏之战。

---

① 注释：《威尔逊将军的报告》，第 24 页。
② 注释：《日蚀》，第 71 页。

在占领罗马之后，盟军快速向北推进。此时，德军也集结了不少兵力，而亚历山大手上却少了 10 个师！后来他得到了希腊人、意大利人和巴西人的增援，最终他的两个集团军——第 5 和第 8 集团军——包含了 11 国的部队。接着就发生了被莫尔黑德形容为"对哥特防线的无情连击"[1]的战斗。利斯将军的第 8 集团军首先发难，在 8 月 26 日突击了里米尼以南的梅陶罗（Metauro），利斯将此后的战斗描述为"英国陆军历史上最血腥的战斗之一"[2]。接着第 5 集团军进攻比萨以南，截至 9 月 29 日，除了西面的一小部分之外，整条防御地带都被突破。然而，这一仗的目的何在？如果答案是牵制凯赛林元帅，阻止他向其他地方派遣增援，那么把他阻拦在更靠近罗马的地方会更有效，因为在这种情况下他的交通线会延长，而交通线越长，可供空袭的目标就越多，他的部队就越难机动。与逼迫他向北退却相比，把他耗在罗马以北的地方可以更彻底地实现牵制目的。而且他在东西两面的临海侧翼也会变长，甚至在两栖攻击面前是不设防的，因为他不可能从前线调派出兵力。

12 月，第 8 集团军的一些部队被调往希腊；1945 年 2 月，由英国人和加拿大人组成的 4 个师被调走，其中 3 个去了法国，1 个去了东地中海。这进一步证明在哥特防线的杀戮是毫无意义的。甚至可以说：在战争史上，只怕很难找出亚历山大这样受到如此不公平待遇的将军。

光复法国

当亚历山大在条件不足的情况下苦思如何突破哥特防线时，装备齐全的艾森豪威尔在诺曼底面对的是已经全面突破的大好局面。虽然他需要布列塔尼的港口，但他决定不派遣主力攻取这些港口，而是借助巴顿的突破营造的战机包围德国第 7 集团军。按照他写下的报告，盟军"事实上决定把布列塔尼甩到背后"[3]——实施与原计划中的西进完全相反的行动。

---

[1] 注释：《日蚀》，第 73 页。
[2] 注释：《泰晤士报》，1944 年 10 月 18 日。
[3] 注释：《盟军总司令报告（1944 年 6 月 6 日—1945 年 5 月 8 日）》，第 53 页。

虽然这个改变无疑是明智的，但它也立即引发了后勤问题，因为只要没有拿下布列塔尼的各个港口，所有的物资就需要从滩头、"桑葚"和瑟堡运到前线，而为美国第3集团军补给的物资必须通过阿夫朗什的隘路前送。艾森豪威尔指出，这个困难"影响了敌人的策略"。

7月下旬，德国的援军源源不断地涌入塞纳河以西，而多个步兵师的到来使已经在7月2日接替冯·龙德施泰特（隆美尔在17日受了重伤）的冯·克鲁格元帅得以将他的装甲部队从前线撤下，集中到莫尔坦一带。他在那里集结了5个装甲师的大部分兵力（约有400辆坦克），还有支援的步兵和一支实力不容小觑的战斗轰炸机部队。

8月7日，按照希特勒下达的命令，克鲁格向西攻击阿夫朗什，目的是切断巴顿的交通线。这次进攻被称作"赌博"，也确实是赌博；不过战争本来在很大程度上就是由一次次赌博构成的，况且当时形势危急，只能孤注一掷。在莫尔坦，冯·克鲁格距离阿夫朗什不过20英里，如果他能占领这座城镇并且固守哪怕区区几天，巴顿的后勤补给就可能会被切断，除非靠空运补给。如果他成功了，那么这次进攻将会被载入史册。

但是他失败了，这在很大程度上要归咎于美国第7集团军的顽强抵抗以及良好的天气状况，后者使盟军得以使用发射火箭的"台风"式战斗机来对付他。"……短短数小时之内，"艾伦·梅尔维尔写道，"台风式战机……就赢得了一场针对坦克的大胜。如果在此之前曾有人怀疑过火箭的杀伤力，那么从此以后一切疑虑都将被彻底打消……很难想象有什么东西能够对坚硬的豹式坦克造成严重打击，但是——它们就像被大风卷起的树叶一样散落在战场各处……90多辆这种坦克被彻底击毁……这些坦克的装甲板被劈开并撕出大口子，或者扯下来抛到离车身其他部位50码（约50米）地上……整个战场就是一片废料堆。"[1]

7日，加拿大第一集团军也发动了进攻——目标法莱斯。步兵乘坐装甲运输车（"袋鼠"式）"在夜间机动了5英里的距离"，"在这次进攻中，最后的3

---

[1] 注释：《第一次浪潮》，第124页。

英里其实是在敌方控制区中行进，部队几乎贴着敌军火炮射击区的边缘下车"。[①]达西·道森也告诉我们，"这些装甲'巴士'给士兵们提供了巨大的信心，我们后来进一步研究了有关的技巧，使它成为我们的正面进攻战法的一部分"[②]。

希特勒的错不在于下令实施这次进攻，而是在冯·克鲁格的进攻严重受阻后拒绝批准他撤退，一直到 12 日才批准撤退，但为时已晚，因为蒙哥马利在 10 日已经发出了包围冯·克鲁格部的命令。加拿大第 1 集团军按照指示向法莱斯进攻，美国第 3 集团军的第 15 军从阿朗松（Alençon）冲向阿让唐（Argentan），而美国第 1 集团军和英国第 2 集团军则从西面和西北面向莫尔坦进逼。

13 日，德军开始撤退，冯·克鲁格的几个装甲师在两翼牢牢地守住包围圈的缺口，让步兵经狭窄的通道逃出。但是在 16 日，法莱斯落入加拿大人之手，冯·克鲁格急忙撤下装甲部队，于是截至此时一直井然有序的撤退迅速演变为溃逃。当包围圈的缺口在 19 日终于封闭时，8 个步兵师和 2 个装甲师的部分兵力被困其中，其残部在 22 日投降。逃出包围圈的 14 个师的残部（大约 8 万人）由在 17 日接替冯·克鲁格的瓦尔特·莫德尔元帅指挥，在一片混乱中退向塞纳河。

阿诺德将军写道，在这场引人注目的决定性战役中，"P—47'雷电'式战斗机在阿让唐的三条高速公路上，袭击了成 3 路纵队、密集行军的德军坦克和卡车。这些飞机先炸掉车队中领头的车辆，堵死了道路，然后就来回扫射和投弹……陆军航空兵的战斗机冒着密集的高射炮火和恶劣的天气，持续攻击了一整天。一些路段的烟雾过于浓厚，导致飞行员无法准确统计战果，但他们估计有 1000 台车辆被摧毁。第二天，在皇家空军负责的地段，'喷火'式、'野马'式和'台风'式战斗机又击毁了 1000 台。"[③]

虽然法莱斯的惨败并未使诺曼底的德军遭到全歼，但横贯法国的道路已经被打通，此时除了后勤不继，已经没有任何因素能够阻止盟军紧追着溃散的敌

---

① 注释：《1944—1945 年西北欧战役中的（英国）第 21 集团军群》，载《皇家联合军种学会志》，1945 年 11 月，第 450 页。

② 注释：《欧洲的胜利》，第 135 页。奇怪的是，这类车辆以前并未得到运用，要知道装甲步兵运输车是 1918 年发明的。

③ 注释：《阿诺德将军的第二份报告（1945 年 2 月 27 日）》，第 14 和 28 页。

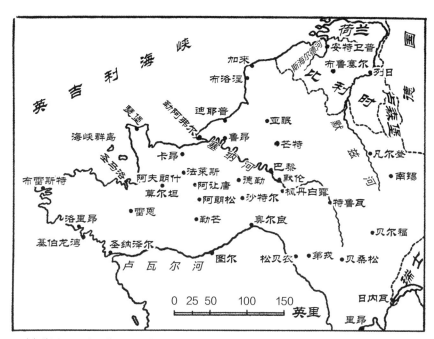

∧ 光复法国，1944 年 8 月 7 日—9 月 4 日

军到达莱茵河。德军意识到，只要能够坚守布列塔尼的港口，就还有机会阻止
盟军推进，于是他们极度顽强地进行了这些港口的保卫战。圣马洛的德军直到 9
月 2 日才被肃清，布雷斯特则坚持到了 9 月 18 日。盟军占领这些港口以后，发
现其设置已经遭到彻底破坏，艾森豪威尔认为此次匆忙尝试攻取洛里昂、圣纳
泽尔（St. Nazaire）和基伯龙湾（Quiberon）意义似乎不大。他把围攻这些港口
的任务交给了法国，而将此前负责进攻布雷斯特的第 8 军划给新组建的、由辛
普森中将（Lieut.–General W. H. Simpson）指挥的美国第 9 集团军。

　　当第 3 集团军的第 8 军在布列塔尼忙于攻坚，第 15 军在压缩法莱斯包围圈
时，第 12 和第 20 军正在卢瓦尔河以北一路东进，其主要目标是切断通过巴黎—
奥尔良缺口的交通线，阻止敌军逃回德国。截至 8 月 17 日，盟军已夺取沙特尔
（Chartres）和德勒（Dreux），并封锁了巴黎以南的道路。2 天后，已经参与进
攻的第 15 军在芒特追击到塞纳河边，并切断了从巴黎到诺曼底的道路——芒特

下游已经没有保持完好的桥梁。与此同时，位于第 3 集团军右翼的第 12 军在 8 月 17 日攻克了奥尔良。在其北面，第 20 军在 20 日进入枫丹白露。接着，盟军横扫巴黎以东，截至 25 日，第 12 军的先头部队已经位于特鲁瓦（Troyes）以东 40 英里。追击就这样持续到 9 月 3 日，盟军在南线已经前进至距离德国边境不到 60 英里的地方。

在这场追击中，一个有趣的战术亮点是巴顿对航空力量的运用。他给自己的每个装甲师各加强一个战斗轰炸机大队，"为车队提供'眼睛'，并赶在地面部队之前扫荡敌人的部队集结地、装甲车辆和后勤系统。这次进攻作战的一个显著特点就是空地协同密切，成效卓著"[1]。另他将飞机用于保护侧翼。按照巴顿的意图，在部队转向东进时，应该尽可能发挥出最高的机动力，所以他将保护自己战略侧翼的任务交给了第 19 战术航空司令部指挥官韦兰准将（Brigadier-General Weyland）。[2]当时在卢瓦尔河以南有大约 30000 德军，如果不加以警戒和遏制，很有可能北上切断第 3 集团军的后勤交通线。

"整整 3 个星期，"阿诺德将军写道，"卢瓦尔河下面的德军指挥官一直试图通过在夜间调动部队来进攻，但是他无法做到，最后形势变得很明朗：要挽救自己的部队，他就必须撤退。他在绝望中开始在白天行军，而持续不断的空袭打散了他的部队。虽然他从来没有和我们任何一支有一定规模的地面部队交手，但是局势已经无力扭转，于是他选择了投降，实际上是向航空部队投降的。"[3]

有趣的是，这个航空兵掩护侧翼的战例很像以往战争中用骑兵掩护侧翼的例子，例如 1863 年葛底斯堡之战中斯图亚特（J. E. B. Stuart）的骑兵。

当第 3 集团军到达默伦（Melun）和芒特时，巴黎的德军已经无法立足，于是德军从法国首都撤退，勒克莱尔将军在 8 月 25 日开进了这座城市。与此同时，

---

① 注释：《盟军总司令报告（1944 年 6 月 6 日—1945 年 5 月 8 日）》，第 59—60 页。

② 注释：有关韦兰将军的作战的详尽叙述，请参见美国华盛顿哥伦比亚特区陆军航空兵司令部发表的《西线的空地协同》（Air-Ground Teamwork on the Western Fronts）。

③ 注释：《阿诺德将军的第二份报告（1945 年 2 月 27 日）》，第 30 页。还有一点也至关重要：巴顿在进攻过程中得到了"马基"游击队的大力协助，他们不仅针对德军的交通线展开破袭行动，还为巴顿提供了关于敌军位置和动向的详细情报。

在歼灭了法莱斯包围圈中的敌人以后，美国第1集团军、英国第2集团军和加拿大第1集团军迫近塞纳河，控制了这条河流在巴黎以北的全部河岸。不过还是有很多德军借助渡船和浮舟逃到了对岸。

8月26日，蒙哥马利将军下令进攻塞纳河以北，9月1日，已经晋升为元帅的他将地面部队的总指挥权移交给艾森豪威尔将军，自己再度指挥英军和加军。从此以后，他的集团军群的任务就是孤立鲁尔地区。加拿大第1集团军将沿海岸运动，英国第2集团军则进攻比利时中部，而美国第1集团军攻击卢森堡公国—列日一线，第3集团军攻击南锡（Nancy）—凡尔登（Verdun）一线，并以一支偏师进军贝尔福（Belfort），与第7集团军会师。

盟军在8月31日到达亚眠，9月3日到达布鲁塞尔，次日开进安特卫普。

从6月6日到8月25日，德军有40万人阵亡、受伤和被俘——其中俘虏占了半数。此外，他们还损失了1300辆坦克、2万台车辆、2000门大炮，2378架飞机在空中被摧毁，1167架毁于地面。不过艾森豪威尔将军在报告中指出，尽管遭受了这样的损失，德国军队整体上"显然并未达到士气瓦解的地步……事实上，虽然我们可能已经达成了1918年的军事条件，但在那一年导致德国崩溃的政治条件还离我们很遥远"[1]。

这是因为，在1918年，威尔逊总统的十四点原则给被击败的德军提供了一条生路，而在1945年，罗斯福总统的"无条件投降"却没有提供除了总毁灭之外的任何选择。更何况，在战争的这个关键时刻，同盟国列强非但没有尝试通过精明的心理攻势将冲突导向理智的政治结局，反而不遗余力地激发德国人的抵抗情绪。他们公布了所谓的战犯名单，并宣布要全面解散德国总参谋部和纳粹党等组织，还在这个紧要关头发表了《摩根索方案》，要求对德国进行瓜分、踩踏、洗劫和去工业化！

要想减轻这一政治愚行的后果，唯一的办法就是让部队继续追击。然而这却是不可能实现的，因为这些政治举措已经使士气一落千丈的德国人重新振作

---

[1] 注释：《盟军总司令报告（1944年6月6日—1945年5月8日）》，第64页。

起来，所以继续追击就需要非常强大的兵力，而盟军在这个紧要关头的后勤能力却无法为其提供支持。

早在冯·克鲁格向阿夫朗什发起突击时，后勤危机就已开始萌发。艾森豪威尔写道，当时"如果我们的飞机无法起飞，敌军在第一次突击时就可能成功推进到阿夫朗什，这将迫使我们在一段时间内转入防御，靠空投来补给位于阿夫朗什走廊以南和以东的我军部队……"[①]艾森豪威尔使用了"迫使我们"的字眼，这表明他并不欢迎这种补给方式。后来，当巴顿逼近塞纳河时，"卡车运输完全不能满足战局需要"，因此，不得不从同盟国第1空降集团军以及战略轰炸部队抽调飞机，为巴顿每天补充1000吨汽油，而这个数字很快就不得不翻倍。[②]

8月5日，当艾森豪威尔更改登陆作战的原计划，把布列塔尼的港口甩在身后时，部队的后勤失衡。假如有数量充足的运输机供他调遣，这种情况就不会发生。但是他没有，因此危机继续加剧。后来，当巴顿占领巴黎时，艾森豪威尔不得不将优先补充P.O.L.（汽油、机油和润滑油）的权利交给蒙哥马利麾下进攻的左翼部队，为的是保证他占领安特卫普，再开放一个大港口。接下来，在占领安特卫普以后，由于德军在斯海尔德河口（Schelde Estuary）的堡垒中顽抗，直到11月26日盟军才得以利用安特卫普这个港口。在这个日期之前，部队主要的后勤补给线始终要延伸至诺曼底的海滩和瑟堡。因此，"为了保证A.E.F.（同盟国远征军）继续向齐格菲防线推进，美军的3个师不得不在瑟堡附近'趴窝'，它们的所有交通工具都被调走，用于支持前线部队乘胜进击。"[③]

"为了保证我军全速前进，"阿诺德将军写道，"载重卡车队日夜不停地从瑟堡开上'红球'高速公路[④]。但这还不够。美军的坦克每个小时要消耗数千

---

① 注释：出处同前，第54页。在巴顿进攻的初期，汽油短缺问题就已显露。因此英格索尔提到，当他的第6装甲师到达布雷斯特，第4装甲师接近洛里昂和圣纳泽尔时，两个师都"在电台里声嘶力竭地催要汽油和弹药，但是从未如愿。交通线早就被拉长到了荒谬的地步，这时候终于'啪'地一下被拉断了"。（《最高机密》，第142页。）

② 注释：出处同前，第60页。特拉福德·利－马洛里上将在他的"快报"中写道（见《伦敦公报》第四副刊，1946年12月31日），"在从8月9日－9月3日这关键的25天时间里，至少有13000吨物资空运到前沿阵地"，而在整个9月，共空运了30000吨。

③ 注释：《后勤对1944—1945年西北欧作战的影响》（The Influence of Logistics on Operations in North-West Europe, 1944-1945, 雷文希尔准将撰文），载《皇家联合军种学会志》，1946年11月，第499页。

④ 注释：专门用于汽油补给的公路，沿途树有画着红球的路牌。

加仑的汽油。我们的部队每推进 1 英里，都会使后勤状况变得更加严峻。"①

马特尔将军指出，盟军对这个问题没有充分考虑，结果到了 8 月 30 日，运输汽油的车队不得不全部转给美国第 1 集团军，而美国第 3 集团军的装甲车辆就此停止了前进。"早在战役初期，"马特尔写道，"就可以明显看出汽油供应将会短缺，在最后关头，部队不得不丢下备用被服之类不太重要的物资，腾出装载汽油的空间。此外，运送汽油的卡车装载了多达 1300 加仑的汽油，而不是正常情况下的 650 加仑。通常携带 100 英里燃油的师级梯队携带了足够使用 200 英里的燃油。在快速的机动战中，不应该用这类应急方案来组织这种至关重要的后勤事务"②。

为什么会出现这样的疏忽？因为空中力量在战略和战术上被利用得太多，结果在确保了制空权之后，它在后勤方面的潜力却被忽视了。事实上，盟军的决策者没有认识到，既然飞机可以不依赖道路机动，而且它是现有的机动能力最强的交通工具，那么在不考虑成本的前提下，它就是最理想的运输工具。如果少制造一些轰炸机，而代之以，姑且这么说吧，2000 架载重 4 吨的运输机供艾森豪威尔将军用来运汽油，那么盟军就不必在莱茵河以西暂停进攻，因为不需要开通安特卫普港也能进行北路的突击③，而其侧翼可以靠飞机来保护，一如巴顿在进军巴黎时靠飞机保护其右翼。

英美两国拥有全世界过半数的石油资源，但是在 9 月，英美联军因为运输机不足而全线停止进攻，汽油供应对这两个西方盟国的限制作用几乎和对德国的限制一样大，后者从 8 月起就受困于每况愈下的合成油产量。

为了补充公路和铁路运输的不足，盟军不得不临时求助于此前未曾组织过的空运。阿诺德将军告诉我们，"C-47 货运飞机和客运飞机，满载着 5 加仑容量的汽油桶从英国起飞。重型轰炸机不得不从事运输工作。空运中正常的优先顺序都被颠倒了。汽油成为最优先的物资，弹药排第二，食品排第三。"④然而，

---

① 注释：《阿诺德将军的第二份报告（1945 年 2 月 27 日）》，第 30 页。
② 注释：《我们的装甲兵》，第 325 页。
③ 注释：即使在安特卫普港开通之后，由于 V1 和 V2 的密集攻击，船只能否继续卸货也是值得怀疑的。
④ 注释：《阿诺德将军的第二份报告（1945 年 2 月 27 日）》，第 30 页。

莫尔黑德写道："尽管使用了这些和其他许多应急手段，艾森豪威尔还是发现物资积聚的速度不足以在入冬前让他的所有部队攻入德国。这是一段极其危险的延迟期。每1个小时，每1天，德军的士气都在增强。第15和第7集团军的残兵败将千辛万苦撤回国内以后，又重组成了新的部队。"[1]

就这样，依靠充足的汽油打响的第二次法兰西之战，又因为汽油短缺而结束。盟军赢得了彻底的制空权并维持了数月之久；但是在经过一段令人称奇的猛攻之后，9月11日，美国第1集团军跨过德国边境的关键时刻，尽管德国正在遭受毁灭性打击，由于同盟国没能充分发展空中力量最重要的潜力，部队不得不停下脚步，而德国利用这个机会重整旗鼓，组建起了防御阵势。

苏军的秋季会战

在罗马尼亚倒戈之后，苏军通过3场战役实现了对多瑙河流域的征服。第一场战役是预备性质的，包括占领特兰西瓦尼亚和渡过蒂萨河（River Tisza）；第二场战役以布达佩斯被攻克而告终；第三场战役则使苏军到达了维也纳。

第一场战役在布加勒斯特被占领后立即打响，此时马利诺夫斯基元帅的第2乌克兰方面军部署在从北布科维纳（Northern Bukovina）到多瑙河上铁门峡（Iron Gate）附近的塞维林堡（Turnu Severin），全长400多英里的战线上。在他右侧是彼得罗夫将军的第4乌克兰方面军，在切尔诺夫策以西沿喀尔巴阡山脉延伸到乌若克山口（Uzhok Pass）；而在他左侧，位于南线的是托尔布欣元帅的第3乌克兰方面军，正在保加利亚境内作战。马利诺夫斯基当面的敌军充其量只有3～5个德国师，可能还有8个匈牙利师。因着匈牙利对德国的经济和安全实在太重要了，希特勒因此毫无疑问会尽一切全力来保住这个国家。更何况罗马尼亚此时与匈牙利处于战争状态，而这又会使匈牙利人的抵抗加强。不过，尽管地形给盟军造成了巨大的行军的困难，马利诺夫斯基还是决定在敌军抵抗力量尚弱的时候继续进攻。他兵分多路推进，其中主要的两路是从布拉索夫（Bra□ov）

---

① 注释:《日蚀》，第170页。

∧ 多瑙河会战，1944 年 9 月 10 日—12 月 3 日

和锡比乌（Sibiu）向特兰西瓦尼亚的首府克卢日（Cluj）进军。

9 月 10 日，苏军占领阿尔巴尤利亚（Alba Iulia），然后一支坦克纵队继续西进，在 12 日开进位于阿拉德（Arad）和泰梅什堡（Temesvár）以东 80 英里的代瓦（Deva）。接着，这支部队在 19 日占领泰梅什堡，经过一番激战后，又在 21 日拿下阿拉德。这次进攻使马利诺夫斯基距离匈牙利边境只有几英里之遥。

与此同时，此时也已经成为元帅的托尔布欣通过 3 天的不流血战争解决了保加利亚军队，然后北上进军贝尔格莱德，于 9 月下旬在铁门峡以南的克拉多沃（Kladovo）渡过多瑙河，在 10 月 1 日占领内戈廷（Negotin），与铁托元帅（Marshal Tito）麾下的南斯拉夫游击队顺利会师。

这次进攻使他在塞维林堡（Turnu Severin）与马利诺夫斯基的左翼联成一片。

马利诺夫斯基随即向西推进，在 10 月 5 日占领了贝尔格莱德东北数英里外的潘切沃（Pančevo）。5 天后，托尔布欣的部队到达摩拉瓦河（Morava）畔的韦尔（Vel），并于 15 日进入南斯拉夫首都郊外，4 天后将德军赶出了这座城市。

在这场战役进行时，马利诺夫斯基又发动了另一次攻势。5 日，他的部队在阿拉德西面和北面跨过匈牙利边境，11 日在塞格德（Szeged）强渡蒂萨河。同一天，他的另一路纵队占领克卢日，德军和匈军则迅速退向布达佩斯，因为此时彼得罗夫的第 4 乌克兰方面军在加里西亚前线施加的压力正越来越大。截至此时，这个方面军的推进速度一直很慢，这不仅是因为它穿越的地形极其复杂，还因为战场上出现了几个装备精良的德国师。不过在 10 月中旬，彼得罗夫还是逼近了位于科普（Cop）的重要铁路枢纽站，从而威胁到连接克卢日和布达佩斯的主要公路和铁路。他于 28 日占领科普，但是随即在敌人的反击下被赶出了这座城镇，经过漫长的战斗以后，苏军才又重新占领了它。

占领塞格德之后，马利诺夫斯基在蒂萨河下游稍作停留。到了 20 日，他再度前进，占领了包姚（Baja）和松博尔（Sombor），又在 25 日攻取了多瑙河畔的阿帕廷（Apatin）、帕兰卡（Palanka）和诺维萨德（Novi Sad）等城镇，其中诺维萨德正对着旧奥匈帝国的彼得沃登（Peterwarden）要塞。接着在 29 日，他突破了德军在凯奇凯梅特（Kecskemét）的阵地并夺取该城，然后在 11 月 1 日北上攻下大克勒什（Nagykőrös），次日占领位于匈牙利首都东南 40 英里处的采格莱德（Cegléd）。11 月 11 日，他的前锋到达了布达佩斯的南郊和东郊，但是未能继续前进，因为德军已经用 3 个装甲师和 2 个装甲掷弹兵师占领亚斯贝雷尼（Jászberény）地区，威胁着马利诺夫斯基在采格莱德的右翼。为了解决这个难题，他在 9 日就已经在蒂萨非赖德（Tiszafüred）和蒂萨波尔加（Tiszapolgar）——位于米什科尔茨（Miskolcz）东南 35 英里——渡过蒂萨河，并于 12 日占领了迈泽克韦什德（Mezőkövesd）。由于这个机动使苏军迂回到了亚斯贝雷尼的北面，德军只得在 14 日将其装甲部队后撤，占领格德勒（Gödöllő）—豪特万（Hatvan）—珍珠市（Gyöngyös）—埃格尔（Eger）一线。马利诺夫斯基立即对这条防线发起进攻，在 18 日占领珍珠市，21 日占领埃格尔，25 日占领豪特万。接着他又进军米什科尔茨并将其包围，但是直到 12 月 3 日才占领该城。这使他与彼得罗夫的方面军成功会师，后者此时已经占领了德军在东斯洛伐克的最后一个据点——
科希策（Kosice）。

这一系列行动将德军和匈军基本赶出了蒂萨河与多瑙河之间的平原，残留
在布达佩斯东面和北面，从莫诺尔（Monor）经格德勒到瓦茨（Vác）的一小片
区域除外。在这片区域里，德军集中了2个匈牙利集团军和大约15个德国师，
其中包括相当数量的装甲部队。苏军统帅部认为这支部队实力太强，马利诺夫
斯基恐无法独自面对，遂指示托尔布欣元帅北上支援。第一次多瑙河会战也因
此告一段落。

在这场会战进行时，另一场会战正在波罗的海诸国进行，此战是苏军进攻
东普鲁士的预备行动，目标是孤立舍尔纳将军的部队。9月15日，戈沃罗夫将
军的列宁格勒方面军在爱沙尼亚率先发难。6天后，他拿下了塔林，到了10月5日，
占领了穆胡岛（Muhu）、希乌马岛（Hiiumaa）和萨雷马岛（Saaremaa）。与此
同时，马斯连尼科夫的波罗的海第3方面军拿下了瓦尔加（Valga），迫使德军
退向里加，而叶廖缅科的波罗的海第2方面军占领普拉维纳斯（Pļaviņas），巴
格拉米扬的波罗的海第1方面军强渡阿河（River Aa），攻取包斯卡（Bauska），
渡过内穆内利斯河（Nermunek），占领叶卡布皮尔斯（Jēkabpils），前进至距
里加不到15英里的地方。

由于苏军先前已经占领叶尔加瓦，这几次进攻使得舍尔纳决定尽快将自己
的部队撤出拉脱维亚，进入库尔兰（Courland）和西立陶宛，以便与东普鲁士的
驻军联成一片。而这正是苏军想要阻止的，苏军要避免大批德军集中在华沙地
区以北威胁自己的侧翼。因此，苏联统帅部决定，在马斯连尼科夫和叶廖缅科
向里加进军的同时，巴格拉米扬应该进攻利耶帕亚（Liepāja），切断舍尔纳的
撤退路线。

巴格拉米扬的进攻在10月3日开始，没有遇到多少抵抗。10日，他的前
锋在梅默尔（Memel）以北数英里的帕兰加（Palanga）推进到了立陶宛的波罗
的海岸边，他的另一支部队占领了位于东普鲁士边境城市蒂尔西特（Tilsit）东
北20英里处的陶拉盖（Tauragė）。与此同时，切尔尼亚霍夫斯基的白俄罗斯第
3方面军一部占领了位于蒂尔西特东面涅曼河畔的尤尔巴尔卡斯（Jurbarkas）。

∧波罗的海会战, 1944 年 9 月 15 日—10 月 24 日

大致在同一时间，马斯连尼科夫和叶廖缅科突破德军在里加的防御，于 10 月 13 日开进该城。至此，舍尔纳在面向陆地的一侧遭到包围。在苏军的打击开始前，他大约有 30 个实力不一的师。但是，这些部队中有一部分逃到了东普鲁士，还有一些已通过海路逃出生天。在苏军进行最后的清剿时，他在库尔兰和梅默尔地区还剩余大约 20 个师，其中不少人也在冬季通过海路撤离。

这场战役的最后阶段是由切尔尼亚霍夫斯基的方面军实施的。他按照命令向贡宾嫩（Gumbinnen）方向进攻，突破了柯尼斯堡（Königsberg）以东的因斯

特堡隘口（Insterburg Gap）。集中数量庞大的火炮之后，他在 10 月 16 日对德军在弗拉迪斯拉沃（Vladislavo）—维尔科维斯基（Vilkovishki）西面的第一道防线进行了可怕的炮火轰击，并占领了埃德库嫩（Eydtkuhnen）。接着，在 18 日到 20 日，他又将战火烧到苏瓦乌基（Suwałki）以南的奥古斯图夫（Augustów）森林，攻击了德军在斯塔鲁波嫩（Stalupoenen）、托尔明肯（Tolmingken）和戈乌达普（Goldap）的第二道防线。经过一番激战，他占领了戈乌达普和苏瓦乌基，在 21 日又一举攻下斯塔鲁波嫩。苏军坦克从戈乌达普继续西进，到达了德军第三道防线上的昂格尔堡（Angerburg）和达梅肯（Darmeken）之间的安哥拉普河（River Angerapp）。因为被河水阻挡，并遭遇包括 5 个装甲师在内的德军反击，双方爆发了激烈战斗。到 25 日，苏军由于损失严重而终止进攻，转入防御。至此，波罗的海沿岸的秋季战役结束。

德国西部边境的战斗

当德国第 7 和第 15 集团军残部溃逃至塞纳河对岸时，艾森豪威尔将军决定乘胜追击，将德军赶至莱茵河。但是我们已经在前文看到，英美军队还未渡过塞纳河，后勤问题就开始影响到追击。继续让所有部队齐头并进已经不可能，因此只能放弃追击，或者以较为有限的规模继续。英格索尔指出："所有现状都要求我们协调各部，推动一个集团军继续追击，给它提供所有的给养，充分发挥'红球'高速公路这条大动脉的能力为它供应丰富的血液。然后，在它进入德国之后，如果初秋的天气仍然晴好，我们就可以从空中为它补给……"他接着又指出："在当时的形势下，历史需要这样一位盟军总司令——他不一定要才华出众，但必须是勇敢而坚强的人，而且至少很懂常识。这样的指挥官将会……看出，以当时德国国防军的混乱状况，只需一个集团军就能杀入德国……而且这个得到充分补给的集团军可以在两个星期之内彻底摧毁'西方壁垒'和莱茵河作为军事障碍的作用，进一步利用敌军的混乱，如此一来至少有一半的机会拿下柏林并迫使对方求和。"[1]

---

① 注释：《最高机密》，第 164—165 页。

这样的可能性导致盟军内部出现了两种提议，第一种是蒙哥马利提出的，第二种则由布雷德利提出。前者建议将所有可提供的物资都分配给第 21 集团军群，使其能够继续向北推进，在阿纳姆（Arnhem）和杜塞尔多夫（Düsseldorf）之间渡过莱茵河。这是因为在这两座城市之间渡河后，不仅能进入德国北部的平原并直捣柏林，还能攻入德国的工业心脏——鲁尔地区，而且，这样的进军路线可以背靠世界第三大港安特卫普获得补给。后者建议将所有可用物资分配给第 12 集团军群，让其通过法兰克福走廊（Frankfurt Corridor）东进，将德国拦腰截成两半，而且，"只要同盟国参谋长联席会议愿意，可以在到达德国中部以后，从南面攻取柏林"①。

就第一种方案而言，唯一的限制因素是此时安特卫普港仍未通航。不过，尽管有这个阻碍，蒙哥马利还是极力鼓吹全速北进。最终历史证明他的决策是正确的：不仅是因为这条路线在战略上是最明智的，还因为它在政治上也是最明智的：如果西方盟国能够抢在苏联之前早早占领柏林，那么在战争结束时的政治局势会有利得多。蒙哥马利这次一反常态地把一切顾虑置之脑后，强烈主张采用下列大胆路线：

"我本人对总司令提出的意见，"他写道，"是以同盟国军队的全部资源为后盾，全力突破莱茵河，杀入德国的心脏地带；这样做的成功概率很大……因此这个计划要求最大限度地集中同盟国的资源，而这将会使盟军前线上被抽调资源的地段完全转入停滞状态。"

接着，他先指出有两条可行的进攻路线，即经比利时至鲁尔以北的莱茵河的北路，和经梅斯（Metz）和萨尔（Saar）进入德国中部的南路。然后他又建议：

"我支持走北路……如果我们能够在过了塞纳河之后保持充分的实力和锐气，迫使德军继续向莱茵河逃跑，然后我们抢在德军成功地重建战线之前'跳'过那条河，那么我们就能获得巨大的优势。"

过了塞纳河之后的另一种路线，"是从宽广正面上推进到莱茵河……这将

---

① 注释：《最高机密》，第 168 页。

会导致一场速度较慢、较为谨慎的会战……我们有限的后勤资源将会相应地被分散，在我看来它必经受不起前线的压力"。

"除了后勤困难之外，我反对从广阔正面进攻的另一个理由是，这样一来我们在任何地方的实力都不足以迅速取得决定性的战果；德军将会因此得到喘息的时间，而我们将会陷入一场漫长的冬季会战。"①

然而，艾森豪威尔还是决定采用广阔正面进攻的策略，这要么是因为他是一个没有胆识的战略家，要么是因为他的个性不够强硬，不敢命令他手下的集团军群指挥官在当时转入消极防御，依靠最低限度的后勤补给来维持。总之，他决定"同盟国军队应该沿莱茵河列阵，在任何有条件的地方建立桥头堡，而且在安特卫普港开通并运作之前，不得继续向东进攻。与此同时，应该与从地中海推进的美国第6集团军群②建立可靠的联系，使我军从瑞士到北海形成完整的战线"③。

英格索尔在评论这一事件时写道："我相信，在1944年8月，一个具备以上所述资质的盟军总司令将会坚定地支持蒙哥马利和布雷德利这两者中的任何一个，从而在圣诞节前结束战争。但是我们没有这样的盟军总司令。没有一只有力的手掌舵，没有一个领袖群伦的人。我们只有一个理事会，主导者是理事长：一个精明、睿智、圆滑、谨慎的理事长。"④

尽管艾森豪威尔已经做了决定，蒙哥马利却没有完全放弃他所坚信的正确路线。他写道："虽然在广阔正面进攻的策略将我们此时的目标限制为到达莱茵河，我还是打算集中我所掌握的资源发动一次突击，迫使敌军迅速溃退到河边，

---

① 注释：《从诺曼底到波罗的海》（Normandy to the Baltic，陆军元帅蒙哥马利子爵著，1947年），第119—120页。另见《1944—1945年西北欧战役中的（英国）第21集团军群》，载《皇家联合军种学会志》，1945年11月，第437页。德甘冈坚持认为艾森豪威尔是对的，而蒙哥马利是错的。他说："……如果这一把没有赌赢，那么总司令就会陷入非常困难的境地。他手下那些被'搁浅'的指挥官和部队会怎么说？更重要的是国民的意见和民族自尊心问题；假如把这些资源都给了蒙哥马利，但他还是失败了，那么美国人民会怎么说？"（《胜利行动》，第413页。）可是，布雷德利呢？德甘冈完全无视了他的提议。
② 注释：美国第6集团军群下辖美国第7集团军和法国第1集团军。它的指挥官是雅各布·德弗斯中将。
③ 注释：《从诺曼底到波罗的海》，第121页。
④ 注释：《最高机密》，第169页。

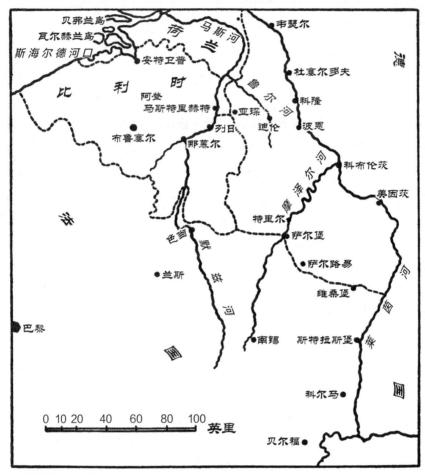

∧ 西欧战场, 1944 年 9—12 月

目的是抢在德军能够有力地抵抗我军之前快速过河。"①这个计划导致了整场战
争中最惊人的战役之一。虽然蒙哥马利是一个谨慎的军人，但是他打过的所有
大胜仗，甚至包括阿拉曼战役在内，都不如阿纳姆史一役的失败更能给他的指

---

① 注释:《从诺曼底到波罗的海》，第122页。

挥艺术增光添彩；因为这一战从构思到执行所体现的胆略是独一无二的。

截至 9 月的第一个星期，比利时境内的战局是这样的：英国第 2 集团军在从安特卫普到马斯特里赫特的阿尔贝特运河沿岸遭遇了德军的坚决抵抗。经过一番激战，英军克服阻碍，在埃斯科运河北岸艾恩德霍芬以南 15 英里的地方获得了立足点。此时在荷兰西部有 30 万 ~ 40 万德军，他们的交通线在须得海和埃斯科运河之间向东延伸。因此，如果盟军突然向北突进大约 70 英里，也就是从埃斯科运河推进到阿纳姆，就可以切断阿纳姆以南的所有交通线，等于困住了位于荷兰西部的全部德军。此外，更重要的是，一旦占领了阿纳姆，就可以绕过整条莱茵河和"西方壁垒"防线，德国北部的平原就对盟军开放了。

为了实现最大的突然性，必须在最短时间内完成突破，因此唯一的办法就是使用空降部队，而参与此战的是英国第 1 空降师、美国第 82 和第 101 空降师，以及一个波兰伞兵旅。按照计划，这次作战要在白天依靠强大的战斗机和轰炸机掩护来实施。布朗宁中将奉命指挥此战，在战役的前两天，动用了 2800 架飞机和 1600 架滑翔机。[①]

布朗宁中将对行动目标概括如下：

"打通并维持艾恩德霍芬—费赫尔（Veghel）—赫拉弗—奈梅亨（Nijmegen）—阿纳姆走廊，占领沿途的桥梁，特别是赫拉弗的马斯河大桥、奈梅亨以西的马斯—瓦尔运河（Maas-Waal Canal）大桥、奈梅亨的瓦尔河公路大桥和阿纳姆的下莱茵河（Neder Rijn）大桥。

"打通该走廊之后，第 2 集团军的中路军即沿走廊高速突破，与沿途的各支空降部队会师。侧翼各军也应全速前进，但可在必要情况下放慢速度，旨在保护走廊侧翼和增援防守走廊的空降部队。"[②]

---

① 注释："从 9 月 17 日到 30 日，20190 名官兵从飞机上跳伞着陆，13781 人乘坐滑翔机着陆，905 人乘飞机降落在先前空降的部队开辟出的跑道上。除了这些合计达 34876 人的部队外，还空运了 5250 吨设备和物资、1927 台车辆和 568 门火炮。"【《盟军总司令报告（1944 年 6 月 6 日至 1945 年 5 月 8 日）》，第 84 页。】

② 注释：《空降兵》（Airborne Forces，布朗宁中将撰文），载《皇家联合军种学会志》，1944 年 11 月，第 356 页。

这次战役的难点在于，运输机资源不足，不得不分 4 次运送空降部队。而天气的不确定性是巨大的障碍，假如运输机多到只需两次就能完成空降部队的运输，那么这场战役就有可能取得全面成功。

9 月 17 日，第一批空降部队在荷兰着陆，第 101 空降师扫清了艾恩德霍芬—赫拉弗走廊；第 82 空降师占领了赫拉弗，并着手扫清奈梅亨地区；而第 1 空降师降落在阿纳姆以西，开始朝大桥前进。

18 日，第二批空降部队在降落时遭遇了相当猛烈的抵抗。由于德军抵抗加强，沿着走廊快速北上的禁卫装甲师在艾恩德霍芬以南受阻，但是在 19 日它通过了赫拉弗大桥，与第 82 空降师会师。此后天气恶化，第三批空降部队无法起飞。20 日，奈梅亨大桥完好无损地落入盟军手中，禁卫装甲师越过瓦尔河。21 日夜间，第 43 师到达下莱茵河南岸，与第 1 空降师隔河相望。在此后的 3 天里，后续部队拼尽全力与第 1 空降师会师，但是都未成功。到了 24 日，第 1 空降师已经陷入绝境，于是上级在 25 日决定让其撤退。撤退行动在夜色掩护下成功完成，但是这个师此前已经有大约 7000 人阵亡、负伤或失踪。

有人认为，如果不是恶劣的天气，阿纳姆将及时得到增援，也不会失守。虽然确实有这种可能性，但是人类没有控制风向的能力。不过，英军和美军却掌握着水面的控制权。那么，为什么不通过在弗里斯兰（Friesland）登陆来支援这个相当大胆而且冒险的作战？鉴于荷兰北部的德国守军势力孱弱，在空降突击之前，即使只将 15000 到 2 万人的部队送上海岸，也能发挥很大的作用。难道这样还不能迫使德军在两个方向上分散兵力吗？莫非是因为诺曼底的登陆舰艇已经回到地中海，而英国本土水域剩下的登陆舰艇不足以实施这样的作战？究竟是什么导致盟军在阿纳姆失败？是又一次发作的登陆舰艇缺乏症，还是恶劣的天气？盟军整合了地面和空中的力量，但是又一次忽视了大海，或者是无法利用海洋获得援助。

虽然盟军放弃了阿纳姆，但是守卫走廊的部队顶住了敌军的反复攻击，这本身就是相当重要的战绩，因为走廊包括了跨越马斯河和瓦尔河的重要桥梁，而且显著提高了安特卫普的安全性。

在这场引人注目的战役之后，下一个重大问题就是加拿大第 1 集团军如

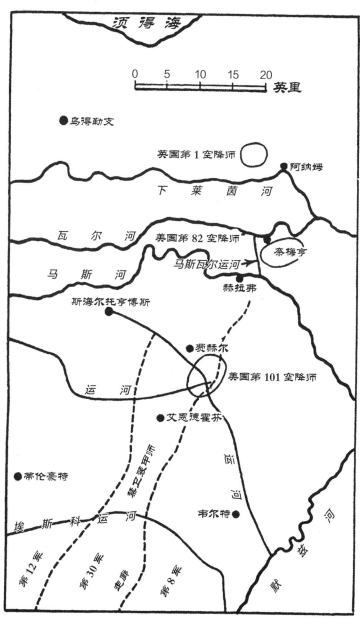

∧ 阿纳姆战役，1944 年 9 月 17—25 日

何肃清斯海尔德河口的守军。这是一个特别艰难的任务，包括了针对贝弗兰岛（Beveland）和瓦尔赫兰岛（Walcheren）的两栖突击，直到11月9日才宣告完成。到了26日，同盟国的第一批舰船才开始在安特卫普卸货，此时这个港口正遭受V1和V2的猛烈轰击。

与此同时，第21集团军群南面的美军也在缓慢地推进。到了9月12日，第1集团军已经在特里尔（Trier）和亚琛地区越过德国边境，9月15日，第3集团军进入南锡。在第3集团军南面，美国第7集团军和法国第1集团军步履维艰地向着贝尔福隘口前进。经过异常激烈的战斗，盟军在10月13日进入已经化作废墟的亚琛，一个星期后肃清了城内德军。这是第一座被攻克的德国大城市。

11月，盟军集中力量发动了一次大规模攻势，目标是占领从入海口到杜塞尔多夫的莱茵河左岸，如有可能还要占领波恩（Bonn）乃至美因茨（Mainz）。这次进攻由第21集团军群在11月15日打响，但是由于天气恶劣，直到12月4日，盟军才拔除了马斯河西岸的最后一个敌军据点。与此同时，第1和第9集团军在猛烈的空中和地面火力掩护下，攻击了迪伦（Düren）以西，在12月3日缓慢地推进到鲁尔河（Roer River），战斗过程与1916年和1917年的索姆河战役和伊普尔战役非常相似。

第3集团军于11月8日在阿登以南开始进攻，推进速度较快。梅斯在22日被攻克，虽然其中的7个堡垒一直坚守到12月13日，但是盟军在摩泽尔河对岸的萨尔路易（Saarlautern）附近建立了一些桥头堡。在第6集团军群前线，法国第1集团军在11月14日进攻贝尔福，并在22日肃清城内敌军；第7集团军正面的德军随即后撤，前者在追击中于21日占领了萨尔堡（Sarreburg）。6天后，斯特拉斯堡（Strasbourg）被法军攻克。到了12月15日，第7集团军已经在维桑堡（Wissembourg）东北方对齐格菲防线实现突破；但是法军未能将德军赶出科尔马（Colmar）。接着，出人意料的情况又发生了：12月16日，冯·龙德施泰特元帅在阿登突然发动了猛烈的反攻。

虽然这次进攻取得成功的可能性或许从一开始就只有1成左右，但是德军当时的形势极为危急，而英美联军的扩张程度又十分猛烈，因此前者需要冒着几乎一切风险反击，而后者为其提供了渺茫的成功机会。[①]

德军的计划[2]是通过闪电式的进攻突破敌人在蒙绍（Monchau）和埃希特纳赫（Echternach）之间兵力薄弱的前线，然后扑向那慕尔，占领第 12 集团军群主要的交通枢纽——列日，再向安特卫普进军，占领或摧毁这个港口。如果实现了这个目标，不仅能将盟军的一字长蛇阵分割为两半，还能使北半部分与其后勤供应基地失去联系，这样一来战局的走向就很难预测。虽然这个计划确实是一次赌博，但是因为其他所有备选方案都会不可避免地导致失败，所以从战略上讲，它是合乎情理的。至于在政治上是否如此，那就另当别论了。[3]

为了执行这个很有想象力的大胆计划，第 5 和第 6 装甲集团军，以及第 7 集团军都被交由冯·龙德施泰特调遣，包括 10 个装甲师和装甲掷弹兵师，以及 14 到 15 个摩托化师和步兵师，此外还有 3000 架飞机支援，它们将全部用于与装甲兵和步兵的战术配合。

在盟军控制了天空的情况下，冯·龙德施泰特怎么能集结起如此庞大的兵力？这些部队合计可能至少有：1000 辆坦克、25 万人马和成千上万台车辆。

答案包括多个因素：(1) 盟军的情报部门似乎对此漠不关心；(2) 恶劣的天气使航空侦察难以实施；(3) 虽然盟军方面知道冯·龙德施泰特尚有余力，但是他们和 1940 年的法军一样，不相信他能够在冬季穿越像阿登这样地形复杂的地区。

冯·龙德施泰特需要先适度晴朗，随后大雾弥漫的天气辅助。12 月 16 日，他终于如愿以偿。这一天他在蒙绍和埃希特纳赫之间发动了猛烈进攻，主要突击地段在圣维特（St. Vith）—维尔茨（Wiltz）前线。最初的进攻势如破竹，德军坦克势不可挡地朝着默兹河前进。

艾森豪威尔立即命令部队停止整条战线上的所有进攻行动，将所有可用的

---

① 注释："约德尔大将在解释自己为何接受这个计划时说：'希特勒认为攻打安特卫普是一次大胆至极的作战，我对此完全同意。但是我们已经陷入绝境，摆脱它的唯一办法就是做出不顾一切的决断。如果继续被动防守，我们就无法指望逃脱悬在我们头上的厄运。与其坐以待毙，不如奋力一搏，也许还能挽回一些东西。'"（《兵败西线》，第 226 页。）

② 注释：这个计划是希特勒提出的。戈林说："元首亲自制定了整个计划。计划和主意都是他一个人的。"【转引自比德尔·史密斯中将，《星期六晚邮报》（Saturday Evening Post），1946 年 6 月 22 日。】虽然这个计划本身没什么错，但是在这场战役中，希特勒还自始至终通过电台发号施令指导作战。

③ 注释：从政治角度讲，上上策可能是彻底放弃西线，集中所有力量对付苏联人。这样会把德国和奥地利全部拱手交给美国人和英国人，并沉重打击苏联人的威望。

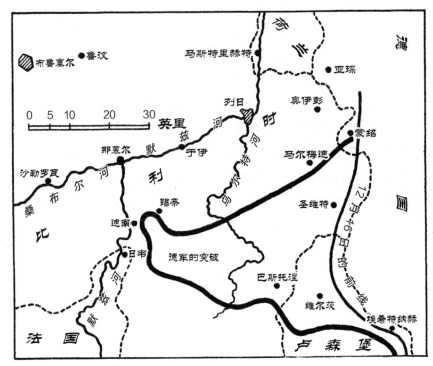

∧ 阿登战役，1944 年 12 月 16 日—1945 年 1 月 31 日

预备队调往正在不断加深的突出部的腰部。接着，他命令巴顿的部队朝美国第
101 空降师正在坚守的巴斯托涅（Bastogne）进攻①，并将美国第 1 集团军和第 9
集团军一部交给蒙哥马利指挥，让他负责处理突出部北面侧翼的战局。

　　18 日，战场被浓雾笼罩；但是这场战役在 17 日就到了关键阶段，因为美国
第 101 空降师牢牢守住了至关重要的公路枢纽巴斯托涅，而守卫突出部腰部的
盟军也极为顽强，使德军无法拓宽其作战基础，因而也就无法获得机动空间和
增加交通线数量。

---

　　① 注释：在德军发起进攻后，艾森豪威尔立刻通过公路将美国第 101 空降师派去防守巴斯托涅。第 101
师的师长是麦考利夫将军（General McAuliffe）。在敌人将他包围并劝他投降时，他的回答只有一个字——
"呸！"有关巴斯托涅的出色防御战的详细叙述，见《巴斯托涅》（Bastogne，马歇尔上校等人著，1946 年）。

24 日天气放晴，这对德军来说就意味着末日来临，因为英美联军派出大约 5000 架飞机横行于战场上空，打击德军的后勤补给纵队。阿诺德将军写道："美国陆航以超大优势的兵力主宰了天空。我们用成百上千架飞机打击对龙德施泰特至关重要的后勤补给线，他要想继续进攻，或者哪怕只是保住现有的战果，就不得不依赖它们。从此以后空袭将不会间断。我们准备孤立这个战场。"①

于是，在突进了大约 50 英里之后，冯·龙德施泰特被迫放弃。到了 1 月 1 日，他已经开始全面撤退。为了掩护这个行动，他在这一天派出 700 多架飞机，攻击盟军分布于法国、比利时和荷兰的机场，而正如阿诺德所指出的，此举表明盟军还不能低估德国空军——他们摧毁了近 200 架盟军的飞机。22 日，英美航空部队合计已摧毁 4200 件重装备，包括火车头、铁路敞车、坦克、机动车和马车。到了 31 日中午，突出部终被消除。

根据报道，战争结束之后德国军备部长施佩尔曾说过："运输困难是导致阿登攻势迅速瓦解的决定性因素……由于不断遭到空袭，国家铁路最前沿的军需车站不得不一再后退。"②

此战造成的损失对盟军而言相当严重，对德军则是灾难性的。前者损失大约 5 万人，后者则有 7 万人阵亡、负伤或失踪，另有 5 万人被俘，600 辆坦克、1600 架飞机和无数车辆损失。

在研究军事的学者眼中，这场战役清晰地显示了：（1）天气对战术航空的巨大影响；（2）防守方（或进攻方）掌握的空中优势在摧毁敌军后勤基础时的巨大威力；（3）根据不同的战术形势调整战术的重要性；（4）警戒线体系在进攻或防御中毫无价值，很久以前拿破仑就指出它只适合用来对付走私者。

最后，它也证明了艾森豪威尔不顾蒙哥马利一再警告，将部队分散在"广阔正面"的决定是错误的。假如北线的进攻止步于美因茨，假如盟军在美因茨以南仅仅占领一条观测线，将美国第 7 集团军和法国第 1 集团军主力放在色当一带作为总预备队，那么就根本不会发生阿登战役，德军在美因茨以南也不会

---

① 注释：《阿诺德将军的第二份报告（1945 年 2 月 27 日）》，第 36 页。
② 注释：《对交通线的空袭》，载《皇家联合军种学会志》，1945 年 11 月，第 481 页。

有任何值得一提的突破。然而，1944 年 12 月的实际情况是，同盟国在军事上受到严重损失，而且失去了在政治上非常重要的 6 个星期的时间。为了说明艾森豪威尔的部署错得有多离谱，我们不妨假设他的决定是在 1940 年 5 月做出的，在这种情况下，他的军队毫无疑问会遭到和甘末林的部队类似的下场。可能有人会说，假如面临 1940 年 5 月的形势，他就不会做出那样的部署了，但这样的辩解是无力的，因为无论战局如何，指挥官都不应该违反军事原则。

苏军的 1945 年冬春两季会战

令人奇怪的是，虽然有盟军登陆法国所创造的大好局面，但是从 1944 年 8 月中旬到 1945 年 1 月中旬，在苏联—波兰前线没有发生任何重大战事。如此长时间的休战可能是后勤补给困难造成的，但是这种说法却不能解释多瑙河前线的情况：虽然那里的交通线比前者长得多，但是苏军仍然在连续不断地进攻。无论是出于政治原因还是后勤原因，总之苏军用这 5 个月的休整时间完成了重组。到了 1 月，他们的部署是这样的：

（1）在北路有 2 个方面军，分别由切尔尼亚霍夫斯基将军和罗科索夫斯基元帅指挥。前者负责梅默尔以南地区的作战，后者负责纳雷夫以北的作战，目标是东普鲁士。

（2）在中路有 2 个方面军，分别由朱可夫元帅和科涅夫元帅指挥。前者负责突击华沙，然后西进直取柏林，后者负责攻略上西里西亚并强渡奥德河上游。

（3）在南路有 2 个方面军，分别由马利诺夫斯基元帅和托尔布欣元帅指挥，任务是扫清斯洛伐克，占领布达佩斯，并向维也纳进军。

（4）在马利诺夫斯基的右翼和科涅夫的左翼之间的是彼得罗夫将军领导的方面军，其主要目标是扫清喀尔巴阡山脉北部。

这 7 个方面军合计至少有 300 个师，包括 25 个坦克集团军和不计其数的哥萨克部队。

由于已在东普鲁士和匈牙利投入重兵抵抗苏军，与中路苏军对垒的德军兵力严重不足。他们在斯洛伐克和匈牙利约有 7 个集团军，其中 3 个是匈牙利人组成的；在维斯瓦河上游有 4 个集团军，在东普鲁士也有 4 个。此外，还有相

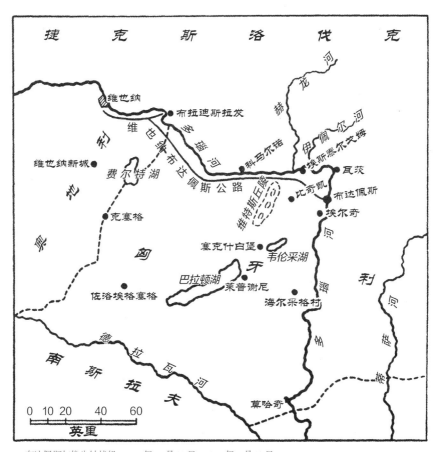

∧ 布达佩斯与维也纳战役，1944 年 11 月 29 日—1945 年 4 月 12 日

当数量的"人民冲锋队"，这些新募集的部队大多形同虚设，且战斗力微乎其微。除却这些部队和纯粹的守备部队，德国的野战部队可能只剩下不超过 100 个战斗力虚弱的师，而且它们的飞机、坦克和运输车辆几乎没有任何汽油储备。

在南路，托尔布欣元帅于 11 月 29 日向布达佩斯发动进攻，揭开了冬季会战的序幕。他的部队从苏莱曼大帝 1526 年曾攻打过的莫哈奇（Mohács）出发，冲向西面的巴拉顿湖（Lake Balaton）和北面的韦伦采湖（Lake Velence），截至 12 月 8 日，他将自己的主力部署在巴拉顿湖北端的莱普谢尼（Lepsény）与布达佩斯以南的埃尔奇（Ercsi）之间。与此同时，马利诺夫斯基攻向匈牙利首都的东面，他的北路纵队直取位于多瑙河弯曲部的瓦茨。在强渡伊佩尔河（River Ipel）之后，他又攻向德军在匈牙利前线的主要基地——科马尔诺（Komárno）。

为了保护己方在科马尔诺的仓库并缩短战线，指挥德匈联军的弗里斯纳将军（General Friesner）拟定了一个大胆而创新的计划。他打算在赫龙河（Hron）沿岸以及德拉瓦河（River Drava）与巴拉顿湖之间采取守势；先以重兵固守布达佩斯，然后放弃该城；最后，在连接上述防御前线的地段——也科马尔诺和巴拉顿湖之间集结一支机动打击部队。他希望通过这样的部署，让部队能够打击任何企图从北、西、南三面迂回或突击布达佩斯的布达部分的敌人。然而这个计划存在缺陷，他没有足够的兵力固守赫龙河防线。

12月20日，托尔布欣攻下韦伦采湖西面的塞克什白堡（Székesfehérvár），又穿越维特斯丘陵（Vértes Hills）夺取了多瑙河畔的埃斯泰尔戈姆（Esztergom）。接着，他与马利诺夫斯基配合，完成了对布达佩斯的包围。这一举给弗里斯纳提供了契机。1月2日和3日，弗里斯纳兵分两路发动了猛烈的反击；一路在科马尔诺和埃斯泰尔戈姆之间，另一路在科马尔诺和比奇凯（Bicske）之间。5日，他夺回了埃斯泰尔戈姆，接着又肃清了维特斯丘陵中的苏军，但是没能夺回比奇凯，因为马利诺夫斯基在10日突破了赫龙河防线，前进到距离科马尔诺只有2英里的地方。这次进攻使弗里斯纳不得不回师多瑙河以北，虽然他阻止了马利诺夫斯基继续推进，但是南岸兵力变得空虚，托尔布欣趁机又逼近了布达。

截至1月18日，苏军已彻底占领佩斯。这些连续的攻势作战严重消耗了弗里斯纳的机动兵力，因此他不得不放弃了布达的守军。2月初，马利诺夫斯基发起对布达的最后总攻，经过一番激战后于13日占领了德国守军在盖勒特山（Gellert Hegy）和城堡山的最后据点。至此，多瑙河会战的第二阶段结束，苏军打通了前往维也纳的道路。与此同时在北面，他们也正在清理通往柏林的道路。

在维斯瓦河以西，哈尔佩将军（General Harpe）指挥的4个德国集团军在皮利察河（River Pilica）和喀尔巴阡山脉之间遭到两路苏军的猛击。一路苏军由科涅夫元帅指挥，从桑多梅日—巴拉努夫桥头堡出发，另一路由朱可夫元帅指挥，从位于马格努谢夫（Magnuszew）以西和卡齐米日（Kazimierz）的两个桥头堡出发。

与此同时，在科涅夫南面，彼得罗夫将军的方面军正向亚斯沃（Jasło）进军，这座城镇位于穿越喀尔巴阡山脉的杜克拉山口（Dukla Pass）以北。

科涅夫是在 1 月 12 日发起进攻的，朱可夫则是在 14 日。两者事先都进行了猛烈的炮火准备，而且都立即完成了突破。在科涅夫的右翼，遭遇德军拼死阻拦，但他的左翼势如破竹，迅猛突进。朱可夫方面军的情况与此类似。他的右翼强渡皮利察河，控制了华沙—拉多姆公路，然后顺着这条公路北上，从西面逼近波兰首都。德军被迫从华沙撤离，苏军在 17 日占领了这座城市。与此同时，朱可夫的左翼拿下了拉多姆。紧接着，德军又遭遇了更多灾难：彼得罗夫占领了亚斯沃，德军不得不放弃克拉科夫，科涅夫的左翼在 19 日占领该城。

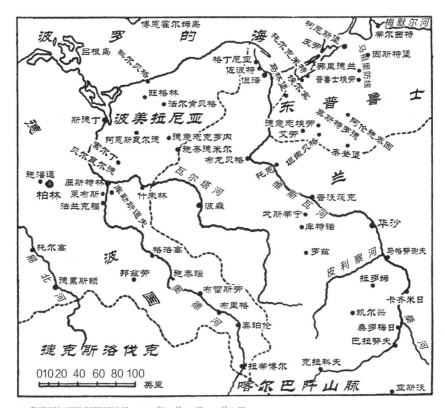

∧ 奥德河与下维斯瓦河战役，1945 年 1 月 12 日—4 月 8 日

同时，朱可夫也在这一天拿下了戈斯蒂宁（Gostynin）、库特诺和罗兹。

另一方面，在14日，切尔尼亚霍夫斯基和罗科索夫斯基对东普鲁士发动进攻：前者从梅默尔河以南进攻，穿过冰冻的沼泽地区，向蒂尔西特和因斯特堡进军。19日，他进入蒂尔西特，从北面绕过了因斯特堡隘口的防御阵地。后者在普乌图斯克（Pułtusk）南面和北面渡过维斯瓦河，向奥斯特罗德（Osterode）和德意志埃劳（Deutsch Eylau）进军。20日，罗科索夫斯基攻克了奈登堡（Neidenburg）；他的左翼穿过1914年坦嫩贝格战役的旧战场，在普沃茨克（Płock）一带与朱可夫的右翼会师。22日，奥斯特罗德、德意志埃劳和阿伦施泰因（Allenstein）都被占领。26日，苏军又攻克马林堡（Marienburg），在埃尔宾（Elbing）北面的托尔克米特（Tolkemit）附近推进到了波罗的海岸边。至此，除了海路之外，东普鲁士与波美拉尼亚的联系已被切断。与此同时，切尔尼亚霍夫斯基正在突破马祖里防线。

至此苏军已经占领了波兰西部的东半部分，而此时与柏林之间唯一的障碍就是奥德河。这条天然的防御屏障得到了一连串旧时代和现代堡垒的加强，其中比较重要的几个是屈斯特林（Küstrin）、格洛高（Glogau）、布雷斯劳、奥珀伦（Oppeln）和拉蒂博尔（Ratibor）。在托恩（Thorn）和布雷斯劳之间没有天然屏障，即便有，德军也没有足够的兵力来防守。

1月20日，科涅夫的方面军在布雷斯劳南面和北面跨过德国边境，于4天后占领了奥珀伦。随后苏军从南面和西面包抄上西里西亚的各个工业城市，将它们一个接一个地拿下，同时在奥珀伦以及布里格（Brieg）和施泰瑙（Steinau）附近建立奥德河桥头堡。2月4日，已经完全包围了布雷斯劳的科涅夫在施泰瑙、布里格和奥珀伦渡过奥德河，到了15日，他已经前进到位于布雷斯劳以西60英里和德累斯顿以东70英里的邦兹劳（Bunzlau）。在那里，他的攻击锐气终于耗尽。

朱可夫在布龙贝格（Bromberg）向西推进，包围了波森（Posen）。德军在城中留下一支强大的守军后，退向瓦尔塔河（Warta）畔的什未林（Schwerin），接着继续退向奥德河畔的法兰克福和屈斯特林。2月2日，朱可夫占领了索尔丁（Soldin）和贝尔瓦尔德（Bärwalde）。到了10日，朱可夫在中路的推进告一段落。他穿过 1759 年库勒斯道夫之战①的旧战场，到达了莱布斯（Lebus）对面的奥德河岸边。在他身后，施奈德米尔（Schneidemühl）、德意志克罗内（Deutsche Krone）、波森和阿恩斯瓦尔德（Arnswalde）等堡垒仍固在，阻碍着他的交通线。

朱可夫的右翼从位于屈斯特林以北 25 英里的索尔丁延伸到在 2 月 9 日被攻克的托恩。在其北面的波美拉尼亚，有越来越多的德军部队从东普鲁士经海路赶来，阻挡了朱可夫前进的交通线，于是他决定首先拔除上述堡垒，然后将位于波美拉尼亚东部和西部的德军分割开来。在 2 月 11 日，他攻下了德意志克罗内，然后在 14 日占领施奈德米尔；接着在 22 日攻克阿恩斯瓦尔德，最后在 23 日解决了波森；随后他在旺格林（Wangerin）和法尔肯贝格（Falkenberg）之间向波罗的海推进，并于 3 月 9 日到达科尔贝格（Kolberg）附近的海岸。但直到 18 日，科尔贝格才被他占领。

在朱可夫围攻科尔贝格期间，由于罗科索夫斯基也在进攻格丁尼亚（Gdynia），德军便开始通过海路撤离但泽。3 月 23 日，罗科索夫斯基到达紧邻格丁尼亚南面的佐波特（Zoppot），他可以从北面——但泽防御最薄弱的方向——进攻这座城市，并于 30 日将其占领。至此，对罗科索夫斯基来说波罗的海会战已经结束。此时他可以伸以援手，在奥德河下游减轻朱可夫右翼的压力了。

另一方面，在 3 月初，朱可夫杀开一条血路进入屈斯特林，除了一些岛上的要塞坚守到 30 日之外，这座古老堡垒的其他部分在 12 日都被他占领。之后他在该城的北面和南面各架起一座跨越奥德河的浮桥。

在这些战役进行时，德军在东普鲁士进行了激烈地抵抗，尽管仅存余约 20 个不满编的师。柯尼斯堡的守军狂热地战斗，而且这座城市并未被彻底孤立，因为途经皮劳（Pillau）的海上交通线仍然能够通行。切尔尼亚霍夫斯基挥师西进，在 2 月 1 日占领了弗里德兰（Friedland），9 日占领普鲁士埃劳（Preussisch Eylau）。17 日，他受了致命伤，被华西列夫斯基元帅取代。后者在 3 月初包围了柯尼斯堡，但是直到 4 月 8 日才对这座堡垒发起最后总攻，并在次日迫使守

---

① 译者注：七年战争中普鲁士军队与苏奥联军的一次交战，以后者获胜告终，是腓特烈一生中败得最惨的一仗。

军投降。

在朱可夫和科涅夫的攻势接近结束时，多瑙河会战进入了第三个也是最后一个阶段。在 2 月的第三个星期，德匈联军在赫龙河一线以及德拉瓦河与巴拉顿湖之间对苏军发起进攻，揭开了这一阶段的序幕。在这一阶段，德军战绩颇佳，士气高涨，弗里斯纳将军因此获得了刚刚参加过阿登攻势的第 6 装甲集团军的增援。3 月 3 日，他在德国空军的有力支援下，在巴拉顿湖和韦伦采湖之间发起强大攻势，在海尔采格村（Herczeg–Falva）方向前进到距离多瑙河不过数英里的地方。然后，重演了阿登战役，他的坦克耗尽了燃油，到了 15 日，还能动弹的部队被迫退向出发地。

这次进攻失败之后，盟军很快发动了反攻。18 日，托尔布欣攻击了维特斯丘陵以南，马利诺夫斯基则从其北面进攻，结果前者重新占领塞克什白堡，后者拿下了埃斯泰尔戈姆。接着，德匈联军的侧翼又遭到打击。马利诺夫斯基于 27 日强渡赫龙河，3 天后占领科马尔诺，同时托尔布欣在德拉瓦河与巴拉顿湖之间进攻，夺取佐洛埃格塞格（Zalaegerszeg）并俘获大批匈军。此时德匈联军的整条前线开始崩溃，29 日，托尔布欣的前锋从克塞格（Kőszeg）进入奥地利境内。

在这之后，苏军便进逼维也纳；托尔布欣从南面取道维也纳新城（Wiener Neustadt），马利诺夫斯基从东面沿维也纳—布达佩斯公路进攻，并在途中占领了被德军于 4 月 3 日放弃的布拉迪斯拉发。7 日，马利诺夫斯基攻入奥地利首都东郊，并在次日逼近市中心。11 日和 12 日，德匈联军被赶过多瑙河，次日全城都落入苏军之手。

至此，苏联实现了她的政治目的，而由于贝奈斯博士（Dr. Benes）和铁托元帅都已落入苏联政府毂中，此时苏联已经将其横贯中欧南半部分的政治边疆从布拉格推进到的里雅斯特。所以，她剩下的工作无非是从奥德河推进到易北河（Elbe）而已，届时即便不能切实地，也可以暂时地建立她在西方的生存空间。

征服德国

以一般的战争来看，龙德施泰特在阿登的失败将使双方的敌对状态立即终止；但是因为"无条件投降"的缘故，这场战争非比寻常。在这一束缚下，西方盟国无法开出任何苛刻的条件，即使德国如此卑躬屈膝。希特勒只能像参孙一样，看着中欧大厦轰然垮塌，压在他自己、他的人民和他的敌人头上。[1]这场战争的败局已经无可挽回了，制造混乱成了他此时的政治目标，而拜"无条件投降"所赐，他有了实现这个目标的条件。

实际上，这场战争已经不再是战略问题，而是进入了政治层面。不再是各国武装力量的较量，而是两种政治制度的对决：一边是西方盟国的制度，另一边是苏联的制度。两种制度中，哪一种将主宰东欧和中欧？这才是问题所在。

因为截至1月底，苏军已经推进到布达佩斯，并站在了奥德河边，所以从政治意义上讲，民主国家已经失去了东欧。由于没有任何方法能够阻止苏军占领维也纳，美国和英国唯一还能从其东方盟友手中抢占的就是尚在柏林统治下的中欧剩余部分。然而，在这个关键的历史时刻，艾森豪威尔将军却没有大胆行动，反而表现出了异常的谨慎。他此时的关注焦点仍然是一个战略问题——征服德国，而忘记此时已经演变为一个政治问题——占领柏林。从西方盟国的立场出发，如果在战略上赢得战争，但是在政治上输掉战争，那就等于宣布为这场战争所做的努力是徒劳无益的；然而艾森豪威尔以及他的上司都没有意识到这一点。

计划继续采用"宽广正面"策略，分3个阶段，有条不紊地将整条前线推进到莱茵河。第一步，第21集团军群和美国第9集团军占领杜塞尔多夫下游的莱茵河沿岸；第二步，第12集团军群扫清萨尔盆地，并占领杜塞尔多夫和美因茨之间的莱茵河沿岸；第三步，第6集团军群清除科尔马包围圈中的敌军，然后在美因茨和瑞士之间推进到莱茵河。

第一阶段由加拿大第1集团军在2月8日打响，但当天天气出奇地恶劣，因此部队进展缓慢。艾森豪威尔写道："战斗很快就演变为激烈而艰苦的对决，

---

① 译者注：典出《旧约圣经·士师记》。犹太士师参孙拥有神赐之力，曾屡次大败非利士人。但是后来中了美人计，失去神力后被挖去双眼，备受折辱。最后他幡然悔悟，恢复神力，摧垮非利士神殿的支柱，与大批非力士人同归于尽。

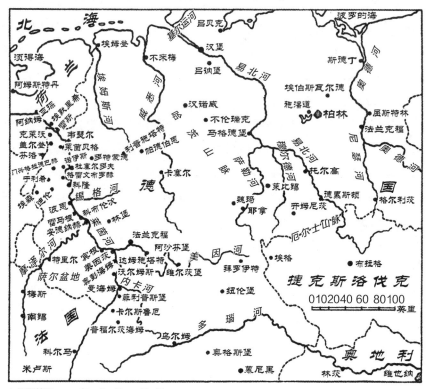

∧ 征服德国，1945 年 2 月 8 日—5 月 5 日

　　我们不得不顶着敌军的反击一码一码地前进。"①盟军在 12 日占领克莱沃（Cleve），14 日到达埃默里希（Emmerich）对面的莱茵河边。另一方面，美国第 9 集团军本应在 10—15 日开始进攻，却因为德军破坏鲁尔河水坝而延期。直到 23 日，鲁尔河水位才降低到可供部队北上向加拿大军队靠拢的程度。美军在于利希（Jülich）地段渡过鲁尔河，并于 25 日占领了迪伦。到了 3 月 1 日，美军已占领门兴格拉德巴赫（München Gladbach），攻克格雷文布罗赫（Grevenbroich），开进诺伊斯（Neuss），并到达芬洛（Venlo）。2 天后，他们在盖尔登（Geldern）与加军会师。至此，除了位于韦瑟尔（Wesel）的一个桥头堡之外，从杜塞尔多

---

　　① 注释：《盟军总司令报告（1944 年 6 月 6 日—1945 年 5 月 8 日）》，第 107 页。

夫到大海的整个莱茵河西岸都被盟军占领，而这个桥头堡也在 10 日被清除。蒙哥马利表示，在这些作战期间，德军进行了激烈而疯狂的抵抗。[①]

第二阶段从美国第 1 集团军对科隆的进军开始。截至 2 月 10 日，美军已经控制埃尔夫特河，并在次日扫清了西岸。随后美军在东岸建立桥头堡，3 月 5日，第 7 军的先头部队进入科隆，2 天后占领了该城在莱茵河以西的所有城区。在这支部队南面的进攻战则更为精彩。3 月 7 日，第 3 军逼迫敌军退向雷马根（Remagen），然后通过一次突击，抢占了当地横跨莱茵河的大桥，使德军没能来得及引爆桥上的炸药。随后美军立刻进驻东岸，到 24 日，已经发展为长 25 英里、纵深 10 英里的桥头堡。这个桥头堡从南面威胁着鲁尔。

另一方面，在 2 月，美国第 3 集团军一直忙于西进的准备。到了 23 日，它已经消除了敌军在萨尔—摩泽尔河三角地带的抵抗。3 月 2 日，特里尔被攻克；9 日，该部前锋在安德纳赫（Andernach）到达莱茵河边，并与第 1 集团军连成一片。次日，从科布伦茨（Coblenz）到安德纳赫的莱茵河西岸都被扫清，到了 19 日，盟军控制区域更是延伸到了宾根（Bingen）。接着又发生了一个戏剧性的事件：22 日晚上，巴顿未做任何特别的准备，就在美因茨以南的奥彭海姆（Oppenheim）附近渡过莱茵河；同一天，美因茨城内的抵抗宣告终止，次日美军抵达施派尔（Speyer），卡尔斯鲁厄（Karlsruhe）以西的德军陷入绝境。

在南方，第三阶段从 3 月中旬开始。第 6 集团军群已经在 1 月 20 日—2 月3 日间清除了科尔马包围圈；3 月 15 日，继续向莱茵河挺进，到了 25 日，莱茵河西岸有组织的抵抗全部终止。

关于这些作战，艾森豪威尔写道：

"可能除了突尼斯之外，德军在这场战争中所遭遇的败仗没有能比得上萨尔盆地守军被全歼之战更大的……整场战役的特点是大胆、高速和坚决，我军的胜利极为彻底，以至于巴顿将军在 3 月 22 日至 23 日晨用一个师攻到莱茵河对岸时，敌军几乎没有任何反抗。"[②]

[①] 注释：《快报》，载《伦敦公报》副刊，1946 年 9 月 3 日，第 4446 页。
[②] 注释：《盟军总司令报告（1944 年 6 月 6 日—1945 年 5 月 8 日）》，第 117 页。

　　虽然上述作战的规模非常大，但它们仅仅只是开幕，主要的大戏是盟军在鲁尔以北渡过莱茵河，同时从法兰克福地区的桥头堡向卡塞尔（Kassel）发动辅助突击作为支援。此战的目标是从东面包围鲁尔地区。作战代号"战利品"，从这一代号不难看出它被赋予的历史意义。第21集团军群较为详细的进攻方案是这样的：

　　第21集团军和美国第9集团军，在蒙哥马利元帅的统一指挥下，将在鲁尔以北的莱茵贝格（Rheinberg）和雷斯（Rees）之间越过莱茵河。第9集团军位于右路，英国第2集团军位于左路，分别处于韦瑟尔的南北两面。为了协助后者进攻，同盟国第1空降集团军把美国第17空降师和英国第6空降师空投在韦瑟尔以北，而且这一次为了达成奇袭效果，将在地面进攻发起后立即空降。在第2集团军左翼，加拿大第1集团军为其提供保护。

　　在战役发起之前，盟军早已通过与诺曼底登陆前类似的做法，用空袭孤立了鲁尔。这个空中封锁行动始于2月21日，大量的炸弹像雨点般倾泻在德国的铁路、桥梁和战略要点上。例如，3月11日，盟军对埃森铁路枢纽投下了5000吨炸弹，次日又将5487吨炸弹投在多特蒙德（Dortmund）。从3月21日到24日，针对德国出动的飞机不少于42000架次。

　　在前线，需要度过莱茵河，而莱茵河的宽度是400～500码（366～458米），在高水位时会轻易达到700～1200码（约641～1100米），平均流速是3.5节（约6.48公里/小时）左右。要穿越如此宽的水面，意味着整场战役需要按照两栖作战的原则来组织——这是一次在内陆的渡水登陆战。

　　3月23日晚上8点，盟军实施了持续1个小时的猛烈炮击，随后一支突击队立即在韦瑟尔发起突击，揭开了强渡莱茵河之战的序幕。接着，主攻部队开始过河，在遭遇轻微抵抗之后，顺利地在东岸建立了稳固的桥头堡。在这些渡河行动进行的同时，美国第17空降师和英国第6空降师——前者从巴黎地区起飞，后者从东安格利亚（East Anglia）地区起飞——在东岸位于西岸火炮支援距离之内的地方着陆。这两个师是由1572架飞机和1326架滑翔机运送的，还得到了战术航空队的2153架飞机保护。因此部队伤亡微乎其微。

　　另一方面，在中央地段，奥彭海姆桥头堡扩大到长9英里、纵深6英里，而且在 25 日，达姆施塔特（Darmstadt）以及位于阿沙芬堡（Aschaffenburg）的美因河（Main）大桥都被拿下。在这路美军进攻的同时，美国第 1 集团军扩大了位于雷马根的桥头堡，并在 26 日将德军赶出锡格河（Sieg）防线。在更南面，美军还推进到了南林堡（Limburg）。

29 日，美国第 3 集团军攻克法兰克福，继而向卡塞尔进军。另一方面，在 26 日，美国第 7 集团军在沃尔姆斯（Worms）附近建立起第一个桥头堡，次日在达姆施塔特以南与第 3 集团军会师。28 日，第 7 集团军渡过内卡河（Neckar），并在 29 日占领曼海姆（Mannheim）。3 天后，法国第 1 集团军在菲利普斯堡（Philippsburg）渡过莱茵河。因此，从 3 月 23 日—4 月 1 日，莱茵河防线已经被全线突破，而且正如艾森豪威尔所言，盟军几乎未付出代价，便轻易取胜。而德军统帅冯·龙德施泰特则最后一次被解除指挥权，他的残兵败将被交给从意大利奉召回国的凯塞林指挥。

盟军突破莱茵河之后不到一个星期，德国军队就陷入了全面瓦解的状态。西线的所有组织都崩溃了；然而为了实现"无条件投降"，战争仍在继续。

在北部地段，此时的第一目标变为由第 21 集团军群从北、第 12 集团军群从南包围鲁尔，两军的会师地点定在卡塞尔—帕德博恩（Paderborn）地区，不远处就是公元 9 年瓦鲁斯（Varus）全军尽墨的战场[①]第 6 集团军群的任务则是保护第 12 集团军群的右翼。

这个两路包围方案——有史以来规模最大的围歼作战之一——在 4 月 1 日成功实现，从北面进攻的第 9 集团军与从南面进攻的第 1 集团军在利普施塔特（Lippstadt）附近会师。被困在包围圈内的是莫德尔元帅指挥的整个德国 B 集团军群以及 H 集团军群的 2 个军。莫德尔在各工业城市中进行了 12 天的顽强抵抗，但是到了 13 日，部队开始瓦解，在 18 日，他带领 30 名将军和 325000 官兵投降。

当这场超大规模的包围战还在进行时，艾森豪威尔拟定了结束这场战争的最终计划——军事史上最奇特的计划之一。他在报告中写道："我现在已经确认，

---

① 译者注：指著名的条顿堡森林之战，罗马帝国日耳曼尼亚行省总督瓦鲁斯率领的 3 个精锐军团在日耳曼部落联军伏击下被全歼。

柏林已经不再是具有重要意义的军事目标……在我看来，当敌军处于最终失败的边缘时，军事因素要比盟军占领敌国首都所涉及的政治考虑因素更为重要。我军各部的职能必须是粉碎德国军队，而不是将我们的兵力浪费在占领空虚且已经被毁的城市上。"[①]如果说在一场战争行将结束时，政治考虑因素仍然不如军事因素重要，那么我们不禁要问，它们什么时候才会变得更重要呢？如果它们从来都不如军事因素重要，那么战争就不可能是一种政治工具。

他为自己这种奇谈怪论提出的理由也是非常奇特的。他的理由有两条：第一，苏军当时距离柏林只有 30 英里，应该避免与他们纠缠；第二，德军可能在所谓的"国家堡垒"——德国南部、蒂罗尔州（Tyrol）和奥地利西部的多山地带——集中了 100 个师和多达 30 个装甲师！虽然这种情况曾经是有可能发生的，但此时已经绝无可能了，因为盟军超强的空中力量已经对其实施了有效的阻拦。

在放弃对柏林进军之后，艾森豪威尔决定在中部地段以美国第 1 和第 3 集团军从卡塞尔向莱比锡（Leipzig）进攻，为了支援这一攻势，他在 4 月 4 日命

---

① 注释：出处同前，第 131 页。关于这个问题，拉尔夫·英格索尔的意见很有启发性，他写道："在谋求打赢战争的过程中，美利坚合众国并未考虑过……政治因素"（第 46 页）。战争在他们眼里"就像打橄榄球……它是一场为了博得观众的喝彩而打的比赛……它是一场会发生人员伤亡的比赛，是需要认真对待的残酷较量——但它终究只是比赛"（第 244 页）。"英国人的目的并非严格局限于军事方面，还包括了政治目的。他们希望获得柏林和德国的北海岸，作为在德国崩溃之时防止其落入苏联人之手的保险"（第 168 页）。还有："在战争期间，英国人曾企图操纵我们（美国人）的军事政策，让我们以他们希望的方式——也就是反苏的方式进行战争。他们没能得逞"（第 271 页）。按照英格索尔的做法，因为缺乏政治远见而没有进军柏林的责任要由布雷德利将军，而不是艾森豪威尔来承担。英格索尔以非常赞同的口吻确认了那是布雷德利的意见，而且"布雷德利完全掌握实权，艾森豪威尔只有批准——和转发布雷德利的计划的份，而华盛顿方面也批准了"（第 246 页）。接着他又写道："布雷德利的计划传到华盛顿以后，不到 24 小时就被同盟国参谋长联席会议里的英国代表看到了，于是英美矛盾的盖子一下就被掀开了"——英国人强烈批评布雷德利，认为他无权东进易北河，而应该会同蒙哥马利打通向柏林的道路。英国代表们还指责马歇尔和其他美国代表违背了一个友谊哥马利攻取柏林的正式协议……美国参谋长联席会议在盛怒中作出答复，其要旨一言以蔽之，就是麦考利夫将军在巴斯托涅说的那句著名土语'呸！'这个答复引经据典地说明，根本不存在任何协议，无论是书面的、口头的还是暗示的——布雷德利的计划不会有任何更改，通过它有望对德国取得最保险、最迅速、最有决定意义的全面胜利……接下来的争执既动机不纯，又无关军事。温斯顿·丘吉尔赤膊上阵了……"（第 248 页）。"丘吉尔先生的言论显然完全不符合事实，他的意见与军事形势没有任何关系——从军事上讲，布雷德利的意见是百分之一千地合理的——可是，快速击败德国对大英帝国来说就是个屁，它要的是英国军队抢在苏联人之前进入柏林，还希望英军沿途占领汉堡和不来梅，因为它担心苏联人可能占领这些地方，并且试图在谈判桌上保住它们。罗斯福总统对此一口回绝——战争和总统的生命就在西方强国的这两位伟大领袖之间产生严重嫌隙的背景下结束了"（第 249 页）。看来真相是，在这场战争中，美国人自始至终都是军事上的外行，他们没有认识到战争是一种政治工具，打败敌人只不过是实现政治目的的手段。既然将战争视作比赛，他们自然以为只要打赢了战争，双方就可以各自解散，像伏尔泰笔下的老实人憨第德一样，回家照料菜园去也。

令第 9 集团军从第 21 集团军群回归第 12 集团军群。而在这一作战进行时，第 21 和第 6 集团军群则在周围进行小范围的活动。其中，前者向易北河进攻，后者则负责保护中路进攻的南方侧翼。"在中路的突击达成目标之后，第 21 集团军群的主要任务就是向波罗的海前进，并扫清从基尔（Kiel）向西至吕贝克的整个北部地区。"[1]

第 3 集团军在 4 月 4 日肃清了卡塞尔的敌人；11 日，该部到达魏玛（Weima）；13 日到达耶拿（Jena）和开姆尼茨（Chemnitz）；18 日越过捷克斯洛伐克边境。另一方面，第 9 集团军向不伦瑞克（Brunswick）方向推进，并于 11 日在马格德堡以南到达易北河；12 日，进入不伦瑞克，经过一番激战后，于 18 日占领马格德堡。11 日，第 1 集团军在哈茨山脉（Harz Mountains）以南开始进攻，进展迅速，于 14 日到达德绍（Dessau），至 21 日已经扫清整个哈茨地区。

在第 12 集团军群向东推进时，第 21 集团军则攻向不来梅（Bremen）和汉堡，加拿大第 1 集团军负责扫清荷兰东北部。英国第 2 集团军在 5 日越过威悉河（Weser）。18 日，盟军到达吕讷堡（Lüneburg），在围困汉堡的同时，于 29 日渡过易北河，向着吕贝克一路前进。在这些进攻作战的同时，第 6 集团军群朝着拜罗伊特（Bayreuth）进军。并在那里与第 12 集团军群顺利会师，接着它在 16 日进入纽伦堡（Nürnberg）。与此同时，法国第 1 集团军也拿下了卡尔斯鲁厄和普福尔茨海姆（Pforzheim）。

在这接二连三的进攻里，有的如履平地，有的也仅只是遭遇小抵抗，一天前进 100 英里的情况并不罕见，而这一切都得力于空中补给的优势。"在执行这一任务时，"艾森豪威尔写道，"运输机尤为重要，虽然在西北欧的历次会战中，它们都证明了自己的价值无可估量，但是在战争结束阶段的这些战役中，'飞行车厢'的重要性达到了前所未有的高度。第 9 空运司令部的 1500 架 C-47 运输机，再加上为空运改装的重型轰炸机，经常在靠近前线的简易机场起降，有时甚至还降落在暂时被敌军包围的机场中。它们在 4 月共飞行了 2 万架次，

---

[1] 注释：《盟军总司令报告（1944 年 6 月 6 日—1945 年 5 月 8 日）》，第 131 页。

为地面部队的前锋运去了近 6 万吨货物（其中包括 10255509 加仑汽油）……如果没有空中运输的协助，各装甲师在它们参与的战役中不可能取得势如破竹的胜利。" ①

盟军终于吸取了从地面战事中得出的主要经验：一旦确保了空中优势，飞机在战争中的主要军事用途就是在后勤领域，而非战术领域。虽然士兵们仍然必须在地面上战斗，但是他们可以通过空运得到补给。这是如今的地面战争与往日战争的本质差异。与之相比，投掷高爆炸弹只是次要的。

在盟军征服德国西部的同时，德国东部和意大利北部的战事也到了最后阶段，截至 4 月中旬，第三帝国在东、西、南三面的重压下已经陷入一片混乱。

在东线，正如我们前面已经看到的，"政治考虑因素"早已重过了"军事因素"。苏军进行战争不仅是为了打败敌军，也是为了赢得他们认为很有价值的事物——在东欧和中欧的政治、社会、经济和战略生存空间。因此，在 4 月 17 日，也就是他们占领维也纳的四天之后，他们开始着手征服在当时具有最大政治意义的城市——柏林，并且将他们的西方边界推进到易北河边，因为他们明白这条河流作为连接中欧北部与南部以及多瑙河的大道通衢的战略价值。

对柏林的进攻由朱可夫和科涅夫的方面军实施，前者从奥德河向西推进，后者从尼瑟河（River Niese）向北进攻。与他们对抗的是德国的 4 个集团军，第 21 集团军位于斯德丁（Stettin）和埃伯斯瓦尔德（Eberswalde）之间，第 12 集团军和为其支援的第 3 坦克集团军位于埃伯斯瓦尔德至法兰克福之间，而在法兰克福南面是在尼瑟河畔布防的第 9 集团军。在柏林可能有 25 万武装人员。如果这个数字是准确的，德军如此布防显然是不够稳固的。如果苏军控制了外围的环城高速公路，那么德守军几乎不可能守住柏林。

17 日，这场世界悲剧的最后一幕开始上演。当天早上，科涅夫从他在尼瑟河畔的桥头堡出发。他命令自己的左路向德累斯顿和托尔高（Torgau）进攻，中路和右路则北上扑向柏林，击溃德国第 9 集团军。与此同时，朱可夫也从位于

① 注释：出处同前，第 137 页。

屈斯特林南北两面的桥头堡派出自己的部队，突破德国第 12 集团军的坚固防御，在 22 日抵达环城高速公路，并沿这条公路向施潘道（Spandau）西进，而此时科涅夫已经从南面攻取该城。

25 日，发生了 2 件特别重要的事情：（1）柏林被全面包围；（2）隶属于科涅夫方面军的苏联近卫第 58 师的前锋在易北河畔的托尔高，与美国第 1 集团军的第 273 团的尖兵会师。

此时在柏林已经爆发残酷的巷战，到了 29 日，战火已经烧到夏洛滕堡（Charlottenburg）、威尔默斯多夫（Wilmerdorf）、莫阿比特（Moabit）、舍恩贝格（Shoneberg）和首都的其他地区。不久，德军的地盘就只剩下了内城区（Inner Stadt），该区域被炮火彻底炸平。30 日，希特勒饮弹自尽；5 月 2 日，柏林守军残部投降。

与此同时，德军在意大利的崩溃也同样迅速。4 月 10 日，亚历山大元帅在法恩扎（Faenza）和科马基奥湖（Lake Commachio）之间发动了他最后的攻势。他在 21 日拿下博洛尼亚（Bologna），26 日越过波河并进入维罗纳（Verona）。2 天后，墨索里尼和他的情妇克拉拉·佩塔奇（Clara Petacci）在企图越境进入瑞士时，被意大利游击队员在科莫湖（Lake Como）附近的栋戈（Dongo）截杀；29 日，当时担任意大利境内德军部队总指挥的海因里希·冯·菲廷霍夫—谢尔将军（General Heinrich von Vietinghoff–Scheel）在卡塞塔（Caserta）向拥兵近 100 万人的亚历山大元帅无条件投降。

在与苏军会师之后，艾森豪威尔命令自己的部队止步于易北河、穆尔德河（Mulde）和厄尔士山脉（Erzgebirge）。随后他命令第 21 集团军群继续向吕贝克进军，第 12 集团军群向林茨（Linz）前进，而第 6 集团军群要做好进攻可能被德军占领的"国家堡垒"的准备。至于柏林，艾森豪威尔写道，要"等（这些）更重要的任务完成后视局势发展而定"①。

当这些行动还在进行时，5 月 3 日，时任德国海军总司令的弗里德堡将军

---

① 注释：出处同前，第 138 页。

（Admiral Friedeburg）在 3 名军官陪同下，出现在蒙哥马利设于吕讷堡附近的指挥部，请求准许让一直在与苏军作战的第 3 装甲集团军、第 12 集团军和第 21 集团军向盟军投降。蒙哥马利拒绝这样投降，在 4 日弗里德堡去而复返，宣布他已获得授权，可命令位于德国北部、荷兰、石勒苏益格—荷尔斯泰因和丹麦的所有德国武装力量无条件投降。这一次盟军方面将此作为局部战术措施接受，并与他签署了相应的投降书，5 月 8 日上午 8 点，在第 21 集团军群的整条前线都播发了"停火"命令。2 天后，双方在位于兰斯的盟军总司令部再度签署投降书，并于 9 日在柏林正式批准。因此，欧洲的战争以战胜国接受无条件责任而告终。

第十章
同盟国在太平洋掌握主动权的结果

收复缅甸

随着德国战败，日本也逐渐陷入了绝境。但因为"无条件投降"的前提存在，因此日本不可能投降，战局也不可能以和平的方式结束。所以，在这令人扫兴的结尾章中，我们必须先回头讲述 1944 年夏天，当时日本伸入太平洋的巨大突出部正在垮塌，其位于缅甸的南方根部也崩溃在即。

由于日军在阿拉干、科希马和英帕尔连遭失败，再加上史迪威将军攻取了密支那，日军此前一直掌握的主动权已经没有了。主动权自此移交到盟军手里。但即便如此，日军的目标仍然未变——打通与中国的陆上交通线。实现这个目标需要 2 个条件：第一，征服缅甸北部；第二，征服缅甸南部。因为正如蒙巴顿将军早已指出的，他认为"继续陈兵于缅甸中部，而不建立任何可靠的地面交通线，在军事上殊为不智，雨季尤其如此"[1]。

为了实现这个宏伟的目标（即收复整个缅甸），蒙巴顿策划了 2 个作战计划：一个是从北面进攻，另一个则是从南面。按照第一个作战的方案，第 14 集团军（第 4 和第 33 军）在陆军中将威廉·斯利姆爵士（Lieut. –General Sir William Slim）指挥下，将从曼尼普尔越过钦敦江，进入设有机场的曼德勒西北方的耶乌（Yeu）—瑞保（Shwebo）地区，同时史迪威将军和卫立煌元帅的部队将从北面和东面向八莫进军。三路大军同时进击，将使缅甸北部的日军顾此失彼。第二个作战的

---

① 注释：《东南亚战役的战略》（The Strategy of the South—East Asia Campaign，海军上将蒙巴顿子爵撰文），载《皇家联合军种学会志》，1946 年 11 月，第 479 页。

方案是以空降突击和海上突击相结合，收复仰光地区，然后向北进攻，将日军赶到第 14 集团军枪口下，并使其远离泰国的主要交通线。而为了实施第二个作战，需要另外动用 6 个师，其中还包括 1 个空降师；此外还需要从英国抽调大量的登陆舰艇，但这些舰艇只有在德国在 1944 年 10 月被击败之后才能提供，因此舰艇支援没能实现。于是，蒙巴顿不得不废弃这一部分方案，这也就意味着必须从北面下手来征服缅甸南部。

这样一来，蒙巴顿面临的问题就是在第 14 集团军移动到瑞保地区南面之后，如何为其提供补给。这基本上要全靠空运来解决，盟军运输机基地位于阿萨姆，"达科他"式运输机的实用作战半径是 250 英里，为这一范围内的瑞保地区运输完全不成问题。而第 14 集团军在向仰光进军的过程中，则需要建立离前线更近的航空基地。要实现这一目标，最好的办法是占领阿恰布岛和兰里岛（Ramree）。因此，盟军决定继续推进阿拉干地区的作战，通过海上登陆夺取这两个岛屿。为了准备这次两栖作战，阿瑟·鲍尔将军（Admiral Sir Arthur Power）奉命收集所有可用的舰船。实际上，这场战役所有的武器都是就地取材，因陋就简。

虽然这个计划只有在雨季结束之后才能全面实施，但战场上的行动并未间断，在日军从英帕尔和科希马撤退后，盟军一直紧追不舍，直到在 8 月 19 日将其赶过印度—缅甸边界。然而由于道路交通条件太差，第 14 集团军直到 12 月 3 日才在葛礼瓦建立起钦敦江对岸的主要桥头堡。另一方面，阿拉干的第 15 军也顺着梅宇半岛（Mayu Peninsula）缓慢地向阿恰布方向推进。

11 月，盟军高层发生了大范围的人事变动。史迪威将军回到美国，惠勒中将（Lieut.–General R. A. Wheeler）接替他担任盟军副总司令，苏尔坦中将（Lieut.–General D. I. Sultan）接管了他的中国驻印度和缅甸部队总指挥一职，魏德迈少将（Major–General A. C. Wedemeyer）则代替他成为蒋介石的参谋长。除了这些变动之外，曾经在意大利指挥第 8 集团军的奥利弗·利斯中将被任命为东南亚盟军总司令，所辖部队包括第 11 集团军群（第 14 集团军和第 15 军）和苏尔坦的北部战区司令部 (N.C.A.C.)——共计约 20 个师。

N.C.A.C. 此时下辖 5 个中国师、1 个中美混合旅（被称为"火星特遣队"，是梅里尔特遣队的继任者），以及由费斯汀少将（Major–General F. Festing）指

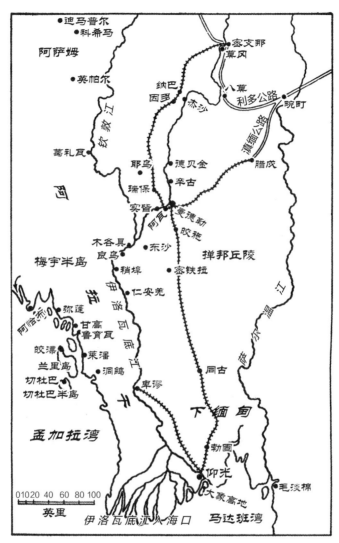

∧收复缅甸, 1944 年 8 月 19 日—1945 年 5 月 6 日

挥的英国第 36 师。

　　当苏尔坦将军接过指挥权时，他发现自己的先头部队已经到了距离密支那南边很远的地方。此时第 36 师从莫冈沿铁路南下，于 12 月 6 日在纳巴（Naba）

与第14集团军第4军第19印度师会合，该地位于伊洛瓦底江畔的杰沙稍偏西北的地方。1945年1月2日，第14集团军占领耶乌，7日占领瑞保。另一方面，廖耀湘中将指挥的中国第6军（第22和第50师）在第36师左侧推进，在其左侧则是孙立人中将指挥的中国第1军（第30和第38师）以及火星特遣队和克钦族应征部队。他们的目标是八莫，该地在12月16日被中国第38师占领。与此同时，卫立煌元帅的部队也在萨尔温江以西推进，并于1月27日与N.C.A.C.会师，至此滇缅公路终于被夺回。第二天，第一支从利多出发的运输车队就在畹町穿越中缅边境，一路前往重庆。

这些作战几乎完全依靠空运补给，到了1945年元旦前后，每星期都有7500吨物资从阿萨姆转运。但是仍然需要更多的运输机投入空运；经同盟国参谋长联席会议批准，向印度增派了飞机，其中100架用于补给部队，40架用于救济平民。

随后，蒙巴顿写道："……我们逐步建立起了前所未有的最大规模空运体系。这不仅仅是辅助性空运补给的问题，因为我们运送给第14集团军的物资有96%是靠飞机运输的。在这场战役中，我们为部队空运了615000吨物资，其中3/4由美国陆军航空兵运输，1/4由皇家空军运输；315000名增援部队通过空运进入战场，其中英方和美方运输的人数各占一半；110000名伤病员乘飞机转移，其中3/4由英方运输，1/4由美方运输。在我们成绩最突出的一个月——1945年3月——我们实际运输了94300吨物资。在那段时间里，美国空运司令部也在加强他们的'驼峰'空运，截至7月，他们已经达到了每月运输77500吨的最高水平。"然而，他也指出："我们其实并没有足够数量的飞机用于完成这项任务，反正在纸面上就是如此。事实上，我们拥有的飞机只有实际需求数的一半左右，但是我们依靠把飞行小时数增加近一倍的应急措施来提高效率，达成目标……然而这样做具有极大的风险，可能导致所有的空运安排崩溃……这种情况日复一日，周复一周，月复一月地持续着。"[1]

---

[1] 注释：出处同前，第481页。

在苏尔坦和卫立煌重新打通滇缅公路之时，斯利姆却面对着将第 14 集团军运过伊洛瓦底江的难题，这条河流的宽度几乎是韦瑟尔地区莱茵河正常宽度的 7 倍。

他的第一步行动是在 1 月 14 日。这一天，位于第 33 军北方侧翼的第 19 印度师在德贝金（Thabeikkyin）和辛古（Singu）的伊洛瓦底江东岸建立了两个小桥头堡。见状，下辖日本第 15 和 33 军的木村将军（General Kimura）则立刻开始集结重兵来对付斯利姆。

为了避免于强大的敌军的正面对垒，斯利姆决定实施一个极其大胆的机动。他知道木村已经查明第 19 印度师实属英国第 4 军的一部分，考虑到这支部队已经出现在辛古，再加上西面、西北面和北面都有大批部队向曼德勒进发，他便猜测木村极有可能认为英国第 4 军正在增援英国第 33 军，为的是在曼德勒上游发起主要突击。因此，斯利姆决定利用这一可能发生的设想，把第 4 军（差第 19 师）从位于曼德勒北面的第 14 集团军左翼南调至木各具（Pakokku），趁木村集中兵力对付辛古桥头堡之际，从木各具出发抢占伊洛瓦底江对岸的渡口，打击木村在密铁拉（Meiktila）地区的后方。那里有木村的主要仓库，还有 8 个条件良好的机场。

为了实现这一大胆计划，斯利姆需要穿越英国第 33 军后方行军 300 英里。"在距离迪马普尔的铁路终点站已有 400 英里的情况下，为了补充脆弱的公路补给，"弗兰克·欧文上校（Colonel Frank Owen）写道，"第 14 集团军司令决定利用其他资源——钦敦江和沿岸生长的树木。于是工兵们变成了'伐木工'和'造船匠'，他们很快就造出了数以百计的小船……飞机从加尔各答运来舷外发动机乃至拖船分段，部队就在河岸上完成组装。他们造出了 2 艘装着博福斯和厄利空机关炮的海军炮艇，让它们下水在河道中巡逻……河道航线此时也通过各种方法建立起来，第 4 军带着必要的给养准时集结到了突击地域。"[1]

2 月 14 日，第 4 军的第 7 印度师在距木各具以南 10 英里的良乌（Nyaungu）

---

[1] 注释：《缅甸战记》（The Campaign in Burma，弗兰克·欧文中校著，1946 年），第 122 页。

抢占了伊洛瓦底江对岸的渡口。直到此时，木村仍然被蒙在鼓里，而且 11 日，第 20 印度师在曼德勒下游不远处的实皆（Sagaing）成功渡江，更加剧了木村的误判，他以为英军在良乌的行动只是佯攻。

此时万事俱备，可以发起联合作战来打通前往仰光的道路了。第 19 和第 20 师在曼德勒北面和西面隔江集结，第 20 师后方紧跟着英国第 2 师，而第 7 师已在位于曼德勒西南 100 英里的良乌，其身后是第 5 和第 17 印度摩托化师以及第 255 印度坦克旅。

2 月 19 日，第 19 师开始从其桥头堡推进，揭开了进攻的序幕。随后发生了 2 周的激烈战斗，直到 3 月 7 日，第 19 师才占领俯瞰曼德勒城的曼德勒山。在攻下山头之后，部队立刻攻入城中，突击日军重兵把守的达弗林堡（Fort Dufferin）。

在第 19 师与敌军激战之时，英国第 2 师和第 20 印度师在实皆渡过伊洛瓦底江，从西面缓缓向曼德勒进逼。3 月 19 日，第 2 师进入阿瓦。2 天后，这两个师都与第 19 师会合，肃清了曼德勒的日军。

另一方面，在英军计划实施决定性打击的南面，第 17 印度摩托化师于 2 月 20 日从良乌桥头堡进攻，几乎没有遭遇抵抗就于 24 日占领了密铁拉西北 40 英里外的东沙（Taungtha）。27 日，英军占领了 8 个机场中的一个，并立即投入使用。继这一胜利之后，英军为了拿下剩余的 7 个机场进行了持续到 3 月 5 日的激烈战斗，最终第 255 印度坦克旅攻克了密铁拉。为了打通自己的交通线，木村立即发起反攻，欲夺回该城和整个密铁拉地区。

木村首先攻击了良乌桥头堡，试图切断第 17 师与其基地的联系，他本来有可能实现这个目标，但是正如欧文上校所指出的，“他无法争夺空中航线，盟军的运输机一天飞行 12 小时，不断地在机场上降落并卸下物资和人员，甚至在日军大炮瞄准跑道上的飞机时也没有间断”[1]。于是，密铁拉“方阵”依靠其他因素的干预得以坚守。

---

① 注释：出处同前，第 124 页。

日军最终放弃曼德勒,将第33军空置出来,让该部南下攻击,而第5印度师从木各具向西攻击前进,在3月31日与第17师会师。第2师在前一天夺取了皎施(Kyaukse),从而前进到距离密铁拉不到50英里的地方。这一路攻势使日本第15军和正企图夺回密铁拉的第33军一部陷入腹背受敌的困境。到了4月5日,日军遭到南北夹击,至10日已经损失惨重,不得不丢弃大炮和运输车辆,退入曼德勒—仰光铁路线以东的掸邦丘陵。

至此,英军打通了前往仰光的道路,但是因为这座城市远在南方300多英里外,而雨季将在5月中旬开始,所以此时的任务就成了与大雨赛跑。所幸英军占领了阿拉干地区的机场,这场赛跑才有了赢的可能,正是这些机场使第14集团军在阿萨姆的后勤基地得以向南移动500英里。在收复缅甸南部的战斗中,负责向仰光进攻的是菲利普·克里斯蒂森中将的第15军,它下辖2个印度师、2个西非师、1个东非旅和1个坦克旅,还得到皇家空军第224大队和马丁少将指挥的一支海军舰队的支援。它的对手是日本第5和第6师团。

12月10日,英军翻越梅宇岭(Mayu Ridge)进攻打响了会战。25日,英军抵达梅宇半岛末端;日军鉴于兵力薄弱,无法坚守阿恰布岛,遂将其放弃,该岛在1月3日被第15军占领。随后英军发动一系列两栖作战,其中包括7次独立的登陆行动:

1月14日在弥蓬(Myebon);

1月21日在兰里岛上的皎漂(Kyaukpyu);

1月24日在甘高(Kangaw);

1月26日在切杜巴岛(Cheduba Island);

2月17日在鲁育瓦(Ru–ywa);

2月20日在莱潘(Letpan)。

到了2月8日,整个兰里岛上的日军都已被肃清。而占领该岛的战术意义在于,它使第15军可以轻易攻击从伊洛瓦底江畔的卑谬到洞鸽(Taungup)的公路,这条公路正是日军的撤退路线。

甘高和弥蓬的战斗也很激烈,但是随着甘高在1月30日被攻克,在其北面的日军部队因为失去了唯一的公路,不得不丢弃大炮和运输车辆,翻山逃窜。

到了 2 月底，整条海岸线都已被肃清，英军建立起多个机场，使第 14 集团军在向仰光进军途中可以快速而便捷地获得补给。

日军在密铁拉一带的抵抗最终崩溃后，第 33 军奉命进攻稍埠（Chauk）—仁安羌油田的敌军，然后沿伊洛瓦底江攻向卑谬，而第 4 军要沿着碎石铺面的公路，经同古和勃固（Pegu）前往仰光。

为了让第 4 军以最高速度推进，军长梅瑟威中将"以 1 个空降旅和 2 个摩托化旅为基础重组了 1 个师"[1]，并让他的坦克旅打头阵，第 5 和第 17 师跟随在后，一路猛冲猛打，把侧翼的所有小股日军都留给殿后的第 19 师解决。部队沿途没有经过多少战斗，于 5 月 1 日开进勃固，仅耗时 16 天就前进了 300 英里。

另一方面，第 33 军在克服了一些相当猛烈的抵抗之后，于 4 月 18 日占领稍埠，22 日占领仁安羌，然后继续南下，在 5 月 2 日到达卑谬。第二天，雨季就开始了——比往年提前了 14 天左右。但是这并没有延误作战，因为第 15 军在当天就占领了仰光。

第 26 印度师执行此次任务，该部在阿恰布登船，虽然已经知道日军正从仰光撤退，但溯伊洛瓦底江而上的行动还是很冒险，因为自日军占领之后一直没有疏浚过河道，而大象高地（Elephant Point）附近的河口有强大的炮台和雷区保护。

廓尔喀伞兵部队在舰队和航空兵掩护下攻克了大象高地，并且发现当地驻兵最多只有 37 人。接着，主要登陆行动发起，而仰光城内的敌军早已开始逃离。5 月 6 日，仰光的港口再度通航。

至此，除了还有相当数量的日军分遣队有待清剿之外，英军通过整场战争中最出色的战役之一收复了缅甸。它的出色之处在于，很少有战场同时面临这么多阻碍。炎热、大雨、热带疾病、高山、河流、沼泽和严重缺乏道路的条件似乎意味着缅甸是世界上能让实力强大、装备精良的强大军队无法生存的少数地区之一。但是在这最后的会战中，盟军动用了 50 万人，以相当快的速度从南到北、从东到西，穿越高山峻岭、大江大河和茂密丛林。这样的快速机动是多

---

[1] 注释：《第二十三季》（The Twenty-Third Quarter），第 276 页。

种因素的作用共同推动的，除了指挥有方和部队训练有素之外，还有空中力量、医疗保障和工程能力的共同作用。

对第一个因素我们已经做了充分的叙述，但另两个因素也同样重要。关于第二个因素，我们惊讶地在资料中看到，在1943年，"医院每收治1个伤员，就要收治120个因为……热带疾病而失去战斗力的人员……到了1945年，病号与战斗负伤者的比例已经下降到10：1，而在战争的最后6个星期，更是降到了6：1"①。关于第三个因素，为了保证第14集团军和第15军持续推进，需要72000名工兵和13万名劳工，主要用于修建道路和机场——维持部队的机动能力。

收复菲律宾

在第六章中已经提到，截至1944年9月中旬，新几内亚和马里亚纳群岛的战役已经使麦克阿瑟将军和尼米兹将军的部队得以联合起来，攻击日军设在莫罗泰岛和佩莱利乌岛的内层防线。在这2个岛的西北方和西方坐落着菲律宾群岛，它是保护南中国海的巨型堡垒，其控制权对于巩固日军在台湾岛以南征服的所有土地的安全至关重要。

美军计划在占领菲律宾之前先进行一系列短距跃进，每一次都保持"在从上一次占领的阵地上建立的机场起飞的战斗机支援范围内"②。第一次跃进的目标是塔劳群岛（Talaud Islands），然后是菲律宾群岛最南端的棉兰老岛。但是在9月13日——在美军登陆莫罗泰岛和佩莱利乌岛的前2天，指挥美国第三舰队的哈尔西上将③却提出了不同意见。他一直带着自己的航母舰队袭击菲律宾、台湾和琉球列岛，消灭了大量日军飞机，而且发现在菲律宾群岛的莱特（Leyte）—萨马（Samar）地区遇到的敌军航空兵抵抗出奇地微弱。所以他建议将计划中的进攻提速，把下一次跃进定为从莫罗泰岛到菲律宾中部的莱特岛，直接略过棉

---

① 注释：《皇家联合军种学会志》，1946年11月，第472—473页。
② 注释：《太平洋上的胜利》（The Victory in the Pacific，美国海军上将雷蒙德·斯普鲁恩斯撰文），载《皇家联合军种学会志》，1946年11月，第551页。
③ 注释：在哈尔西上将指挥时，这支舰队被称为第3舰队，而在斯普鲁恩斯上将指挥时，是第5舰队。

兰老岛。

尼米兹上将把这个建议报告给麦克阿瑟上将，两人一致同意把计划中突击菲律宾群岛的日期从 12 月 20 日提前到 10 月 20 日，并且直接攻击莱特岛。此外，他们还决定，应该让澳大利亚军队来负责全面清剿被困在所罗门群岛、新不列颠和新几内亚的日军分遣部队。

这在战术上是个大胆的决定，因为所有的航空掩护都必须由航母舰载机来提供，更何况此时日本海军的主力仍然完好无损；而在战略上它也颇有闪光之处，因为据估计山下将军指挥的菲律宾守军有超过 25 万人，如果在菲律宾群岛中部的登陆成功，将把他们分割为两个主要集团，一个在吕宋岛，另一个在棉兰老岛。此外，一旦美军跳过棉兰老岛，岛上的守军就会陷入孤立无援的境地，如果日军试图重新建立"连续的前线"，他们就不得不将自己的海军舰队投入战斗，而这正是尼米兹最最希望看到的。如果日本舰队出动并且被击败，那么美军就可以将吕宋岛和棉兰老岛的日军各个击破，逐一"吃掉"。事实上，对莱特岛的突击很像陆地上的闪击战，只不过用舰队取代了坦克部队。

为了扫清前进路上的障碍，在 10 月 10 日，美军航母舰载机对冲绳岛（Okinawa）和台湾岛上的机场发动了大规模空袭，因为这两个岛屿是连接日本和菲律宾的主要环节。接着，在 13 日到 15 日，美军又对吕宋岛实施了类似的袭击，摧毁了日军的大批飞机。最后，在 18 日和 19 日，米沙鄢海（Visayan Sea）的机场和船舶也遭到猛烈空袭。

13 日，当哈尔西上将和托马斯·金凯德中将（Vice-Admiral Thomas C. Kinkaid）指挥的美国第 3 和第 7 舰队保护着瓦尔特·克鲁格中将（Lieut.-General Walter Krueger）的第 6 集团军开往莱特岛时，一架日军侦察机发现了这支远征队，立刻向日本联合舰队司令长官丰田副武大将（Admiral Soemu Toyoda）报告。丰田随即下令实施所谓的"捷"方案，出动下列舰队：(1) 栗田健男中将（Vice-Admiral Takeo Kurita）的舰队，包括 5 艘战列舰、12 艘巡洋舰和 15 艘驱逐舰，母港在新加坡；(2) 小泽治三郎中将（Vice-Admiral Jisaburo Ozawa）的舰队，包括 2 艘战列舰、3 艘巡洋舰和 10 艘驱逐舰，母港在日本；(3) 西村祥治中将（Vice-Admiral Shoji Nishimura）的舰队，包括 2 艘战列舰、1 艘巡洋舰和 4 艘驱逐舰，母港在新加坡；(4) 志摩清英中将（Vice-Admiral Kiyohide Shima）的舰队，包括 3 艘巡洋舰和 4 艘驱逐舰，母港在佩斯卡多雷斯（Pescadores）。第一支舰队被称为中央部队，第二支舰队是北方部队，后两支舰队是南方部队。这个方案可以称得上是海战史上最卓越的计划之一。

北方部队的航母搭载的飞机数量非常少，它要行驶到吕宋岛以北，在恩加尼奥角（Cape Engaño）转头南下，作为诱饵将哈尔西的舰队吸引过去。与此同时，中央部队和南方部队要分别通过圣贝纳迪诺海峡（San Bernardino Strait）和苏里高海峡（Surigao Strait）进入苏禄海（Sulu Sea），从南北两个侧翼夹击美军登陆舰队。

10 月 18 日，栗田和西村从新加坡启航，此时小泽和志摩已在开往战场的途中。22 日，美军在巴拉望岛（Palawan Island）附近负责侦察的潜艇发现前两者的舰队。哈尔西随即命令 4 个特混大队中的其中 1 个在约翰·麦凯恩中将（Vice-Admiral John S. McCain）率领下回到雅蒲岛附近的乌利西环礁（Ulithi）补给，自己则带领剩下的 3 个特混大队前往莱特岛以东，拦截所有企图强行穿越圣贝纳迪诺海峡的敌军舰船。24 日，哈尔西攻击了正在穿过锡布延海（Sibuyan Sea）向东移动的日本舰队。最终只有 1 艘日本军舰被击沉，1 艘被击伤，但哈尔西收到的航空兵却使他以为日本舰队几乎完全丧失战斗力。

当这次空袭正在进行时，被派到北面侦察的美军飞机在下午 4:40 报告，在恩加尼奥角以东 130 英里处发现一支包含航母的强大敌军舰队。哈尔西认为日军的中央部队此时已经无足轻重，便决定放弃防守圣贝纳迪诺海峡，转而打击并消灭北方部队，然后掉过头来对付可能继续按原航向前进的中央部队。但是，他显然没有明确报告金凯德将军自己放弃了圣贝纳迪诺海峡，因为后者仍然以为该海峡是被封锁的。

随后便发生了 3 场战斗：一场在苏里高海峡，一场在恩加尼奥角附近，一场在萨马岛附近。它们构成了这场战争中规模最大的海战——莱特湾战役。

为了对付经苏里高海峡进逼的日军舰队，金凯德将军将自己的航空母舰及其护航舰艇留在后方，命令杰西·奥尔登多夫少将（Rear-Admiral Jesse B. Oldendorf）率领第 7 舰队的其余舰船封锁海峡，包括：6 艘战列舰、8 艘巡洋舰、

26艘驱逐舰和39艘鱼雷快艇。为了有效封锁，奥尔登多夫把后两种舰艇部署在海峡最窄处，而将战列舰和巡洋舰靠后部署。

24日午夜时分，美军发现了西村的舰队，并于25日凌晨2:30，对它实施了一系列的鱼雷攻击。凌晨3点，主要战斗打响，半小时后，在日军进入海峡20多英里后，被"一道由16英寸、8英寸和6英寸炮射出的火墙"[1]消灭，只有一艘驱逐舰"时雨"号（Shigure）逃脱。志摩将军的舰队随后出现，进行了一次没有战果的鱼雷攻击后，掉头南下。

苏里高之战进行时，美国第3舰队正在北上，在25日上午8:25，哈尔西将军收到金凯德发来的急电，声称日军的战列舰正在莱特湾东北方轰击他的航母。此后电报接二连三传来，但是哈尔西仅仅召回了麦凯恩的特混大队，自己仍然保持航向，直到上午11:15。此时，他留下第3和第4特混大队对付小泽的舰队（后来他们击沉了小泽的4艘航母），自己带着战列舰和第2特混大队掉头，高速南下。

究竟发生了什么事？原来，栗田将军发现圣贝纳迪诺海峡无人防守，便在24日夜至25日晨穿过了这条海峡。接着他掉头南下，在早晨6:53，对金凯德的航母发动突袭。这次攻击完全出乎金凯德的意料，他立即命令此时仍然带着第7舰队在苏里高海峡深处而且弹药所剩无几的奥尔登多夫回撤；与此同时，他向哈尔西发出了自己的第一封急电。麦克梅内斯上校（Captain McManes）写道："我们的航母无法对抗日本战列舰和巡洋舰的大炮，它们只能采取闪避动作，并依靠1艘护航驱逐舰和2艘驱逐舰施放的烟幕掩护。随后那3艘军舰做出了战争中最英勇的行为之一，高速冲向敌人，发动鱼雷攻击。"[2]栗田继续发动攻击，击沉了美军的2艘护航航母和3艘驱逐舰，还重创了7艘护航航母和1艘驱逐舰。接着，在上午9:25，美军眼看着因己方的驱逐舰燃油将尽，即将败北，却又一次通过圣贝纳迪诺海峡扬长而去。

就这样，莱特湾战役以美军的决定性胜利而告终。日本海军此后再也没有

---

[1] 注释：《莱特湾之战》（The Battle for Leyte Gulf，美国海军上校麦克马恩斯撰文），载《皇家联合军种学会志》，1945年11月，第495页。这场海战完全在夜间进行。美军的火炮是靠雷达瞄准的，日军则依靠探照灯。

[2] 注释：出处同前，第497页。

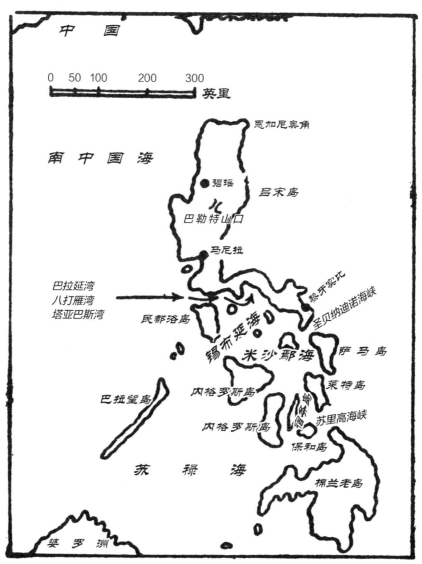

∧ 收复菲律宾群岛，1944 年 10 月—1945 年 7 月

以大规模的舰队投入战斗。日军损失了 3 艘战列、4 艘航空母舰、10 艘巡洋舰和 9 艘驱逐舰，美军损失 3 艘航空母舰和 3 艘驱逐舰。

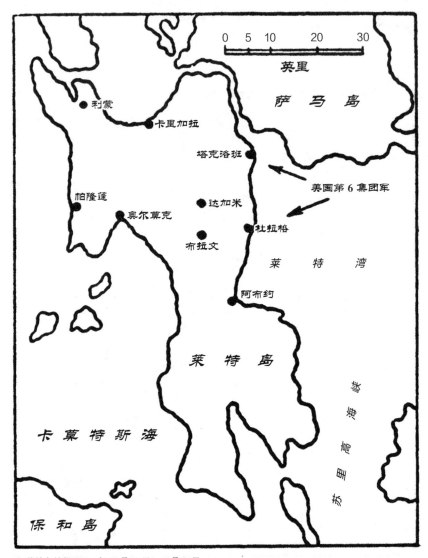

∧ 莱特岛战役，1944 年 10 月 20 日—12 月 31 日

　　另一方面，在 20 日，美国第 6 集团军的第 10 和第 24 军下船登岸。克鲁格将军随即向内陆推进，很快就突进到莱特岛中部的达加米（Dagami）和布拉文（Burauen），到了 11 月中旬，已逼近由日军第 1 师团防守的利蒙（Limon）。

在此期间，日军为了增援其守军做了一次又一次努力，但是直到12月11日，他们因为在海上损失太大，终于放弃了继续尝试。不过，此时美军已经发动了决定性的打击。12月7日，美国第77师从海上绕过莱特岛南端，在奥尔莫克（Ormoc）以南3英里处登陆。这次新的突击使利蒙—奥尔莫克地区的日军腹背受敌。12月10日，美军一举拿下奥尔莫克，到了月底，已经将全岛日军肃清。而在此前不久，美军一支部队在民都洛岛（Mindoro）登陆，到28日扫清该岛，并在岛上建立起一个距离马尼拉湾不到75英里的战斗机基地。

莱特岛上的战役刚一停止，美军就从林加延湾（Lingayen Gulf）发起了新的突击，此次目标是收复吕宋岛。1月初，此时下辖第1军和第14军的美国第6集团军乘坐850艘舰船，悄悄穿过苏里高海峡进入棉兰老海和苏禄海，然后转头北上。

美军采取了各种措施来防止日军判明这次新登陆行动的目的地。日军的注意力被吕宋岛南端的游击队活动所吸引，美国海军趁机扫清了巴拉延湾（Balayan Bay）、八打雁湾（Batangas Bay）和塔亚巴斯湾（Tayabas Bay）的水雷，让运输船接近各自的滩头。美军还在周边地区实施了假的伞降行动。

9日，登陆行动在未遭到敌航空兵抵抗的情况下实施。为了掩护登陆，美军集中空袭了道路、桥梁和隧道，以阻止山下及时调集他的部队进行迎击。结果是，"陆地上的日军在游击队和空袭的骚扰下，乱哄哄地开往北方、东北方和西方，在道路上因为交通堵塞而动弹不得，渐渐地失去了他们本来可能击退登陆部队的机会"[1]。到了9日入夜时，美军已有68000人上岸，并建立了长15英里、纵深超过3英里的滩头阵地。

此时，山下能够立即调遣的是马尼拉地区的第10和第105师团，以及巴丹半岛北部克拉克机场（Clark Field）的第2师团。在措手不及的情况下，他不得不将部队逐次投入战斗，结果到了15日，美国第6集团军的先头部队已经在快速推进。

---

[1] 注释：《美国陆军总参谋长双年报（1943年7月1日—1945年6月30日）》，第78页。

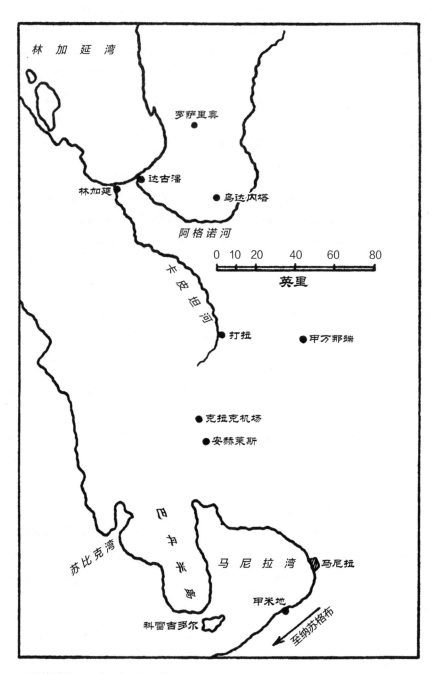

∧ 马尼拉战役, 1945 年 1 月 9 日—2 月 25 日

因为美军的左翼此时严重暴露，所以麦克阿瑟将军把自己最强的部队部署到罗萨里奥（Rosario）和乌达内塔（Urdaneta）方向，其他部队在其掩护下越过阿格诺河（Agno River）直捣马尼拉。部队一直前进到克拉克机场附近，都没有遭遇多少抵抗。与此同时，左翼发生了激烈的战斗，但是在 20 日，日军的抵抗开始变弱，5 天后，吕宋岛上主要的航空基地——克拉克机场，连同其周边的 5个机场及安赫莱斯（Angeles）镇，都落入了美军手中。

为了从南面包抄日军阵地，29 日，第 11 军在苏比克湾以北数英里处登陆，在未遭遇多少抵抗的情况下快速向内陆推进，切断了巴丹半岛，使日军无法像3 年前麦克阿瑟一样退入这个半岛。接下来，在 31 日，美国第 11 空降师兵不血刃地在马尼拉湾以南的纳苏格布（Nasugbu）完成一次两栖登陆，在该部逼近马尼拉的同时，第 6 集团军也从北面向这座城市发起进攻。这个两路合围行动使马尼拉的日军陷入绝境，他们奋起反击，直到 2 月 23 日才被肃清。

另一方面，从 1 月下旬到 2 月 13 日，美国海空部队轰击了马尼拉湾的入口和科雷吉多尔岛要塞，投下 3128 吨航空炸弹。2 月 16 日，第 503 伞兵团从天而降攻击这个要塞，第 34 步兵团也从海上登陆助战。此后在要塞地下坑道中的战斗持续了近 2 个星期。最后，日守军引爆主弹药库，与两条坑道同归于尽，从而结束了这次战斗。

扫清马尼拉地区之后，美军于 2 月下旬在巴拉望岛登陆，又在 3 月上半月登陆棉兰老岛、班乃岛（Panay Island）、宿务岛（Cebu Island）和内格罗斯岛（Negros Island）。与此同时，第 6 集团军在吕宋岛中部的碧瑶（Baguio）和巴勒特山口（Balete Pass）之间遭遇了狂热的抵抗。最后，美军在吕宋岛最南端的黎牙实比实施了登陆。此后的战斗与正规战相去甚远，直到 7 月，会战才宣告结束。

美军为收复菲律宾付出的代价是共有 60628 人阵亡、负伤和失踪，而日军有 317000 人死亡（这个数字可能有夸大），7236 人被俘。

这次会战不仅为突击日本本土诸岛扫清了道路，也彻底耗尽了日本的资源，摧毁了日军继续抵抗的希望。

日军在这场会战中损失了 9000 多架飞机，以及超过一半的军舰。她的工业和交通由于封锁而难以运转，并且在空袭下逐渐崩溃；因为缺少船舶、煤炭、石油、钢铁和其他原材料供应已被切断，而各大城市正在逐渐化为灰烬。在缅甸，蒙巴顿将军正在准备登陆马来亚；在中国，蒋介石已经发动了攻势；4月，苏联宣布中止4年前与她签订的中立条约。尽管如此，日军还是决心死战到底。在"无条件投降"面前，不可能有投降和体面的生存。因此，他们就像麦克白一样狂呼：

　　敲响警钟！吹吧，风！来吧，毁灭！

　　至少，我们会披坚执锐而死。 [①]

　　于是，战争仍将继续。

对日本外围据点的突击

　　当马尼拉经过一番鏖战被攻克时，美军还顺着一条比取道菲律宾更为直接的路线向日本的本土各岛推进，其目的是获得前进机场，此时为最后的总攻扫清道路。由于占领了马里亚纳群岛中的塞班岛、提尼安岛和关岛，陆基飞机此时已经可以轰炸东京。但是因为关岛与东京的距离有1565英里——往返航程就是3130英里，所以很明显，如果能够缩短距离，飞机不仅能够携带更重的炸弹载荷，而且空袭的持续性也会更强；此外，在返航时，许多受伤的飞机都将能够获救。

　　有3个岛屿适合作为前进基地——台湾岛、冲绳岛（琉球列岛中最大的岛屿）和火山列岛中的硫磺岛（Iwo Jima）。第一个岛屿面积很大（达13500平方英里），而且有海拔14000英尺以上的高山，还有重兵布防；因此，攻取这个岛的过程可能旷日持久。冲绳岛长67英里、宽7～8英里，攻打的难度要低一些，而且岛上还有2个条件良好的机场。不过，从战略上看，它的位置很利于防守。它坐落在台湾、中国东南部、九州岛（Kyushu）和硫磺岛的中央位置，因此，远征军不管从哪个方向接近，都可能遭到来自以上1个或多个地方的攻击。除此之外，冲绳岛与马里亚纳基地的距离也要大于硫磺岛，离它更近的出发地只有在美军控制吕宋岛北部的机场后才能建立。

---

① 译者注：《麦克白》第五幕第五场，麦克白的台词。

因此，美军决定先通过轰炸压制台湾和冲绳岛，然后登陆并占领硫磺岛。硫磺岛距离日本本土最大的岛屿本州岛（Honshu）775 英里，比塞班岛与本州岛的距离要稍近一些。这场作战将由第 5 两栖军（第 4 和第 5 陆战师）执行，大约 6 万名官兵将乘坐 850 艘舰船，并得到斯普鲁恩斯将军的第 5 舰队支援。有趣的是，参与此次作战的海军人员有 22 万名[①]——几乎是陆战队人员的 4 倍。

虽然硫磺岛长只有 5 英里，宽不到 3 英里，但是地位相当重要，因此日军在岛上修筑了特别坚固的工事，由栗林忠道中将（Lieut.-General Tadamichi Kuribayashi）指挥的约有 2 万余人的部队把守。岛上只有 2 处可以登陆的海滩，想要突袭并不容易。登陆的日期定在 2 月 19 日。

在这个日期之前，美军航空兵和水面舰队对这个小岛进行了长达 7 个月的打击，而且在12月初还提高了强度。从那时起，该岛遭到连续70天的不间断轰炸。[②]此外，在 1 月，航母舰载机以及驻中国的美国第 14 航空队对冲绳和台湾进行了压制攻击。与此同时，日本本土各岛也遭到猛烈轰炸。最后，在 2 月 16 日，美军对硫磺岛开始了登陆前的舰炮和航空火力准备，并以强大的舰载机部队攻击了东京。

2 月 19 日上午 9 点，登陆开始。起初只有微弱抵抗，但不久日军抵抗就越来越强，最终达到狂热的程度。20 日，美国海军陆战队攻占了位于该岛北部的元山（Motoyama）1 号机场；但是直到 27 日，在获得第 3 陆战师增援之后，第 4 和第 5 陆战师才扫清了这个面积不到 8 平方英里的小岛大约一半的区域。28 日，位于最南端的折钵山（Suribachiyama）被攻克；然而，直到 3 月 10 日，日军的狂热抵抗才开始减弱，到了 16 日，也就是最初登陆的 4 个星期之后，战斗才告一段落。

在太平洋战争的所有陆地战斗中，以参战部队的伤亡比例而言，硫磺岛之战是最惨烈的。美军损失总计为 4189 人阵亡、15305 人负伤、441 人失踪，几乎与日本守军的总人数相当，而日方近 21000 人几乎全部死亡，只有不到 100

---

① 注释：《美国海军舰队总司令欧内斯特·金五星上将的第二份官方报告（1944 年 3 月 1 日—1945 年 3 月 1 日）》（Second Official Report, Fleet—Admiral Ernest J. King, C.—in—C. U.S. Fleet, 1st March, 1944—1st March, 1945），第 26 页。

② 注释：《阿诺德将军的第三份报告（1945 年 11 月 12 日）》，第 56 页。

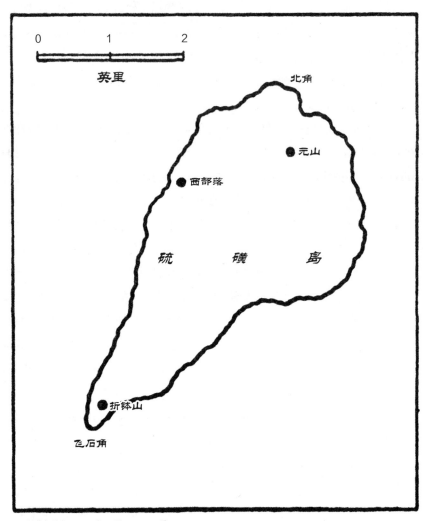

∧ 硫磺岛战役，1945 年 2 月 19 日—3 月 16 日

人被生俘。

　　但是这一仗的战略收益相当大；因为正如马歇尔将军指出的："硫磺岛机场挽救了数以百计因为在战斗中受损而无法飞完全程回到马里亚纳基地的 B-29……"[①] 此外，美军获胜后立即在岛上建立了一个战斗机基地，从那里起飞的战斗机可以为来自马里亚纳群岛的轰炸机一路护航至日本。

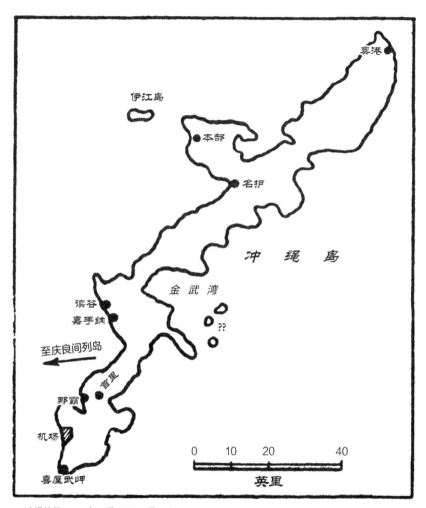

∧冲绳战役，1945 年 4 月 1 日—6 月 21 日

　　在征服硫磺岛后不到 10 天，美军就发动了针对琉球列岛的预备攻势，其终极目的是占领冲绳岛。3 月 26 日，美国第 77 师在紧邻冲绳岛西面的庆良间列岛（Kerama Retto）登陆。冲绳岛的战略地位非常重要，正如斯普鲁恩斯将军所指

———————————

　　① 注释：《美国陆军总参谋长双年报（1943 年 7 月 1 日—1945 年 6 月 30 日）》，第 80 页。

出的，这不仅是因为它位于临近九州岛，还因为"……它可以控制东中国海，继而提供进入黄海和对马海峡（Straits of Tsushima）的通道。它为针对日本西南部或者台湾以北中国沿岸地区的后续作战提供了踏板。它有相当多的地方可以建设机场，有用于修建大量岸上设施的空间；还有 1 个受保护的小港湾和 2 个大海湾，具备相当好的封闭性，很适合用作舰队锚地"[①]。虽然有这些优势，但它处在夏末和秋季许多台风的行进路线上，而且日军在此守备力量极强。

4 月 1 日，美国第 24 军和第 3 两栖军乘坐 1400 艘舰船，在猛烈的舰炮轰击和针对冲绳南端喜屋武岬（Kiyan）的佯攻掩护下，登上了这个岛屿。这是截至此时在太平洋实施的最大规模两栖作战。斯普鲁恩斯将军担任总指挥，除了美国第 5 舰队之外，他还可以指挥由海军中将伯纳德·罗林斯爵士（Vice-Admiral Sir Bernard Rawlings）领导的 1 支英国分舰队。

美军的登陆地点是冲绳岛西海岸的读谷（Yuntan）和嘉手纳（Kadena），和在硫磺岛一样，起初遇到的抵抗很微弱。但是到 5 日，当霍奇斯将军指挥的第 24 军南下进攻首里（Shuri）时，他们发现日本守军主力已经精心构筑了从海岸到海岸、横跨全岛的防线。此外，日军还对美军部队和舰船发动了一系列猛烈地空袭。2 天后，美军发现一支日本舰队从九州岛南下，驶向东中国海。这支没有航空母舰的舰队立即遭到美军攻击，日本战列舰"大和"号（Yamato）被击沉。

在这场战斗发生时，第 24 军的 4 个师已经登陆，第 3 两栖军也已登陆，并击破日军的微弱抵抗向北突进了 20 英里。美军在此也发觉日军只打算坚守冲绳岛的南端的意图。此时霍奇斯将军写道：

"战斗将会变得非常艰难。日军有 65000 ～ 70000 战斗人员藏这个岛屿南端的地洞里，除了一码一码地炸掉这些工事外，我想不出还有什么办法能把他们赶出来……

"日军的火炮特别多，而且他们对炮兵的运用要比迄今为止所见过的军队聪明得多……

---

① 注释：《皇家联合军种学会志》，1946 年 11 月，第 553 页。

"地形毫无疑问是崎岖不平的,被许多天然和人造的峭壁分割得支离破碎,还有许多石灰岩和珊瑚岩的洞穴,而日军经过长期的建设,部署了充足的防守人员。"①

事实证明,"将会变得非常艰难"的预言实在太正确了。虽然冲绳岛北部被快速攻占,但是日军已经下定决心在其南端奋战到底。马歇尔将军这样描写那里的空中战斗:

"在地面上进行残酷战斗的同时,日军还频频对我们在冲绳一带的舰船发动空袭。截至6月中旬,有33艘美国舰船被击沉,45艘被击伤,这主要是空袭造成的。在菲律宾战役中,美国军队首次充分体验了'神风'自杀攻击的威力,但是在冲绳,日军的这种攻击变得更有组织,参与的飞机也更多;所谓的'八嘎'飞机也出现了。这是一种小型的短航程火箭加速飞机,其战斗部中携带了1吨多炸药。它是为了搭载在其他飞机上而设计的,可以悬挂在中型轰炸机下面,然后在其自杀飞行员的引导下,对目标进行火箭助推的俯冲。它实际上就是德国V1飞弹的有人驾驶型号。"②

日军是考虑到其巨大的飞机损失而研究出这种攻击方式的。他们试图以战争史上前所未有的冒险来弥补技术上的不足,而如果他们肯听从其技术人员的劝告,采用威力更大的战斗部,很可能就会成功了。在《美国战略轰炸调查(太平洋战争)》中我们可以看到:

"从1944年10月到冲绳战役结束,日军飞机进行了2550次'神风'自杀攻击,其中有475次(18.6%)获得了命中目标或者近失并造成破坏的结果。所有类型的战舰都受到了损伤,其中包括12艘航空母舰、15艘战列舰、16艘轻型航母及护航航母。但是,没有一艘大于轻型航母的军舰被击沉。③被击沉的舰船约有45艘,其中大部分是驱逐舰……实际造成的损失对美国而言是很严重

---

① 注释:转引自《美国陆军总参谋长双年报(1943年7月1日—1945年6月30日)》,第82页。
② 注释:《美国陆军总参谋长双年报(1943年7月1日—1945年6月30日)》,第83页。
③ 注释:不过,有时候舰船遭到的损伤相当严重。例如,在5月2日,两架自杀飞机撞中了米切尔将军(Admiral Mitscher)的旗舰——23000吨的航空母舰"邦克山"号(Bunker Hill),将她变成一堆冒着烟火的废铁。她的舰员中有392人死亡,264人受伤。

的，引发了美军的担忧。原本用于直接攻击日本城市和工业设施的 2000 个架次的 B-29 被转用于打击九州的'神风'机场。如果日军能够持续实施威力更大、强度更高的此类攻击，就有可能迫使我们撤兵或者修改战略计划。"①

在日军进行这些自杀攻击时，已经扫清冲绳岛北部的美国海军陆战队南下增援第 24 军。在 5 月 13 日，第 6 陆战师突破到了那霸（Naha）郊外。但日军阵地的关键是一个被称为"塔糖山"的高地，它直到 5 月 21 日才被拿下。到了30 日，4/5 的那霸已在美军手中；次日，全城都被占领。

但是战斗还在继续，到了 6 月中旬，日军已经有 3400 架飞机在琉球列岛和九州岛上空被击落，800 架在地面被摧毁，而美军也损失了 1000 多架飞机。此时这场战役开始进入尾声，至 6 月 21 日终告结束。

从伤亡数字就足以看出战斗的激烈程度。美军共有大约 39000 人阵亡、负伤和被俘，其中包括"支援舰队的 1 万多名海军人员……日军有 109629 人被打死，7871 人被俘"②。

1943—1945 年的对日战略轰炸

当太平洋上的战争爆发时，双方都和希特勒一样，发现自己无法实施符合本书第一章中讨论的两种战略中的第一种（即消灭战略）的战术行动。双方都没有相应的手段：日本是永远没有，美国则是暂时没有。对后者而言，除了一个根本的不同之处以外，他们当时面临的战略形势与英国在法国崩溃之后面对的形势非常相似。敌人远隔重洋，对他们来说暂时鞭长莫及。因为这意味着需要花些时间来接近日本，所以美军的战略必然要从消耗型开始。但不同之处在于，德国得到了被其占领的各个国家的资源和人力加强，还有苏联的支持，因此具有强大的经济实力，可以自给自足地进行长期战争；至于日本，不论进行长期还是短期的战争，她需要的大部分原材料都在海外而非本土，所以她的经济实

---

① 注释：第 10 页，"在投降时，日本本土诸岛有 9000 多架飞机可用于神风攻击，5000 多架已经为自杀攻击进行了特别改装，准备用于抵抗我们计划中的登陆行动"（出处同前）。
② 注释：《美国陆军总参谋长双年报（1943 年 7 月 1 日—1945 年 6 月 30 日）》，第 83 页。

力是很弱的。

就德国而言，战略重心是她的陆军力量；因为在将其陆军实力耗尽之前，要削弱她的经济实力，除海上和空中封锁外别无他法，而我们已经看到，靠封锁削弱其经济是一个令人痛苦的缓慢过程。但是日本却不一样，因为她的本土与她在经济上的作战要害地区被大海隔开，所以战略重心在她的海军和商船队上。如果它们被消灭，日本必定会崩溃，一如德国在陆军实力消耗殆尽后立即崩溃。所以，美军要解决的基本战略问题就是，如何消灭它们？答案很明显：首先，取得制空权和制海权；然后，摧毁日本的海上力量。

如果这个结论是合理的，那么美国航空兵要解决的战术问题就是配合舰队消灭日本海军，而战略问题就是集中力量消灭日本的商船，而不是浪费兵力打击日本的工业和城市，除非它们与她的海上力量直接相关。因此，美国战略航空部队的主力应该是围绕消耗战设计的，而不应该像现实中那样，被当作攻城重炮。

美军出色地完成了战术问题，并获得了丰厚的回报。但是，在战略问题上就没有如此顺利。因为那些执掌战略轰炸大权的人在很大程度上忽视了其重心。他们满脑子都是杜黑或米切尔的思想，他们信奉"大爆裂"和将敌军的工厂与城市夷为平地的做法，忽略了只要使前者失去原材料，后者失去供养居民的粮食，那么日本的工厂就会停止运转，平民就会士气低落。于是，在欧洲犯下的大错又在太平洋重蹈覆辙，大大损害了作为战争目的的和平果实。

《美国战略轰炸调查（太平洋战争）》[1]也支持了这个结论。它指出，日本的经济潜力大约是美国的10%，而她的可耕地面积不超过美国的3%，但她却必须供养超过美国半数的人口；而且，面对攻击其船舶的战术，她是"极度脆弱"的；她只能"维持短期的战争或责任有限的战争"。即使美国的实力只有实际的一半，这些评估也是正确的。

从这场战争开始直到结束，对日本船舶的攻击主要由美国的潜艇负责，是

---

[1] 注释：因为在本节中将频繁引用这份报告，为了节省篇幅，将省去引用页码。

这些潜艇而不是轰炸机，承担了削减日本商船数量的任务。斯普鲁恩斯将军曾指出，美国潜艇在击败日本的过程中居功至伟。[1]从下面的数字就可以看出这一评价恰如其分：

在战争开始时，日本有600万吨总排水量超过500吨的商船，在战争期间，日本又建造和缴获了410万吨。而当战争结束时，总共有890万吨商船被击沉或因严重损毁而报废。在这些损失中，54.7%是潜艇造成的；16.3%是航母舰载机造成的；4.3%是海军和陆战队的陆基飞机造成的；9.3%是水雷（主要由战略轰炸机部队布设）造成的；4%是航海事故造成的；不到1%是水面舰艇的炮火造成的。

战略轰炸机部队没有集中力量打击舰船，而是把攻击城市和大型工业目标作为核心目标。按照《调查》的说法："同盟国飞机在太平洋战争中投下的炸弹总重量是656400吨。其中，有160800吨（即24%）投在日本本土诸岛。海军飞机投下了6800吨，除B-29之外的陆军飞机投下了7000吨，B-29投下了147000吨。"在投到日本的炸弹中，"104000吨针对66个城市地区；14150吨针对飞机制造厂；10600吨针对炼油厂；4708吨针对军火库；3500吨针对其他工业目标；8115吨是为支援冲绳战役而针对机场和水上飞机基地投放的；此外还空投了12054颗水雷。"这些数字清晰地记录了炸弹的落脚点。

截至1945年春，战略轰炸对日本来说基本上是不痛不痒的，主要原因在于距离。1943年秋季，从中国起飞的B-29开始空袭满洲和九州岛的工业目标，虽然造成了一定破坏，特别是对钢铁厂的破坏，但《调查》认为"取得的总体战果与为此抽调的人力物力并不相称"。

不到一年，关岛、塞班岛和提尼安岛都落入美军之手。从1944年11月开始，美军从这些岛屿出发实施了一系列空袭。他们选择的仍然是工业目标，但由于距离还是很远，虽然造成了相当多的破坏，但没有任何决定性意义。

接着，在1945年春天，美军决定在夜间从平均7000英尺的高度轰炸日本

的主要城市，并使用燃烧弹代替高爆炸弹。第一次攻击是针对东京实施的：它发生在 3 月 9 日，美军一夜之间投下了 1667 吨燃烧弹；这座城市人口最密集的区域有超过 15 平方英里被烧毁，185000 人被烧死或烧伤。后续空袭接踵而至，东京电台统计了从 3 月 9 日到 5 月 31 日轰炸造成的损失后，在 6 月 9 日报道说：

"在东京，有 767000 户民宅被毁，310 万人因此无家可归。在名古屋（Nagoya），有 38 万人无家可归，96000 座房屋被摧毁；在横滨，68 万人无家可归，132000 户民宅被摧毁；在神户（Kobe），有 26 万人无家可归，7 万座房屋被摧毁；在大阪（Osaka），51 万人无家可归，13 万户民宅被摧毁。"①

"合计所有燃烧弹攻击，"阿诺德将军写道，"共有超过 10 万吨炸弹在 15000 多架次的出击中被投到 66 座日本城市……在能够进行照相侦察的 60 座城市中，近 169 平方英里城区被摧毁或破坏，仅在 5 个遭到空袭的大城市中就有 100 多平方英里被烧毁。"②

这样大面积的破坏，美军也消耗了巨大的资源。在 1944 年，只有 100 多架轰炸机攻击日本，而在 1945 年 8 月初，一夜之间就有 801 架 B–29 "超级堡垒"式轰炸机参加空袭，每架飞机携带的炸弹从 1944 年 11 月的 2.6 吨，增加到 1945 年 7 月的 7.4 吨。1945 年 7 月，B–29 在日本空投了 42000 吨燃烧弹，而按照 1945 年 6 月的计划，美军还要在此后的 9 个月中投下 85 万吨燃烧弹。

这种破坏的成本也是惊人的，"第一架 B–29 花费了 3392396.60 美元。"③而在投入量产之后，每一架的造价是 60 万美元，并且需要 57000 个工时。为了保证能一次出动 550 架 B–29，则需要生产 2000 架，花费 12 亿美元。而整个"超级堡垒"机队的总成本是 40 亿美元。

取得的战果与这些人力物力相称吗？这么多资源不能用在更有效益的地方吗？从《调查》中得出的答案是：不相称，且该用在其他地方。下面列举证据：

虽然遭到轰炸的 66 座城市有 40% 的建成区被摧毁，"但是，遭到高爆炸弹

---

① 注释：《第二十三季》，第 302 页。
② 注释：《阿诺德将军的第三份报告（1945 年 11 月 12 日）》，第 37 和 40 页。
③ 注释：《阿诺德将军的第二份报告（1945 年 2 月 27 日）》，第 70 页。

针对性轰炸的工厂数量有限"，而且"铁路系统一直没有受到严重攻击，在日本投降时仍然保持着相当良好的运转状态，基本上没有影响铁路干线的运转。在广岛（Hiroshima）遭受原子弹轰炸的 48 小时以后，就有火车通过了这座城市。但是，局部交通设施遭受的破坏严重扰乱了城市内部和城市之间的物资流动，从而影响了生产、修复和疏散行动。"此外，"日本 97% 的枪炮、炮弹、炸药和其他军用物资储备被存放在分散的或地下的仓库中，得到了充分保护，很难被空袭摧毁"。

虽然轰炸和由此引发的工厂疏散降低了产量，但船舶损失才是日本经济衰退的主要因素；对日本经济造成最致命打击的是煤炭、石油、其他原材料和粮食的供应中断，而不是工厂和城市地区遭受的破坏。船舶的损失限制了铁矿石的进口量，而钢铁的短缺又限制了船只建造数量。劳动效率因为缺乏粮食而下降，而粮食的短缺又是船只不足造成的。在《调查》中我们可以看到：

"尽管对城市地区和特定工厂的攻击在相当程度上加剧了日本经济的整体衰退，但是在日本经济的许多方面，它们所造成的影响是重复性的。大多数炼油厂已经没有石油可炼，制铝厂没有铝土，钢铁厂缺少铁矿石和焦炭，而军火厂又短缺钢铁和铝材。日本经济在很大程度上被摧毁了两遍，第一遍是因为进口来源被切断，第二遍是因为空袭。"

两遍摧毁的真正后果是，不仅摧毁了日本的战争潜力，也摧毁了她的和平潜力。因此，如果仅从打赢战争考虑，第二遍摧毁纯粹是多此一举——它在战略上是浪费的。这表明同盟国参谋长联席会议没有抓住问题的重心。如果他们认识到关键在于封锁交通，而不是摧毁城市，那么他们采取的做法肯定会符合撰写《调查》的 12 位民间人士的建议，也就是：

"如果能成功摧毁函馆（Hakkodate）铁路轮渡、关门（Kanmon）隧道、19 座桥梁和其他脆弱交通节点，就可以将日本分割成 5 个被彻底封锁的区域，基本断绝此后的煤炭运输，从而使其铁路系统的其余部分因为缺煤而停运，彻底绞杀日本的经济。比起逐一摧毁日本的城市和工厂，这种绞杀战法可以更有效、更快速地摧毁该国的经济结构。它将使日本变成一系列互相隔绝的社区，无法进行任何持久的工业生产，无法将粮食从农业产区运往城市，也无法大规模地快速移动军队和军需品。

调查委员会相信，只要事先经过周密策划，这样的攻击可以在 1944 年 8 月从以航母舰载机攻击运输船和函馆轮渡开始，继而在 1944 年 12 月开始对内陆水道进行航空布雷，然后早在 1945 年 4 月初就可以攻击铁路。调查委员会估计，要实现对铁路系统的彻底封锁，只需出动 650 架次的 B-29，携带 5200 吨高爆炸弹进行目视瞄准投弹即可。"

这些数字清晰地表明同盟国参谋长联席会议的战略误算。

接下来我们将谈谈对日轰炸的精神作用，最令人惊讶的是：在骇人听闻的毁灭面前，民心士气的下降却特别缓慢，而且主要还不是由于轰炸。

按照日本人的估算，轰炸造成 26 万人死亡，412000 人负伤，920 万人无家可归，221 万座房屋被炸毁或烧毁。[1]死者中大部分是被活活烧死的。但尽管如此，士气下降的首要原因却是粮食短缺，其次是军队的败北。

《调查》声称，在珍珠港遇袭前，"日本人民的人均摄取热量是 2000 卡路里，而美国人是 3400 卡路里，"到了 1945 年夏天，日本人的水平只有 1680 卡路里左右。在这样的饮食条件下，士气下降是必然的，而一次又一次的军事失败又起到雪上加霜的作用，轰炸成为最后一根稻草。《调查》对下降过程的概括如下：

"在 1944 年 6 月，只有大约 2% 的日本人相信日本有可能战败……到了 1944 年 12 月，美军开始从马里亚纳群岛空袭日本本土各岛，菲律宾的日军连战连败，食品供应情况也相继恶化，此时 10% 的人相信日本已经无法取胜。到了 1945 年 3 月，随着夜间的燃烧弹空袭开始，食品配额被削减，这个比例攀升到了 19%。6 月到了 46%，而在临投降前，达到了 68%。在相信会战败的人中，超过一半的人认为主要是空袭而不是原子弹攻击使自己得出这样的结论，1/3 的

---

[1] 注释：《阿诺德将军的第三份报告（1945 年 11 月 12 日）》，第 40 页。这些数字显然没有包括两颗原子弹造成的伤亡。1946 年 7 月 1 日发表的《调查》则计入了这些伤亡，它给出的总数是 806000 人，其中大约有 33 万死者。"这些伤亡数字可能超过了日本的战斗伤亡，因为据日本人估计，整场战争中的伤亡总数约为 78 万人。"《调查》认为有 251 万座房屋毁于空袭，615000 座被拆毁以防止火势蔓延。

人则归结于军事失败。"①

然而，《调查》又说："天皇逃过了其他领导人所遭受的指责，仍然保有人民的忠诚。如果天皇下令继续作毫无希望的挣扎，大多数日本人很可能会被动地接受死亡。当天皇宣布无条件投降时，人民的第一反应是遗憾和惊讶，然后很快就感到解脱。"

不过《调查》认为，即便士气没有如此低落，光是船舶的损失就足以让日本毫无翻身之力。截至 1945 年 7 月，基本上已经无法获得钢铁和煤炭，而石油进口从 1943 年 8 月开始下降，到 1945 年 4 月彻底消失。"调查委员会认为，截至 1945 年 8 月，即使没有对日本城市和工业的直接空袭，光是断绝海外进口，就足以使日本的军工产量比 1944 年的最高水平下降 40% ~ 50%。"因此，如果将战略轰炸的重点放在摧毁日本的商船队和铁路上，而不是攻击工业设施和城市，那么到 1945 年 8 月为止，日本很可能已经无法继续抵抗。

原子弹和日本的投降

虽然上一节将近结束时引用的数字表明，从 1944 年 6 月—1945 年 7 月，日本城市人口中对胜利抱有信心的比例从 92% 下降到了 42%，但是早在这一变化发生之前，在有权就战争进程向天皇进言的执政团体中间，已经开始了一场派系斗争。实力最强的两个派系是海军派和陆军派，前者倾向于求和，后者坚持将战争进行到底。

1944 年 2 月，海军军令部的高木少将（Rear-Admiral Takazi）在分析了此前 6 个月的战事后得出结论：考虑到飞机、舰队和商船的损失，日本已经不可能赢得战争，所以应该通过妥协来求得和平。但是直到 7 月塞班岛失守之后，那些支持他的人才能够施加足够压力，迫使陆军派的首脑——东条将军辞去首相之职。

东条的继任者小矶将军（General Koiso）虽然人称"朝鲜之虎"，却并不

---

① 注释：在接受这些估算的同时，读者应该记住，调查委员会的工作主要是在遭到轰炸的城市中进行的。

是敢于对抗陆军派的强硬角色。由于战局每况愈下，到了 1945 年 4 月 7 日，也就是美军在冲绳登陆的几天前，他被意图结束战争的海军派铃木将军（Admiral Suzuki）取代。接着，在 5 月，日本最高战争指导会议考虑了结束战争的方法，决定第一步先与苏联接洽，请求她作为中间人进行调停。

这个病急乱投医的举动让西方盟国清楚地认识到了日本已经陷入山穷水尽的境地，因为苏联为调停开出的价码必然会让日本放弃其征服的所有土地，包括满洲和朝鲜在内。任何低于这一价码的条件都不会让对 1904—1905 年战争耿耿于怀的苏联满意。既然日本人提出这一请求，就表明战争本可以在 6 月以对英国和美国非常有利的条件结束。当时，除了一个障碍——同盟国的无条件投降政策之外，美国的军事力量已经为确定而迅速的胜利扫清了道路。但是这个障碍无法以军事手段清除，它束缚了英美两国的手脚，却为苏联打通了政治解决之路。此时苏联可以通过这条道路获得他们 40 多年来在东亚梦寐以求的利益，正如无条件投降已经让他们在东欧获得了做梦都不曾有过的战利品。所以说，苏联参与这场战争就是为了鼓励和扩张共产主义。

于是，当远东的战争进行到关键时刻，西方盟国却被自己所困，不得不将政治主动权拱手让给她们的东方盟友，而战争也就继续了下去。6 月 20 日，裕仁天皇再次召集最高战争指导会议的 6 名成员开会，告诉他们战争必须结束，为此可以接受除无条件投降外的任何条件。

1 个月后，同时发生了两件大事：一是同盟国在波茨坦（Potsdam）共同商定了对德国的处理；二是 7 月 16 日在新墨西哥州的一片沙漠中，世界上第一颗原子弹成功爆炸。第二件大事的结果被迅速通报给正在波茨坦开会的杜鲁门总统，他当时就决定将两颗这种炸弹投放到日本，为的是缩短战争进程，从而挽救"美日两国数以万计的生命"①。

---

① 注释：《泰晤士报》，1947 年 1 月 28 日。在 1945 年 8 月 16 日，丘吉尔告诉议会下院，"使用原子弹的决定是由杜鲁门总统和我本人在波茨坦做出的，我们批准了释放这种被禁锢的可怖力量的军事计划。"显然是为了证明这个决定的正当性，他还告诉议员们，如果必须实施登陆，美国人可能要付出 100 万条生命，而英国人可能要付出 25 万条生命——换句话说，比这两个国家在 1914 到 1918 年的阵亡总数还多！

这个决定一经做出，身在美国的斯帕茨将军就接到了命令，要在 8 月 3 日后的某一天，对 4 个候选城市中的 2 个投放原子弹；于是"广岛和长崎（Nagasaki）因为活动和人口集中而被选为目标"[①]。

虽然为缩短战争时限，挽救更多生命，但采用这种违背一切人类戒律和战争惯例的做法无论如何都不能算作是正当的。否则，以缩短战争和挽救生命为借口，任何可以想见的暴行都会成为合情合理之举。事实上，以杜鲁门总统和丘吉尔首相对这种新式武器的威力的了解，它的使用只能是为了威胁日本："要是不马上投降，对日本人民的屠杀将没有界限。" 这一点在杜鲁门总统 8 月 6 日声明中得到证实，他说："如果他们（日本人）不立刻接受我们的条件，那么灾难将继续从天而降，在这个地球上还从未有过类似的景象。" [②]这相当于一个歹徒在对受害人说："不照我说的做，我就杀你全家。"

如果真心想要挽救生命，那么杜鲁门总统和丘吉尔首相就不应该用采如此残酷的战争方式，他们仅需要清除无条件投降的障碍，届时这场战争就会立即终止。以下事实可以证明，他们其实已经认识到了这一点：7 月 26 日，英国、美国和中国联合向日本提出了包含八项投降条件的最后通牒，其中比较重要的是下面这几项。

"（六）欺骗及错误领导日本人民使其妄欲征服世界者之威权及势力，必须永久剔除。盖吾人坚持非将负责之穷兵黩武主义驱出世界，则和平安全及正义之新秩序势不可能。

"（八）开罗宣言之条件必将实施，而日本之主权必将限于本州、北海道、九州、四国及吾人所决定其他小岛之内。

"（十）吾人无意奴役日本民族或消灭其国家，但对于战罪人犯……将处以法律之裁判……

"（十三）吾人通告日本政府立即宣布所有日本武装部队无条件投降，并以此种行动诚意实行予以适当之各项保证，除此一途，日本即将迅速完全毁

---

① 注释：《美国战略轰炸调查报告（对日原子弹轰炸）》，1946 年 7 月 23 日，第 43 页。
② 注释：《国际调停》（International Conciliation），1945 年 12 月，第 416 号，第 762 页。

灭。"① 虽然考虑到这场战争特有的非道德性，这些条件不可谓不合理，但它们却遗漏了一个最为重要的问题——天皇的地位，天皇在日本人民眼里就是一尊神，而且他掌握着宣战和议和的权力，也是日本陆军、海军和航空兵的最高统帅。他需要为他们犯下的罪行负责吗？如果需要，那么他应该被列入"战争人犯"名单并绞死吗？对日本大众而言，这就相当于默许他人杀害自己的神。如果最后通牒能够把这个问题说清楚，如果公开表示虽然天皇的权力将会在某些方面被削减，但他作为天皇的地位不会受到侵犯，那么日本人毫无疑问会接受这个最后通牒，在这种情况下也就没有必要使用原子弹。

8月6日早晨，当产业工人开始一天的工作，学生来到学校上学时，一架B—29式飞机，载着11个人的机组飞近了广岛，这个城市被斯帕茨将军选为了两个目标中的第一个。上午8:15，这些人中的一个（投弹手）扳动一根操纵杆，放出了一颗连接着降落伞的炸弹；然后这架飞机就迅速掉头，逃离即将发生爆炸的区域。

片刻之后，在中心城区西北部分的上空，距地面数百英尺的地方出现了两个火球。据计算，它们的核心温度高达数百万摄氏度，释放的压力达到每平方英寸数十万吨。一场"火焰风暴"由此发生，同时引发了成百上千起火灾，最远的一处距离爆炸中心投影点有13700英尺。远在24000英尺之外的人都感到皮肤灼热，15000英尺外的人被烧伤，而致命的辐射光线照遍了半径3000英尺的范围。总共有4.4平方英里的城区被彻底焚毁，市区9万座房屋中有65000座被毁。这场浩劫就好比在一个小人国城市上空引爆一颗比英国最大的巨型炸弹还大一倍的超级炸弹。②

---

① 注释：《泰晤士报》，1945年7月27日。这份最后通牒是根据美国陆军部长亨利·史汀生先生（Mr. Henry L. Stimson）1945年7月2日提交给杜鲁门总统的一份备忘录而写的，在备忘录中，史汀生建议对日本的警告应该包含下列要素："我们将用于打击这个岛国的力量的多样性和不可阻挡性"……"充分运用这些力量后，将会带来的毁灭的不可避免性和彻底性。"……"我个人认为，在表达这些意思时我们还应该补充说明，我们不排斥在她现有的王朝统治下建立君主立宪制度，这将会大大增加对方接受的概率。"【《动用原子弹的决定》（The Decision to Use the Atomic Bomb，亨利·史汀生撰文），载《哈珀杂志》（Harper's Magazine），1947年2月。】这个至关重要的建议并未被采纳。

② 注释：《英国赴日使团关于原子弹对广岛和长崎的影响的报告》（The Effects of the Atomic Bomb at Hiroshima and Nagasaki, Report of the British Mission to Japan，1946年），第5页。

当时这座城市大约有 32 万人，按照官方的伤亡名单，其中有 78150 人死亡，13983 人失踪，很可能还有同样数量的人受伤。因此，总计伤亡人数是 18 万左右。

8 月 6 日，杜鲁门总统在一次公开声明中提到了这场由寥寥数人制造的骇人听闻的大屠杀，他的讲话中包括下列内容：

"16 个小时前，一架美国飞机在日本军队重要的基地城市广岛投下了一颗炸弹。这颗炸弹的威力超过 2 万吨 TNT 炸药，它的爆炸威力比此前战争史上使用过的最大炸弹——英国的'大满贯'炸弹强出 2000 多倍……它是一颗原子弹。它利用了宇宙的基本力量。我们将太阳的本原之力释放出来，用以对付那些将战争强加于远东的人……我们已经在有史以来最大的科学赌博中花费了 20 亿美元——赌赢了。"①

8 日，斯大林仿效 1940 年的"法西斯豺狼"墨索里尼，对日本宣战，第二天苏军跨过了满洲边境。

同一天，第二颗原子弹被投放在有 26 万居民的长崎，可能造成 4 万人死亡，同样数量的人受伤，1.8 平方英里的城区被毁。虽然这颗炸弹的威力比第一颗还大②，但不平坦的地形将最大烈度的破坏限制在了起爆点下方的谷地里。

就这样，美国用两颗炸弹屠杀和残害了 25 万人，而为了给这一事件画上圆满的句号，在同一天——8 月 9 日——杜鲁门总统向他的同胞们广播了下列以敬神为名的话语：

感谢上帝使这种武器归于我们，而不是我们的敌人。我们祈求他指引我们，遵从他的道和他的意志来使用它。③

10 日，东京发送的广播宣布，日本政府准备接受同盟国 7 月 26 日在波茨坦的公告，"并且理解上述公告中任何不损及天皇作为至高统治者的特权的要求"④。

---

① 注释：《国际调停》，第 416 号，第 760—761 页。
② 注释：第一颗原子弹的装药是铀，第二颗则是钚，它是一种在实验室中制造出来的元素，在自然界并不存在。钚的原子序数是 94，而铀是自然界中排位最靠后的元素，原子序数是 92。
③ 注释：《泰晤士报》，1945 年 8 月 10 日。
④ 注释：出处同前，1945 年 8 月 11 日。

同盟国在次日的答复是：

"自投降之时起，天皇及日本政府统治该国的权威应受同盟国最高指挥官支配……"①

为什么在 7 月 26 日的公告中没有明确这一点？

最终，在 8 月 14 日，天皇接受了《波茨坦公告》的条件；停火宣言随即被广播，9 月 2 日，也就是英法两国宣战恰好满六年的那一天，日本使节登上东京湾中停泊的美国战列舰"密苏里"号（Missouri）签署了投降书，第二次世界大战就此结束。

就这样，武力取得了压倒性的胜利。为了长久的和平，我们需要对在波茨坦做出的使用原子弹的残暴决定作片刻反思。

按照西方同盟国列强的说法，远东的战争和欧洲的战争一样，是为正义、人性和基督教精神的名义而打的；然而它却是以蒙古式战争的手段打赢的，因而产生了蒙古式的和平。

在两场可怕的信仰审判中，广岛和长崎的居民就像昔日的异端和女巫一样，被烤成深褐色或黑色的焦炭，在几分钟之内或是许多个小时之后死去。②

"在原本矗立着城市的地方，"广岛的西蒙斯神父（Father Siemens）写道，"是一道巨大的烧灼疤痕……越来越多的伤者来向我们求助。伤势较轻的人吃力地拖着比较严重的伤号。他们中间有负伤的军人，有怀抱着被烧伤的儿童的母亲……被烧得面目全非的人向我们招手示意。一路上有许多已经死去和正在死去的人。在通向内城区的三篠桥上，我们遇到了长长的一队被烧伤的军人。他们或是借助拐杖，或是由烧伤较轻的战友搀扶着缓慢地行进……桥上还站着几匹被丢弃的马，马头低垂，身体侧面有大片的烧灼痕迹。"③

死者其实比伤者幸运，因为辐射的后果太可怕了。我们在资料中看到："受害者随后会腹泻便血，然后死去，有的人是发作后两三天就死去，大多数人都

---

① 注释：出处同前，1945 年 8 月 13 日。
② 注释：《美国战略轰炸调查报告（对日原子弹轰炸）》，第 17 页。另见《英国使团报告》，第 12 页。
③ 注释：《目击者陈词》（Eyewitness Account，约翰·西蒙斯神父撰文），载《美国曼哈顿工程区关于对日原子弹轰炸的报告（1946 年 7 月 26 日）》（U.S. Manhattan Engineer District Report on Atomic Bombings of Japan, 26th July, 1946），第 20—21 页。

活不过 1 个星期。验尸结果显示，伤者血象发生了显著变化——白血球几乎完全消失，骨髓严重退化。咽喉、肺部、胃部和肠道的黏膜都出现严重的红肿……"在距离爆炸中心 5000 英尺的男子失去了生育能力，而"处于爆心投影点 3000 英尺范围内的不同孕期的妇女，几乎都发生了流产。即使远在 6500 英尺外，也有人流产或者生下很快就夭折的早产儿。在距爆心 6500 英尺 ~ 10000 英尺的孕妇中，约有 1/3 生了表面正常的婴儿。在爆炸 2 个月后，全城妇女的流产、堕胎和早产发生率是 27%，而正常情况下应该只有 6%。"[①]

原子弹对士气的影响同样令人惊奇，与预期恰好相反，"就全体日本人而言，原子弹对其看待战争的态度的影响远不如在目标城市中明显……只有在距离广岛或长崎不超过 40 英里的邻近城市中，才有显著的士气影响……即使在目标城市中，也必须强调指出，原子弹并未一举摧毁日本人的斗志。与其他日本城市相比，广岛和长崎的失败主义情绪并未超过平均水平……就整个日本而言，军队的损失和失败，例如在塞班岛、菲律宾和冲绳的失败，对士气的影响是原子弹的 2 倍。全日本遭到的其他空袭合计，在这方面所起的作用更是达到原子弹的 3 倍。以食品短缺为代表的消费品匮乏和随之而来的营养不良，比原子弹影响更大"[②]

从这些观察结果可以清楚地看到，使用原子弹的决定不仅不符合道德，也违背了心理学原理。"甚至在我们的一架 B-29 对广岛投下原子弹之前，"阿诺德将军写道，"日本的军事形势已经毫无希望。"[③]尼米兹将军则把日本的投降直接归因于运输船的损失。[④]伯纳德·布罗迪认为："在我们对日本使用原子弹之前，她在战略上已经彻底失败了。"[⑤]美国战略轰炸调查委员会的 12 名成员

---

① 注释：《美国战略轰炸调查报告（对日原子弹轰炸）》，第 20—21 页。另见《英国使团报告》，第 14—17 页。

② 注释：出处同前，第 26—27 页。

③ 注释：《阿诺德将军的第三份报告（1945 年 11 月 12 日）》，第 33 页。

④ 注释：《关于对日轰炸的报告（1945 年 10 月 7 日）》（Report on Bombing Japan, 7th October, 1945），第 1 和 2 页。

⑤ 注释：《绝对武器：原子力与世界秩序》（The Absolute Weapon: Atomic Power and World Order，伯纳德·布罗迪编，1946 年），第 92 页。

则这样总结道："根据对所有实施的详细调查，并且得到幸存的日本有关领导人的证言支持，调查委员会认为，即使没有使用原子弹，即使苏联没有参战，即使我军不曾策划或考虑任何登陆行动，日本也必定会在1945年12月31日之前投降，而且极有可能在1945年11月1日之前就投降。"[1]

最后投放2颗原子弹的行为是严重的政治错误，而且造成了不可估量的后果。在8月7日的梵蒂冈报纸《罗马观察报》上出现了下列社评："人类没有像达·芬奇一样思考。人类把仇恨放在了第一位，还发明了制造仇恨的装置。在陆地、海洋和天空中发生了比以往更可怕的毁灭竞赛，上帝赐予人类的所有精神和物质财富都被投入其中。这场战争带来了一个灾难性的结局。令人难以置信的是，这种毁灭性武器还将留存下来，诱惑子孙后代，而我们早已通过痛苦的经验得知，人类从历史吸取的教训实在太少。"[2]

---

① 注释：《美国战略轰炸调查报告（太平洋战争）》，第26页。
② 注释：转引自《泰晤士报》，1945年8月8日。文中提到李奥纳多·达·芬奇，是因为他曾设想过一种潜水艇。但是在意识到这种发明可能的用途之后，他就打消了这个念头。

第十一章
战争的突出要素

政治与战争

1919 年，经过 4 年灾难性的大战之后，战胜国没有从中吸取任何教训，因此又发生了第二次世界大战，如今这场战争也已结束，而从过往发生的事件来看，他们似乎还是没有吸取任何教训。他们没有意识到，战争是政治的工具，有创造性的政治必须建立在道义的基础上，而如果道义不能跟上科学的发展速度，那么各国就会被物质主义所主宰，从而缺乏生机。

如今科学处于统治地位，道义正在崩溃，而政治因此打了折扣。事实上，可以说现在没有政治；取而代之的是滑向更具灾难性的战争深渊的普遍倾向。我们看到各国非但没有削减军备，反而变本加厉，不断谋求更具杀伤力的重武器——和平的意识依旧未能萌芽。

要想制止这种倾向，就不能仅仅把最近的这场战争作为武装冲突来研究，还必须将它视作一种外科手术。外科医生如何看待手术刀，政治家就应该如何看待战争。无论战争的原因是什么，如果政治家的目的纯粹是破坏性的，那么士兵将与屠夫无异；但是，如果政治家的目的是建设性和治病救人的，那么这些行为就会变得像外科医生一样。外科手术可能因为不幸，或者缺乏技能、判断力或知识而失败——有时确实如此；但是如果外科医生抱着和屠夫一样的目的，那么手术必然失败，没有别的可能。因此，一旦确诊了战争的起因，要消灭战争之疾患，首先需要解决的问题就是在政治领域。这个道理不仅在和平时期适用，在战争期间也是如此。所以说，正因为战争——手术刀——是一种政治工具，如果政治是疯狂的，那么战争必定会变成夺人性命的疯狂活动。要使战争成为理智的政治工具，就必须有理智的政治目的，而且这个目的在战略上必须是有可能实现的。所以说，如果萨尔瓦多的目标是征服美国，鉴于它在战略上根本不可能实现，那么它就是荒谬的。而这正是英法两国在 1939 年因为维护波兰领土完整而陷入的困境。这个目的在战略上是不可能实现的，因此它在政治上是荒谬的，在波兰被德苏两国瓜分后更是成了绝对的空谈。这两个西方盟国还算有些理智，在认清了自己战略处境的荒谬性之后，就把目的从政治方面转移到了感情方面。然而，当斯大林吞并过半的波兰领土时，他们本该通过对苏联宣战来维护他们的感情目的，使他们给希特勒戴上的"恶魔"帽子显得有些道理。但是他们没有这么做。这种对一个异教徒睁一只眼闭一只眼的做法，使他们对另一个异教徒的怒目相向成为无理之举，也使他们的圣战失去了一切道义基础。

"这一次我们从事的是真正的十字军运动。"弗朗西斯·尼尔森先生（Mr. Francis Neilson）在他 1939 年 10 月 11 日的日记中这样写道。"它与 1914 年开始的那场'神圣战争'将有很大不同。那场战争相对来说比较容易，因为在打败德国的时候它就结束了，人人都知道那个典范的故事。而这场旨在扑灭希特勒主义的十字军运动则要持续到最后一个想要奴役他人的人被消灭为止。

"当第一次十字军运动的领导人——布永的戈弗雷（Godfrey of Bouillon）出发征服异教徒时，有很多人觉得打倒异教徒并不是什么难事，因为十字军战士都相信神站在自己这一边。然而战斗并不顺利，人们不得不又发动多次十字军运动。所有这些运动的结果，正如欧内斯特·巴克（Ernest Barker）所言：

"'十字军东征可能会作为失败载入史册。它们的结局不是信奉基督教的西方占领东方，而是信奉伊斯兰教的东方征服了西方。'

"这么说可能会让现代的十字军战士们非常气馁，不过张伯伦和达拉第针对条顿萨拉丁发动的这一次十字军运动可能会耗费更多时间，夺走更多生命，摧毁更多财物，到头来却没有实现制止独裁者的贪婪的目的。人们应该记住，萨拉丁是直到 12 世纪才横空出世的，而在那之前已经有很多他的同类粉墨登场。" [①]

十字军运动最恶劣的一面在于，十字军的意识形态目标为他们提供了使用各种手段的理由，无论它们是多么卑劣和残忍。因此，在 1139 年，虽然拉特兰会议以十字弓"是一种被上帝憎恶的、不适合基督徒的武器"为由禁止了它的使用，并且以革出教门来惩罚违禁者，却批准了用它来对付异教徒。而在三十年战争中，当普通民众在强力的宣传蛊惑下被卷入冲突后，他们由于战争的宗教目的而相信，为了净化或维护真正的宗教，视情况以最凶残的方式杀死敌人[②]是神圣的义务。

在第二次世界大战中我们也观察到了同样的景象——这是一场在信奉不同教条者之间进行的反对异端的战争。因此，以阶级意识形态为理由，苏联在卡廷屠杀了上万名波兰军官，并在他们占领的国家清洗或奴役了数以十万计的"资产阶级寄生虫"；而德国则以种族意识形态为理由，消灭了数以十万计的犹太人，并将数以十万计的其他人关进集中营。

多年来一直猛烈抨击斯大林主义的丘吉尔在战争期间却采取了别具特色的做法，他把全部强硬个性和旺盛精力都集中用于打败斯大林的头号死敌，在美国的帮助下，为苏联打开了入侵东欧的大门。

在 1942 年 11 月 10 日，他一如既往地保持着自己的善变作风，大声疾呼："但是，请让我明确这一点，以免有任何群体产生任何误会……我并不是为了主持清算大英帝国而成为英国首相的。"[③]然而他对希特勒主义的仇恨却在政治和战略领域蒙蔽了他的双眼，使他没有意识到自己的所作所为有可能恰恰起到这样的作用。他破坏了欧洲的实力平衡，从而摧毁了大英帝国赖以建立的根基。失去这个根基后，英国将不太可能长久维持。

这一次，他以无限制的战争方式来实现终极目的，不仅成功毁灭了德国，也彻底颠覆了英国的对外政策和战略，这些政策并非建立在野路子的十字军式思想基础上，而是依据确凿的地缘条件制定的。此外，从成为首相的那一刻起，他就将杜黑的战略轰炸理论付诸实施，因为这种理论正适合他的毁灭政策。因此，

---

① 注释：《欧洲悲剧：第二次世界大战日记》（The Tragedy of Europe: A Diary of the Second World War，弗朗西斯·尼尔森著，1940 年）第 1 卷，第 120—121 页。

② 注释：要了解形象化的例子，请参见雅克·卡洛（Jacques Callot）1632 年创作的题为"Les Misères et les Malheurs de la Guerre"（战争的悲惨和苦难）的十八幅版画。

③ 注释：《泰晤士报》，1942 年 11 月 11 日。

整个战争进程似乎都印证着这样一个猜测：身兼首相和国防大臣的他，让后一个职务脱离了前者的控制。事实上，他使政治观点从属于军事，就像克劳塞维茨说的那样，采取了"与常识相悖"的行动。

这个观点很重要，所以有必要全文引用出现这一说法的段落。克劳塞维茨是这么说的：

"只有在战争是单纯由敌对感情引起的殊死斗争的情况下，才能设想政治观点会随着战争的爆发而消失……现实战争无非是政治本身的表现。使政治观点从属于军事观点，那是荒谬的，因为战争正是由政治产生的。政治是头脑，战争只是工具，不可能是相反的。因此也只能是军事观点从属于政治观点。"①

读者可能会坚持认为，这场战争正是一场殊死斗争，因此丘吉尔是对的。然而，即便是在情况危急的1940年夏天，它对英国而言也从来不是一场殊死斗争，原因很简单，只要制海权在英国手中，它就不可能是殊死斗争。事实上，不列颠之战结束以后，它在很长时间里陷入了僵局。然而战略轰炸理论却不是在这一阶段投入试验的。我们已经在前文看到，这种试验直到1942年春季才开始，12个月以后才全面实行。1943年5月19日，丘吉尔先在华盛顿对美国国会演讲时说：

"总统先生，关于仅靠使用航空力量是否能使德国或意大利崩溃，大家意见不一。这种试验是非常值得一试的，只要不排除使用其他手段就好。（叫好）试验一下肯定没有坏处。（笑声）……德国的大型军工产业中心，特别是鲁尔，正在遭受前所未有的毁灭打击……我们的两个参谋部和有关的战争部门已经制定了政策，要让德国无法再以大型或集中的规模继续运行任何形式的军工产业，无论是在德国、意大利还是被敌人占领的国家，（叫好）……这一过程将一直持续下去，并且规模和烈度会不断增加，直到德国和意大利人民抛弃或摧毁在他们中间孕育和培植出的畸形极权政府。"②

如果用神圣罗马帝国皇帝斐迪南二世的话来概括，就是"宁要一片荒漠，

---

① 注释：《战争论》，第3卷，第124—125页。
② 注释：《泰晤士报》，1943年5月20日。

也不要一个异端统治的国家"。

在演讲中有一点值得注意，那就是在 1940—1941 年，毁灭政策是没办法存在的，直到 1943 年 5 月，才出现。到了那个时候，战局显然已经对德国不利，而丘吉尔肯定意识到了，与德国的生活方式相比，苏联的生活方式与英国更加水火不容，如果他是一个具有远见卓识的政治家，那么他就会尽最大努力来防止德国被毁灭，因为正如我们已经不止一次地指出的，这种情况只能意味着在欧洲建立起一个比德国更加强大和残暴的霸权。然而丘吉尔只关心这场战争的胜败，并且赌上了他作为最高统帅的名誉。因此他不顾后果地制定了强行与德国开展殊死斗争的政策，并且动用了他职权范围内的一切手段来毁灭她。

这并不是首相的任务，首相的任务无疑应该是将战争导向有益的方向——使战斗力量从属于政治目的。而丘吉尔虽然有着纯熟的领导能力（或许这正是原因所在），却完全没能做到这一点。同样糟糕的是，他过度沉湎于对敌人的仇恨，竟然拾起了很久以前就被文明国家放弃的战争方式。

在远东，事情也朝着类似的方向发展，因为罗斯福的政治目的也是具有纯粹破坏性的。伊恩·莫里森在 1943 年写道："同盟国不像日本，他们对远东的未来重组没有计划。在欧洲和亚洲都没有任何具体的计划，这已经严重妨碍了我们在这场战争中的实际行动。在战后，它将更严重地妨碍我们。若不对这些问题进行一些思考，无论现在看起来有多学究气和不现实，在军事层面决出胜负后只会发生混乱，而这样的混乱将会使我们致力于从这个世界上驱逐的罪恶很快卷土重来。"①

如果在进行战争时缺乏政治上理智、战略上可行的目标，那么决策者很可能会退而追求不理智的道义目标，例如企图用子弹打倒思想，用炸弹消灭政治信仰。希特勒的目标是理智而且可行的，而日本的目标是理智但不可行的，尽管两者都是不义至极，但并不比历史上其他国家元首和其他民族的帝国主义目标更过分。虽然人们为了追求理智目标而采取的手段有时是残暴的，但如果追求的是不理智的目标，他们的手段一定是残暴的。正因如此，十字军运动和各

---

① 注释：《当前的对日战争》（This War against Japan，伊恩·莫里森著，1943 年），第 99 页。

国的内战才会对道德价值观以及生命和财产造成如此严重的破坏，而第二次世界大战既是一次十字军运动，又是一次欧洲内战。

道义与战争

这场战争有 2 个突出的特点：它既有非凡的机动性，又有前所未有的野蛮性——自三十年战争以来，还从未有过类似的情况。前者是拜科学和工业所赐；后者则是由于宗教的式微和"流氓政治"的大行其道。

君子的时代已经结束，取而代之的是小人的时代。绅士——理想化的基督骑士的直系后裔，曾在许多个世代中受人景仰的战场美德的楷模①——被流氓驱逐了。骑士精神让位于机会主义，自私自利的流氓政治横行于天下。因此，这场战争与反基督教文化的盲目叛乱的十字军运动在本质上是一样的。这场叛乱表现为两个工业化和机械化的流氓政治团伙之间的争斗，在争夺经济、领土和金融利益的过程中，他们肆意践踏了唯一可以为他们的战利品赋予价值的宗教和道德价值观。

关于这场战争的第一个特征，本书已经写了太多，没有多少可以补充了。正如我们已经看到的，机动性主要来源于内燃机在地面和空中的应用，后一个要素尤其重要；因为飞机不仅使战场立体化，还使整个战区都立体化，从而改变了整场战争的面貌。不过前文已经证明，将空中力量与陆上或海上力量结合起来才能获得效益最大的机动性，而将飞机单独作战的能力操于道义和政治上都失去理智之人的手中，它就会成为一种几乎无限制地制造破坏的武器。

通过战略轰炸来缩短 1914—1918 年的漫长痛苦的理论很诱人。在道义方面，它基于这样一个假设：所有的男人都是懦夫和无赖，如果他们的家园被摧毁，妻儿老小被残害或屠杀，他们就会屈服于不可抵抗的武力。只要读一读 1925 年莫罗委员会的报告，就可以认识到这一点。这个委员会是为了调查米切尔将军的理论是否正确而组建的，米切尔认为空中作战将具有决定性的意义，在这类

---

　　① 注释：《欧洲道德史》（History of European Morals，威廉·爱德华·哈特波尔·莱基著，1902 年），第 2 卷，第 260 页。

作战中败北的国家"将甘愿屈服，而不会在陆地上或海洋上继续抵抗"，而"一旦获取了制空权，就可以在令人难以置信的短时间内"实现这样的目标。[1]然而战争并不是理论，它是一种现实，也是一种政治工具，如果政治不是建立在道义的基础上，文明就会退化为野蛮。

米切尔将军鼓吹对敌方的平民使用炸弹和毒气。在莫罗委员会面前作证的美国海军上校派伊（W. S. Pye）批驳了他的这个观点，指出这么做就是"动摇文明的根基"[2]。而斯佩特在1930年撰写的著作指出，轰炸机的出现决不能"抹消战斗人员和非战斗人员之间的传统区别……"他还写道，不能"为了摧毁敌国的士气而杀死或伤害平民……使用夺人性命的暴力的权利要以所攻击目标的致命性质为前提。"[3]然而在1944年，他的观点却发生了180度的大转弯。他写道："轰炸机是文明的拯救者……我坚定地相信，如果没有这场战争中的轰炸行动，文明就会被摧毁。在阻止邪恶势力取胜的斗争中，轰炸机发挥了比其他任何战争工具都更大的作用。"[4]

这看起来可能有点离奇，然而它却是事实。使战争恢复到原始的野蛮方式的是2个信奉流氓政治的民主大国——英国和美国，而不是德国和苏联。这并不是因为后两个国家更文明，而是因为他们正如利德尔·哈特上尉评论的那样，更偏向于军事思维。他写道："……德国对战争的研究比大多数民族更为细致，他们认识到了摧毁城市和工业设施的终极缺陷，以及这种做法对战后局面的伤害……"[5]苏联的情况也差不多；他们清楚地认识到摧毁自己打算掠夺的城市是没有好处的。利德尔·哈特上尉又进一步指出，"欧洲大陆上的国家具有容易遭到入侵的陆地边界，与四面环海、遭入侵的机会相对较少的国家相比，往往

---

① 注释：《总统航空委员会（莫罗委员会）听证会记录》【Hearings of the President's Aircraft Board (Morrow Board), 1925年】，第1卷，第547—548页。

② 注释：出处同前，第1卷，第1231页。

③ 注释：《航空力量与城市》(Air Power and the Cities, 斯佩特著，1930年)，第207和215页。

④ 注释：《轰炸有理》，第7页。

⑤ 注释：《战争革命》(The Revolution in Warfare, 利德尔·哈特上尉著，1946年)，第70页。他还写道："德国人背离这一戒律的时间很难追溯到1940年9月以前，他们在那个时候发动了对伦敦的夜间轰炸，而在此之前的两个星期，柏林已经连续六次遭到空袭。因此德国人有完全正当的理由将自己的空袭说成是报复，更何况在我们第六次空袭柏林之前，他们已经宣布如果我们不停止对柏林的夜间轰炸，他们就会采取这样的措施。"（第72页）

天生就对'毁灭性'战争方式的缺陷有更为清醒的认识。这就是为什么以相互限制为目的的战争法则总是在大陆上产生，而历史证明，我们自己在相对安全的环境中经过多个世纪孕育出来的战争方式，在破坏经济方面有着非同一般的残忍和不计后果。在大陆传统下培养出来的军人对于战争方式往往会持尊重法律的态度……对我们的战争做法的节制更多地来自于个人的高尚情感，或是绅士的戒律……"①

随着绅士——坚持原则的君子——作为英国统治阶级的支柱消失无踪，政治权力很快就转移到了蛊惑人心的政客手中，他们通过操弄大众的情绪，制造出一种永久性的战争精神错乱。对这些人来说，为了政治需要可以不择手段，而在战争时期，为了军事需要同样可以不择手段。于是，为了证明屠杀平民是正当的，皇家空军元帅阿瑟·哈里斯爵士写道：

"每当有人拿我军飞机偶尔杀死妇女和儿童的事实当面责难我，我总会举出这次封锁的例子来回应，尽管在以往的战争中还有不计其数的其他事例可举。和许多人一样，我从未忘记，在并不遥远的过去的所有常规战争中，以下做法都是司空见惯的：当城市被围困时，如果守军在对方以应有的礼仪劝降后拒不投降，最后整座城市就会遭到屠杀。即使在较为文明的现代，攻城战中除了轰炸整座城市之外，下列做法也是很正常的：在任何情况下都不允许妇女和儿童离开城市，因为他们的存在本身以及他们对食品的消耗都将不可避免地使围城更快结束。至于说到轰炸，哪场战争中的哪座城市在继续抵抗的情况下不曾遭到敌人射程可及的各种火炮的全力轰炸？"②

虽然这些话在对历史一知半解的人听来似乎言之有理，但它是对历史的歪曲。在三十年战争中，由于马格德堡拒绝向蒂利伯爵（Tilly）投降，城中30000居民惨遭屠戮。然而即使在这样一场以残酷著称的战争中，这一野蛮行径也使整个基督教世界感到震惊。1812年在攻克巴达霍斯（Badajoz）后，失控的英军进行了可怕的烧杀抢掠。但这个令人遗憾的事件并非出自威灵顿的命令或批准，

---

① 注释：《战争革命》，第70页。
② 注释：《轰炸机进攻》（Bomber Offensive，皇家空军元帅阿瑟·哈里斯爵士著，1947年），第177页。

内皮尔（Napier）对它的形容是"野蛮而且邪恶至极"[1]。18 和 19 世纪，有许多城市曾被围困和攻克，但城破之后有意的施暴只是特例，而非惯例。特意采取谨慎措施，将平民的生命和财产损失降至最低的情况并不罕见，1832 年的安特卫普围城战就是一例。热拉尔元帅（Marshal Gerard）率兵围攻沙斯将军（General Chasse）把守的这座城池。为了让公民免遭兵燹，沙斯同意将自己的炮火瞄向开阔地，但前提是热拉尔也同意不从其他任何方向接近城墙。双方就此议定了作战计划，结果除了交纳的罚金之外，没有一个非战斗人员的人身和财产遭到损害。整整一百年之后，人口稠密的上海遭到来自空中的轰炸，成千上万无助的中国人死于非命。虽然前一个战例中人性的发扬与后一个战例中兽性的放纵同样突出，但是考虑到战争的频繁程度，我们不禁要问，两种方式中的第一种不是更合理也更有可能防止和平来临之后的报复吗？

同样，在海上，军队也偶有炮击沿海城市，而且这种情况确实偶尔发生过，例如在 1854 年，一支美国舰队摧毁了尼加拉瓜的不设防城市北圣胡安（San Juan del Norte），同年，一支英法联合舰队摧毁了敖德萨。这些事件引发了民众普遍的谴责，"自 1854 年以来，就不曾有过敌方海军舰队故意对城市进行大规模破坏的事例……"[2] 1900 年，在最后一场绅士的战争中，当罗伯茨勋爵（Lord Roberts）在布巴尔德山将克龙涅将军（General Cronje）及其战士逼入绝境时，在看到对方的车阵中有一些妇女和儿童后，他在开炮轰击前给了克龙涅疏散这些人员的机会。虽然如今这样的提议会作为感情用事的愚蠢之举遭到嘲笑，然而我们的先辈难道不比后人明智吗？他们相信，在彻底消灭战争之前，仅次于它的善事就是限制战争的破坏性，而要做到这一点，最简单的办法就是以绅士而非流氓的做派作战。

因此，利德尔·哈特才会将英国空军人员洋洋得意地称之为"高级战略"的做法与 13 世纪蒙古人的做法相提并论。他是完全正确的。迈克尔·普罗丁

---

[1] 注释：《半岛战争史》（History of the War in the Peninsula，陆军少将内皮尔爵士著，1892 年），第 4 卷，第 122 页。

[2] 注释：《航空力量与城市》，第 92 页。

（Michael Prawdin）在他的大作《蒙古帝国》中详细地描写了后者，我们可以看到它与英国空军的这种伪战略确实大相径庭。在题为"毁灭式战争"的章节中，他这样描写蒙古人对呼罗珊的征服：

"这个规模虽小但组织完善的少数民族胜利了，但是这片土地却饱尝了杀戮与蹂躏。一座座雄伟的城市化为废墟，荒无人烟。此前，无论在蒙古还是中国的战斗中，成吉思汗的军队都不曾带来如此浩劫。从咸海到波斯沙漠的土地处处被恐怖笼罩。幸存者只能苟且偷生。"①

因此，高级战略不是新式战略，它和蒙古人的战法一样，以使用机动性更强的兵种——飞机取代了骑马的弓箭手——为基础。

最后，顺便提一下哈里斯提到的封锁。确实，英国在1914—1918年的封锁行动可能造成了80万人死亡，但是他没有提到的是，这场封锁并没有破坏德国的城市——敌国土地上文明与文化的基础。今天，德国之所以变成了一个巨大的贫民窟，不仅是因为战争期间有无数德国人失去生命，也因为它的城市被粉碎，工业被摧毁。哈里斯承认，他的区域轰炸的"瞄准点通常就在城镇的中心"，而一般情况下，那里会有图书馆、博物馆、大教堂、美术馆和历史纪念碑。而1914—1918年的封锁行动并未触及这些重要的事物，也没有摧毁过一座民宅。

虽然通过轰炸夷平城市可能是有史以来对文明最沉重的打击，但另一些情况甚至可以更清楚地反映出这场战争所特有的道德沦丧。数以百万计的人沦为奴隶，数以百万计的人被逐出自己的家园和祖国，成为难民；成千上万的人遭到手术绝育和酷刑折磨；还有数量不详的人像虫豸一样被毒气杀死。有多支突击小队尝试过暗杀敌方将领及其幕僚，而在被德国占领的国家，始终有人不知疲倦地煽动叛乱。

或许最后一种活动在使战争野蛮化方面发挥了超过其他任何活动的作用。威灵顿公爵曾经说过："我对于在任何国家为政治目的发动革命的做法始终怀有一种恐惧。我总是说——如果革命是自发形成的，那就很好，千万不要去煽

---

① 注释：《蒙古帝国》（The Mongol Empire，迈克尔·普罗丁著，英文版，1940年），第194页。

动革命，那是一种令人害怕的责任。"①但是丘吉尔不这么想；他不仅鼓励一切反对德国的抵抗运动，还从天上抛撒了几千吨武器来促进游击战。

这种做法是后患无穷的。德国人会遭到暗杀，然后他们就会报复。残酷招致残酷，德国人的严厉报复并不是因为德意志是野蛮的民族，而是因为游击战总是残酷的。读者不需要了解西班牙半岛战争的历史也能明白这一点。

最终，当这种道德崩溃达到极致时，原子弹出现了，像施了魔法一样，突然就把杜黑和米切尔鼓吹多年的一切在数秒钟之内实现了。没有原子弹，他们的理论就只是一种梦想，而有了它之后，就成了人类有史以来面对的最冷酷的现实。终于有了一种破坏力超强的武器，只要使用一定数量，就能在一瞬间消灭数以十万计的敌人。

迈克尔·普罗丁在描写成吉思汗的小儿子拖雷时这样写道："他从来都不需要在占领后留下守备，因为凡是他所经之处，只会留下空无一人的废墟。曾经有7万—100万居民不等的城镇中没有任何活物遗存，'连猫狗都不能幸免'。"②这种恐怖的景象与广岛和长崎有什么本质区别？

伍德沃德教授（Professor Woodward）在论及这一话题时写道：

"对城市——文明生活的综合中心——的摧毁以前也发生过，并且导致了无秩序状态与黑暗的时代。但之前主要是缓慢的衰落，正因为它很慢，所以恢复秩序的可能性从来都没有完全消失。而现在的危险是，我们将会突然陷入混乱状态，而我们组织重建的能力并不会强于一只被人长期精心饲养后放归丛林的狗的自立能力。当下的欧洲距离无法恢复的混乱状态有多近，是我们这些身在英国的人无法想象的，但是我们仍然可以期待情况好转，因为陷入混乱的区域——被摧毁的城市数量——与整个地区相比只是一小部分。但是，我们已经非常接近深渊的边缘，至少在接下来的一代人时间里——比我们的喘息时间更长——我们不能冒险承受更大的压力。如果再发生一场时间同样长的战争，而

---

① 注释：《1831—1851年与威灵顿公爵的谈话笔记》（ Notes of Conversations with the Duke of Wellington, 1831–1851，第五代斯坦诺普伯爵菲利普·亨利著，1889 年），第 69 页。

② 注释：《蒙古帝国》，第 191 页。

且战争期间原子弹被用于摧毁北美大陆上 12 个最重要的城市，或者欧洲现存的 12 个最重要的城市，那么我们可能就顶不住了。人类生活并不会消失，但是人类文明在没有外援，没有指导，也没有实际恢复手段的情况下，将会退化到类似于青铜时代晚期的状态。" ①

还有一件事需要提一下，而它或许是最重要的。德国城市的废墟将作为其征服者的野蛮行径的纪念碑，矗立 50—100 年，甚至有可能更久。屠杀中的死者将会被遗忘，集中营和毒气室的恐怖将会随着岁月的流逝而淡去；但是这些废墟将会留存下来，召唤一代又一代的德国人走上复仇之路。

科学与战争

为了完成我们的整个战争考察，还需要考虑一个因素，就现代和未来的战争而言，它是最具革命性的因素。

迄今为止，军队的战斗力一直追随着文明前进的脚步，而且基本上总是比文明的进步落后 1 ~ 2 代。因此在 1914 年，虽然工业在此前 40 年实现了巨大的发展，战斗力在本质上却与 1870 年时没有太大区别，而战术也还是老样子。但是在第一次世界大战结束前，工业在战争进程中发挥了极为重要的作用，就英德两国而言，决战是在英格兰中部与鲁尔地区之间进行的，而这两处恰好是各自的工业中心。

而当我们审视第二次世界大战时，除了工业实力之外，我们还发现了一个更为强大的因素——我为战争而动员起来的科学力量以及用于战争的发明对文明的影响。1929 年，肖特韦尔（Mr. Shotwell）回顾第一次世界大战时曾说过："在 1914—1918 年间……战争无疑进入了经济史上的工业时代……" ②而早在第二次世界大战还未结束的 1942 年，大型军工企业杜邦公司的斯泰恩（Mr. M. A. Stine）就做出了非常不同的评论，他认为"战争把在没有必要刺激的情况下

---

① 注释：《原子弹的某些政治后果》（Some Political Consequences of the Atomic Bomb，伍德沃德著，1945 年），第 7—8 页。
② 注释：《作为国家政治工具的战争》（War as an Instrument of National Policy，肖特韦尔著，1929 年），第 34 页。

可能要花半个世纪才能实现的科学研发压缩到了几个月的时间里，因此，将会有一些产业从战争中产生，它们能够以 2 年前还无法想象的规模生产众多化工品和其他原材料。"[1]

这意味着什么？意味着军事组织通过与科学的"联姻"走到了民间组织的前头，而工业将会在战后享受其恩泽。

因此，科学受到战争的管制，成为战争状态的基础，而这种管制要比它在和平时期受到的任何管制都更为彻底。如果这种情况持续下去，那么毫无疑问，文明将会永久地立足于可被称为"战国"的状态；人类的智慧将聚焦于破坏，而不是建设。于是，人类社会将会回归斯巴达人的文明理念。

要想知道这种观点是否言过其实，我们唯有拭目以待。不过很显然，现今或以后的任何作战部队少了科学家都无法维持杀人效率。事实上，正如在第一次世界大战中工业家比将军重要，第二次世界大战中，科学家也比将军重要。而且继科学家之后还有技术员，而士兵仅仅是产品的推销员。到战争将要结束时，技术已经变得和战术一样重要，实验室和训练场一样不可或缺，而最后原子弹的来临将科学家提升到了只有叙拉古围城战中的阿基米德可以比拟的地位。波利比乌斯曾这样形容这位科学家："在某些情况下，一个天才比无数人都更为有用。"[2]

但是，也许有人会说，正因为如此，所以情况才有改善的可能，因为科学家的思维不会像军人一样倾向于破坏。坦白地说，我们看不到这种希望，因为在我们生活的物质至上的时代，随着科学的发展，文化和道德却出现了滑坡，到了如今，即使在和平时代，科学也已经成为我们中间的野蛮人。虽然这并不是对知识的追求造成的，但是过去 100 年间，人类对自然奥秘的发掘实在太过迅速，而宗教精神的衰落又太过广泛，以至于道德精神未能跟上科学发展的步伐。科学发现和发明在更为文明的时代曾极大地造福于人类，但是如果散布到野蛮人手中，那么自然会被他们以野蛮的方式利用。这就解释了为什么在最近

---

① 注释：《泰晤士报》，1942 年 11 月 9 日。
② 注释：《波利比乌斯编年史》（The Histories of Polybius，沙克伯勒译，1889 年），第 1 卷，第 530 页。

四五十年中，有那么多的发明是在制造破坏的刺激下诞生的。如今的原子弹使人类得到了一种破坏力超强的武器，只要人类仍然不改野蛮本性，就难免会滥用它。

经历了一场大战，世界政治局势却比原子弹出现之前更为动荡。在以往具有理智的政治目的的战争中，一旦战争结束，至少会形成表面的政治稳定，交战国会削减军备，重新关注他们在和平时期的重要事宜。如今我们却看到了相反的情况；各国比以往任何时候都更关心下一场战争的准备。英国已经把征兵制作为和平时代的制度，而苏联庞大军队仍然保持着枕戈待旦的状态。更危险的是，在这两个国家和其他一些国家，成百上千的科学家正在忙于尝试发现威力更大的武器，用以大批量地毁灭人类。尽管摧毁广岛的炸弹的爆炸威力已经相当于 2 万吨 T.N.T.，但科学家们还在寻找提高其破坏力的方法。前美国助理陆军部长约翰·麦克罗伊先生（Mr. John J. McCloy）在论及这个问题时声称："……毋庸置疑，在今后 10 年内，按保守估计，可以制造出威力相当于 10 万到 25 万吨 T.N.T. 的炸弹……而如果我们转到元素周期表的另一端，利用氢元素来产生能量，将可以制造出威力相当于长崎原子弹 1000 倍左右的炸弹。有一些科学家（并非纯粹的理论学者，而是实际参与设计和制造在新墨西哥州爆炸的原子弹的科学家）告诉我，如果在战争时期生产那颗炸弹的力度继续研发，我们在战争结束后的两年内就能生产一颗氢—氦型的炸弹，也就是威力大约千倍于以前的炸弹的炸弹。火箭及喷气推进团队和生物学团队，也可以参与到原子战争中。有了他们，就不难想象在这个星球上消灭敌人的速度可以提高到何种程度。"[1]

这一切为毁灭而进行的努力会造成什么后果？会产生一种真正的死亡宗教，科学家就是主持献祭的高级祭司，而人类就是被献祭的牺牲品。下面是我们从资料中看到的一些事实："……它是一种供侵略者使用的武器，对它来说，突袭和恐怖的要素与可裂变的原子核一样是与生俱来的"……"在一个用条约禁止了炸弹的世界里，首先违反条约的一方将会获得巨大的优势"……"只要落

---

[1] 注释：《原子时代的安全》（Security in the Atomic Age，约翰·麦克罗伊撰文），载《步兵杂志》，1947 年 1 月，第 10 页。

在合适的位置，10 颗长崎型炸弹就能抹平纽约城"……"可以给 V2 火箭装上原子弹战斗部，目前还没有发现能够对抗这种武器的防御系统"……"一颗原子弹的造价显著低于两架设备齐全的 B-17'飞行堡垒'式轰炸机"[1]……"在和平时期将原子弹偷运进一个国家并非不可能，然后就可以威胁遥控引爆"[2]，等等。

这不是战争，这是黑帮的争斗。根据我们现在的了解，陆军、海军和空军在这样的斗争中没有一席之地。即便在斗争中不使用原子弹，鉴于它们有被使用的可能，作战部队还是不得不重新调整战略。因此，在任何情况下，每一个军种都必须重建——分别用于有原子弹的战争和没有原子弹的战争。这就使战争的问题变得更为荒唐。然而荒唐归荒唐，却不能改变这样的事实：在一个人们对宗教和道德价值观失去所有信任的时代，死亡的价值观仍然至高无上，再配合流氓政治的背景，光是这一价值观就几乎可能再催生一次世界大战。

世界上的强国现在只剩两个——美国和苏联——虽然世界面积很大，可以供 6 个强国和平共处，但是对于 2 个强国来说，它就太小了，更何况这两个强国恰好拥有迥然相异的政治和社会观念。西欧夹在这两个强国之间，最终必定会被拖入其中一个的轨道，而正如珀西·科比特先生（Mr. Percy E. Corbett）指出的："围绕苏联和美国这两个陆地大国发生的如此明显的权力极化，使得全世界期望和平的前景变得非常渺茫。"[3]

许多人会期待联合国来解决问题。然而这实在是一根靠不住的脆弱支柱，如果伏尔泰活到今天，一定会用他那句名言来形容它："因罪而合，因利而分。"不管在什么情况下，能够有效运转的世界组织只能由政治上对等的国家创建。但这个条件目前并不存在，无论在政治上还是社会上，苏联和美国都无法融合到一起。

即便有这个可能，一个世界组织如果不是建立在道义基础上，就只能变成

---

① 注释：《绝对武器：原子力与世界秩序》，第 73、15、31 和 42 页。
② 注释：《原子弹的某些政治后果》，第 9 页。
③ 注释：《绝对武器：原子力与世界秩序》，第 165 页。

暴政团体。它会依靠其管制权力来贯彻其意愿，同时它又会成为这种权力的奴隶，就像罗马皇帝和奥斯曼苏丹被他们的禁卫军和新军摆布一样。很显然，如果各国希望保持和平，一个纯粹的政治组织是不能解决问题的。

"你们中间的争战斗殴，是从哪里来的呢？不是从你们百体中战斗之私欲来的吗？" ①

任何国家如果拒绝接受圣徒雅各的这个答案，就会有覆灭之虞。战争的根源在于人类的妒嫉、贪婪和恐惧。要铲除这些邪恶，只能靠遵从这样的黄金戒律："无论何事，你们愿意人怎样待你们，你们也要怎样待人。"②在每一个伟大宗教的基本教义中，无一例外地都能找到这条戒律，因此它是联系全人类的共同纽带。

如今要让全世界接受这条戒律，不仅不太可能，而且是不可想象的，因为这是君子的戒律。不过，因果报应的法则仍然主宰着人类的行为：种瓜得瓜，种豆得豆，因此"播种邪恶，必收灾祸"③。

1919 年，第一次世界大战的战胜国通过他们的和平条约播撒了风的种子，于是就像白天过后必然是黑夜一样，他们在第二次世界大战中收获了旋风。他们没有吸取任何教训，满怀着嫉妒、恐惧和贪婪，又重复了他们的罪恶，再一次将不公正的和平强加于被征服者头上。因此，他们再一次种下了风，也将会再一次收获旋风。邪恶将会孕育邪恶，如果你像参孙一样盲目，那么当你推倒敌人大殿的立柱时，废墟就会砸到你头上。

（完）

---

① 译者注：引自《新约圣经·雅各书》。
② 译者注：引自《新约圣经·马太福音》。
③ 译者注：引自《旧约圣经·箴言》。

—附录—

照明攻击

C.D.L. 是一种步兵坦克，配备了特制的大功率探照灯，可以发射出形似扇形的闪烁光束，照亮宽广的视野并使敌军目眩。探照灯具有良好的防护，只有被穿甲能力至少达到 5 英寸的炮弹直接命中才会失去作用。

这种武器的设计目的是解决开展大规模的有组织夜战的问题，它能使部队比在白天更有条理、更迅速地实施攻击，而且经济性和安全性都大大提高；这是因为虽然进攻部队前进的区域被照得透亮，防守方却只能看见一大片炫目的灯光，而且由于灯光亮度极高，他们根本无法瞄准射击。

字母 C.D.L. 代表"Canal Defence Light"（运河防御灯），这是一个为了掩盖其真实用途而取的名称，就像"tank"（坦克，原意为水箱）一词一样，是一种语言伪装。

C.D.L. 的历史相当耐人寻味：(1) 因为它证明了在和平时期让军队采用一种革命性的新式武器是多么困难；(2) 因为它证明了军队的思维在战争时期有多么保守；(3) 如果在这个科技昌明的时代，未来的新式武器都遭遇和 C.D.L. 一样的命运，那么军人就会和上一次战争一样，完全没有做好应对下一场战争的准备。

使用灯光作为武器最早是由皇家海军的奥斯卡·德托伦中校（Commander Oscar de Thoren）在 1915 年提出的，1917 年 8 月，在英国进行了将普通探照灯装在坦克上的试验。这个想法此后被搁置，直到 1922 年，才又进行了一次试验。随后英国陆军部放弃了这个项目，但是准许德托伦将自己的设想提交给法国政府。他确实这么做了，不过直到 1933 年才有了一定进展，这一年成立了一个冠以德托伦的名字的辛迪加，而在法国的第一批试验于 1934 年开展。1936 年，另一些带着改进装置的人在沙隆（Chalons）进行实验，英国陆军部的代表也参加了。这些试验促使陆军部请求在英国做一次演示，这场演示于 1937 年 2 月在索尔兹伯里平原（Salisbury Plain）进行，陆军部非常满意，于是订购了 3 套完整的装置以进行更多试验，其中最后一次试验发生在 1940 年 6 月 7 日夜 8 日晨。

　　10 天后，陆军部决定接管整个项目，并着手开始制造 300 个装探照灯的炮塔，而这个数字不久后又增加许多。接着，陆军部又决定建立一所 C.D.L. 学校，最初的学校设施于 1940 年 12 月 1 日在英格兰建成，这个学校最后发展到拥有 33 名军官和 619 名士兵。1942 年 8 月，在中东又建立了第二所学校，在美国也成立了一个 C.D.L. 机构。大约有 6000 名官兵通过英格兰和中东的学校完成进修，在美国有 8000 人。在英国，共有大约 1850 辆坦克被改装为 C.D.L.，还组建了两个 C.D.L. 旅，即第 1 坦克旅（3 个营）和第 35 坦克旅（2 个营）。在美国组建了两个装甲大队（第 9 和第 10），各包括 3 个营。

　　虽然在 D 日（1944 年 6 月 6 日）之前，第 1 坦克旅和第 10 装甲大队已经全面动员，做好了奔赴海外的准备，但是上级对这种新式武器兴趣极低，以至于直到 8 月 11 日，第 1 坦克旅才在法国登陆，11 天后第 10 装甲大队才抵达。即使到了那个时候，在美国第 3 集团军在阿夫朗什突破之后，它们也没有被用于后续作战，尽管当时德军除了依靠黑夜掩护外基本无法机动。这 6 个营始终没有从其下船后的营地前调，后来逐渐被解散了。

　　9 月 20 日，美国第 9 装甲大队在离开英国奔赴法国的前夕被解散。10 月 13 日，第 1 坦克旅遭遇了同样的命运，它的人员被抽调到其他部队，且坦克拆除了 C.D.L. 装备。10 月 27 日，上级又下达了解散美国第 10 装甲大队的命令，但是由于其指挥官的强烈抗议，这些命令仅得到部分执行。与此同时，第 35 坦克旅在英国被解散。

　　这些措施刚一实施，路易斯·蒙巴顿勋爵就请求尽快将至少一个旅的 C.D.L. 派遣到印度。由于此时已经没有这种坦克，英国陆军部决定重新装备 360 辆 C.D.L. 供 SEAC 使用，并且重新培训新的人员。同时，还决定重新装备一个 C.D.L. 营用于在德国作战。这些部队需要的人员只能从 C.D.L. 学校以及第 35 坦克旅尚存的人员中抽调。遗憾的是，此时已经没有时间训练一个完整的 C.D.L.；

不过有 2 个各装备 14 辆 C.D.L. 的中队被匆忙拼凑起来，配属给了第 21 集团军群，于 1945 年 2 月 20 日启程前往法国。1945 年 3 月 1 日，第一批用于印度的 C.D.L. 也上了路，其余部分预定在军官和士兵完成训练后立即跟进。

　　似乎是因为派到法国的那 28 辆 C.D.L. 太少，不足以支持大规模作战，它们最终只承担纯粹的静态任务，掩护强渡莱茵河的行动。后来美军的 C.D.L. 在 4 月 1 日夜 2 日晨被用于对多特蒙德—埃姆斯（Ems）运河的一次进攻，并且还参与了攻克法兰克福和横渡易北河的战斗；但是迄今为止官方都没有发布关于这些作战的报告。至于分配给路易斯·蒙巴顿勋爵的 C.D.L.，它们到得太晚，没能赶上缅甸最后的作战。

　　就英军的 C.D.L. 而言，这个包含了无尽拖延的悲惨故事历时 25 年，经历了验收和大规模准备，耗费了千百万英镑的经费，死而复生，最后以错误运用告终。我们在这里讲述这个故事是为了证明，在 D 日其实存在着一种备选的战术，而且执行这种战术的工具已经准备就绪。这种战术并不需要什么"大爆裂"，不需要夷平一个个城镇，却能让部队在夜间执行闪电式的进攻，使进攻方获得远比白天有利的条件。①

---

　　① 注释：下列事实支持这一观点。在法莱斯包围圈北部有德国第 272、346 和 711 步兵师，由于南面的部队被击溃，他们不得不且战且退。对于这个撤退过程，第 346 师的师长迪斯特尔将军是这么对舒尔曼少校说的："每当我们在一条河后面安全地站住脚，就发现敌军的左翼瓦解了，我们有被包围的危险。于是我们就又得后撤。在进行这些机动时我们从来都不匆忙，因为盟军（第 21 集团军群）的战术总是有条不紊，井然有序。每当我们在白天被击退，我们总是知道敌人会在夜里暂停进攻，重整部队，为第二天的作战做准备。我们就利用夜里的这几个小时撤退，伤亡总是不多。"（《兵败西线》，第 163 页。）